普通高等教育“十一五”国家级规划教材
纺织服装高等教育“十四五”部委级规划教材

FUZHUANG SHICHANG YINGXIAO

服装市场营销

(第四版)

东华大学 · 海派时尚设计及价值创造知识服务中心
杨以雄 主编

東華大學出版社
·上海·

图书在版编目(CIP)数据

服装市场营销 / 杨以雄主编. —4 版. —上海：东华大学出版社，2023.7

ISBN 978-7-5669-2223-6

Ⅰ. ①服… Ⅱ. ①杨… Ⅲ. ①服装-市场营销学-教材 Ⅳ. ①F768.3

中国国家版本馆 CIP 数据核字(2023)第 109713 号

责任编辑：张　煜
封面设计：李　峻

服装市场营销(第四版)

杨以雄　主编

东华大学出版社出版

上海市延安西路 1882 号

邮政编码:200051　电话:(021)62193056

上海盛通时代印刷有限公司

开本：787mm×1092mm　1/16　印张：20.25　字数：620 千字

2023 年 7 月第 4 版　　2023 年 7 月第 1 次印刷

ISBN 978-7-5669-2223-6

定价:67.00 元

前 言

本书作者在多学科交流合作的基础上，不断追踪国内外服装领域的发展动向，根据近四十年对服装业的调研、教学、科研和企业实践，从不同角度、多个侧面阐述了服装市场变化的各种因素，包括：人力资源、文化环境、流行预测、政治法律等社会学因素；服装需求与供给关系、定价决策等方面的经济学因素；服装款式、色彩、设计和视觉形象等美学因素；服装材料开发和生产流程、加工工艺等技术因素；服装消费心理和行为的心理学因素；服装企业组织结构、市场定位与细分、商品企划、品牌、物流、零售等管理学因素。通过服装营销活动中的案例分析，阐述了相应的实施策略和可行性方案。

理论源于实践又应指导实践，本书阐述的内容将追溯服装营销基本理论的演变和服装业的发展态势，揭示服装需求和市场变化的基本规律。探讨从服装营销管理理念到服装商品消费整个过程的市场营销活动特色，阐明服装业各个层次的内在关系，描述市场环境对服装营销活动的影响，力图使服装专业学生掌握市场营销基本知识，同时也能为面向未来的服装企业营销管理人员提供有关发展战略和商品营销策略的思路。

本书第一章、第十五章由顾庆良编写；第二章、第三章、第四章、第八章、第九章、第十章、第十三章、第十四章由杨以雄编写；第五章由蒋智威编写；第六章由李敏编写；第七章由崔志英编写；第十一章由李俊编写，第十二章由吴宣润编写；第十六章由薛美君、陶珂编写。参加编写的还有王月屏、方萍、陈湛、张明杰、龚晨。全书由杨以雄、邵丹统稿审定。

在编写资料整理过程中，得到杞文楠、毕天逸、刘畅、王敏、张金端、王时英、周建成、张芸、叶琪峥、胡蓉云、陶珂、蔡钰茹、马骥、应思艺的大力支持，在此一并表示衷心感谢。

中国纺织服装教育学会教材编辑出版部

2023 年 3 月

目　录

1 服装市场营销概述

导 读

服装业是我国拓展国际贸易的基础产业之一,对全球服装贸易有着举足轻重的影响。我国是世界服装生产和出口大国,但还称不上世界服装强国。总体而言:缺少具有世界影响力的服装品牌或服装设计师;外贸服装主导商品是贴牌加工(OEM),以中低端产品为主,处于服装价值链的低端。

我国是服装消费市场增长最快的国家之一。目前,国内服装的主要流通渠道是百货店、大卖场、专卖店和网购。服装类零售额持续保持较高增幅,服装品牌价值日益突显。企业之间不再局限于价格之争,而是逐步体现在非价格竞争的服装文化内涵、品牌价值以及营销管理等环节。

世界服装强国立足之本可归结为研发设计+工艺技术+营销管理。为此,我国服装业在加工能力与工艺技术迅速发展的同时,需要在产品研发设计、市场营销管理等方面进行结构调整,逐步提高产品附加值和市场应变能力。

我国加入“WTO”后,服装业面临着更广阔的国际市场;同时,近年来国际服装品牌的大量涌入,国内服装企业也将面临更激烈的竞争环境。随着国内消费市场的不断成熟和细分,越来越多的传统企业将从加工生产型工厂转变为品牌制造运营商,而服装设计师领衔的企业和服装生产企业,也需要不断引进和培养市场营销专业人才,提高营销管理水平。

本章主要讨论服装市场营销在社会和经济活动中的地位、基本定义、研究内容以及在经济活动中的共性与特色。

1.1 服装业在社会发展中的地位

“衣食住行”，衣是人类生活中最重要的部分之一。在现代社会经济活动中，服装业是重要的经济部门，是参与人员最多、变化最快、市场最大，又最具挑战性的行业之一。虽然世界大公司排行榜中鲜见服装企业，但不少著名企业家都是从服装开始创业的；虽然很少有能与迪斯尼匹敌的服装公司，然而人们对服饰的兴趣远胜之；虽然“金顶针”奖知名度远在“奥斯卡”奖之下，大明星们却清楚领奖时该如何着装，他(她)们心目中服装设计大师的位置远在获奖之先。就企业经营的营销决策而言，似乎很难找到其他行业如服装业那样具有巨大的想像和创造空间，那样给营销者以启迪和锤炼，那么具有不懈的压力，那么永恒。每个人都可以从中获得理论的创见和实践硕果，无论他(她)做何种营销活动或研究。毋庸置疑，对于从事或将要从事服装业工作的专业人员和经理(或在校学生)，系统地学习服装营销知识是非常必要的。

本书将讨论服装业包括研发设计、生产技术工艺、营销管理或其他服务等行业部门的运营规律和内在联系，提供基本的营销管理知识。同时，侧重讨论以服装业特征为出发点的营销知识、技能与方法，促进我国服装业在市场经济的孕育和发展进程中永葆青春，服装业经营管理追赶世界先进水平，使人们的衣生活质量快速提升。

我国是纺织服装大国。历史上，我国是最早发明和掌握纺织品生产技术和崇尚服饰文明的国家。西汉时期的纺织品，其纹案设计和制作技术，即便在现代科学高度发达的今天，也令人惊叹不已。唐朝的服饰，流行的多样化和设计制作的精美，傲视世界同侪。我国纺织品与服装，特别是丝绸织物与产品以及生产技术自古以来享誉全球，对世界文明进程产生了无法估量的影响，现今我国仍是服装生产和出口贸易量最大的国家(图 1-1)，纺织服装业不仅有力地支持了我国的工业化进程，同时对世界贸易、经济乃至政治有重大影响。

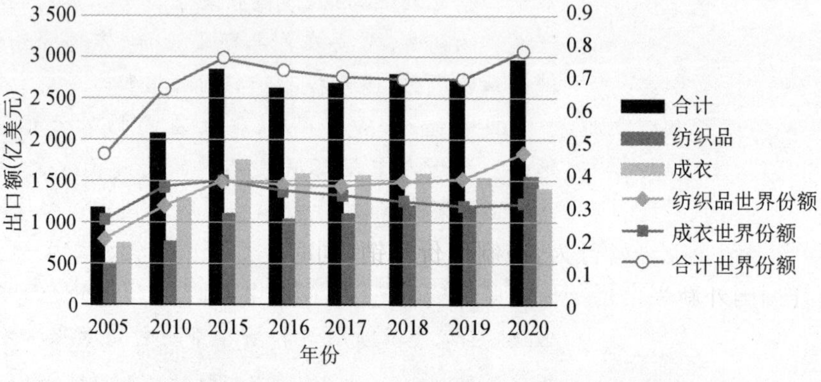

图 1-1　我国纺织品服装出口额及相应对的世界市场份额

资料来源：中国纺织出版社，2021—2022 中国纺织工业发展报告

广义的服装业涉及到面辅料、服装生产与流通、相关服饰产品(如鞋帽、包袋和皮具等)和化妆品以及服务咨询和会展等，是我国目前最大、最重要的产业之一。作为传统行业，又集中地反映了社会进步、经济改革和世界产业结构变化中数不清的冲突和矛盾点。因此，一方面我国服装业仍在稳步发展并具有巨大市场潜力，另一方面从事本行业工作的经营者必须面对市

场经济环境的变化而不断审时度势，提高应变能力和战略决策水平。这就要求对服装业本身的特征有充分的了解。

(1) 社会生活中最基本的部门

丰衣足食，这是国民的最基本要求，也是经济不发达时保持社会稳定的基本要素。无论在原始部落或发达社会，服装毫无例外是各个民族社会生活的兴趣中心之一。当然，社会越是进步，经济越是发达，人们对于服装需要的数量与质量都将随之提高。总体而言，服装业不仅不会衰落，反而会稳步发展，即服装始终是人们生活中的永恒主题。

在社会经济活动中，如此多的人涉足了广义的服装业，从纤维到服装的生产活动，从设计到销售的商品流通活动，从信息服务到消费活动，它不仅提供了无数个就业机会，也为这些就业者提供了发挥创造才能的机会。很难想像，一个人若没有服装如何在现代社会中生存，一个现代社会若无服装业如何发展。

在我国改革开放进程中，服装业是外资最早投资和非公有经济发展的起点行业。国外零售业进入我国市场，最早经销的产品大类之一也是服装。因此，服装业是我国经济中最活跃也是最有创新精神的行业。

(2) 服装业——工业化的跳板

现代社会的工业化进程无不与纺织服装业有关。英国工业革命从纺织业开始；而美国，以植棉为基础的纺织业发展与美国社会革命及经济变革紧密相连。亚洲四小龙中，中国香港、台湾和韩国的最初资本积累是靠纺织服装业，中国香港经济至今仍有很大一部分依赖纺织服装的品牌经营与国际贸易。在我国现代化进程中纺织服装业的历史功绩卓绝，纺织服装是我国大宗出口创汇产品，吸纳了大量的就业人口。纺织服装业同时又是经济改革发展的“试验田”，民营企业和外资企业初涉市场时投石问路的往往是服装业，这显然与纺织业特别是服装业“易进、易出”的特征有关。服装企业不需要很大投资，而劳动密集性的特征又能充分利用我国丰富的劳动力资源。

近年来，受世界经济危机影响，全球市场对纺织服装需求受到明显抑制。同时，我国国内服装业尤其是制造板块受成本上升、人民币汇率波动等因素影响，产业呈现向东盟、东亚等周边国家转移的趋势。

为此，如何保持我国纺织服装业可持续发展是业界面临的重大课题：应尽快提高我国中西部对东部劳动密集型产业梯度转移的承受能力，充分发挥中西部后发优势；企业应加快结构调整，在加强研发设计和知识产权保护等方面提升综合竞争力；发挥行业协会的作用，进一步引导规范企业经营行为，遏制低价竞销，同时提高企业应对国外反倾销的能力；在加大力度开拓国外新兴市场的同时，注重培育和发展国内消费市场，改变过分依赖出口的格局。

1.2 服装业在全球经济中的地位

后工业化的发达国家逐步丧失了纺织与服装加工方面的优势，劳动力成本增加使之很难抵挡从不发达国家进口低价纺织服装商品的竞争，这种冲突导致了全球服装业的不断变化：

① 世界性产业结构的转移。发达国家与地区的服装加工业萎缩，转向不发达国家与地

区，利用当地劳力与原料资源，促使不发达地区服装业迅速发展；

② 发达国家和地区在高档服装市场上的地位仍不可动摇。在不放弃本国市场的同时，拓展国际市场，包括迅速增长的发展中国家市场，如中国市场；

③ 这种竞争格局引发了快速反应策略的实施。核心概念是：基于服装市场趋向多品种、小批量、短周期、时装化和快速流行；另一方面对于顾客，价格不再是选择服装时的最重要标准，因此发达国家将发挥设计、信息、加工设备和技术方面等的优势，提高在服装市场的竞争力；

④ 新的竞争格局和产业结构变化反映在关贸总协定 GATT 的乌拉圭回合谈判中。双方经过长期讨价还价，最后达成纺织服装协定(ATC)，不仅全面降低关税，还同意从 1995 年起到 2004 年底，多纤维协议(MFA)将被逐步取消，这显然对纺织服装出口大国具有重大利害关系；

⑤ 我国在 2001 年年末正式加入世界贸易组织(WTO)，使我国进一步融入世界服装市场，促进了世界服装业的产业格局改变和全球化过程。一方面 ATC 的实施使我国的纺织服装业面对更广阔的国际市场空间，成为国际服装产业链中重要一环；另一方面，国内市场进一步对外开放也吸引了大量国际服装品牌逐鹿中原，既提升了国内市场，也加剧了市场竞争。

全球化和国际竞争使服装业成为国际政治经济生活中一个举足轻重的行业，甚至影响国家之间的关系。

1.3 服装产业的发展

服装业具有明显的劳动密集型特征。但随着信息技术的高速发展和广泛应用以及流行的快节奏导致全球服装市场快速变化与波动，服装业出现新的发展趋势。

(1) 逐步构成简洁的供应链管理系统

包括快速反应生产体系、敏捷的物流管理系统、生产和零售市场信息标准化及产供销计划的一体化、更有效的垂直营销系统等。

① SPA(Speciality Store Retailer of Private Label Apparel)型企业。服装企业拥有自家品牌和专卖店，从商品策划(MD)、设计、生产直到零售均由公司总部负责的一体化经营方式，简称制造零售一体化。SPA 经营模式由美国 GAP 服装零售公司首先倡导，在 GAP 和日本世界服装公司等得到成功运用。

② 基于快速反应的"垂直整合"协作生产模式。西班牙 Inditex 公司的旗舰品牌 ZARA 即是快速反应的典范。ZARA 所有产品 50%通过自己的工厂完成生产，其他 50%的产品由 400 余家外部供应商协作完成。这些供应商 70%位于欧洲，其他主要分布在亚洲。ZARA 公司希望通过这种生产方式进行有效产品管理，保证供应商能对发出的订单做出快速反应。

③ POS(Point of Sales，销售点实时管理系统)系统的应用。通过自动读取设备(如收银机、信息码读取器)在销售商品时直接读取商品上的扫码标识，即商品销售信息(如商品名、单价、数量、时间、店铺、购买顾客等)为用户快速结账并进行销售数据传递。利用 POS 信息有助于销售统计、市场分析和信息反馈等管理工作。

(2) 新的业态

随着服装市场的全球化,服装生产和经营借助电子信息技术,强化专业分工,将出现新的生产和零售业态。

① 服装大规模定制生产。以大规模生产的成本与速度为单个客户或需求的市场定制生产小批量的产品。例如美国的 IC3D 公司(交互客户服务公司)和 Levi's 公司。顾客进入这些公司的网站后,通过公司搭建的商务平台进行信息交互,完成定制服装的设计。

② 电子商务。基于 Internet 平台的服装电子商务应用已经成为服装品牌众多的营销渠道之一,通过电子商务能及时准确地掌握企业内部和国内外市场信息,快速实现对原材料的查询、采购、产品(服装)的展示、订购和出库、储运以及电子支付,减少库存,迅速及时地为各种目标顾客服务。

(3) 运用资本经营手段进行企业扩张

在激烈的市场竞争中,遵循优胜劣汰规则,服装企业通过兼并与收购以及重组,授权品牌(License Brand)和特许经营(Franchising)等资本经营手段将被广泛应用。LVMH 集团、Richemont 集团和 Kering 集团是国际上三大跨国奢侈品集团,他们主要通过资本运作手段,兼并诸多国际著名奢侈品牌,从而逐步在世界高档用品制造和经营领域树立霸主地位,如 LVMH 集团 1999 年收购英国顶级衬衫品牌 Thomas Pink 进入奢侈衬衫领域。

1.4 服装营销——一门具有理论与实践意义的学问

服装业包括一系列的创造和开发新产品的过程、采供过程、销售流通过程。这些过程贯穿于三个层次,原料、制造和零售。从事服装业的人员必须深入了解这些过程的内涵和运作规则。这些过程与企业的各项经营活动紧密相关:服装设计师应该懂得消费者或购买者需要什么服装;零售店的采购者应该清楚服装在上货架前的加工工艺、成本和交货期等,以便做出更准确地适合市场的商品计划;由于服装营销涉及多个行业部门且流程长,而消费趋向变化如此之快和多样化,影响服装消费的因素又很难精确描述和预测等等,这就使得服装营销在理论与实践方面极具探讨价值。

(1) 服装业的特点

① 服装业是一个劳动密集型产业。加工和生产组织过程不需要大型复杂的机械设备,可以在较少的资本投入下运行,尽管近年来高新技术如 CAD、CIMS 和先进的生产组织方式被不断研制和应用,但绝大多数企业仍未脱离传统的经营模式。这使得服装业对劳动力成本颇为敏感。随着我国沿海地区劳动力成本的增加,加工产业的转移随之发生。

② 服装业缺乏经济规模效应。较少的初始投入和较低的固定资产投入,加工过程中相对的独立性和分散性,服装业并无明显的经济规模效应。由于近年来受到服装多品种、小批量、短交货期的影响,总体来说行业的平均规模(按每个企业的独立实体平均员工数衡量)并没上升。

③ 服装运营流程长。尽管服装本身的加工流程不长,但一个季节一个新款式的推出往往涉及纺纱、织造、印染甚至新型纤维的生产,与服装零售相关的渠道更复杂,这与时装流行的短周期产生了尖锐的矛盾。

④ 服装市场流行周期短。这不仅表现在时装季节的更迭，也表现在时装季节此一时彼一时的差异，甚至这种差异可能发生在面料、色彩、款式、设计和其他配套方面。这种快速变化，一方面给服装业带来无限机会，另一方面也给企业经营带来风险和不稳定性。

⑤ 市场的异质性。市场的多样化决定了小批量多品种是服装业经营的重要特点和趋势，为了满足各种不同细分市场的需要，差异化营销是今后非价格竞争的重要手段之一。

⑥ 服装的无形价值。服装的实际意义已远超出遮体御寒等功能，从美学意义延伸的文化价值和象征意义延伸的社会价值，使得服装价值很难精确度量。一方面市场上有些服装价格与价值严重背离；另一方面，也使得服装企业合理定价成为最困难的决策之一。

⑦ 相关产业多。图 1-2 所示为服装产业链关系图。除了与纺织、零售有关外，服装业还与出版、信息、皮革、珠宝加工、化工、服务和文化娱乐等密切关联。

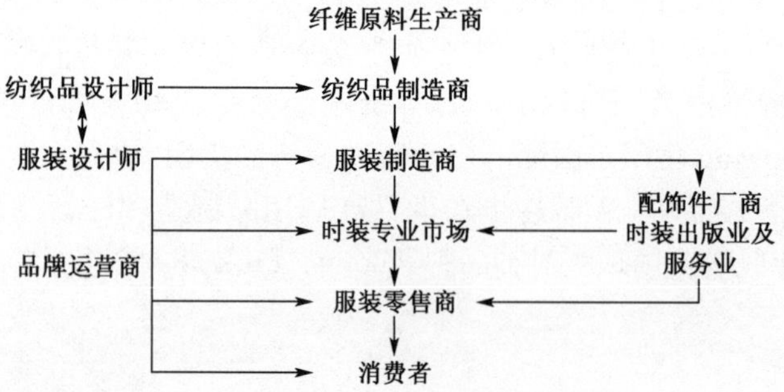

图 1-2 服装产业链和市场营销的参与者

(2) 服装业经营的特点

上面所述的行业特点，决定了服装经营与其他企业经营不尽相同。

① 相对小的规模。由于行业缺乏经济规模和小批量多品种的趋势，服装企业的独立实体规模相对较小。即使是集团和连锁经营，也与百货连锁、钢铁企业、化工企业不能同日而语。

② 外部经济规模效应和外延的集约度。服装业的发展和成熟与外延的集约度有关。纽约之所以成为时装中心，因为有服装加工业、批发业、零售业；有发达的信息网、出版系统；有时装学院和研究机构；集中了美国最优秀的设计师；有服装咨询和服务业、发达的金融机构；有政治、经济和文化的影响，更有一批时装潮流的领导者和追随者。

③ 服装业是一个不断创新的行业。这需要服装企业不断创新，不仅需要服装创新，在经营上也需要创新，设计师在服装业的经营活动中常常起着重要作用。

④ 灵活柔性的经营模式。快速的市场变化，多样的市场细分，要求经营方式灵活和柔性化。策划、设计、生产互相渗透；设计师、生产商、销售商融为一体；在零售中，买断、代销、特许加盟、品牌授权和连锁等，可组合成各种灵活的经营结构。

⑤ 快速反应和敏捷零售。为了保证市场的快速反应(QR)和及时生产供货(JIT)，需要形成互相信任的产供销和敏捷零售机制，以减少库存过多、额外的成本投入或延误商机而造成的机会损失。

⑥ 艺术、技术和营销的结合。服装业面对快速流行的时尚市场，经营的真谛是艺术(研发设计)、技术(生产工艺)和营销的结合(图 1-3)。

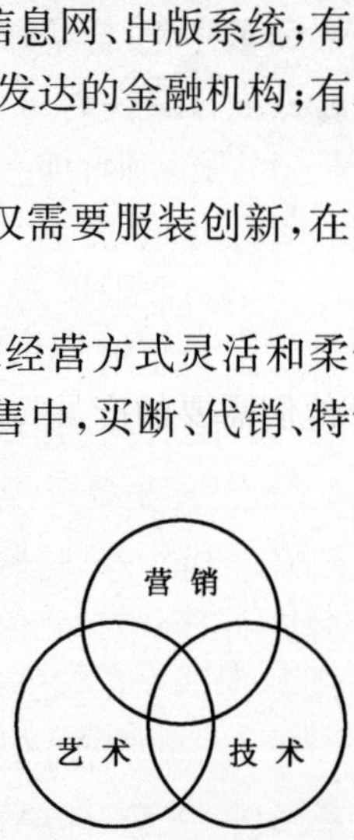

图 1-3 服装经营三要素

1.5 管理和营销管理的定义

(1) 管理的定义

规划、组织、领导和控制组织成员的行为表现、善用各种组织资源,以达到组织预定目标的过程①。

定义说明:

① 管理是一种动态交互作用的过程。若仅由时间横断面透视组织,只能够了解该时间点的组织概况,一旦时间点转移,组织特性、管理者核心任务都可能产生重大变化;

② 管理者必须善用组织内所有资源。人力,无疑是组织内最基本的资源,然而尽管有最佳的人员组合,仍必须配合其他相关资源才能发挥最大功效。例如,如果管理者希望增加生产量,则不应只激励员工的工作士气,还须增添现代化的设备。此外,财务资源也是重要的经营要素;

③ 定义强调:管理能够达到组织"预定目标"。任何管理人员都有特定目标,组织也因预期目标不同,而展现各自独特的特性。

(2) 营销管理的定义

在服装企业管理中,服装生产和作业管理研究的是物流,服装信息管理研究的是信息流,服装企业的人力资源管理研究的是人才流,服装企业的财务与会计研究的是资金流,而服装市场营销研究的是价值流(见图 1-4)。

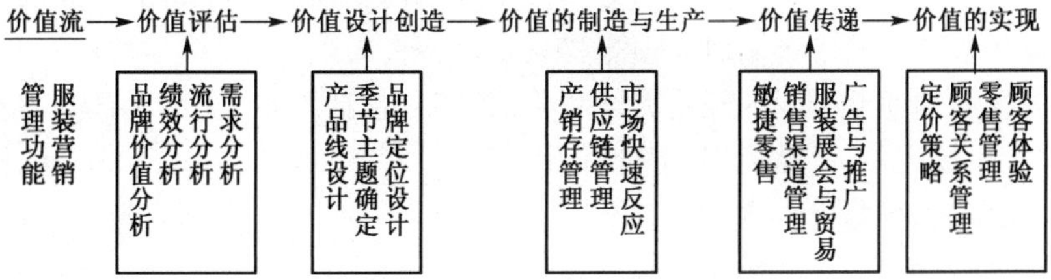

图 1-4 服装市场营销的价值流增值过程

营销管理的定义:基于对顾客需要和期望价值的分析,设计和创造产品(或服务),并通过市场交流实现其价值,以达到企业目标的管理过程。

服装营销管理定义:根据最终顾客的需要和市场需求,针对具体的目标市场,设计创造符合他们需要的产品,以合适的成本进行制造,传递给顾客,最终实现产品的价值。

(3) 服装营销的适用范围

狭义的服装企业是指服装生产制造企业和销售企业,而广义的服装企业则包括品牌服装设计(公司)、制造商或生产商、贸易与批发商、零售商、饰品企业(如包装、皮具、时尚饰品、鞋袜帽)、服饰信息咨询(如流行色、信息集成系统、市场咨询)、会展企业等,还应包括非营利性组织如服装行业协会等。这些企业或组织都是服装链中不可或缺的环节。正如意大利服装界引以

① 摘自:哈佛管理全集——生产与品质管理.当代中国出版社,2002:4-5.

自豪的表达“意大利服装引领世界时尚界是因为意大利服装业的每一个环节都是最好的”。同样的，我国服装业水平的提升，依赖于每个环节水平的提升，更依赖于每个企业和组织营销水平的提高。

为此，本书讨论的市场营销理论与实践适用于广义的服装企业和各类组织。

1.6 服装市场营销教材的宗旨、内容和目标

(1) 本书的宗旨

追溯服装演变和服装业的发展，揭示服装需求和时装变化的基本概念，探讨从服装流通到服装消费整个过程的市场营销活动特征，解释服装业中各个层次的内在关系并描述市场环境对服装营销活动的影响，提供服装企业制定发展战略和营销策略的思路。

在阐明市场营销基本原理的同时，着意刻画服装与社会经济发展的特殊关系和服装营销的重要性与特殊性，期望能从一个新的视角和立场去解释、观察服装营销诸项内容。

通过本书的学习，希望能掌握服装消费者需求和市场分析以及服装营销管理的基本理论、策略、方法与技巧。

(2) 本书的主要内容

本书分为两大部分。

第一部分主要讨论服装营销的发展背景、环境和影响因素：包括服装营销的定义、特殊性及在服装业中的地位(第一章)；社会、经济、技术环境及国际市场格局对服装消费乃至对营销策略的影响(第二、三、四章)；服装消费心理与行为的分析、流行传播与消费需求、设计师对流行的影响和作用以及服装市场调研与预测(第五、六、七、八章)。

第二部分主要阐述服装业的经营战略和营销策略，包括服装业组织结构和企业开发模式(第九章)；服装市场定位、商品策划、定价、促销、渠道、零售(第十、十一、十二、十三、十四、十五章)以及未来的服装业(第十六章)。

思考题

1. 我国加入世界贸易组织(WTO)给我国服装业带来哪些机遇与挑战?

2. 在一个国际服装展会的参加者中，有哪些人或组织在进行营销活动?他们各自的营销目的、营销对象是谁?

3. 试分析我国服装企业的优势、劣势及竞争力。

4. 广义的服装业包括哪些部门?

5. 管理、市场营销管理与服装市场营销管理的定义和关系。

2 服装消费与社会环境

导　读

服装消费与社会环境有着千丝万缕的联系。产业革命之前，商品生产以家庭为核心，消费生活表现为自给自足，统治者与被统治者在衣、食、住、行方面的阶级烙印截然分明。19世纪以来，生产技术和生产力迅速发展，劳动时间逐渐缩短，休闲时间增加，带来了消费结构的变化，耐用商品、旅游、娱乐、教育等方面支出增加，而衣食消费支出占家庭收入的比例逐年减少。

服装消费生活与社会经济发展的宏观和微观环境息息相关。过去，在经济不发达、市场产品供不应求的年代，人们的消费生活以数量满足及同一化为特征，着装单调划一。生活富裕后，人们的消费意识发生了改变，开始在衣食住行方面追求差别化产品和流行生活方式，对服装款式、色彩、质地及配套上的个性欲望强烈。出现了两种消费意识——纵向意识和横向意识。

企业的营销活动，同人们的日常活动一样，总是受一定思想的支配。商品经济发展水平决定着企业的营销导向。生产力不断由低向高发展，经济水平也随之提高。生产与交换方式的变化，客观上使企业的营销导向经历了生产导向、产品导向、推销导向、纯市场导向、被动性社会市场导向和主动性社会市场导向。

2.1　生产技术进步与生活演变

服装自诞生之日起，直至发展到如今，一直深深带着社会环境的烙印。进入新世纪，大型超市和购物中心的快速发展，网络用户和购物的激增，对服装消费与市场经营活动产生了巨大影响。消费者对服装的选择受社会环境，如自然条件、政治和法律、经济、人口、社会和文化、民俗与习惯等因素影响，而消费者又是构成企业目标市场的基本单元，因而社会环境将不可避免地影响企业的市场营销活动。无论在经济不景气年代,还是经济繁荣年代,社会环境总会不时地出现新的机会,但也会给企业带来各种挑战。

(1) 服装生产方式的演变

过去,服装制作依靠衣匠和个人灵巧的双手,量体裁衣缝制衣装,繁华街市上的衣铺只是一种家庭作坊。19 世纪初,英国商人将缝制成形的裤子和衬衫出售给港口船员,这是早期的服装市场交易。到了 19 世纪下半叶,缝纫机的发明,推动了成衣生产的发展。1880 年,男式标准尺寸规格的成衣已经确立。成衣业的发展为妇女走出家庭提供了大量的就业机会。但是这种成衣在当时条件下仍属家庭作坊生产方式,工作条件差、时间长,劳动者工资收入微薄。

第二次世界大战后,科学技术有了突飞猛进的发展,服装生产的主要设备,由脚踏缝纫机改为电动缝纫机,现已发展到广泛使用电脑缝纫机。服装计算机辅助设计(CAD),服装计算机辅助生产(CAM)已在许多服装企业中应用。不久将来,智能型服装生产线将会诞生并实用化。这些技术进步将改变服装成衣劳动密集型的作业状态。

生产技术的发展,必然导致劳动生产效率的提高。例如:男式西服若由名牌店铺定做,实际缝制至少花费 3 d 时间,若由服装企业按标准尺寸规格、标准生产工艺分工序批量生产,直接生产工人平均一天 8 h 能生产 1.5～2 套西服。也许定做服装更能吻合个人体形,缝制技巧上有独到之处,但成衣化服装由于集中了众多科学技术成果,如标准人体尺寸规格、先进的加工技术、市场信息与预测、商品策划、计算机辅助设计以及计算机辅助生产等,因此成衣化服装不仅能体现色、款、料的时代感,而且质量稳定,价格适宜。物质文化生活越发达,成衣化服装越能适应绝大多数人的衣着生理和心理需求。美国成衣化服装占服装市场消费的 99%,定做服装不到 1%,而定做服装价格是成衣化服装价格的 4 倍,一般消费者很少惠顾。

意大利服装——历史文化和精良缝制技术的结合

20 世纪 70 年代以前,意大利服装企业和产地主要职能是法国和英国等高档服装加工基地。进入 80 年代后,逐渐推出具有意大利风格的服装品牌,尤其男装,强调古典风格。

“Sultry Mediuteranea”男士西服企业拥有职工 180 名,西服以传统的文化和缝制技术为基础,推向市场有两个品种:“ATTREANI”品牌,全手工缝制;“SULTRY”品牌,半手工缝制。意大利的服装只要好销,款式一般不轻易变动,即使是“Sultry Mediuteranea”公司的古典男西服,每一季节的样板都以毫米为单位进行修正,追求的是一种新颖感。每一季节样板的微小变动,工艺师都要在缝制工艺和工序安排上下功夫,特别是服装加工过程中的归拔技能,其他公司是很难模仿的。总经理阿东里尼自信地认为:50 或是 100 年前的古典服装在质量方面仍有生存价值,但款式方面必须与时代相吻合进行创意设计。如果有人从商店购买了该公司的服装,将衣片分解后,制成样板,虽能缝制成模仿式的服装,但绝对体现不出那不勒斯古典服装的原汁原味。这种工艺技术和风格,对设计师的品牌及时装展示极具魅力。

> 1996 年 PRADA 品牌展示会上，古典、雅致的意大利男士服装表演取得了满场喝彩。PRADA 品牌上乘的面料、精湛的做工在男装领域展示了新风。实际上，这些服装是由“Sultry Mediuteranea”公司缝制加工的。意大利著名品牌服装大多数采用外加工形式，很少考虑廉价外加工，强调精美的制作工艺质量。他们认为：服装款型和工艺质量是两种不同的概念。服装款型随时代流行经常变化，是否受市场和顾客欢迎很难确定，而衣匠的缝制技巧是常年逐步积累下来的，意大利高档服装品牌以质量取胜是他们赢得市场的关键。当然，全手工和半手工的生产成本是有差异的。例如，ATTREANI 品牌全手工缝制，一件男单西上装耗费工时 24 h(3 个工作日)，而半手工缝制的 SULTRY 品牌西上装耗费工时 10 h。

新中国成立前我国无成衣化工业可言。新中国成立后，一直到改革开放之前，服装产业虽有一定的发展，但进展缓慢，市场商品供不应求，国家实行计划经济，服装凭票供应。实行改革开放后，尤其进入 20 世纪 80 年代，服装生产与出口发展迅速。在服装商品策划、设计、生产、批发和零售领域，企业管理和技术人员不断改革创新，不同体制的企业互补余缺，使得国内服装市场与国际市场在流行、销售、质量等方面迅速接近。

我国服装生产不仅要满足国内市场 14 亿人口和对外加工的需求，同时还应加强全球市场营销意识，确立符合国情又能走向世界的战略与战术经营体系，在商品策划、流通领域等方面，以质取胜，创造更高的附加值。

(2) 国外社会发展与消费

产业革命之前，统治者、富有者与百姓生活截然不同。少数人过着奢侈生活，而大多数人衣食难以温饱。随着生产技术和生产力的发展，社会必要劳动时间逐渐缩短，生产水平不断提高，收入差异缩小。早期资本主义国家工人每年工作 3 000 h 以上，而现在由于劳动效率提高，发达国家职工年工作时间不足 1 800 h。工作时间减少，休闲时间增加，带来了消费结构的变化，耐用商品、旅游、娱乐、教育等方面支出增加，而衣食消费支出占家庭收入的比例逐年减少。表 2-1 所示为国外家庭消费支出构成的有关数据。

表 2-1 国外家庭购买力指数评价(2017)*

国家 \ 品类	食品	服装服饰和鞋类产品	家用能源和燃料	家装家用设备和维修	健康	医疗	交通	个人交通工具	沟通	娱乐文化	教育	酒店住宿
澳大利亚	1.58	1.32	2.13	1.47	1.59	1.95	1.45	1.18	1.28	1.48	1.83	1.66
加拿大	1.41	1.5	1.45	1.53	1.22	1.71	1.35	1.13	1.81	1.37	1.49	1.52
法　国	0.933	0.954	0.969	0.95	0.686	0.821	1.05	0.971	0.666	0.917	0.757	1.03
德　国	0.819	0.858	0.93	0.907	0.704	0.88	1.04	0.927	0.693	0.889	0.86	0.964
意大利	0.911	0.876	0.78	0.935	0.853	0.882	0.999	0.945	0.757	0.859	0.721	0.918
日　本	167	113	127	131	91.9	122	130	110	137	131	82.3	114
韩　国	1 816	1 720	704	1 106	625	842	1 068	1 153	769	1 100	1 167	1 299
墨西哥	13.3	13	9.9	13.5	10.4	10.5	13.4	14.4	7.82	11.6	3.04	9.39
荷　兰	0.817	0.931	1.04	0.933	0.893	0.981	1.14	1.12	0.876	0.872	0.927	0.988

(续　表)

国家＼品类	食品	服装服饰和鞋类产品	家用能源和燃料	家装家用设备和维修	健康	医疗	交通	个人交通工具	沟通	娱乐文化	教育	酒店住宿
新西兰	1.82	1.38	2.08	1.67	1.08	0.948	1.63	1.52	1.54	1.52	1.16	1.57
西班牙	0.77	0.79	0.78	0.902	0.747	0.85	0.868	0.82	0.945	0.794	0.662	0.751
英　国	0.661	0.706	1.18	0.784	0.75	0.622	0.897	0.794	0.648	0.751	0.917	0.809
俄罗斯	36.1	45.6	20.9	39.6	13.5	9.55	34.9	45.3	14.3	34.9	11.4	36.2
美　国	0.98	1.04	1.07	1.01	1.27	1.56	0.916	1.01	1.41	1.03	1.83	1.01

* OECD经济合作与发展组织=1,单位:每一美元兑换本国货币数(按当期美元汇率计算)

资料来源:OECD经济合作与发展组织官网统计PPP benchmark results 2017 | OECD National Accounts Statistics | OECD iLibrary (oecd-ilibrary.org)

第二次世界大战后服装消费市场走出战争阴影,法国著名服装设计师迪奥推出了名为“新面貌”(New Look)时装,使巴黎重新成为世界时装中心,受到世人瞩目。但由于第二次世界大战使世界各国经济受到极其严酷的摧残,市场商品奇缺,百姓生活贫困。当时,人们对服装仍脱离不了遮体和御寒的基本生理需求,高档时装对大多数人而言只是一种憧憬。这一时期的社会消费主要表现为:大量生产(Mass Production)、大量营销(Mass Marketing)和大量消费(Mass Consumption),即3M现象。20世纪50年代末起,随着战后经济复苏,科学技术和经济的迅速发展,工业成衣化服装大量应市,市场商品开始丰富。服装设计师的观念开始由引导时装潮流转变为适应大众流行趋势。时装已不再是富有阶级的专利品。3M现象逐渐转为多品种、小批量生产及个性化消费。表2-2所示为二战后若干国家和地区社会与服装观念的变化。

表2-2　社会发展与服装消费观念的变化

阶　段	第一期	第二期	第三期	第四期
年　份	1945—1954年	1955—1969年	1970—1984年	1985年—至今
特　点	贫穷时代	高速发展时代	稳定发展时代	信息时代
价值观	满足数量(生理)		满足质量(心理)	
需求层次	生理,稳定	社会归属	差别化	自我实现
消费意识与流行	新风貌	超短裙	品　牌	个　性
	憧憬对象	与他人同一	与他人不同	自我表现
生产方式	定　做	大量生产	差别化策略	多品种小批量生产

但是,社会发展并不平衡,发达国家与发展中国家生活水平差距依然悬殊。服装企业属劳动密集型产业,目前中低档服装生产重心已转移到劳务成本低廉的发展中国家,而发达国家则利用信息、设计、流通领域等方面的优势,在服装商品策划、服装设计和销售方面获取高附加值。另一方面,由于发达国家服装市场的商品过剩,市场风险大,竞争激烈,企业进入这一市场需要卓越的综合科学管理水平,同时在款式、色彩、面料、质量、价格及零售方法上具备鲜明特色,才能站稳脚跟,拓展销路。

美国百货店和服装专卖店的结构调整

美国的百货店和服装专卖店随着时代的发展,不断进行组织结构调整。调整的依据是以市场需求为前提，通过兼并、收购和重组使公司成为顾客购物的理想店铺，销售员工作的理想单位，股民投资的理想企业。

美国百货店 20 世纪 60 年代处于发展鼎盛期，80 年代中期，纽约曼哈顿聚集了美国最大的五家百货店。80 年代后期百货店业态逐渐出现衰退，五家美国百货店倒闭两家，被兼并和收购两家。传统的百货店经营模式已不适应时代的发展。80 年代末，美国零售业包括服装流通业开始进行结构调整。随着零售业的革新和店铺经营方式的改变，美国商务部对零售业分类重新进行了定义。第一类如 Bloomingdale's 称为高档百货店；第二类如西尔斯、JCPenny 称为一般百货店；第三类如沃尔玛等称为廉价百货店。调整的结果是服装零售业出现多样化、商品价格低廉、零售店规模缩小。

(3) 我国社会发展与消费生活的变迁

新中国成立以前，由于受几千年剥削阶级统治、封建意识的影响以及帝国主义列强的掠夺，使得我国科学文化发展迟缓，生产方式落后，人民大众梦寐以求的是有衣穿，有饭吃。新中国成立至 20 世纪 70 年代，社会经济和文化水平有了很大发展，但由于历史遗留的问题及诸多干扰因素，我国整体生活水平仍然较低。由于商品短缺，国家实行计划经济，消费品配给供应。这一时期，几十年工资基本不变，市场简单划一，工人每周工作 48 h，农民整天在农田耕地。人民大众的需求及国家要解决的第一大难题是温饱问题。

以城市居民为例，在饮食方面，当时根据不同职业每人每月供应细粮 10～20 kg，食油 0.25 kg，糖、豆制品等限量供应。一般家庭很少有电器产品，城市居民家家户户每天早起排队买菜。一年之中，仅在节假喜庆日，亲戚朋友之间才会走动；当时的企业因为实行计划经济，企业管理、技术人员几乎无交际活动，因此人们外出饮食极少，餐饮业不发达。在衣着方面，20 世纪 80 年代中期之前，由于经济和布票配给制的原因，人们希冀的着装愿望以及对时装的追求只是一种美好的憧憬。市场供应的服装商品主要体现为满足数量上的生理需求。

改革开放以来，我国国民经济快速增长。城市职工每周工作时间由 48 h 减少到 44 h，1995 年 5 月 1 日起又进一步缩短到 40 h。1978 年我国居民年消费水平为 175 元，2014 年全国城镇居民人均可支配收入 20 167 元，比 2013 年增长 10.1%，实际增长 8.0%；农村消费水平由于经济体制改革的成功，使当今亿万农民的生活已完成了由勉强度日到温饱有余的历史性过渡，已经全面实现小康的目标，农民人均消费 1978 年为 132 元，2014 年人均纯收入 10 489 元，比上年实际增长 11.2%；2014 年，我国 GDP 总量为 636 463 亿元，比上年增长 7.4%，人均 GDP 7 500 美元；2021 年，我国 GDP 总量为 114.45 亿美元，人均 GDP 达到 12 551 美元，超过世界人均 GDP 水平。①。

过去大米定量供应，人们考虑的是能够吃饱。生活水平提高后，主食米面的人均消费逐年减少，副食品增加，饮食讲究营养，美味可口，外出饮食次数增加。吃的问题解决后，人们开始关心衣着和饰品，20 世纪 80 年代废除布票制以后，人们开始追求服装的款式、色彩、面料与服饰配套，只有到了这一阶段，流行服装即时装才开始真正进入我国消费舞台。20 世纪 80 年代后期，我国消费生活重点从饮食转向服装的同时，人们开始对其他物品有了新的追求。居住环

① 中华人民共和国国家统计局. 2021 年国民经济和社会发展统计公报.

境方面的室内家具和装饰消费支出开始增加。耐用消费品方面,20 世纪 50 年代人们追求的是手表、自行车、缝纫机;60 年代是收音机、电风扇、电唱机;70 年代是电视机、洗衣机、电冰箱;80 年代是录像机、微波炉、组合音响;90 年代是电脑、空调、摄像机;进入 21 世纪后,人们在住宅、汽车、教育、健康、金融保险以及资产性投资等方面形成了新的消费热点。我国人民的消费生活正由追求数量转向追求生活质量的充实和提高。经济的发展,收入的提高,休闲时间的增加,使得生活开始富裕的人们由原来的衣食住行低水平、同一化消费发展到着重教育、娱乐、旅游等多层次、多元化消费。

服装作为现代社会生理和心理需求的商品,市场容量有限,但它的品质是无限的,衣着品质水平的高低,也从侧面反映了一个国家或民族物质文化生活的水准。经过改革开放 40 余年的快速发展,我国服装市场不会再有前些年的那种快速数量增长,但服装隐含的高附加值是无限的。服装企业在明确这一发展前景的基础上,需要对战略系统与决策、商品策划、服装设计、生产和流通过程进行科学管理,掌握消费动向,及时反馈信息,抓住时机,在服装商品生产与营销各环节中立足国内,加快进入全球服装市场,满足用户不同层次的多元化消费需求。

2.2 服装商品的需求与供给

(1) 供求关系

消费生活与社会经济发展的宏观与微观环境息息相关。过去,在科学技术不发达、市场商品供不应求的年代,消费者首先考虑的是衣、食、住、行的基本生理需求保证。这一时期企业生产什么产品,市场或消费者就接受什么,这是卖方市场。当社会经济发展到一定程度,市场商品供过于求,消费者选择余地扩大,呈多层次、多元化消费时,卖方市场转向买方市场。这时企业必须以市场需求为基点,生产消费者满意的商品,只有这样企业才能与市场同步发展。改革开放前,我国服装企业实施统一规划,统购统销,不存在危机感。而实行市场经济后,服装商品产销两旺。一方面服装商品琳琅满目,不断满足消费者不同层次的需求;另一方面,政策开放、价格放开,服装企业数量和产量剧增,企业之间竞争激烈。一些新型服装企业抓住市场发展的良好机遇,正确掌握市场即消费者需求,使企业迅速发展扩大。

雅戈尔——全国服装企业销售、利润双百强第一

雅戈尔集团前身是青春服装厂,创建于 1979 年,仅有资产 2 万元。经过 40 年的发展,逐步确立了以品牌服装、地产开发、股权投资等产业为主体,多元并进、专业化发展的经营格局。现已经成为拥有员工 5 万余人的大型跨国集团公司,集团旗下的雅戈尔股份有限公司于 1998 年在上海证券交易所上市。2021 年集团实现销售收入 1 439 亿元,利润总额 68 亿元,实现税收 46 亿元。雅戈尔品牌男士衬衫和西服连续多年居市场综合占有率第一位。

国外市场,经历了第二次世界大战后,世界经济有了快速增长,但市场发展并非一帆风顺,即使发达国家，消费市场也会受到经济环境和消费行为变化的影响。20 世纪 80 年代，西方经济稳定发展，一些发达国家高档服装消费每年以两位数增长，相当多的服装企业和专家坚信高档服装永远好销。他们认为，由于富有者购买服装的费用占消费支出的百分比很低，即使遇上经济不景气，高档服装的消费势头也不会受到影响。但 20 世纪 90 年代初开始的西方经济衰退，使得高档服装永久好销的美梦破灭。2008 年受美国次贷危机影响，美元区经济不振，对纺织服装需求受到明显抑制。发达国家消费市场连年不景气，商品严重滞销。例如，日本服装市场库存积压，高档服装零售一筹莫展，企业不得不千方百计降低生产成本或从发展中国家进口服装，减少流通环节，以此迎合消费者低价格消费趋向。

我国服装市场发展迅速，各种档次、品种的服装已能满足消费者多层次需求。但也应看到随着进入市场服装数量的扩大，市场竞争激烈；而另一方面，消费者期望得到款式、面料、色彩、质量、价格合适的服装商品仍是一件难事，市场存在供不对求现象。传播媒体、名人名牌仍起着导向作用。跟着感觉走，不切合实际的服装消费行为时有所见。例如，电视机属耐用消费品，四五千元一台的电视机，一般城市居民能够承受这一费用，并且看电视只要有有线电视网线，接通电源，不需其他配套费用即可享用。而一套与电视机同价的男式西服实际消费远非如此简单，若衬衫、领带、鞋、袜、包、表等与之配套还得花费数倍钱款；再者，考虑流行、换季以及个人气质、文化教养、饮食、居住、交通等生活环境的匹配，可想而知这种高档西服从我国目前生活和收入水准来看，不值得提倡和多加渲染。随着服装市场的进一步丰富，消费者生活观念的日臻成熟，法律法规的健全与完善，这种服装消费误区将得到改观。

(2) 消费意识

对消费者而言，收入的增加意味着消费支出上升。商品经济不发达年代，人们崇尚“节约即美德”。经济发展了，商品丰富后，企业会积极推销商品，甚至在传媒方面出现了“消费是美德”的报导。目前多层次或多元化消费是在收入普遍增加但各群体增幅不同的情况下出现的，它对消费经济的发展有一定的推动作用。目前，尽管我国国民收入近年来增幅较快，但与发达国家相比，还有相当大的差距。即使在国内，由于各种原因，城市与农村、沿海地区与内陆，甚至在城市内部经济发展并不平衡，居民收入存在较大差距。企业经营者不能醉心于“消费是美德”这一思维定向，而应树立引导理性消费、提高国民生活质量水准的思想意识。

我国解放后的相当一段时间内，由于政治经济发展不平衡，市场商品供应短缺，国家实行配给制。人们消费生活以数量满足及同一化为主，着装单调划一，生活水平处于低水平状态。生活富裕后，人们开始在衣食住行方面追求差别化产品和流行生活方式，对服装款式、色彩、质地及配套上的差别欲望强烈。收入差距的拉开，消费意识亦不尽相同。

① 纵向意识——在服装差别化方面，着装者为了比周围的人更突出，穿着新颖、高价的服装款式，强调自我优势。这种追求高档高价与一般消费者截然不同的消费意识，在发达国家曾有一定市场。我国改革开放后，也出现了一些披金挂银，一身名牌，出入高级餐饮宾馆的高收入、高消费者，这种纵向消费意识有一定的社会市场。

② 横向意识——在服装差别化方面，着装者淡化自我优势，以表达一种与周边人群相区别而存在的平等意识。在选择服装方面，并不一味追求高价商品，而是表现自我个性的品味，即与自我人格归属相一致。流行商品不等于高档商品，比如，牛仔服装是一种大众商品，无论男、女、老、幼，工薪阶层或豪富、总统都爱穿着，是一种长年不衰，大众价格的流行服装。20 世纪 90 年代，各种休闲装市场迅速崛起，一些大企业甚至规定周五上班可穿休闲装替代正装。

这些合理消费、圆润生活质量的变迁是横向消费意识的现实写照。但 2002 年，美国因为经济不景气，大公司开始取消周五休闲着装规定，意图以职业装更好地树立企业形象，为顾客服务。

(3) 生活必需品与非必需品

在消费商品种类中，一类是生活必需品，另一类是生活非必需品。在饮食方面花费成千上万吃一桌宫庭御膳不一定是必要的，但没有食物补充能量，生命就不能维持，从这一意义上讲，饮食是必需品；同样道理，花费几千元购买一套西服，从我国目前一般生活水准来看不值得推崇，但若没有合适衣物，人体难以保暖遮羞，不适宜外出工作或参加社会活动，从这一点来看，服装是必需品；居住方面，豪华别墅暂且不论，若没有栖身之处，就不可能遮避寒露和安心睡眠，因此，住房安居也是一种生活必需品。

另外，女性去美容院进行美容是为了演绎不同的美好造型，时而艳丽，时而清秀；大学生接受高等教育是为了提高修养和掌握技能以期进入高质量文化生活的境界，这些消费与维持生命和基本生活无关，属非必需品支出。此外，旅游、娱乐、营养品、邻里或朋友的交际费用等非必需品费用支出也是现代家庭消费支出的组成部分。今后，我国民众消费支出方面，除了必需品外，休闲娱乐和美化生活的消费将逐渐增加。

服装除了满足着装者的生理需求外，现代生活中，人们将更多地关心与社交活动有关的心理需求。出席学术会议，参加婚礼等社交礼服的需求将会增加，即人们的需求已转向个人生活以外的社会生活。随着国民收入的增加，服装支出绝对额逐年增长，但占消费支出的百分比却在下降。工作效率提高，工作时间缩短，休闲时间增加，从温饱迈向小康，第三产业的大力发展，这些都反映了我国消费生活正在发生质的变化。为了适应这种生活质量的变化，企业供给市场的商品将出现两大分类：

① 生活必需品——通常店铺设置在居民住宅区附近，消费者购买商品时，不需要花费很多时间和精力。这种店铺日常生活必需品种类齐全，价格适宜。上海市政府 20 世纪 90 年代提出利用原来的粮油杂货店，每年分期改造为连锁超市或便利店，这些商店一般两三间门面，主要供应日常生活所需物品，商店开架，整洁明亮，除了食品与日常生活用品外，也包括出售内衣裤、袜、轻便鞋、休闲装等，这些店铺商品经济实惠，深受市民欢迎。2001 年上海市超市总数已达 2 020 家[①]，至 2008 年末，全市连锁商业网点达到 12 608 家。其中，连锁超市门店 3 078 家，便利店 4 135 家[②]。2022 年末，限额以上批发零售企业达 16 699 家[③]。国外连锁便利店发展迅速，如源于 1946 年的 7-ELEVEn 便利店由一家跨国集团开创，当时店铺营业时间由上午 7 点至晚上 11 点。时至今日，7-ELEVEn 为提供更佳服务，已改为 24 h 年中无休营业，经营 3 000 余品种。截至 2021 年，7-ELEVEn 全球门店已超过 7 万家。

② 非必需品(生活享受品)——休闲时间的增加，物质生活的改善和合理安排，消费者选购生活非必需品将集中在百货店、专卖店或购物中心。闲暇日，人们去主要商业街选购耐用消费品如家用电器、家具等，或去服饰店选购时装、饰品时，要花费精力、时间和财力，但它是一种生活乐趣和享受。这些商店商品种类繁多、服务设施齐全。消费者购物累了，在购物中心或商业街有不同形式的餐饮店和娱乐设施供消费者休息、用餐或进行文化活动。这是现代消费生

① 上海年鉴 2002:224

② 上海统计局. 2008 年上海市国民经济和社会发展统计公报, 2009. 3. 1.

③ 上海统计局. 2022 年 4 季度统计数据.

活质量的组成部分。

销品茂(Shopping mall)

原意为"大型零售业为主业,众多专业店为辅助业态和多功能商业服务设施形成的聚合体"。后来概念外延扩大,超出零售业,虽然定义有些模糊,但是销品茂模式成为规模大、功能齐全、环绕某种中心行业,集购物、娱乐和其他商业服务、文化功能于一体的全方位服务平台。

服装企业应正确认知消费者的不同需求,根据企业自身的市场营销环境,制定合适的商品计划和经营方针。高档服装商品,市场容量少、消费者有限,技术、管理、品牌知名度要求高,经营得当,附加值高;中、低档服装市场潜量大,企业若能树立鲜明的服装特色,建立合适的销售渠道,同样有利可图。目前,服装市场必需品和非必需品在数量上已趋于饱和,但从消费者真正需求来看,仍存在不少缺口。倘若一味追求高档化、时装化而又无合适的管理和技术人才,与消费者真正的需求相悖,则企业将陷入数量和价格的无序竞争而不能自拔。

2.3 营销环境的演变及营销导向

(1) 营销环境的演变

① 计划经济时代

20 世纪 80 年代之前,我国实行计划经济,服装企业主要经营模式如下:

a. 外销——服装工厂由外贸公司下达来料来样加工定单或由服装工厂向外贸公司和外商提供企业设计的样衣,外商选中后再组织生产。服装批零企业与这种生产方式无关。通常这种企业被称为服装工业企业,主要起生产加工作用。

b. 内销——服装工厂根据政府和上级主管公司的计划指标,进行设计、生产,以出厂价全部转售给批发或零售企业,这些商业公司在城市被称为服装鞋帽公司,由它们组织批零销售。

由于计划控制,外贸、工业、商业企业各管一方,相安无事。

② 市场经济阶段

改革开放后,商品经济快速发展,原有的生产经营环境发生了巨大变化。

a. 生产企业大量增加——由于收入和生活质量的提高,服装市场需求量迅速增长;这一时期,国家实行服装价格放开,加之服装技术含量相对较低,投资少,见效快,于是,多年来各行各业大办服装企业。乡镇、私营、三资服装企业迅速崛起;外贸公司自筹资金办服装联营厂;服装生产企业进军批零业,开办服装品牌连锁店;商业企业向上游延伸,出资设立服装加工厂,等等,由此形成服装产供销企业相互渗透、交融的局面。

b. 经营体制和机制——改革开放后的国内市场,一方面,服装商品的种类与数量从短缺到丰富,逐步满足了多数消费者的需求;另一方面,由于市场经济刚刚起步,市场有序竞争的机制尚不完善,企业和市场自控自调能力不足。传统服装企业,虽在技术、质量上有优势,但长年形成的计划经济模式和经营机制适应新的市场环境困难,企业以来料来样加工为主要经营方式;同时,由于新增了大量服装企业,市场竞争激烈,订单获利减少;转向内销市场,又因市场预测和营销能力不足,风险大,传统服装企业经营困难。新型企业因初创期能适应市场需求,往往发展较快,但也存在"二次创业"、管理规范和人才合理使用等问题。

c. 服装消费——面对各种档次和价位的服装,消费者开始具备一定的商品鉴别能力,购物时货比三家,理性消费意识增强;同时,消费者对价格昂贵的高档服装潜意识的习惯于过去的购物模式,新的买衣难与卖衣难同时存在。

d. 服装销售——目前的服装市场,沿袭计划经济时代的统购统销模式已不足为取。在大、中城市的百货商场,服装商品销售取而代之的是以引厂进店或厂店联销的方式为主。实际销售中,这种代销方式对服装企业(供货商)压力大,由于销售剩余的服装将退还给服装企业,即由供货企业承担经营风险;但另一方面,承担风险的服装企业在信息及时反馈和定价策略上握有主动权。因此,这种方式在今后仍将继续存在并发挥作用。在小城镇和乡村,服装批发企业起着桥梁作用,新型批发市场发展较快,而传统的服装批发企业由于体制或机制上的原因,呈萎缩状态。

市场商品从短缺到丰富,过去那种排队购买商品或托人开后门获取紧俏商品的现象已很少见到。第三产业稳步发展,促进了市场进一步繁荣。大型高档商场、超级市场、连锁店、便利店、网购如雨后春笋般开设,使消费者的需求有了更好地满足和选择余地。同时,也应看到,新型商业业态的发展,一方面对消费者是一种需求补缺,另一方面对传统的商业体系也是一种冲击和压力。即使新型的服装业态或企业,也有不断完善的过程。如大卖场和品牌服装的连锁业态是今后服装零售的发展方向,统一进货,统一配送,店铺的硬件设置和服务质量的软件配套,都有一个从形似到神似的实践过程。我国加入"WTO"后,企业面临新的机遇和挑战,营销管理者必须及时了解经营环境的变化,开发既能符合国情又能与国际接轨的营销系统、渠道、策略以及人才培养方案。在激烈的市场竞争中,服装品牌必须推出独具风格的商品,健全完善的售后服务体系,逐步形成忠诚客户群,由此促进企业经营始终处于良性循环态势,争取最佳经济效益。

(2) 营销导向

企业的营销活动,同人们的日常活动一样,总是受一定思想的支配。"物质决定意识,存在决定思维",商品经济发展水平决定着企业的营销导向。例如,我国过去服装制作以手工缝制为主,而现在工业化成衣服装已占市场主导地位;生产方式正由劳动密集型向技术密集型或资本密集型转变,服装市场商品丰富。生产力不断由低向高发展,经济水平也随之提高。生产与交换方式的变化,客观上使企业的营销导向经历了生产导向、产品导向、推销导向、纯市场导向、被动性社会市场导向和主动性社会市场导向六个阶段。

① 生产导向

企业将全部资源致力于生产,经营重点是增加产量和降低成本,很少顾及产品质量提高、品种配套及推广。早期资本主义市场和我国改革开放以前的"以产定销"方式属于这一导向。

这种导向的客观环境是产品求大于供,因而顾客关心的是能不能得到这种产品,而不是关心产品的细微特征。如 20 世纪 70 年代以前,我国商品短缺,成衣上市量小,紧缺商品凭票供应,企业生产什么,消费者只能接受什么。服装生产企业主要是设法扩大生产,以满足市场上数量的需求。当商品供应逐渐增多,企业再维持这种导向就会陷入困境,甚至无法生存。

② 产品导向

企业主要精力用于抓产品的质量、性能与特征等方面的生产活动,致力于生产高价商品。

这种导向在市场经济起步阶段，容易被采纳。但这种导向较少重视产品品种、式样、功能和创新，更不注意消费层次分析，多渠道分销及促销工作。

北京、上海在 20 世纪 80 年代初期的服装市场上曾出现过 28 元的 T 恤衫无人问津，改为 128 元或 280 元被抢购一空的现象，是这一时期产品导向和纵向消费意识不成熟的表现。

③ 推销导向

企业经营重视抓推销活动，工作重点放在推销员管理、商品广告与销售渠道方面。目的是劝诱或促进顾客购买，使企业已有产品得到社会认可。当市场供给商品量大于市场购买力(并非大于市场实际需求)，卖方之间激烈争夺销路。企业往往采取劝诱客户购买，实施搭配推销，加大广告投放力度等手段，以销售保生产、保利润、保生存。这种以生产为起点，于生产后强力推销的导向实际上还是生产导向。

我国目前仍有一些服装企业采用这一导向，若不迅速扭转，这种强行推销的方法将会逐步失去市场。

④ 纯市场导向

企业首先调查、确定品牌的细分市场和目标顾客，根据目标顾客的需求，集中企业的一切资源与力量，以协调生产、销售和促销等活动，尽量使顾客获得相对的满意，从而获取利润。但企业较少考虑影响营销的社会、环境等因素以及消费者长远的利益。

服装商品大部分属非耐用消费品，表面上看与消费者长远利益无关，但若企业实施纯市场导向，尤其服装市场价格放开后，消费者对服装质量和价格特性一时难辨真伪，若以满足顾客现时的需求而高价推销，虽能获得一时高额利润，但这并不是长久之计。随着顾客消费水平、辨别鉴赏能力的提高，这种企业或服装商品最终难以在市场持续发展。20 世纪 90 年代风靡一时的砂洗服装、羊毛内衣裤、保暖衬衫等，市场利润高，企业一哄而上，盲目生产，由于穿着、使用、保管问题及性能、价格扭曲，这些服装在市场上的占有率很快下降。在发达国家，20 世纪 90 年代起，由于经济不景气，高档高价服装商品并不好销。

⑤ 被动性社会市场导向

随着市场经济的发展，企业被迫考虑社会利益和消费者长远利益，由此集中人力、财力、物力，协调企业的产、供、销活动，尽量使目标顾客满意，同时获取利润。

我国政府制定的《产品质量法》《保护消费者权益法》《反不正当竞争法》《反暴利欺诈法》《关于商品和服务实行明码标价的规定》和《劳动合同法》等，迫使企业在营销活动中考虑社会利益和消费者的长远利益，这些法律法规保护了消费者利益，也保护了合法企业的市场营销活动。

我国服装业虽然发展迅速，但也应看到，在营销方面被动执行政府法律法规的企业较多，而主动考虑社会效益或消费者长远利益的企业较少。

⑥ 主动性社会市场导向

企业为了自身利益和持续发展，主动优先考虑社会效益和消费者长远利益，研究、适应或改变企业外部和内部环境因素，发现、改变和创造市场需求，竞争与协作并重，进攻与防御并举，以全方位的整体营销活动，使目标顾客在近期、远期均感满意，使企业获得可持续发展和良好的社会和经济效益。

“杉杉”、“古今”、“培罗蒙”等服装品牌企业为社会公益开辟了报纸专栏服务。北京红都服装公司内联外引，组建了服装集团公司，打破了贸易保护壁垒，获得了内外市场的营销成功。

实践证明:企业不分大小,若要生存、发展,只有奉行主动性社会市场营销导向才能获得可持续发展。

2.4 服装与社会环境

(1) 服装起源

服装自诞生之日起发展至今,一直带有深刻的社会环境烙印,各种有关服装起源说阐述了人类着装的原始动机。

起源说之一:美国动物学家D·莫瑞斯认为,遮羞是服装产生的早期动机。人类直立行走,无论干什么,每时每刻都面对他人的阴部,以某种简单物件遮羞是早期文明的一大发展。

起源说之二:中国历史学家吕思勉(1884—1957)认为服装起源的原始动机在于吸引异性,在一篇关于衣服的专业论著阐述到:“衣之始,盖用以为饰,故必先蔽其前,此非耻其裸露而蔽之,实加饰焉以相挑诱。”

起源说之三:服装的起源可能是出于人类对身体保护的动机,防御自然界对人体的伤害,如日晒雨淋、严寒、暴风、风沙等侵袭。

起源说之四:认为服装起源于人类的爱美之心。服装的原始表现是人类装饰。人体装饰是为了满足人类本能欲望而产生的。

在诸多服装起源说中,各种观点并行,并没有一种定论,但最基本的一种解释:服装是作为避寒遮羞之物而出现的。但即使是这种最基本的功能也会受社会文化影响,而并非是人类本能的体现。换言之,即使人类选择服装作为避寒遮羞之物这一简单过程也是一种社会活动,会受到社会环境的影响。

(2) 社会环境对消费者服装选择的影响

作为消费者个人,除了自身之外的一切都将构成其生存环境,既包括有形的物质世界,又包括无形的精神世界。这一环境的构成十分复杂,涵盖了自然环境、政治和法律环境、经济环境、人口环境、社会和文化环境、民俗和习惯等各个方面,以致消费者的服装选择受到以上诸多因素的综合影响,而成为一个非常复杂的决策过程。

虽然消费者的个性特征与服装选择的决策过程有密切关系,但更多的影响来自社会环境因素。即使是消费者的个性特征也不是在真空状态下形成的,而是基于整个宏观和微观环境条件逐步形成的。

社会学家认为,人类最基本的社会倾向是形成与群体期望相符的共享习惯和理想,因为唯有如此,个体才有可能得到所在群体的认同和赞许。也唯有如此,个体才有可能在整个社会中使个性得以实现。因此,个体的一切行为都不可避免地受到社会环境的影响,而作为最能反映消费个体并得到群体认同的服装选择更会受到社会环境的制约与影响。

① 自然环境对服装选择的影响

我们生活的这个地球是如此之大,而自然条件又是如此之多变:既有严寒难挡的冰川雪地,又有酷暑难熬的热带沙漠;既有阳光灿烂的地中海流域,又有潮湿寒冷的南北极地。如此多样的气候条件,决定了人们衣着的丰富多彩。生活在寒冷冰雪地带的爱斯基摩人为了御寒,要裹上厚厚的动物皮毛;而生活在热带沙漠的沙特阿拉伯民众,为了免受强烈阳光和风沙的侵害，需要佩戴头巾，穿着宽松布袍。自然环境的差异是服装设计多样化的重要因素之一。

随着现代社会市场和工业化的发展，世界各国正面临着环境污染日益严重的社会问题，于是各种要求增强环保意识的呼吁日胜一日，而这种环保活动也影响了人们日常的服装选择。由于人们环境保护和可持续发展意识加强，导致人们呼吁热爱大自然，保护大自然，继而又出现了各种各样的环保色，而人们对服装款式的追求也趋于简洁，对服装选择趋向自然和绿色纤维，力求自然本色。

绿色消费：健康生活和消费模式的重要方向

绿色消费，是各类消费主体在消费活动全过程贯彻绿色低碳理念的消费行为。

国家发改委、工业和信息化部、商务部等部门共同发布《促进绿色消费实施方案》（简称《方案》），在促进消费各领域全周期全链条全体系深度融入绿色理念方面作出详细部署，旨在推动中国绿色消费再上一个新台阶。

《方案》提出要面向碳达峰、碳中和目标，增强全民节约意识，反对奢侈浪费和过度消费，扩大绿色低碳产品供给和消费，完善制度政策体系，推进消费结构绿色转型升级，加快形成简约适度、绿色低碳、文明健康的生活方式和消费模式。

借助数字技术，通过电商平台帮助消费者实现资源充分利用。作为 C2C 闲置交易平台和趣味生活社区，闲鱼平台近年来持续走热。消费者可以通过闲鱼平台获得回收、以旧换新、闲置寄拍等多种服务，从而实现各类闲置产品的有效流转。据闲鱼平台相关负责人介绍，截至目前，闲鱼用户超 3 亿，每年挂闲鱼的物品超过 10 亿件，“把浪费变消费”已成为闲鱼用户的共识。“我们正根据《方案》的指导和要求，进一步发展家电、手机、数码、服装、二手车等二手闲置交易，加强信用和监管体系建设，完善交易纠纷解决规则。今年闲鱼不仅将探索建立绿色消费统计制度，为用户提供碳积分权益兑换等服务，还将上线多个品类的 AI 智能检测服务，降低闲置检测门槛，提高闲置流通效率。”

国家市场监管总局认证监管司副司长薄昱民介绍，近几年市场监管总局优先选取与消费者吃、穿、住、行、用密切相关且对人体健康和生态环境影响大、具有一定市场规模、国际贸易需求旺盛的产品，制定绿色产品标准并开展认证。目前已印发了 3 批绿色产品评价标准清单及认证产品目录，将 19 类近 90 种产品纳入认证范围，覆盖有机绿色食品、纺织品、汽车摩托车轮胎、塑料制品、洗涤用品、建材、快递包装、电器电子等产品。下一步，市场监管总局将不断完善绿色产品标准供给，促进和带动绿色消费。

资料来源：中国政府网. http://www.gov.cn/zhengce/2022-02/22/content_5674933.htm

② 政治和法律环境对消费者个体服装选择的影响

人们总认为服装选择只是个体的自主行为，与政治和法律不会发生瓜葛。但是，只要消费者个体生活在社会里，那么他（她）的一言一行都必将受到政治和法律的约束，服装选择自然也不例外。

在中国漫长的封建时代，统治阶级用严格的清规戒律约束人们的穿着以体现等级差别。以统治中国近三个世纪的清朝为例：当权者强迫所有的中国男性按照满族的样式梳理头发，剃去前额和两边的头发，将顶部头发编织成一条长辫，拖至后背；庆典服装和日常穿着都有规定样式，所有女子都被要求按照满族传统样式穿着；服饰不同的色彩、图形花纹更是身份、地位的印记。

在国外，查理九世（瓦卢瓦王朝国王，1560—1574年在位）统治时期的法国，也有类似的情景。统治者规定只有上等阶层的贵妇人才能穿着丝绸衣物，携带毛皮手筒；裙撑的宽度以及使用多少装饰品须根据穿着者的身份和地位而定。

在新中国成立初期，民众穿着中山装、列宁装等单调、宽松的制服，以此标示民族解放和革命精神。

用法律制约人们服饰选择的另一种表现形式是限制消费法令的颁布，多发生在战争年代或是经济萧条时期。20世纪40年代，由于第二次世界大战的爆发，许多国家都被卷入这场大战。战时物资十分匮乏，一切都必须优先满足军需，而纺织服装是重要的军需物资，于是各参战国相继颁布了形式多样的《节约法令》，限制平民使用消费品，包括纺织服装的消费。这一时期的服装风格简约，廓形平直，军便式西装女套裙盛行。

直至今天，各种政治和法律制度还在影响着人们对服装的选择。在非洲一些国家，官方禁止超短裙、超短裤和带V字领的裙装；这项法律不允许有例外，即使是外国妇女，只要裙摆高于膝盖一定尺度也将和本国妇女一样被课以罚金。

由此可知，无论古今中外，人们在选择和穿着服装时，虽有着自己的嗜好，但必须以政治和法律环境允许为前提。

③ 民俗和社会习惯对消费者个体服装选择的影响

习俗是民众日常生活、做事的准则或方式，虽不一定要求严格遵循，但一般蕴涵着深植于传统的社会习俗。许多社会习惯最初都与宗教规则或宗教习俗相联系，因此带有某种尊严。

人们的穿着习惯往往世代相传、在漫长的历史进程中逐渐建立起来。对历史的崇敬使人们保持着与过去时代有关的荣誉，社会传统通过服饰的象征性意义而得以发扬光大。最能表明身份、习俗和历史的是民俗服饰形式。

随着现代社会交往的不断扩大，各国民众的服饰差异日益缩小，尤其城市青年人的服装几乎没有区别。尽管人们已接受了外来服装，但传统服饰仍是民众的喜爱，如中国的旗袍、日本的和服、印度的莎丽等，都带有鲜明的民族色彩。

在各种重大仪式上，人们依然认为传统的服装更能体现庄重，最明显的表现莫过于传统的结婚礼服。如韩国和日本民众中很大一部分仍以传统民族服装作为婚礼服，即便这些服装穿着并不舒适，然而祖祖辈辈流传下来的习俗必须继续传承和沿袭下去。自20世纪70年代以来，许多传统的穿着方法已越来越受到现代文化的挑战，但它们对现代人服装选择依旧具有影响。人们在逾越常规进行服装革新时，总是力图不要背离传统太远，以免受到批评或强烈的谴责。

④ 社会文化环境对消费者个人服装选择的影响

人们赖以成长和生活的社会形成了民众的基本信仰、价值观念和生活准则，并且几乎是自觉或不自觉地受到人们相互之间、与自然关系等社会和文化环境的约束。在一个社会中生活久了，必然会逐渐形成特定的文化烙印。某一社会中人们所持有的核心信仰与价值观念具有高度的延续性，这些核心信仰与价值观念往往是子女从父母那里继承来的，并由社会的各种机构——学校、宗教团体、工作单位和政府——予以进一步强化。

消费者对各种商品的喜好受所属民族、宗教、种族和地理等社会文化生活环境的影响。同样,这些因素也将影响消费者对服装的选择。

a. 文化——对消费者行为具有广泛和深远的影响。文化是人类欲望和行为最基本的决定因素,低级动物的行为主要受本能的控制,而人类行为的大部分是学习、实践而来的,生活在社会中的人通过家庭和其他社会活动能学到基本的价值、知觉、偏好和行为等知识、观念或意识。

b. 亚文化——每一种文化都由不同亚文化组成,即通过有着共同价值观念体系所产生的共同生活经验或生活环境的人类群体所组成。亚文化群体分四种类型:民族群体,如汉族、藏族、维吾尔族等,每个民族都有自己的趣味和习俗文化;宗教群体,如佛教、道教、天主教,表现出与其宗教信仰相关、与其特有的文化偏好和禁忌相联系的亚文化;种族团体,在一些国家和地区十分显著,如黑人和白人,有各自特有的文化风格和习俗;地理区域群体,如东北三省、西藏、海南等,由于地理区域不同,也有各自不同生活方式特征的亚文化。

c. 健康与休闲——追求身体健康是人们一直持有的核心文化价值观念,但是健康的内涵不断变更,现代人认为注重身体健康应参加各种体育活动,减少身上多余的脂肪,于是各种运动、休闲服盛行。此外,休闲服的流行除了人们注重体育运动之外,还因为人们的价值观念、生活态度正在转变。现代生活节奏快,人们在高度紧张的工作学习之余,希望能暂时摆脱快节奏生活的压力,回复到轻松、悠闲的自然环境中,而休闲服能满足这样一种心理需求。清新的色彩组合、自由简洁的款式、宽松自如的尺寸、柔软舒适的天然纤维面料,体现了现代都市人厌倦高楼喧嚣的生活,渴望回归自然的心态。

d. 个性化——社会的主要文化价值观念通过人们与自我的关系、与他人的关系以及与各种社会机构、社会、自然及宇宙的关系表现出来。现代社会的民众非常注重自我价值的实现,渴望个人在被群体赞同和认可的前提下又能使个性得以体现。服装是实现这一意识的行之有效手段之一。于是,人们在服装方面越来越倾向标新立异,不愿与别人穿同样的衣着,在寻求流行的前提下,力图穿出自己的个性和品味。

e. 生活方式——反映人们对所处社会和生活的态度。着装者的生活方式可以分为六类:创造、保守、捞取、变革、追求或逃避。不同生活方式的人群对服装的选择是不同的:创造者卓有成就,集中了各种成功的标志,因而喜欢穿讲究的服饰;而变革者生活简朴,不讲究衣鲜照人,等等。

f. 社会阶层——人类社会存在着不同的阶层或层次。有时以社会等级形式出现,不同等级的成员被赋予一定的角色,而且很难改变他们的等级成员资格;然而更为常见的层次是以社会阶层形式出现的,每一阶层成员具有类似的价值观、兴趣爱好和行为方式。在服装选择方面,各社会阶层显示出不同的产品、价格和品牌等偏好。

g. 参考群体——消费个体的购买决策行为还会受到一系列社会因素的影响,如参考群体、家庭和社会角色与地位等。由于人们总是希望得到群体的赞同和认为,希望找到自己的人格归属,因而个人的行为总是受到诸多群体的强烈影响。这些参考群体中既包括属员群体、崇拜群体等。属员群体如学生受成员群体的影响大,他们希望穿着被同伴认可的服装;许多人在选择服饰时总是将家庭其他成员或朋友作为参谋,希望自己的服装能够得到他们的认同。

若干发达国家社会阶层和他们对服装选择的特征

① 上上层(不到1%):上上层继承有大量遗产、出身显赫的达官贵人。由于这一群人不喜欢炫耀自己,因此选择的服饰常常比较保守。

② 上下层(2%左右):上下层的人由于在职业和业务方面能力非凡,因而拥有高薪和大量财产。他们中有些是暴发户,因而在服装方面趋于摆阔挥霍浪费,喜欢穿一些顶极品牌的服装。因为这一阶层人的志向是期望被纳入上上层,在未实现之前,他们往往借助于高档服装和珠宝首饰来提高自己的地位。

③ 中上层(占12%):这一阶层的人既无高贵的家庭出身,又无多少财产,他们关心的是“职业前途”,注重教育。这一阶层的人善于构思和接触“高级文化”,因而追求服装品质优良,能够体现穿着者独特的个性。

④ 中下层(占30%):这一阶层包括白领工人、灰领和高级蓝领,他们追求“体面”,具有认真工作的习惯,并恪守社会规范标准。这些人重视家庭,喜欢保持清洁和漂亮,因而喜欢整洁的衣着服饰,而不喜欢华丽花哨。

⑤ 下上层(占30%):属于技术工或半技术工的蓝领阶层,他们谋求有一定的地位,追求安全。这一阶层的男性,有一种强烈的“大男子主义”形象,往往是各种体育运动的发烧友和参与者,因而喜欢粗犷、简洁、牢固的服装。

⑥ 下下层(占25%):他们在社会最低层,包括那些教育程度较低,无技能的劳动者。这些人经常失业,靠某种社会资助度日,常居住于贫民区,这些人购买服装时只求生理需求,很少考虑品位和心理需求。

民众的崇拜偶像

日本著名影星山口百惠的电视连续剧《血疑》曾经红遍了整个中国,也成了无数女孩的崇拜偶像,少女们都梦想能成为像幸子(剧中角色名)那样的姑娘,而少男们的梦中情人也是幸子。于是乎,剧中山口百惠所穿的衣服一下子成为无数女孩争相效仿的服装,大街上到处飘逸“幸子裙”。并非只有少女们爱模仿偶像们的穿着,崇拜着运动健将的男孩子同样喜欢套上芝加哥公牛队的运动T恤。也并非只有青年人有崇拜性群体,即便是中老年人也有此种倾向。20世纪60年代初期,从7岁至70岁的西方女性都仿效杰奎琳·肯尼迪的丰姿和服饰。

一个人在一生中会参加许多群体,然而每个人在各群体中的位置可以用角色和地位来确定。角色是周围环境赋予个人的要求,是指个人在各种不同场合中应起的作用。而一个人同时扮演的不同角色都将在某种程度上影响他的购买行为。每一个角色又都伴随着一种地位,这一地位反映了社会对他的总体评价。由于各种消费品已成为个人地位的标志,所以消费者总是小心地选择与自己地位相配的产品,如交通工具、家庭装饰、服装等。

⑤ 经济环境对消费者服装选择的影响

经济高速发展的国家总是伴随着对高档、流行服装的强烈需求;当一个国家的经济不景气时，服装的市场销售不稳定，这不仅由于经济萧条时人们收入降低，也由于人们似乎不知道他们真正需要的是什么。因此，在经济衰退时，人们总是选择保守或是至少他们认为可以保有时间较长的服装。

市场是由具有购买力支持而又具有购买欲望的、潜在的和实际的消费者构成，这类人越多，市场的规模也就越大。也即，购买力是构成市场和影响市场规模大小的一个重要因素，但整个购买力即社会购买力又直接地或间接地受消费者收入、价格水平、储蓄信贷等经济因素的影响。消费者用于服装和其他商品的货币支出取决于收入。

但必须强调"货币收入"和"实际收入"的区别，因为只有"实际收入"真正构成消费者的购买力。影响消费者实际收入的因素构成如下：

a. 通货膨胀——当消费者货币收入保持不变时，由于通货膨胀的存在，人们的实际收入就会下降，因此导致社会购买力下降。一般情况下消费者个人货币收入增长和通货膨胀是并存的，当通货膨胀率高于收入增长率时，产生的结果是消费者购买力下降。

b. 经济衰退——经济衰退是以消费缩减为起点的一种经济周期波动现象。在这种情况下出现的是生产力压缩、失业率提高、国民生产总值下跌。而失业率的提高反过来又会加剧经济衰退的变化。

c. 国际货币汇率——当一国货币相对于其他国家货币较为坚挺时，该国货币就有能力购买更多的进口商品。同时，该国国内企业亦会面临进口商品强有力的竞争。反之该国货币贬值时会促进该国商品的出口。

个人收入的分类

个人收入——包括消费者个人的工资、退休金、利息、租金、赠予等收入。消费者的购买力来自个人收入，它是影响社会购买力、市场规模大小以及消费者支出和支出模式重要的因素。

可支配收入——消费者并不是把所有个人收入都用来消费，购买力只是来源于收入的一部分，即可支配的个人收入。可支配收入由个人收入扣除税收所剩金额构成。

任意支配收入——指可支配收入减去消费者用于购买食品、住房和其他生活必需品的支出和固定支出所剩下的那部分收入。很显然，当消费者可任意支配的收入增加时，他用于各项商品的支出就会增加，其中自然也包括在服装方面的开支，表现形式是追求服装的流行性，而不是把服装的耐用性作为首选。

恩格尔定律(Engel's Law)——德国统计学家欧内斯特·恩格尔根据对美国、法国、比利时家庭收入支出的调查研究，发现了关于工人家庭生活变化与各方面支出变化之间比例关系的规律性，即"恩格尔定律"：

a. 随着家庭收入增加，用于购买食品的支出占家庭收入比重(即恩格尔系数)下降；

b. 随着家庭收入增加，用于住宅建筑和家务经营的开支占家庭收入的比重大体不变(其中燃料、照明、冷藏等支出占家庭收入的比重会下降)；

c. 随着家庭收入增加，用于其他方面的支出(如交通、娱乐、卫生保健、教育等)和储蓄占家庭收入的比例会上升。

联合国提出的划分贫富等级①：恩格尔系数 30%以下为最富裕；30%～39%为富裕；40%～49%为小康；50%～59%为勉强度日；60%及以上为绝对贫困。

这一规律在我国的经济生活中也是显而易见的，表 2-3 所示为主要年份上海城市及农村居民家庭人均消费性支出统计数据。近年来，随着人民生活水平的不断提高，食品在消费者收入中所占的比重逐步减少，而用于教育、休闲等方面的开支呈上升趋势。

表 2-3　全市居民消费支出及构成(2017 年～2020 年)

指　标	2017 年	2018 年	2019 年	2020 年
消费支出构成(%)	100.0	100.0	100.0	100.0
食品烟酒	25.1	24.7	24.0	26.4
衣着	4.4	4.7	4.5	4.0
居住	34.5	32.8	33.0	35.9
生活用品及服务	4.6	4.8	4.7	4.9
交通通信	10.2	11.3	11.7	10.7
教育文化娱乐	11.8	11.6	12.1	8.6
医疗保健	6.5	7.1	7.0	7.1
其他用品及服务	2.9	3.0	3.0	2.4

注：因指标口径调整，“食品烟酒”占“消费支出”比重与历史数据不可比。
(资料来源：2021 年上海统计年鉴)

(3) 社会环境对服装企业营销的影响

社会环境影响消费者对服装的选择，而消费者又是构成企业目标市场的基本单元，因而社会环境将不可避免地影响企业的市场营销活动。无论是在经济不景气年代，还是经济繁荣年代，社会环境常常会不时地出现一些新的机会，但也会给企业带来挑战。

同任何企业的营销活动一样，服装企业的社会环境包括市场营销不可控因素(外部)和可控因素(内部)，又可以分为企业经营的微观环境和宏观环境。这些因素影响着企业管理者发展和维持同目标顾客进行成功交易的战略决策和营销策略的制定。由于社会宏观环境对企业来讲是不可控的外部力量，但它又对企业的微观环境发挥着作用。因此，关键在于企业的管理和营销人员应及时了解营销环境的变化信息，密切把握环境变化的趋势，才能掌握全局，运筹帷幄。

① 人文环境

市场营销人员需要了解人口环境因素，因为是由人组成了服装消费市场。市场营销人员在制定营销计划时应了解目标市场或地区的人口分布规律、人口密度、流动趋势、年龄构成、出生率、死亡率、结婚率、人种、种族、宗教结构以及收入等信息，通过分析研究，提出方案和应对策略。

世界人口爆炸性增加是世界各国极其关注的一个大问题。《2007 世界人口状况报告》中指出：全球人口已达 66 亿，其中，中国 13.23 亿人是世界第一人口大国，印度第二位有 10.95 亿人口。一方面，世界服装市场随着人口的增加而迅速扩大，但由于人口的扩张主要集中在发展中国家，所以全球服装市场份额的增加主要来源于发展中国家，而且这些国家的消费者购买力主要集中在中低档服装消费上；另一方面，发达国家 21 世纪初经济普遍不景气，服装市场竞

① 赵旻主编. 国际市场经营辞典. 南开大学出版社，1994：163.

争激烈，价格逐年走低。如前所述，我国是全球最大的服装生产国和输出国，占世界五分之一人口的中国民众又是一个巨大的潜在消费市场。对国内单一服装企业来说，由于受资源限制，不可能满足国内外所有消费者的衣着需求。因此，通过人口细分，正确进行市场定位、选择目标市场十分必要。例如，世界人口年龄结构普遍老年化，老年人市场变得越来越具有吸引力。这一代老年人比过去几代人更懂得生活享受，更注重身心健康，体育活动对他们极具吸引力，因而老年人的运动服、休闲服将成为一个不可忽视的市场。

每一个细分的人文环境因素对为这一消费群体服务的产业具有举足轻重的意义。比如，人口结构对服装流行会产生巨大影响。第二次世界大战后的新生代 baby boomer（婴儿潮）人口结构主体是 20 世纪 80 年代经济和服装消费的重要部分。在这一群体中，越来越多的妇女参加工作，并担任管理职位。这种趋势不仅改变了妇女地位，也影响了她们的衣着习惯和方式。与此同时，这一年龄段的男子更多地参与家务劳动和休闲活动，相应地也会需要和接受各种家居服和休闲服装。

② 自然环境

自然环境可能给企业创造市场机会，又可能给企业带来挑战与威胁。自然环境决定自然资源的分布，而自然资源的分布又决定服装企业获取原材料成本的高低，原材料成本高低很大程度上决定了服装企业的最终成本。因而，自然环境对服装企业经营具有重要影响。

目前，全球范围自然资源日益短缺和环境污染日益严重，这就要求服装企业合理地运用自然资源，重视替代资源的研究开发，并加强环境保护意识。

OKO—TEX STANDARD 100（生态纺织品标准，1993 年由奥地利纺织品研究协会创立）对服装和纺织品中的某些物质含量要求以 PPB 级控制。如对苯乙烯的要求不超过 5PPB，乙烯环乙烷要求不超过 2PPB。英国、荷兰和爱尔兰发布了儿童和妇女睡衣安全要求的国家法规。德国颁布的环境贸易措施规定自 1995 年 1 月 1 日起禁止使用 20 种偶氮染料，1996 年 3 月 31 日起不允许经此类染料印染的纺织品服装进口。

③ 经济环境

市场不仅需要人口，而且还需要购买力。因为有需求且有购买力支持的人口才能构成潜在市场。近年来，尤其是改革开放之后，随着我国国民经济收入的增加，人们的生活水平有了显著提高。因而，服装对大多数人来讲已不仅仅是过去意义上的生活必需品，消费者不再像过去那样只有等衣服陈旧破损了才会考虑添置新衣裳，而是看到需要而又合适的就会产生购买欲望。因而对于企业服装营销来说，重要的是发掘消费者潜在的需要，继而生产出合适的服装产品，在合适的场所、合适的时间推向目标消费市场。

社会购买力的大小直接影响市场规模，而消费者经济收入的高低也影响着服装消费的结构。我国自 1984 年取消布票制、纺织品敞开供应以来，纺织品服装市场发展迅速，而成衣率也由 1978 年的不到 25%提高到目前的 85%以上。

④ 技术环境

a. 社会化大生产

只有技术进步，社会化大生产才成为可能。远古时代，我们的祖先只能用最原始的工具制作简单的服装。在旧石器时代，人类用石制刮削器和燧石刀来剔刮兽皮并将其切割成衣片，用草或叶子编结有边饰的裙，用骨针缝制简单的衣裙，在当时只有单件生产。而发展到今天，随着缝纫机的问世，批量生产成为现实。由于电脑缝纫机和裁床的开发，大大提高了服装生产速度。因而大批量生产使企业能够在降低成本的同时生产更多的服装，在短时间内提供给服装消费者，由此亦导致消费者有了更多的选择机会。计算机的应用更使得多品种、小批量生产得以实现。

1994年起我国连续保持服装生产和出口世界第一，确立了世界服装生产和出口大国的地位。服装企业也在不断成长，20世纪80年代乡镇企业、三资服装企业发展迅速；1992年之后民营和股份合作制企业快速崛起；到2000年服装企业中的国有成份已降至2%以下，民营企业超过50%，出现了一批产品销售收入超过10亿元的服装企业，超过亿元的企业几百家①；21世纪初，一些上市服装企业由生产经营向资本经营模式转变。

b. 物流

飞机和汽车等运输的快速和舒适导致人们寻求轻质，易携带的服装，迅速便捷的运输使得最新流行服装得以快捷传递到零售商和消费者手中。这也导致消费者对流行服装的快速需求，因为其他城市或国家的流行服装已经不再遥不可及。服装企业将面临更多来自外部的竞争压力。

在发达国家，物流管理被称为企业发展的"第三利润源"，特别是借鉴了供应链管理思想的现代物流管理模式，无疑给服装企业提升竞争力带来巨大的帮助。供应链管理将成为21世纪企业的核心竞争力之一，而物流管理则是供应链管理的核心组成部分。如今，运用先进的物流管理模式在竞争中获胜的服装企业已不乏先例，如意大利的贝纳通(Benetton)、美国的耐克(Nike)及西班牙的ZARA等。

c. 传播技术

现代传播媒介促进了各种不同文化的交融，特别是互联网的广泛应用，使得人们能更方便地观察到生活和着装方式的改变。过去，要花几个月的时间人们才有可能由杂志上获得巴黎的最新流行服装信息。而现在，电视和互联网使得人们在家中就可获知世界各地的最新流行信息。信息高速公路可在以秒为单位的时间内将地球上任何地点的信息进行传递。由此，公众得以迅速获知新款式的问世，如果这种新款式具有吸引力，人们就会希望自己亦拥有同样或相似的款式。由此，现代传播技术加速了流行的传递与扩展。服装企业应更快、更准确地预知消费者的这种需求变化，以便生产销售合适的服装产品。

电子数据交换(EDI)

在当今电子信息时代，贸易电子化、无纸化将是一种发展趋势。电子数据交换是将贸易、运输、金融、保险、海关等业务，以一种符合国际公认的标准格式，通过计算机网络相互传递，从而实现相关业务部门之间的数据交换，形成以贸易为中心的全部工作过程以及以提高贸易业务传递和处理的速度、降低成本、减少错漏和提高竞争力的一整套技术。推行电子数据交换，亦即推行"无纸贸易"，将引起世界范围内的一场商业大革命。

美国、日本已推出多个纺织服装商业电子数据交换网。未来的纺织服装市场营销离不开EDI。浙江平湖茉织华集团在日方合作伙伴的配合下实现了EDI，并通过国际互联网与海外客户随时交换商业和技术数据；海外销售商可通过远程终端直接查询企业业务流程的有关数据、了解生产情况，及时掌握各种款式服装从封样、裁剪、生产、成品包装、装箱等各个环节的产品流动、物资耗用、质量状况等，使客户心中有数。

① 中国服装行业协会.服装行业"十五"发展规划，2001.

⑤ 政治、法律环境

不论何种社会制度，企业的营销活动都将受到政治和法律环境的约束，企业必须依据政治、法律环境的变化适时改变和调整企业的营销活动。

党的二十大指出要构建高水平社会主义市场经济体制这就要求服装企业既要用法律保护自己的正当权益不受侵害，另一方面企业必须严格按照法律法规，进行规范化经营活动。

国家法律对环境保护的更多干预，亦要求服装企业必须重视环境保护，减少“三废”的污染。

⑥ 社会文化环境

如前所述，社会文化环境影响着消费者的服装选择，服装企业必须关注社会文化环境的影响以及文化环境变化的发展趋势。

通常，服装企业以一定地区，一定年龄的消费者为目标市场，因而必须了解这一细分目标市场的价值观念、风俗习惯、审美观念等。中国人普遍的求同心理往往会使一种产品的流行变化十分迅速，这就要求服装企业善于把握这种现实的市场机会。

而亚文化群体由于具有较为接近的生活习惯、行为方式，因而更易于作为企业细分市场的基准。民族特性、宗教文化、地理及亚文化都将影响不同群体对服装的选择，企业必须了解掌握这些不同的特性，各种社会阶层民众在服装上具有不同的偏好。企业一旦选定了一定的社会阶层为目标市场，就必须以目标市场的偏好为依据，制定相应的产品、价格、渠道、促销策略，由此获得预期收益。

思 考 题

1. 举例说明我国服装消费的纵向意识和横向意识。
2. 服装商品现阶段营销导向及发展趋势。
3. 不同环境对服装企业经营的影响。
4. 家庭收入增加后，服装支出比例会增加吗？

3 服装商品的源与流

导　读

服装原料过去主要指天然纤维,而现在化学纤维产量、质量和品种逐年增长,在外观和性能上已接近甚至超过天然纤维。

纤维经纺纱、织布、染色、后整理加工形成各种服装面、辅料。

我国服装业的发展经过了基础阶段、过渡阶段、平稳增长阶段、快速膨胀阶段、产业升级阶段以及不断结构调整。

服装商品经过策划、设计、材料选择以及生产,最后进入流通环节。

企业在投产前要进行市场调查,了解服装商品需要的条件、质量、价格、需求量、地区性、季节性以及经济效益等因素,以此为基础制定产品计划。计划确定之后,接着制定生产技术和有关的工艺加工文件。在服装生产中,采用新工艺和现代管理技术已越来越受到重视。

生产管理技术包括质量管理、成本管理、作业管理、劳动定额管理、生产过程和组织管理以及进度管理等。服装企业通常采用批量流水作业,多品种小批量生产组织工作尤为重要。

在传统的流通渠道中,生产、批发、零售企业考虑的是各自利益最大化,相互协同的意识薄弱。现代营销理论以满足最终消费者需求为目标,生产、批发、零售企业采用"垂直市场运营体系"进行管理和运作。

在生产、批发、零售流程中,应用"交易总数最小法则"的是批发环节,能够比直接销售提高渠道效率。

对服装企业而言,期望选择合适的流通方式,增强市场竞争力。

3.1 服装商品的材料及性能

服装商品是一种集各种要素而成的最终产品，经过商品策划、设计、面辅料选择、生产和流通，最后到达消费者手中，以满足不同着装者的需求。通常，消费者购买的是商店出售的成衣化服装，但商店有时也出售毛线、服装面辅料给消费者用于家庭编织和缝制。

(1) 纤维原料

服装原料过去主要是指天然纤维，而现在化学纤维产量、质量和品种逐年增长，在外观和性能上已接近甚至超过天然纤维。

① 天然纤维

自然界存在和生长着具有纺织价值的纤维。天然纤维分植物纤维、动物纤维和矿物纤维。

a. 植物纤维亦称天然纤维素纤维，在服装上应用的植物纤维主要有棉、苎麻和亚麻。在天然纤维中，棉纤维的产量最高，应用最广，特点是适应性广，容易加工，手感好，穿着舒适，广泛用于内外衣。

b. 动物纤维亦称蛋白质纤维，共分三类：动物的发毛和绒毛；禽类的羽绒和羽毛；蚕丝，主要来源是人工饲养。动物毛主要是绵羊毛，其他的还有山羊绒、兔毛、骆驼毛、牦牛毛等；禽类的羽绒主要做充填材料，如鸭绒、鹅绒；蚕丝是蚕腺分泌物，有桑蚕丝和柞蚕丝等品种。动物纤维具有良好的手感、保暖性及光泽等特点，又因出产少，主要用在中、高档服装上。

c. 矿物纤维主要是指石棉，日常生活中较少采用，一般作为隔热、绝缘等特种服装材料及建筑材料。

② 化学纤维

用天然或人工合成的高分子物质为原料制作的纤维。根据原材料来源不同，化学纤维可分为：人造纤维——以天然高分子物质（如纤维素等）为原料，有粘胶纤维等；合成纤维——以合成高分子为原料，有涤纶、锦纶、腈纶等；无机纤维——以无机物为原料，有玻璃纤维等，在服装上极少采用。

③ 纤维的长短和名称

长纤维主要是指蚕丝、麻、合成长丝，而短纤维主要是指棉、羊毛、合成短纤维。另外，在化学纤维中有呈不规则异形截面的特种纤维和单根纤维中含有两种或多种高分子原料成分的复合纤维等。

21世纪的新型绿色环保纤维

1. 天丝(Tencel)纤维

属精制纤维素纤维，以天然木浆原料，用"溶剂纺丝"法生产，生产过程无污染，又能被大自然回收，是符合国际生态要求的绿色环保纤维。

天丝的特点：

① 环保性代表未来纺织发展趋势；

② 作为新型纤维素纤维，是粘胶最佳替代品；

③ 除保留黏胶优良特性外，克服了黏胶强力低，尤其是湿强力、抗皱性差等缺点，可以生产出独具特色的桃皮绒风格面料；

④ 用溶剂纺丝法制造，具有流程短、成本低的优势；

⑤ 具有良好的可纺性，几乎可以与任何纤维混纺交织，应用领域广泛；

⑥ 天丝完全符合国家纺织工业调整和规划发展的原则，即鼓励企业采用新原料、新工艺、可再生资源的开发利用。

我国纺织品市场对“天丝”的需求呈逐年成倍增长的态势。2000年，我国天丝纤维进口量为5 000 t，至2003年已达2.5×10^4 t，2005年国内的需求量突破3×10^4 t。

2004年11月18日，我国自主研发建成1 000 t“天丝”生产项目。该项目总投资为1.4亿元人民币，被列为上海市科教兴市重大项目。随着生产线在2005年10月落成投产，意味着我国将在“绿色纤维”生产中拥有一席之地。2018年，总投资45亿元，年产20万吨绿色生物基纤维素纤维项目（天丝项目）在湖北启动；2020年10月29日，中纺院绿色纤维股份公司“年产6万吨新溶剂法纤维素纤维产业化项目”成功启动，标志着拥有自主知识产权的新溶剂法纤维素纤维技术完成了国内单线Lyocell纤维最大产能项目的建成，我国绿色环保纤维产业化项目在近十年的时间中实现了跨越式发展。

资料来源：搜狐网 https://m.sohu.com/a/278384712_786050?_trans_=010004_pcwzy；澎湃新闻网 https://www.thepaper.cn/newsDetail_forward_9788078

2. 莫代尔(Modal)纤维

由山毛榉木浆粕制成，属天然原料生产的纤维素纤维。生产工艺一改过去再生纤维生产中的严重污染，采用无毒并可以回收的有机溶剂。通过溶解、过滤、脱泡等工序后挤压纺丝凝固而成，纤维的生产过程中不污染环境，最终产品也能降解。传统的粘胶纤维纺丝工艺要经历强碱、强酸的处理过程，排放大量的酸碱残液，对环境危害大。莫代尔纤维取之于大自然，而后又可以通过自然界的生物降解回归大自然，充分体现了绿色环保再生的特性。

莫代尔产品具有良好的悬垂性和优良的吸湿性，主要用于内衣。而由于莫代尔具有银白的光泽、优良的可染性及染色后色泽鲜艳的特点，足以使之成为外衣及装饰用布的材料。为改善纯莫代尔产品挺括性差的缺点，可与其他纤维混纺，例如：M/C(50/50)可以改善其保型性。莫代尔在机织物的织造中也可与其他纤维的纱线交织，从而形成不同风格的服装面料。莫代尔产品在现代服饰上有广泛的发展前景。

对同一种纤维，特别是化学纤维，有时市场称呼学术名称，有时用该种纤维的商品名称取而代之。例如涤纶，日本帝人公司生产的用商标名称帝特纶(Tetoron)，英国公司生产的取名为特丽纶(Terylene)，美国生产的则称为达可纶(Dacron)。腈纶美国商品名称有奥纶(Orlon)、阿克利纶(Acrilan)等，英国称考特纶(Courtelle)，日本称毛丽纶(Vonnel)、开司米纶(Cashmilan)等，其他纤维也有各种商标名称。但在服装材料成分的说明中，应采用学术名称，避免采用商标名称，以免消费者产生误解，造成不必要的纠纷。

(2) 纱线

纱线是用各种纺织纤维加工成一定细度的产品，大部分纱线用于纺织企业织造针织物和机织物，也有少部分纱线如缝纫线、绒线和刺绣线在市场上销售。

① 纱线的分类

短纤维——由短纤维(天然短纤维或化纤切段纤维)经纺纱加工而成；

连续长丝——如天然蚕丝和化学长丝，分加捻和不加捻长丝、光滑长丝及变形长丝等；

短纤维与连续长丝组合纱——如涤纶长丝包芯纱，氨纶纱等；

线——由两股或两股以上的单纱并合加工而成。

② 纱线的用途

机织物用纱——有经纱、纬纱和毛圈纱等。通常经纱强度比纬纱强度高；

针织物用纱——经编、纬编、袜机等各种针织机用纱以及手工编织绒线。通常捻度较小，纱线要求柔软、花色种类多；

缝纫线——分工业缝纫机用线、家用缝纫机用线以及手工针线。作为缝纫机用线要求缝线强度高，表面光洁；

工艺用纱——分花边用纱、刺绣用纱，绳类等，要求造型美观。

其他的还有各种产业用纱如工业资材缝线、渔网线等，这些纱线强度和耐久性要求高。

纱线经机织、针织织造而成的布料，主要用于服装、室内装饰和产业用布。

(3) 布料的种类

布料按种类可分为机织物、针织物、毡、无纺布等。在服装面、辅料中，使用最多的是机织物和针织物。根据不同的纤维、纱线、织造组织、厚度、密度(规定长度中的经、纬纱线数或线圈数)、染色后整理等可形成不同质地、色泽、风格、手感的布料。

服装上使用的布料分类如下：

① 按纤维分类——有棉织物、毛织物、麻织物、丝绸织物、化纤织物、混纺织物以及不同纤维纱线的交织织物等。

② 按组织分类——机织物中有平纹、斜纹、缎纹、变化组织等，针织物中有平针、罗纹、双反面组织、变化组织等。

③ 按纤维长短分类——有蚕丝、化纤长丝形成的长丝织物和棉、毛、合成短纤维形成的短纤纱织物。另外，还有中长纤维织物、起绒织物和毛圈织物等。

④ 按染色分类——先染纱后织造的称纱染织物，形成织物后再染色的称匹染织物。从染色方法上也可分为单色印染和花色印染织物等。

⑤ 按门幅分类——门幅是指布匹纬向宽度，提花织物门幅窄，毛料织物门幅宽。例如，毛织物门幅为 145～156 cm，而其他有的织物仅 76～91 cm。

⑥ 按布匹长度分类——通常，经过后整理作为商品的一匹布料长度，棉织物匹长为 27～46 m；绢、化纤织物匹长为 46 m；精纺毛料匹长为 50～70 m；粗纺毛料为 30 m；麻织物为55 m。卷装分折叠装箱、平幅(有硬纸板芯)卷装和双折有芯(硬纸板)卷装等。零售店布料一般采用后两种方法将一匹布按顾客所需开裁出售。

⑦ 按用途分类——有男装、女装、童装、大衣、衬衫、内衣、睡衣、里料等系列，也可分为礼服、休闲服、运动服等系列。

⑧ 按商品名分类——根据原料纤维、组织、经纬纱的粗细、密度、加工方法、产地及用途等采用特定的商品名称，明示布料的特征。例如，棉织物中的牛仔布(denim)、丝织物中的印度绸、绢织物中的塔夫绸等。

(4) 服装材料的消费性能

纤维经纺纱、织布、染色、后整理加工形成各种服装面、辅料。在销售服装时，应考虑材料的不同性能对最终消费和使用的影响。服装上使用的面、辅料，在消费性能方面表现为可纺性、强度、弹性、保暖性、耐磨性、吸湿性、绒面状态、光泽、染色性、外观性能以及使用特性等。表 3-1 所示是按纺织原料分类的服装性能和用途。除了上述材料之外，服装上使用的其他非纺织材料还有皮革、塑料、金属、木材以及其他合成材料等。

表 3-1　主要纺织服装材料的服用性能与用途

种类		性能	主要用途
天然纤维	棉	保温性、吸湿性、柔软、耐热性好；耐碱；容易染色、洗涤、漂白；但抗皱性差，伸长回复力较小，不耐酸	服装面料、寝具类，内衣、袜、毛巾、被褥、填絮料、窗帘等
	毛	伸长弹性、吸湿性能、染色性能好；耐酸不耐碱，白色受紫外线照射易泛黄	服装面料、针织内衣、羊毛衫、袜、毛毯等
	丝	纤细、柔和、有弹性，光泽、手感好；不耐碱	服装面料、围巾、睡衣、针织、钩编等
	麻	强度高、吸湿性能好、有凉爽感；缺乏弹性，易皱	服装面料、衬料、毯子、窗帘、手帕等
化学纤维	人造棉	吸湿性、染色性、悬垂性好；适用于混纺、交织；易起皱	服装面料、里料、内衣、围巾、浴衣等
	铜氨丝	纤细、光泽柔和、吸湿性、染色性能好；洗涤和日光下易变色	服装面料、里料、内衣、围巾、浴衣等
	醋酯长丝	具有丝的手感、光泽和适度的弹性、吸湿性好；耐磨性差、高温下易软化、不耐碱；有热可塑性	服装面料、风衣、女衬衣、运动衣、内衣、围巾等
	锦纶	耐磨、拉伸弹性好、量轻、耐酸、碱；吸湿性差，有热可塑性；白色光照易泛黄	服装面料、内衣、风雨衣、茄克衫、运动衣、袜、地毯、窗帘等
	涤纶	耐磨、耐热、不起皱、保形性好；耐光、不霉变；有热可塑性、吸湿性差、易带静电	服装面料、衬衣、风衣、褶裥裙、长裤、针织套衫、内衣、学生装、填絮料等
	腈纶	轻、膨松、保暖性好、抗皱，耐酸碱；有热可塑性、高温下易软化、熔融	服装面料、毛衫、披肩、毛巾、袜、填絮料、毛毯、地毯等

3.2　服装商品的生产

(1) 我国服装业的发展过程

① 基础阶段(1949—1979 年)

新中国成立初期，中国服装工业除了少数军工被服厂外，多数是小型的手工业作坊、加工场或裁缝铺。20 世纪 50 年代，中国服装成衣工业开始发展，经济恢复和近似军事体制的统一生活方式使较大规模的服装生产成为必要，而且经过公私合营运动，许多个体裁缝加工厂成为集体所有制企业，并在合作化的基础上，逐步发展为具有一定规模的国营和集体企业。

这一时期的特点是：国家处于计划经济阶段，国民经济缓慢增长，通货膨胀基本为零。国家实行了长达 30 余年的布料配给供应制度，基本上企业生产什么，人们就接受什么，市场处于单一的生产导向，企业之间没有什么竞争可言。服装产品单一，以生理需求为主，人们的服饰单调，家庭买布自己缝制衣服占很大比重。

在这三十年中，尽管服装工业的产量、产值增加缓慢，但为以后服装业的发展培养了技术人才，奠定了工业基础。到 1979 年末，全国服装企业已达 7 418 家，年生产服装 7.44 亿件，比 1950 年的 5 600 万件增长了 13 倍①。这一阶段的产业发展，奠定了我国现代服装业的基础。

② 过渡阶段(1980—1985 年)

1979 年，中国开始实行改革开放政策。1980—1985 年间，政府逐步贯彻对外开放、对内搞活的方针，大力发展消费品生产，把服装业列为消费品生产三大支柱产业之一，促进了服装业向新的时期过渡。

从 1983 年取消布票配给制后，纺织品和服装实行敞开供应，服装市场开始活跃，花色品种逐渐丰富，人民的衣着发生显著变化。西服、夹克、运动服、童装、内衣多样化，色彩一反过去以蓝、黑色为主的色调，绚丽多彩成为改革开放的重要衣着特征。

1980 年服装产量 9.4 亿件，比 1979 年增长 27%。1981—1983 年间，服装产量增长放缓，年平均增长 2.1%。1984、1985 年服装产量增长开始加快，年增长分别为 10.16%和 14.56%。

服装出口从 1976 年起(当年创汇 1.9 亿美元)，逐年发展，1980 年为 16.53 亿美元，占全球服装出口总额的 4.1%，1980—1985 年服装出口平均增长为 5.8%。

③ 平稳增长阶段(1986—1991 年)

随着改革开放的进一步深入，我国进入第七个五年计划，服装业进入新的平稳增长阶段。经济特区和沿海开放城市的建设和发展，充分发挥了交通便利、信息灵通的优势，积极吸引外商投资，引进先进技术和管理经验，提高科技、管理水平，对服装业的发展起着明显的促进作用。

1986 年以后，服装业成为国家"七五"计划的重点之一，逐步形成了国营、集体、民营、三资等多种经济成份并存的局面。城镇、农村多层次发展，中外合资及外资企业开始快速发展，服装科研力量加强，引进了大量技术设备，沿海地区和大中城市设备更新率大大提高。另外，有 40 多所大专院校设立了服装系，设置服装专科的学校达 102 个，由此加快了人才培养的步伐，服装业技术人员占职工总数的百分比由 1985 年的 0.26%提高到 1990 年的 1%。

这一时期，发达国家的纺织服装业纷纷向发展中国家转移，中国服装出口大幅度上升。1986—1991 年服装出口额年平均增长率为 23.2%，远远高于 1981—1985 年的 5.8%。

④ 第一次产业扩展阶段(1992—1995 年)

1992 年 10 月，中国共产党第十四届全国代表大会召开，中国经济体制改革进入了一个新阶段。政府加快了由计划经济向社会主义市场经济转变的步伐，实施总量控制、结构调整的战略措施。纺织服装业以服装为龙头，带动纺织业全面发展，加快了技术改革力度，取得了显著发展成果。这一时期服装市场日趋繁荣，服装市场开始出现竞争，服装产地分布、产业与产品结构都发生了很大变化。

"八五"期间的 1992—1995 年是中国服装业发展最快的时期，服装产量快速膨胀，年平均增长 25.6%②。服装产地主要集中在沿海地区和服装集散地周围。一批骨干服装生产企业开始具备完善的策划、生产、营销和批发功能，形成了一系列国产服装名牌。

1992 年起，一些国外服装品牌进入国内服装市场，服装进口额上升，由 1991 年的 0.61 亿美元跃为 1992 年的 4.02 亿美元，95 年增加到 9.05 亿美元。

---

① 廉月英.发展中的服装工业.纺织导报，1996(6).

② 根据中国纺织工业年鉴 1992—1996 整理

这一时期，消费者的观念发生很大变化，不但对服装质量有了较高要求，更明显的是人们开始追求服装的文化内涵、品位、风格等。

⑤ 产业升级阶段(1996—2000 年)

“九五”初期，我国改革开放取得了积极成果，市场品类丰富。但也出现了一系列问题：

“八五”期间生产能力增长过快，年平均递增速度达 25%，服装业在很短的时间内生产能力迅速膨胀，超过了国际、国内两大市场的实际需求；

众多服装企业拥挤在同一类产品，同一档次的平台上；

1996 年下半年起，中国国内消费市场大部分商品出现过剩(并非有效供给过剩)。

这些因素致使“九五”期间中国服装业竞争激烈，生产发展滞缓。

“九五”期间，中国服装业加快产业结构和产品结构的调整步伐，步入“转轨升级”的新阶段。一些大型服装企业集团，依托品牌优势，走“系列化”和“多层次”的发展道路。同时，一部分劣势服装企业被兼并或破产、转产。

1997 年，中国服装出口 317.81 亿美元，但到 1998 年，由于受东南亚金融危机影响，服装出口急剧滑坡。1999 年三季度出口开始回升，2000 年服装出口又创新高，达到 360 亿美元。

⑥ 第二次产业扩张阶段(2001—2007 年)

进入 21 世纪，中国服装的生产能力再次急速扩张，企业整合的周期越来越短，市场竞争激烈。虽然 2003 年受到“非典”打击的影响，但由于加入 WTO 后，业界看好市场前景，诱发了行业的第二次快速膨胀。如原来做男装西服的企业，不断扩大产品经营范围，增加了衬衫、服饰配套甚至商务休闲服等产品；一些小企业因为投资少、见效快，迅速成长，其他行业转产和调整时往往首选创办服装企业。

这一期间，利用加入 WTO 带来的机遇、政府宏观政策的有力调整，中国经济保持两位数的稳定增长。中国服装业经历了伊拉克战争影响、非典疫情、原料和能源价格上涨、出口退税下调、美欧对华出口设限等事件。但这些因素并没有阻止我国服装业的发展，无论是服装生产或是进出口贸易，都呈现快速增长的态势。

据海关统计，2006 年，我国累计完成服装及衣着附件出口 951.8 亿美元。2007 年，我国服装出口 1 150.74 亿美元，累计数量 296.62 亿件。

⑦ 后配额时代的产业结构调整阶段(2008—至今)

2008 年，受美国次贷危机、出口退税、人民币升值、劳动力成本上升等因素的影响，国内服装业面临着严峻的市场环境。国际金融危机导致主要实体经济出现下滑，国际市场需求明显减少，出口价格回落。我国服装出口数量增速有所放缓，出口单价有升有降。当年我国服装出口 1 197.90 亿美元，累计数量 295.52 亿件，增幅分别比 2007 年同期回落了近 17 和 12 个百分点。

此外，随着新《劳动合同法》的实施、银行贷款利率的变动以及欧美发达国家对我国纺织服装出口新的设限，国内企业仅仅依靠中低档纺织服装的加工出口已经难以生存，越来越多的企业逐渐意识到开拓国内市场的重要性，产品开发、营销渠道、管理等环节已成为企业经营成败的关键。

传统服装企业的结构调整将由 OEM(Original Equipment Manufacturer，定牌加工)向 ODM(Original Design Manufacturer，原设计制造)甚至 OBM(Original Brand Manufacturer，原品牌制造)转型。品牌服装企业开始设立服装研发中心，尝试新材料、新技术和新工艺的开发以及信息工具的应用，从而提升企业的核心竞争力。

纺织工业调整振兴规划(部分)

(2009.2.4 国务院常务会议审议并原则通过)

① 统筹国际国内两个市场。积极扩大国内消费,开发新产品,开拓农村市场,促进产业用纺织服装的应用。拓展多元化出口市场,稳定国际市场份额。

② 加强技术改造和自主品牌建设。在新增中央投资中设立专项,重点支持纺纱织造、印染、化纤等行业技术进步,推进高新技术纤维产业化,提高纺织装备自主化水平,培育具有国际影响力的自主知名品牌。

③ 加快淘汰落后产能。制定和完善准入条件,淘汰能耗高、污染重等落后生产工艺和设备。对优势骨干企业兼并重组困难企业给予优惠支持。

④ 优化区域布局。东部沿海地区要重点发展技术含量高、附加值高、资源消耗低的纺织产品。推动和引导纺织服装加工企业向中西部转移,建设新疆优质棉纱、棉布和棉纺织品生产基地。

⑤ 加大财税金融支持。将纺织品服装出口退税率由14%提高至15%,对基本面较好但暂时出现经营和财务困难的企业给予信贷支持。加大中小纺织服装企业扶持力度,鼓励担保机构提供信用担保和融资服务,减轻纺织企业负担。

(2) 产品计划

通常,企业经营以经济效益为目的。生产服装时,必须考虑这一商品的社会需求,即企业的服装商品必须产销对路。若企业生产的产品销不出去,则作为商品是无价值的。因此,企业在投产前要进行市场调查,了解服装商品需要的条件、质量、价格、需求量、地区性、季节性以及经济效益等因素,以此为基础制定产品计划。

制定产品计划时,应注意即使质量过硬,但若价格定位过高,超过目标消费者的购买能力,产品会产生滞销。为此,应根据消费者的收入水平,制定不同价格、不同质量规格的服装产品。

产品计划以市场调查结果为依据,从商品策划会议开始。就服装而言,首先要预测各季节的流行趋向和消费者嗜好的变化,以色、材、型为重点,确定价格、质量等项目规格以及生产数量和交货期。

(3) 生产技术

计划确定之后,接着要制定生产技术和有关的加工工艺文件。服装生产过程主要分为设计和缝制两大阶段。设计阶段包括款式设计、纸样设计、样衣制作、工艺设计、排料等,这方面的服装CAD设备及技术正逐步应用;缝制加工阶段主要包括裁剪、验片、拷边、烫衬、部件缝合、中间熨烫、拼装缝合、锁眼钉扣、整烫、检验、包装等工艺,主要使用的设备有吊挂流水线、自动裁床、黏合机、各种缝纫机、整烫设备、验针机等。

对生产工序和作业过程进行合理化处理,使用高效的机器设备,由此提高生产效率,生产优质商品。这种优质商品表现为材料损耗小,工人平均单位小时产量高。例如,若管理、工艺制定合理,成衣化西服的人均日产量可达到两套,而个人定做三天才能完成一套,也即成衣化生产可用低成本制造优良商品。成本低,商品进入市场有竞争力,企业将获得更多收益。

在服装生产中,采用新机器、新工艺和现代管理技术已越来越受到重视。例如,成衣工厂现在已广泛采用各种高速、自动缝纫设备，服装 CAD(计算机辅助设计)、CAM(计算机辅助生产)、CIMS(计算机集成生产系统)等先进技术也在逐步应用，并取得了良好的经济效益。

(4) 生产管理技术

生产管理技术包括质量管理、成本管理、作业管理、劳动定额管理、生产过程和组织管理以及进度管理等。通过各项科学管理，使生产全过程合理化，各工序衔接顺畅。在生产过程中，还应对质量、工序负荷等进行动态控制，减少损失，提高生产效率和产品正品率。服装企业通常采用批量流水作业，多品种小批量生产组织工作尤其显得重要。

服装企业生产管理技术从 20 世纪初开始逐步建立：

第一阶段是 1911 年以前的生产管理探索和研究阶段。这一阶段，提出了劳动分工方式，由此提高工人的操作熟练程度；缩短搬运时间；发明了节省劳动力的工业缝纫机，提高了劳动效率。

第二阶段从 20 世纪初到 60 年代，以泰勒(美 Frederic W. Taylor)、弗兰克及吉尔布雷斯(美 Frank and Lillian Gilbreth)等为代表的科学管理和作业研究专家，提出了甘特工作进度表、流水线配置等生产管理理论。休哈特(美 W. A. Shewhart)推出了质量控制图，使得数学和统计在生产管理中得到充分的发展和应用。美国在二次大战中以"战时规格 Z. Z"作为军需品(包括军被服)的质量管理标准。1935 年，英国根据 E. S. 佩尔森的管理著作制定了英国国家质量标准，简称 BS600。1950 年，日本科学技术联盟邀请美国 W. E. 戴明博士在日本举办讲习会，推行质量管理的普及工作，建立了相关的日本国家标准。其后的 TQC(Total Quality Control，全面质量管理)成功经验倍受世人瞩目。20 世纪 50 年代初至 60 年代，生产管理作为管理学的分支已逐渐成熟。在发达国家的服装生产中，线性规划、质量控制以及系统论等研究方法得到了有效应用。

第三阶段以 20 世纪 70 年代计算机和信息在管理中的应用为时代特征。20 世纪 70 年代中期美国格伯(GGT)公司的服装 CAD、CAM 已在服装企业应用，针对多品种、小批量、短交货期的市场需求，美、日等国推出了服装生产管理软件。同时对生产管理理论的研究拓展到服务业管理领域，业务管理从理论和应用上取得了突出进展。标准化服务强调人在生产系统中的地位以及充分发挥人的积极性，以人为本已成为当前管理的突出重点。

ISO9000

质量是顾客对企业产品最基础又是最重要的要求，作为企业生产的三要素(质量、成本、交货期)之一，是企业的生存之源。因此世界各国对质量管理都十分重视，制定了各种质量管理标准。但由于这些标准存在统一性问题，对日益繁荣的世界贸易发展可能产生障碍，于是制定一个质量管理的国际标准成为人心所向。

ISO 是国际标准化组织(the International Organization for Standardization)的简称，于 1947 年成立，总部设在瑞士日内瓦。制定国际标准的工作通常由 ISO 的技术委员会完成，ISO9000 族标准是由国际标准化组织质量管理和质量保证技术委员会质量体系分委员会(名称代号 ISO/TC176)制定，于 1987 年 3 月颁布，旨在帮助使用者改进质量，促进交流，增强在国内、区域和国际贸易中的竞争力。1994 年该标准进行了第一次技术性修订，形成 ISO1994 版，与 1987 年初版相比有三个强调："一切工作都可以看成过程"，"预防为主"，"统计技术不可忽视"。ISO9000 族标准 2000 版已出台，在形式结构和内容上都发生了很大变化，使用范围扩大，强调"使顾客满意"、"持续改进"以及"与其他管理体系的相容性"，以适应社会、经济发展的需要。

随着现代企业管理意识的增强和市场竞争的日趋激烈，服装企业在管理上需要思想、组织、方法、手段和人员知识等方面进行创新，并与各项管理职能有机结合。具体而言，是按专业职能，把多种现代化管理方法融入到服装生产管理系统的每个环节，从而达到提高系统综合效果的目的。

(5) 生产数量及盈亏分析

为了合理组织生产和销售，需要花费一定的成本，而成本与数量密切相关。因此，确定服装商品的销售量是企业经营的一项重要内容。通常，销售数量必须达到一定值才能产生利润，这一数值可由成本盈亏分析图得出。如图 3-1 所示，根据不同的服装商品种类、材料费、劳务费以及制造销售费用，保本点的服装件数是一个变数。此外，多品种小批量服装商品也是企业经营的一个方向，这时的服装件数和成本呈非线性关系，确定价格和利润还须采用其他方法，如熟练率、批量系数等。

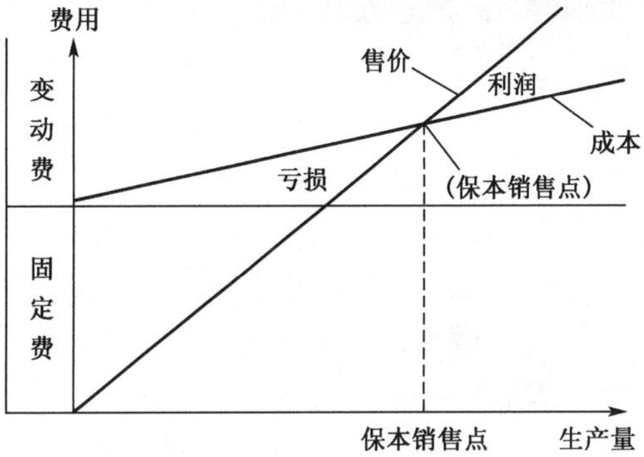

图 3-1　保本销售点

对于同一种服装商品，市场能够容纳的数量是有限的。现代生活中，人们的消费心理既有流行的趋同性，亦有与他人相区别即显示自我个性的行为。尤其时装商品，在流行季节容易销售，到了流行尾季销售数量减少、价格降低。另外，畅销的服装若决策期生产数量过于保守，将会失去获利的商机。同样，盲目扩大投产数量，将会出现剩货风险。因此，新款时装往往采取限定生产和销售数量的方法。

3.3　服装商品的流通

服装商品经策划、设计、材料选择及生产，最后进入流通环节。作为我国国民经济发展重要支柱的服装业，肩负着出口创汇和满足国内消费需求的重担。目前服装市场琳琅满目，但数量上已趋饱和，商品流通正由卖方市场转向买方市场。

物　　流

物流概念源于美国，最初被称为"实体分配"(Physical Distribution，简称 PD)。1935 年，美国销售协会阐述了实体分配的定义："实体分配是包含于销售之中的物质资料和服务在从生产场所到消费场所的流动过程中所伴随的各种经济活动。"这是关于物流概念的最早表述。近20年来，Logistics逐渐取代了PD，成为物流科学的代名词。现代物流是一个涉及社会经济各方面的复杂大系统，它涵盖了从原材料供应商、制造商、批发商、零售商直到最终消费者即市场流通的全过程。美国物流管理理事会将物流管理定义为：为了满足消费者需求，计划、实施和控制从起始点到消费点之间原材料、在制品库存和产成品的有效的、节约成本的流动和储存以及有关信息的过程。

(1) 服装商品流通的特征

过去，在商品经济不发达年代，人们的着装以手工、作坊加工为主，自给自足。随着现代工业和贸易的快速发展，成衣化服装逐渐占主导地位。服装商品的市场流通结构复杂，原因如下：

① 生产阶段——纤维、原料、纺纱、织布、后整理、款式设计、缝制加工等生产环节多，并且各环节之间也存在流通交换。

② 流通机构和人员——流通渠道从生产、批发、零售到消费者手中有长有短，服装零售价有时是出厂价的四倍以上，参与的机构复杂，人员多。

③ 产业分工——传统的服装商品在生产、批发、零售方面分工明确。但目前相当多的服装制造企业向批发、零售领域渗透，而一些流通机构也在参与生产。

④ 国际分工——由于在设计、市场信息、劳务成本等方面国家之间存在差异，国际产业分工日趋明显。

我国服装企业的主要流通结构如图3-2所示。

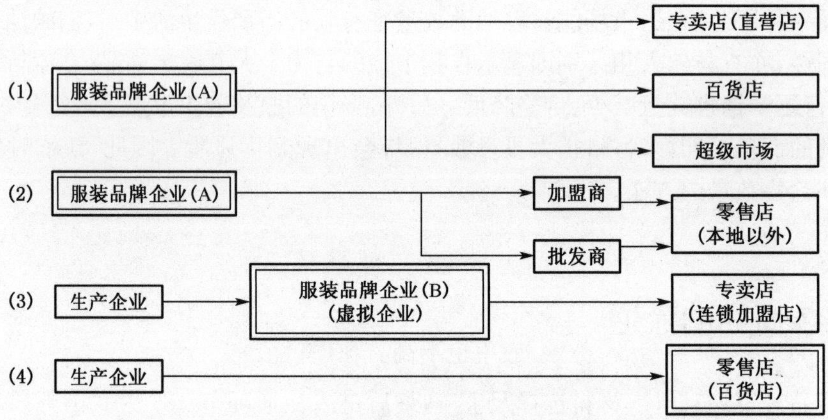

图3-2 我国服装的主要流通渠道①

注释：双重框线的企业表示具有商品策划与生产决定权，为整个流通渠道中的领头企业。

(2) 服装流通组织结构

流通结构——从国民经济观点出发，是商品流向社会的组织。

营销渠道——从具体的企业立场出发，以实物操作为对象，是商品流向社会的渠道。

① 沈洪．中、日、意服装流通渠道的比较．2003全球化和亚洲纺织服装业的比较研讨会论文集．上海，2003.

通常，服装商品遵循生产、批发、零售直至消费者的运营轨迹。我国在计划经济年代商品流向分工明确，各自形成独立的经营体制。实行市场经济后，企业以市场需求为目标，从生产到零售组成多种形式的垂直运营系统。生产、批发、零售(产供销)有机结合，既有分工，又有合作。大型服装企业品牌意识强，以生产为基础，重视批发销售组织结构的建立和完善(通常以办事处、销售分公司等形式出现)。同时，以专卖店或店中店的形式参与零售，及时获取市场信息；一些大型商场或服装店采取与生产企业联合，利用商场的信息和地域优势，以店家品牌树立店铺形象和信誉。“海螺”是服装制造商品牌，而“开开”则属店家品牌。

Levi's 的渠道增值服务

Levi Strauss 公司在利用产品、渠道和服务差异实现有效顾客服务方面一直为人所称道。它将 Britannia 牌牛仔系列和 Levi 牌休闲服通过诸如沃尔玛和塔格特之类的大型连锁超市销售给中等收入的家庭，另外将其 Dockers 和 Silver Tab 服装瞄准那些爱光顾大百货商店和专卖店的流行追逐者。对于需要高档休闲装的年轻专业人员，Levi Strauss 则推出 Slates 系列来迎合他们的喜好，销售地点则选择在如 Macy's、Bloomingdale 和其他一些高档百货商店。而 Levi Strauss 的销售所覆盖到的另一个极端，即喜欢讨价还价的购物者，则可在 Levi 直销店中寻找因库存过量、季节性削价、尺码不全或有质量缺陷的便宜货。

在传统的流通渠道中，生产、批发、零售企业考虑的是各自利益最大化，相互协作的意识薄弱。现代营销理论以满足最终消费者的需求为目标，生产、批发、零售企业采用“垂直市场运营体系”(Vertical Marketing System，以下简称 VMS)。VMS 可以分为三种类型。第一种为“企业内垂直体系”，指一个品牌在同一企业内完成生产、批发与销售，如意大利的贝纳通企业与贝纳通品牌的关系；第二种为“合约垂直体系”，指流通渠道中的领头企业通过特许授权连锁、自愿连锁合同的方式组成产供销一体的垂直市场体系，如我国的杉杉公司与法涵诗的关系；第三种为“管理垂直体系”，指流通渠道中的领头企业组织、管理流通中的各个企业，如日本的华歌尔、恩瓦得公司，中国的雅戈尔企业等与百货店零售柜台的关系①。

(3) 服装批发

服装企业生产的服装若采用直接与消费者交易的方式，似乎中间环节少，销售费用低。但实际上，这种交易次数庞大，不方便，效率也不高。在产供销流程中，应用“交易总数最小法则”的是批发环节，可比直接销售提高渠道效率。

批发商(Wholesaler)——亦称转售商。将商品转售或提供给商业用途并进行交易的中间商。随着市场竞争的日益激烈，服装批发商开始重视产品的设计与开发，原来属于生产企业的诸多功能转移到批发商身上，如商品策划、流行趋势分析、设计、渠道选择、信息传递及反馈等系列活动。

① 批发的职能

a. 需求与供给调整——商品聚集、分类、配套、数量、时效控制、送货、风险分担、定价、降

---

① 沈洪. 中、日、意服装流通渠道的比较. 2003 全球化和亚洲纺织服装业的比较研讨会论文集. 上海，2003.

低流通费用；

b. 帮助生产和零售企业——收集传递信息、质量保证、标准化处置、销售指导、资金运作、商品策划、产品组合、垂直系统的组织。

② 服装批发业的分类

a. 集散地批发、制造商批发

b. 产地批发

c. 现金批发

d. 商社(贸易公司)

e. 制造企业派生的销售公司

进入 21 世纪，我国服装市场日益繁荣，批发市场受到服装企业的重视。但也应看到，目前我国服装批发主要集中在商品所有权的转移方面，而信息收集与分析、商品策划以及研发设计等职能还有待进一步开发。

(4) 服装商品的流通策略

对服装企业而言，希望选择合适的流通方式，增强市场竞争力。

① 营销渠道的长短

a. 长渠道——服装商品供应、配货反应迟缓，信息传递、反馈及分析误差大，而且渠道长，环节多，会增加一定的营销费用；但渠道长可扩大批量，寻找劳务成本低的生产方式，综合成本低。内衣、衬衫、男式西服、牛仔服装等，若渠道组织结构合理，可采用长渠道营销方式。

b. 短渠道——与上述相反，服装供货、信息处置快捷，但大量生产不适合这一渠道。我国女装短渠道流通形式较多。

② 零售店的疏密选择

a. 密集分布——布点广泛，通常服装必需品，如内衣、袜、男衬衫等日用服装采用这一形式；

b. 有限分布——布点有限，适用于时装、名牌服装。

③ 零售方式

a. 专卖零售方式——由服装企业供给零售店系列配套服装，通常采用专卖店的形式；

b. 并列零售方式——服装企业供给零售店铺一部分服装，与其它服装企业的商品并列配套，进行零售。实际上，一家服装企业很难提供所有品种、系列的服装商品，因此对大多数企业而言，主要采用并列零售方式，条件许可时，也可设置专柜或专卖店。

④ 特许专卖

由特许人(生产商、批发商或服务商)授权并指导被特许人(零售商)在一定条件下，统一订货，有偿使用特许人的商标、牌号、经营业务、广告和促销手段等销售符合特许人要求的商品经营方式。

拥有品牌或工艺等专利的服装企业，可采取特许专卖的形式。

a. 地区分布——细分零售区域，各地区设置一家特许专卖店，赋予零售店在这一地区的独立专卖权，是零售点有限分布的一种；

b. 数量分布——对特许专卖零售店设定一定的销售比例，并规定完成的目标值。

品牌授权

品牌授权(Licensing)又称品牌许可,指授权者将自己所拥有或者代理的商标或者品牌等以合同的形式授予被授权者使用,被授权者按合同规定从事经营活动(通常是指生产、销售某种产品或者提供某种服务),并向授权者支付相应的费用——权益金;同时,授权者给予被授权企业在人员培训、组织设计、经营管理等方面进行指导和协助。如皮尔卡丹、恒源祥采用的主要是品牌授权。

加盟连锁

加盟连锁(Allied Chain)亦称特许连锁(Franchise chain)、合同连锁(Contracted chain),以合同为基础采取特许授权经营方式的零售组织方式。加盟店根据合同有偿使用特许方商标、店名、广告、外观设计等营业象征的标志,自负盈亏,自主管理,并接受特许方的质量监督。加盟店借助于特许方的品牌和商业有形或无形价值,对消费者具有吸引力。加盟连锁能获得与直营店同样的效果,同时又避免了自愿连锁过分分散的弊端。如太平鸟、森马等品牌服装主要采用加盟连锁的经营方式。

⑤ 渠道主导和商品选择

渠道主导方式——服装企业具有主导营销渠道的能力,零售店和批发企业参加订货会或经过洽谈,按照服装企业的指令订货或进货。

规定商品的选择——当服装企业未能实现渠道主导时,可采取由零售店或批发商从服装企业的商品中选择品种并进行订货的方式。

目前,一些名牌服装企业利用战略决策和产品优势,构筑了渠道主导的组织结构;而市口好,商誉高的批零企业,在进货、选择商品方面占主导地位。

案例分析——UNIQLO①

2002 年 9 月 30 日 UNIQLO(优衣库)在上海南京东路和四川北路两家专卖店同时开张,这一著名的日本休闲服装品牌迈出了进入中国服装市场的第一步。UNIQLO 是日本 FASTRETAILING 公司的服装品牌,在全球已有 2 300 余家专卖店,自 1984 年在广岛开设第一家专卖店以来,销售业绩不断增长。1998 年在东京著名的流行街原宿店开张后销售额更是急剧攀升,1999 年销售额为 1 000 亿日元,2000 年超过 2 000 亿日元,到 2001 年销售额轻松突破 4 000 亿日元,反映公司收益的营业利润也超过了 1 000 亿日元。

1. 品牌理念

UNIQLO 是 UNIQUE CLOTHING WAREHOUSE 的缩写,内涵指摒弃不必要的店铺装潢,采用量贩方式,以合理诚信的价格向顾客提供使之满意的商品。

① 杨以雄,李丹. 中国服饰报. 2003 年. 第二期

2. SPA和目标客户

UNIQLO采用SPA经营模式。SPA全称为Speciality Store Retailer of Private Label Apparel,原意是指拥有自家品牌专卖店的服装企业,由美国GAP公司首创。20世纪90年代风靡全球,目前世界休闲类品牌前五名的服装企业主要采用这种经营模式。SPA国内译为制造零售一体化,指将生产和销售直接连接,摈弃中间商,直接面对顾客,使时间和成本的节约成为可能,有利于商机的把握和利润的确保。UNIQLO有一句著名的广告语:超越年龄、职业,适合所有人的休闲服。由此可见它的服装面向各个年龄层的男女老少,上至70多岁的银发老者,下至出生不久的婴儿。一项调查表明,日本国内80%的国民拥有UNIQLO品牌的服装。

3. 生产模式

一般日本的SPA企业为了回避风险,常将工厂的生产委托他人管理,不直接参与具体生产安排,但UNIQLO却采用了直接参与上游生产管理的方式。UNIQLO的主要生产基地在中国国内,公司派遣到中国的职员达90名,这些职员每周从周二开始的三天时间内要深入工厂进行生产质量管理,同时还要帮助解决生产经营上的各类问题。UNIQLO认为直接参与生产能提高生产调整的准确性,形成对市场的快速反应。在服装销售季节开始时,实际生产量只有生产计划的50%,而其余的都要视店铺销售情况进行追加生产,由此可将库存量控制在生产计划量的正负20%范围内。

UNIQLO关心的不仅是服装加工厂,它还与面料生产厂家共享棉花、纺纱、织布、染整四个过程的生产计划信息,这样,面料的采购及生产结合在一起形成了公司总部、店铺与加工厂生产经营一条龙的方式。其实,这种一条龙的生产经营方式并不是UNIQLO的专利,丰田、7-11便利店、戴尔电脑等优秀企业也采用这一生产经营原则。而UNIQLO的最大不同点在于对这一原则的不懈追求,这也是UNIQLO在竞争中保持有利地位的根本。

4. 市场运作

(1) 明星店长制

“独立自尊的经营者”,这是UNIQLO企业理念最基本的关键词,在为公司工作的同时,依靠自己的勤奋收获自己的报酬。UNIQLO的理想是要将企业变为有志于自负盈亏经营者的聚集地。1999年公司在销售现场的实践中导入了明星(Super Star简称SS)店长制度这种组织结构。SS店长既是公司的职员,又有自我实现的价值。根据店铺的经营业绩,他们的年收入超过2 000万日元,甚至达到3 000万日元。日本大型超市的店长一般年收入在500万日元左右,因此这样的高报酬在流通业中绝无仅有,极具魅力。

SS店长具有独立自尊的经营者身份,公司要求他们参与从销售现场直至全公司经营计划的制定过程,“扎扎实实地深入销售现场,要求从现场到总部不断进行经营改进,这些都是明星店长工作的内容”。在全部520名店长中,SS店长只不过30人,UNIQLO的方针是今后将SS店长制度推广到所有店铺。UNIQLO认为让所有的店长都成为独立自尊的经营者是绝对必要的。

在UNIQLO学习过企业文化的店长必须能够独立地运用自己的才能销售商品。7-11连锁超市的操作是形式上的特许经营所有制;而UNIQLO的特许经营则是“内部特许经营”,即“对店长资助资金和商品”。公司泽田副总经理谈到:“自己进货的商品卖得怎么样,这是独立做生意的商人需要认真考虑的问题。如果所有的店长都能成为这样的自主经营者,UNIQLO 将会成为年销售额达 100 亿美元的服装企业。”

(2) 以销售现场为主导的订货和巡查审计

UNIQLO 的订货系统,过去一直以总部为主导,改革后,向以销售市场为主导变更。2001 年约 520 家店铺中的 100 家已经实现计算机自动订货处理,按相应的商品货号、颜色、尺码进行订货的工作系统正在有条不紊地运转。同年 6 月开始对店长进行培训,计划在 2002 年将这一系统导入所有的店铺。

UNIQLO 在向销售现场转移的同时,经理层工作仍丝毫不允许有任何忽视和怠慢。例如,组成由总经理、副总经理直接领导,名为“审计”的经营监察队。这支由 4 个人组成的队伍每天都在各个店铺巡视,检查公司的决策是否得到彻底的贯彻,并向公司总部汇报。高层干部也在店铺巡视。泽田副总经理每周六都会到 UNIQLO 的商店实际购物,和店长进行交谈,这样可以了解销售现场真实的信息。

(3) 出击伦敦市场

UNIQLO 于 2001 年 9 月 28 日在伦敦同时有四家店铺开始营业。一位曾到过日本的二十岁英国女青年说:“以前就知道 UNIQLO,但对于在伦敦开店时的拥挤场面和入场限制感到惊讶。”

布隆普顿路位于伦敦的繁华地段,UNIQLO 的布隆普顿路店就在高级百货公司哈罗兹的对面。开张那天,最先到的 200 人可免费获赠礼品,结果很有效,在开张营业前就有 300 多人排队等候,许多英国人通过电视新闻观看了这一幕。位于伦敦西部的阿克斯布里其店和南部的温布尔顿店也是顾客盈门,与布隆普顿路店的顾客大多是日本人不同,这里的顾客大多是英国人。开店的第二天下午,记者访问了阿克斯布里其店,顾客结账需要等 30 分钟,尽管如此,顾客们还是在耐心的等待。一位五十多岁的女顾客说:“不管问什么,店员都热情回答,比其它服装店店员的态度要好得多。”UNIQLO 的当地销售负责人多米尼克·美巴斯说:“接待的顾客远远超过了我们的想象。”开业以来的销售额达到原计划的三倍以上。

英国的媒体对 UNIQLO 的初次亮相进行了充分的报道,一家报纸这样写道:“50 年代的玛莎、60 年代的贝纳通、90 年代的吒哈给英国带来了变革,今后十年大概是 UNIQLO。”

UNIQLO 在英国完全按本地化展开经营,当地公司的代总经理原来是玛莎的职员,其它的管理人员也都是英国人,没有来自日本的管理人员。不过,企业理念、企业文化完全是日本的 UNIQLO。2001 年 5 月的长假,英国店长和地区经理等 20 多人被召到日本,接受店铺研修等课程教育。玉塚元一常务董事说:“能否与我们共有企业文化、理念是最重要的,也是最大的挑战,这些理念、文化不进入店铺是不行的,即使发生争吵也要贯彻下去。”

在进军国内外市场的同时,UNIQLO 还积极抢占网络市场,于 2000 年 10 月推出了网络商店:www. uniqlo. com。网上销售正式开始的 10 月 16 日到 22 日间访问人数达 38.4 万人,一举跃居日本电子商务网站访问量第三,仅次于雅虎日本的电子商务网站和乐天市场。UNIQLO 还充分利用了虚拟店铺的空间特点,完整表现了服装商品色彩丰富的特点,使得网上销售掀起了高潮。

思 考 题

1. 物流管理的定义与实体分配的区别。
2. 服装营销渠道长短的利弊分析。
3. 特许专卖与授权品牌的区别。
4. 批发的定义和批发职能。
5. ISO9000 与服装企业管理的关系。
6. 我国服装业发展阶段分析。

4 服装国际贸易与营销环境

导 读

纺织服装业是劳动密集型产业，不发达国家试图以此作为富强之路的起点，使人们有衣穿、有事做、有饭吃，进而积累资金走上工业化道路；而发达国家又不愿意放弃这一充满商机又有关国计民生的市场，因此纺织服装业历史上一直处于产业转移和改革的前沿，成为南北冲突的焦点、国际贸易的敏感点或利益中心。这种冲突不仅影响了国际关系，反过来也影响纺织服装企业本身的经营战略。因此企业应不断了解和跟踪服装贸易和国际环境的变化，从中发现市场机会、避免市场风险、随时调整企业经营战略和策略。

服装大部分生产国和出口国集中于环太平洋地区。1989 年冷战结束后，世界处于相对稳定发展阶段，全球贸易总量，包括服装贸易额均在增长。纺织服装贸易的全球化是今后贸易发展总的方向。

我国改革开放 40 年来，服装业得益于国内政治经济体制的改革以及国际资本、技术的输入而迅速发展。

北美自由贸易区指美国、加拿大、墨西哥三国之间形成商品、服务和资本可自由流动的区域性自由贸易区。

多纤维协定(MFA)是国际纺织服装贸易的重要协定。MFA 主要目的是促进发展中国家的经济和社会发展，保障它们的纺织品及服装出口收入增加。

1995 年 1 月 1 日世界贸易组织(WTO)成立后，纺织品与服装协定(ATC)取代了多纤维协定(MFA)，规定从 1995 年开始的 10 年间，在 WTO 成员国之间分阶段取消进口数量限制的最低比例和对保留配额的产品给予一定的额外增长率，实现纺织品服装的自由贸易。

在大多数情况下国际贸易的进行是因为存在"比较优势"。理论上，国际贸易使交易双方总体上都能得到受益。但事实上，由于经济利益的独立性，各国政府依据本国利益会实行各种贸易保护政策。

贸易壁垒包括关税壁垒和非关税壁垒。

巴黎、米兰、伦敦、纽约、东京是世界五大时装中心，它们每时每刻都会影响全球民众的衣生活。

发达国家仍是全球服装贸易的主要市场。但另一方面，随着发展中国家的经济发展，这些国家和地区的服装消费迅速增长。

国际市场营销是一个从制定战略、规划方案直到实施计划、生产、销售等全过程的控制和管理。

特许经营是一种营销产品和(或)服务和(或)技术的体系，基于在法律和财务上独立的当事人——特许人“Franchiser”和受许人“Franchisee”之间紧密和持续的合作，根据特许人授予受许人的权利、附加义务及理念进行特许经营。

4.1 服装国际贸易分析

服装基本属于劳动密集型产业，因此大部分生产国和出口国是不发达国家、发展中国家或工业化国家，集中于环太平洋地区。发达国家如法国、意大利也是重要的服饰产品出口国，主要以高品位或高技术产品为主。所谓的“大中华圈”，包括大陆、港澳台地区是最能左右世界服装业的区域，虽无名义上的联盟，但产业的渗透转移和行业资源的互补已使这一地区在经济发展上成为事实上最有潜力的联合体，而北美自由贸易区(NAFTA)则是第一次将最大的市场与出口国联系在一起。

冷战以后，世界处于相对稳定发展阶段，世界总的贸易量，包括服装贸易总量在增长。特别是环太平洋地区——美国、加拿大、墨西哥、加勒比海地区的西岸和中国、韩国、日本及东南亚各国为群体的东岸——处于相对平和状态。环太平洋地区包括：世界上经济发展速度最快、纺织服装最大的出口国——中国；最大的成衣进口国和消费国——美国；最大的区域性组织——北美自由贸易区(NAFTA)。纺织服装贸易的全球化，是当今纺织服装贸易总的趋向。这不仅反映了环太平洋地区各口岸服装业界的动向，也准确地描述了服装国际贸易现状。

(1) 我国服装进出口贸易

我国内地得益于改革开放40多年来的国内政治经济体制改革以及国际资本、技术的输入，服装我国业迅速发展：1978至2007年服装工业总产值平均年递增速度达到14%，服装产量也从6.7亿件增长到2007年的512亿件；2014年服装出口占全国出口贸易总额的12.7%(当年全国出口贸易总额为143 912亿美元)，占全球服装出口贸易总额的三分之一①。2001年12月11日中国正式加入“WTO”，我国服装业面临着境外市场和国内需求扩大的机遇。但2008年的金融危机造成国内服装增幅明显降低。表4-1所示为我国服装近年来的出口金额情况。

① 2013/2014中国服装行业发展报告.中国纺织出版社，2014.

表 4-1 我国服装及衣着附件 2019～2021 年出口金额

年度	2019			2020			2021		
项目	出口金额（亿美元）	同比增长（%）	所占比例（%）	出口金额（亿美元）	同比增长（%）	所占比例（%）	出口金额（亿美元）	同比增长（%）	所占比例（%）
梭织服装	666.63	−6.5	43.9	622.76	−6.5	44.0	701.1亿	12.6	41.2
针织服装	713.52	−2.7	47.0	622.28	−12.8	43.9	864.7亿	39.0	50.8
合　计*	1 513.7	−3.9	100	1415.9	−6.7	100	1 702.6亿*	24.0	100

* 服装与衣着附件出口总额除针织和梭织服装外，还包含防护服等相关产品，故合计不等于前两项加和。
资料来源：根据中华人民共和国海关总署网站及《中国服装行业发展报告》相关数据整理。

随着加入“WTO”后配额逐年减少，我国对美国、欧盟两大设限国和区域的出口逐年递增，并带动服装出口总量的增长，但出口单价的下降趋势将导致出口金额低于出口量的增长，出口服装利润空间增幅有限。对于国内服装业而言，由于超常规发展，市场商品出现过剩，竞争开始加剧，不仅企业相互之间要争夺市场，挟雄厚资本与实力进入国内的境外服装品牌也是巨大威胁。

中国服装业的战略地位（SWOT 分析）

强势

a. 中国在中低档服装加工生产领域具有优势。

b. 中国是一个服装消费大国，满足十四亿人口的服装需求，正在刺激、推动中国服装业的发展。

c. 从 1994 年至今中国一直是位居世界第一的服装生产大国和出口大国，服装出口总额约占全球服装出口贸易的三分之一。

弱势

a. 产品数量大，整体档次低；从业人员多，人均效率不高；服装企业数目多，平均规模小；出口数量大，平均创汇低。

b. 出口服装中加工贸易约占 50%，几乎所有的生产要素唯客户是从，是资源型出口，即低廉土地、材料和人力资源的出口。

c. 天然纺织原料已与国际市场同价，服装面料自给率不高，小时工资率高于一些发展中国家。

机遇

a. 进入 21 世纪世界经济形势看好，世界经济增长状况好于 20 世纪末。

b. 中国国民经济继续保持良好运行态势。

c. 加入“WTO”为中国服装业带来诸多发展机遇。

d. 中国消费市场引起发达国家服装经销商及服装企业的关注。

e. 国外中、高档服装的引进，包括新的设计、先进的工艺技术、现代化的科学管理、领先的市场营销手段将提升产业综合竞争力。

威胁(Threats)

a. 国际服装贸易的数量和价格竞争已转化为技术、质量、服务等非价格竞争;在高档品种及深加工方面,中国面临与发达国家和新兴工业国家的不同竞争。

b. 后起发展中国家服装工业急起直追,中国周边的巴基斯坦、印度、印度尼西亚及越南等国,以低廉的资源和劳动力,结合发达国家的资本和技术优势,增加了服装出口竞争力,成为中国在世界中低档服装市场的重要竞争对手。

c. 尽管乌拉圭回合就服装贸易达成若干协议,但发达国家贸易保护声势有增无减,反倾销、环境保护等非关税壁垒愈演愈烈,国际贸易摩擦不断增加。

d. 加入"WTO"后,中国将承担关税减让义务,境外品牌服装将快速增加在中国市场的份额。一方面中国服装业在激烈的国际竞争中,劳动力和原材料等成本优势逐渐减弱;另一方面是日益发展、尚未成熟的国内市场供大于求、供不"对"求现象容易造成国内同类品牌之间的无序竞争,中国传统中小型服装企业将面临优胜劣汰或被兼并破产的严峻局面。

中国香港纺织服装进出口贸易。中国香港面积 1 076 平方公里(上海 6 340.5 平方公里),2021 年中国香港人口 742.89 万,人均 GDP 为 49 661 美元(2021 年上海常住人口 249.43 万,人均 GDP 26 900 美元)。中国香港的经济增长有许多原因,如它的自由港地位,政府的不干预态度和出口导向的经济政策。但有两大因素不应忽视:纺织与服装行业自 20 世纪 50 年代起作为经济的起飞和启动工业,是产业结构变化的第一浪潮;自 20 世纪 70 年代末中国的经济改革和开放政策掀起了中国香港经济发展和产业结构变化的又一次浪潮。

依靠丰厚的资本、廉价劳动力和成熟的管理技术,中国香港 20 世纪 50 年代纺织工业是最大的行业,20 世纪 60 年代服装业取而代之。面对发达国家的贸易限制,中国香港逐步转向高层次的服装市场并成功地扩大了出口。中国香港的纺织和服装分别于 1986 年和 1987 年达到巅峰。但近年来,中国香港的经济结构发生了明显变化,尤其 2008 年纺织及成衣业受美国金融危机影响,给特区的出口和就业造成冲击。

由图 4-1 可知,中国香港服装及纺织品产值自 1991 年以来不断下降,在本地制造业中所占比重也基本呈逐年下降态势,说明这一产业已逐渐淡出中国香港制造业的重心。

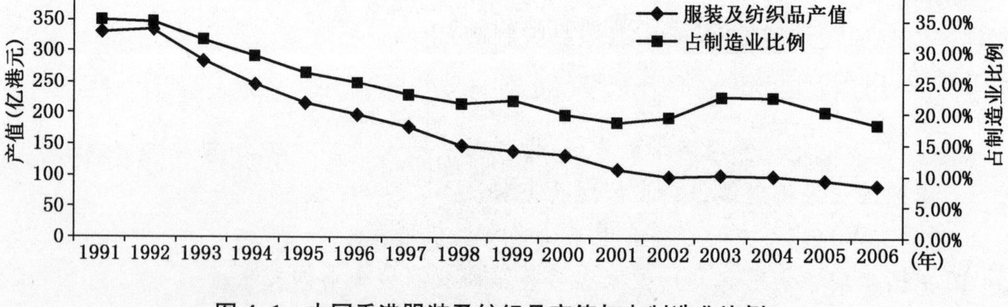

图 4-1 中国香港服装及纺织品产值与占制造业比例

资料来源:Gross Domestic Product, Census and Statistic Department, 2008

2004年,中国香港从事纺织及成衣相关工作的人口为42 483人,而截止到2008年11月,就业人数减为29 345人。2006、2007、2008年(截止到11月)中国香港服装及衣服配件出口总值(含转口贸易)分别为2 205.29、2 244.02和2 002.72亿港元,占特区产品出口的9.0%、8.3%和7.6%。而至2008年11月止,与去年同期相比,中国香港服装及衣服配件出口额下降2.4%①。

① CEPA对中国香港服装业的影响

2003年6月29日,《香港与内地更紧密经贸关系安排》(*Closer Economic Partnership Arrangement*, *CEPA*)正式签署,标志着中国加入WTO后,中国香港与内地经济关系出现历史性变革。CEPA实施后,中国香港出口到内地的港产商品约九成可享受零关税;同时,内地亦向中国香港开放17个服务行业。另外,中国香港居民可在内地开设业务,获得长期发展的待遇②。

CEPA对两地服装产业的格局和产业结构提升与优化产生了深刻的影响,对中国香港服装业带来全面利好:

a. 实行零关税使成本下降,中国香港服装产品价格竞争力得到提高。CEPA实施前,大陆服装进口税率为14%~25%,实行零关税后可大大降低中国香港服装产品的成本,从而增强市场价格竞争力。

b. 中国香港服装品牌在内地享有较高知名度和信誉,对内地消费者具有较强的品牌吸引力。内地消费者对中国香港服装品牌整体印象良好,这将拉动该类服装的消费,提高中国香港服装品牌企业的销量和利润。

c. 为中国香港服装零售进入内地市场提供便捷。CEPA签署后,为中国香港零售业进入内地市场打开了方便之门;允许中国香港投资者以独资形式在内地设立零售商业企业;降低准入限制,即申请前3年的年均营业额要求不低于1亿美元,资产额为1 000万美元以上。

d. 吸引更多国际资本流入中国香港。吸引美国、意大利、法国等高档服装公司到中国香港投资办厂,利用外国纺织面料和中国香港较先进的工艺技术进行生产,产品可取得中国香港原产地资格,零关税进入内地,从而实现借中国香港作跳板进军中国内地市场的战略布局。

② 中国香港服装产业结构转变

中国香港服装业的产业升级是围绕商品链的不断开发和创造区域竞争优势的过程,这一过程包括四个阶段③。

第一阶段,从20世纪50年代开始,中国香港当地供应商在国际商品链中主要扮演加工制造的生产商角色。早期主要为日本企业进行服装加工制造,后来更多的是参与欧美服装品牌商主导的商品链中。中国香港服装企业在本地建立起一体化的制造、营销网络,逐步从简单加工过渡到ODM(原设计制造)及OBM(原品牌制造)生产经营方式。

第二阶段,由于中国香港的服装制造业成本增加和贸易障碍,中国香港本地服装产业逐步将生产制造环节转移至成本较低的中国内地和亚洲发展中国家。

第三阶段,中国香港本地企业成为欧美国际大品牌商的采购中心,充当零售商和制造商的中间人角色,起协调整个商品链的作用。在这一时期,中国香港服装业经历了向高档服装转型的变革。

第四阶段,中国香港服装企业逐步向设计、品牌、营销等上游环节进一步升级,成为亚洲重

① 香港特别行政区政府统计处,www.censtatd.gov.hk,2004—2008

② 赵洪珊.CEPA框架下中国香港与内地服装业.中国纺织,2003(10):57.

③ 卜国琴.全球服装商品链与香港服装业的产业升级及其启示.特区经济,2005(9):320.

要的服装业采购与设计中心之一。

中国香港通过产业结构调整，企业界经过努力，不断提高服装产品开发、设计和品牌运作能力，由此保持服装业的持续竞争力。

(2) 美国服装市场和进出口贸易

历史上，美国国内从优质棉花生产、纺纱、织布，一直到成衣有着坚实的产业基础。美国纺织服装制造业的战略目的是通过结构调整，增强纺织及服装商品的出口竞争力。作为全球化战略，快速反应(QR)、供应链管理(SCM)和敏捷销售(Lean Retailing)等模式为美国纺织服装产业界确保世界竞争力提供了新的理念，并制定了一系列符合国际质量、安全，环保要求的标准。

美国是世界最大的纺织服装消费市场，纺织品和服装进口占全球份额的10%和25%，是世界各国争夺的焦点。取消配额进一步加剧了对美国市场的竞争。

表4-2所示为美国纺织服装进出口金额情况，由表可知，近年来美国纺织品服装出口呈下降趋势，2020年降幅较大，进口呈逐年显著增加趋势，除2020年波动较大。

表4-2 美国纺织服装生产进出口金额变化情况(2017—2021)

品类	时间	2017	2018	2019	2020	2021
纺织品	出口	13 623	13 822	13 359	11 377	13 122
	进口	29 621	31 883	31 400	45 165	39 555
服装	出口	5 714	6 046	5 964	4 835	6 136
	进口	91 239	95 091	95 492	82 417	106 287

(数据来源：https://stats.wto.org/)

如图4-2所示，美国服装市场零售额在2020至2021年间受财政货币刺激计划的带动，创下历史新高，2022年受通货膨胀的影响，服装消费较2021年有所下降。

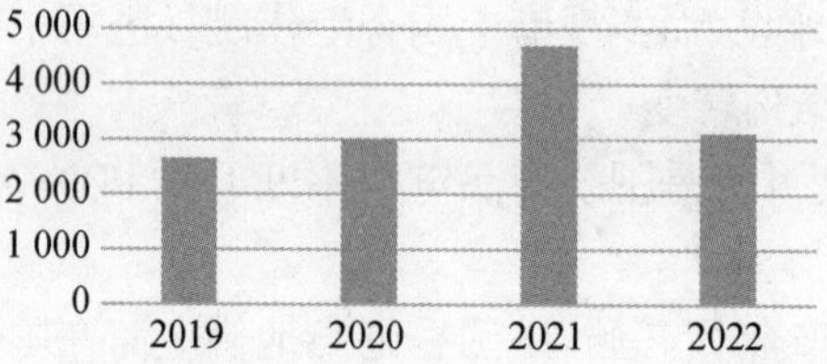

图4-2 美国服装市场零售额2019—2022 (单位：亿美元)

(参考数据来源：美国经济分析局，美国商务部)

2007年底，受次贷危机影响，美国经济出现衰退迹象，服装市场受其影响增长基本处于停滞状态，直至2008年4月仍未见明显改善。

美国服装业的战略地位(SWOT分析)

强势

a. 综合国力堪称世界之首，消费市场最大；

b. 大公司设计、采购、市场和分销系统发达；

c. 领先的现代营销模式和科学管理手段在实际运用中卓有成效。

弱势

a. 本土制造业逐渐萎缩,造成大量人员失业;

b. 消费者以个人喜好选购服装,对制造商的稳定性产生阻碍;

c. 中高档品牌服装过剩,使企业之间竞争激烈;

d. 管理缺乏深度、许多小公司不景气。

机遇

a. 高新科技设备投资、合理利用计算机网络提高企业在质量、价格、CS(客户满意)等方面的竞争力;

b. 全球化扩张、休闲产品和年纪较大、富有消费者奢侈品的市场扩展;

c. 技术和新材料的发展、个性化产品的市场开拓和新的销售渠道。

威胁

a. 国外服装企业如加拿大、韩国、巴基斯坦等国资本正在渗透到美国市场;

b. 中国廉价服装对美国服装制造业的冲击。

(3) 日本服装市场和进出口贸易

20 世纪 50 年代的日本作为欧美等国服装业的海外生产基地,以服装加工为主业。之后日本国民就业结构发生变化,产业经济结构不断调整。进入 20 世纪 80—90 年代,日本的劳务成本逐年高升,制造业大量移向周边发展中国家,纺织服装产业出现空洞化。

日本财务省的贸易统计结果表明,2005 年日本从世界各地进口服装达 35.58 亿件,连续三年创历史新高。其中,从中国进口的服装占日本进口服装总量的 91.7%,稳中有升。此外,越南、印度对日服装出口增幅也达到了 10%以上,但仅占总量的 2%以下。日本服装依赖中国进口的现状没有明显的改变。

如图 4-3 所示,日本纺织服装市场的进口依赖性很强。2017 至 2019 年,日本纺织品和服装进口额呈现持续增长,2020 年和 2021 年略有下降,而服装出口额在 5 至 8 亿美元之间。

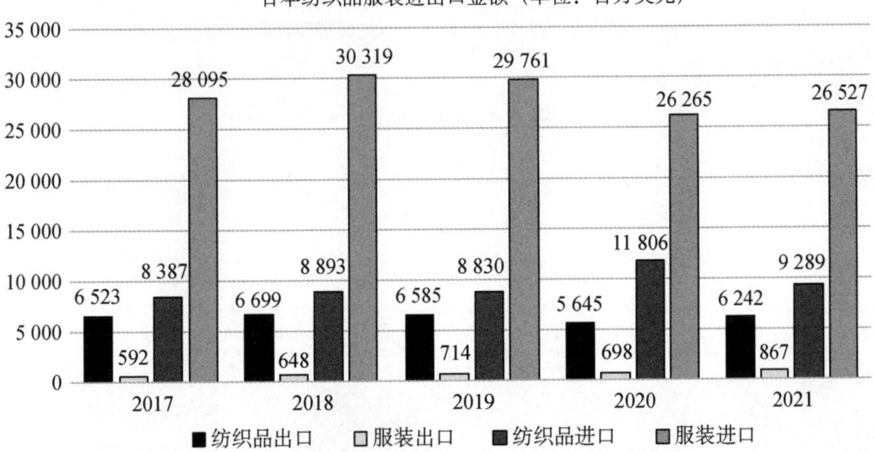

图 4-3 日本纺织服装进出口金额(2017—2021)

(数据来源:https://stats.wto.org/)

根据日本经济产业省 2006 年的调查数据(见表 4-3),日本国内产值 3 千万日元以上的服装生产企业共 270 家,其中 224 家为销售额 1 亿日元以下的企业;服装零售企业有 249 家,规模普遍比制造企业大。

表 4-3　日本 2005 年服装企业数　　单位:个

销售额(日元)	企业数			
3～5 千万	服装及其他纤维制品制造业	116	服饰零售业	76
5 千万～1 亿		108		111
1～5 亿		39		96
5～10 亿		1		21
10～50 亿		5		36
50～100 亿		—		7
100 亿以上		1		2
小计	270		349	

资料来源:日本经济产业省 2006 年统计资料

图 4-4 表明,从家庭消费来看,1995—2003 年间,日本全国服装家庭消费金额逐年下降;2004—2007 年维持在 4 万亿日元左右,2007 年略有上升,为 4.1463 万亿日元,占国民支出总额的 13.33%。

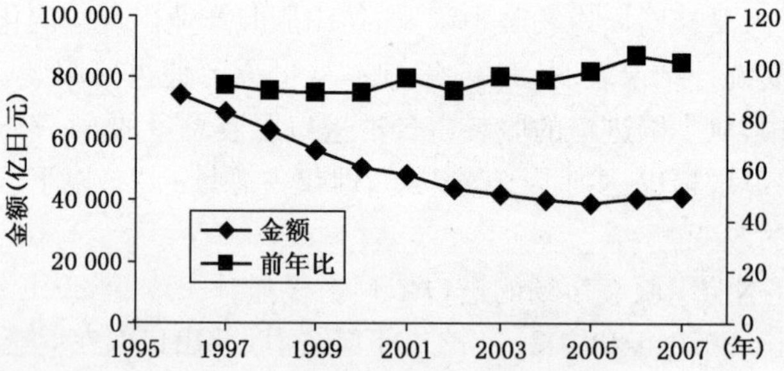

图 4-4　日本服装家庭消费规模变化

资料来源:根据日本《家計調查》(総務省)和《国民経済計算年報》(内閣府)整理.

日本服装业的战略地位(SWOT 分析)

强势

a. 日本服装的高质量品位得到世界一致认同;

b. 成熟、完善的商品企划模式与营销手段为日本零售业的发展奠定了良好的基础。

弱势

a. 日本服装进入世界市场的最大阻力是成本过高;

b. 对外贸易依附性强,美国经济减速加重了日本出口的困难。

机遇

a. 利用全球资源,优化整合,有望在服装零售中占据更多市场份额;

b. 高档产品通过设计、定做或技术创新将适合消费者的多层次需求。

威胁

a. 传统的加工技术、生产管理模式在全球化进程中需要寻找用武之地；

b. 制造业的空洞化造成就业难的困境。

(4) 英国服装市场和进出口贸易

英国服装出口从 20 世纪 90 年代开始出现大幅下滑，随后略有回升。

表 4-4 英国纺织服装贸易金额统计 单位：百万美元

时间 / 品类	2017		2018		2019		2020		2021	
	进口	出口	进口	出口	进口	出口	进口	出口	进口	出口
纺织品	7 289	3 755	7 420	3 675	7 198	3 587	11 050	3 283	7 981	3 227
服装	25 579	8 542	26 504	9 027	26 367	8 999	26 318	7 953	23 227	5 558

(数据来源：https://stats.wto.org/)

2017 至 2021 年间，英国服装贸易逆差长期维持在 170 亿美元左右，国内服装市场 90%以上来自进口(见表 4-4)。

英国服装大量从劳动力价格较低的国家和地区进口，其中中国大陆及中国香港地区占了最大的份额，近年来进口国扩展到意大利、土耳其、越南和孟加拉国等地(见表 4-5)。英国国内服装业除高档产品设计和生产外，服装制造业严重萎缩。

表 4-5 2007 年(截止到 8 月底)英国服装主要进口国家进口额

	中国大陆	中国香港地区	土耳其	印度	孟加拉国	意大利	法国	摩洛哥	其他	总进口额
进口额(亿英镑)	15.59	9.98	9.70	5.20	3.86	5.74	2.62	1.88	27.57	76.14
进口份额(%)	20.5	13.1	12.7	6.8	5.1	7.5	3.4	2.5	36.2	100.0

注：摘自 2008 年英国服装与鞋类产业统计报告.

英国服装市场的进口渗透现象十分明显，国内服装产业近几年一直处于衰退中，但是英国进口服装大多数为大批量低价产品，而很少有高档和高技术含量的进口服装。英国国内许多品牌纷纷关闭了在本国的工厂，将生产基地转移到其他国家和地区，再进口到本国销售。

因此，英国服装业优势主要集中在零售企业，如 NEXT、Primark 和 Arcadia 等专卖店以及 Marks & Spencer 和 Debenhams 等大型综合零售商场。

虽然服装在居民消费总额中所占绝对比例有所下降，但是销售额却仍有所增长，2003—2007 年，英国服装及鞋类消费额共增长了 17.5%，其中 87.4%为服装。

英国服装市场分析：

① 虽然普通服装价格持续下降，但是英国消费者却越来越倾向于购买设计师品牌服装，特别是国际奢侈品品牌或者国内知名设计师品牌服装，如 Pringle 的针织服装，Kangol 的帽子，Ben Sherman 的衬衫和 Burberry 的系列产品；

② “快时尚”(Fast fashion)型服装企业越来越多；

③ 服装网上销售仍处于初级阶段，服装网上销售额虽然有所增长，但销量仅占服装消费

总量的 5%。Tesco 公司计划在 2009 年前实现产品的全线网上销售。

根据 2008 年英国服装与鞋类产业统计报告,表 4-6 和表 4-7 分别为 2006 年英国男装销售渠道市场份额和 2005 年男性服装购物场所偏好排名。

表 4-6　2006 年男装销售渠道市场份额

销售渠道	市场份额(%)
综合连锁店	21
大卖场	16
连锁店	11
折扣店	10
运动服专卖店	9
邮购	9
专卖店	7
百货店	7
其他	10
合计	100

表 4-7　2005 年男性服装购物场所偏好(多选题)

购物场所	光顾率(%)
百货店	83
综合连锁店	81
专卖店	67
运动服专卖店	66
大卖场	63
时装连锁店	52
直销店	47
折扣店	44
邮购	40
网购	35
街头市场	30
福利店	25

由表可知,虽然男性消费者最喜欢到百货公司购买服装,但是实际上服装综合店的市场份额却是最大的。此外,男式内衣和袜子的消费场所有转向超市大卖场的趋势。不管在男装还是女装市场,运动服专卖店的市场地位都有所上升。

英国服装业的战略地位(SWOT 分析)

强势

a. 工艺和设计技术具有专长;

b. 英国纺织服装业将解决客户需求和提高竞争力放在首位;

c. 零售商依据快速反应系统,力争实现"零库存"。

弱势

a. 主要的弱势在于低档服装生产的低回报;

b. 劳动力成本在总成本中一直占有较高比例,因此制造商大量投资到劳动力成本低的国家,如中国。但 2005 年多纤维协议(MFA)结束后,进出口贸易更加自由,劳动力成本所占比例也会随之降低。

机遇

a. 在成衣销售中将有望重新占据一定份额;

b. 低档服装批发商难以在竞争中取胜,这意味着高档产品通过设计、定做或技术创新将更快适应零售商和消费者的需求。

威胁

最大的挑战在于制造商能否适应低收入、低附加值的工业结构转变为通过高附加值销售来取得投资回报的模式。

(5) 意大利服装市场概况

根据意大利全国纺织时尚联合会统计,2007 年意大利纺织服装的销售额达到 546 亿欧元,增幅 3%。该会主席杰尼亚称,出口形势令人意外,将增加 5%,主要缘由是意大利对发展中国家的出口额超过了意大利整个出口的 50%,它们是俄罗斯、印度和中国等。但对日本和美国销售呈下滑趋势,对欧洲出口不太令人满意①。

意大利服装产业以中小型企业、家族经营为主,纺织服装具有鲜明的人文气息和产地特征。意大利的纺织服装企业 99%是中小企业,企业平均从业人数仅为 8 人;企业规模比较稳定,若要拓展往往采用分公司形式。

20 世纪 80～90 年代意大利大型服装企业依靠悠久的历史传统文化、出色的服装设计、精湛的缝制技术和全球营销战略,高档品牌享誉全球。意大利服装商品进入欧美高档百货店、专卖店时间不长,但这些服装具有意大利风格的创意设计、优良丰富的面辅料供应、高水平的产地加工技术,与法国服装相比,毫不逊色。而中小型服装企业在策划、设计、营销等方面尚不具备进军全球的条件,这些企业做工虽好,但优秀的服装缝制衣匠数量逐年减少,劳务成本高,缝制加工逐渐转向发展中国家,企业经营困难。

因此,进入 21 世纪意大利大型服装企业经营方针正在变化:基本服装商品转向国外生产,与国内服装加工型企业的交易量逐渐减少。一部分企业以出口为导向,强调创立世界品牌,提高品牌知名度和健全独立的销售网络是营销工作的重点,但高质量服装的缝制往往依靠员工的灵感技巧,仅由国外加工仍有困难,使得“价格和质量的平衡”往往难以顾及,这种现象今后将继续存在。

服装款式和工艺质量

意大利著名品牌服装大多数采用外加工形式,但很少考虑廉价外加工,强调精美的制作工艺质量。企业主认为:服装款型和工艺质量是两种不同的概念。服装款型随时代流行经常变化,是否受市场和顾客欢迎很难确定,而衣匠的缝制技巧是常年逐步积累下来的,意大利高档服装品牌以质量取胜是赢得市场的关键。当然,全手工和半手工的生产成本是有差异的。例如,ATTREANI 品牌全手工缝制,一件男西上装耗费工时 24 h(3 个工作日),而半手工缝制的 SULTRY 品牌耗费工时 10 h。

国际竞争的结果表明,优质服装作为唯一重要销售条件的时代已经结束,这对意大利以精湛缝制技术为特色的服装加工型企业发展极为不利。

总之,意大利服装业传统的技能型中小企业数量正在逐渐减少,而具有市场策划能力、拥有自家品牌的服装大企业在世界市场上取得了越来越多的份额,两者对照鲜明。与其它发达国家的纺织服装产业空洞化相比,意大利的纺织服装产业虽面临严酷的生存环境,但企业仍拥有高水平的综合出口竞争能力。

① http://www.51fashion.com.cn/BusinessNews/2008-1-10/236438.html

意大利服装业的战略地位(SWOT 分析)

优势

a. 中小型企业通过产地产业集群方式相互间圆滑连接;

b. 不论企业规模大小,都有商品策划、提出完整商品方案的能力;

c. 实施个性化、专业化经营。服装交易实行买断制,与其他商店不同品位的个性化服装配套服务是零售店经营的制胜法宝。

弱势

a. 以加工为主的服装企业受到劳务成本和发展中国家的挑战;

b. 税制方面,企业规模越大税收越高,退休金和医疗保险等福利负担大。

机遇

a. "技能型企业"受全球欢迎,有利于实施出口经营战略;

b. 产地集群的经营模式能激励企业加强自身建设,提高企业的竞争水平。

挑战

a. 僵硬的雇佣制度和高成本阻碍着意大利国内服装生产企业的发展,尤其在一般商品领域已无竞争优势;

b. 产业集群规模有缩小趋势,需要重新整合,走全球化经营道路。

4.2 全球服装贸易结构

全球服装贸易结构可以说是北潮南涌,西风东进。一方面服装生产基地逐步南移,从发达国家转移到不发达国家,从工业化国家与地区转向工业化初期的国家与地区,为发达国家与地区加工的基本服饰产品源源不断地输向发达国家巨大市场;另一方面西方发达国家的服装业,特别是高档服装,以其闻名于世的品牌、快速变化的设计、先进的技术、谙熟的营销手段以及全球化经营战略迅速抢占海外市场,包括不发达国家的服装市场。

(1) 国际组织与协定

① GATT(General Agreement on Tariffs and Trade,关税和贸易总协定)

规范关税与贸易准则的多边国际协定是过去几十年调整国际经济贸易关系的重要支柱之一。1947 年美、英等国签订了关税和贸易总协定,并于 1948 年 1 月 1 日生效。乌拉圭回合中对关贸总协定(GATT)进行了修正,产生了《1994 年关贸总协定》文本,新文本继承了原文本的精神,它是 1995 年 1 月 1 日成立的世界贸易组织(WTO)法律框架原则的基础。

② WTO(World Trade Organization,世界贸易组织)

成立于 1995 年 1 月 1 日,根据其前身关贸总协定乌拉圭多边谈判回合决议而产生,核心是世界贸易组织协议。总部设在瑞士日内瓦,中国于 2001 年 11 月加入 WTO,至 2001 年底已有 164 个国家和地区成为其成员。

③ MFA(Multi-Fiber Arrangement,多纤维协定)

旷日持久的关贸总协定 GATT 乌拉圭回合围绕着纺织服装的贸易争斗终于达成协议,其中最引人注目的是多纤维协定(MFA)。多纤维协定亦称国际纺织品贸易协定,是国际纺织服装贸易的重要协定。MFA 主要目的是促进发展中国家的经济和社会发展,保障它们的纺织品及服装出口收入增加。参加本协议的有经济发达国家和发展中国家,包括世界各主要纺织品及服装的进出口国和地区,我国于 1984 年正式加入。原协议只限制棉、毛和人造纤维、纤维制品和服装产品,1986 年协议又增加了对苎麻和丝混纺等植物纤维的限制(真丝织品除外)。

④ ATC(Apparel Textile Consultation,纺织品与服装协定)

1995 年 1 月 1 日世界贸易组织(WTO)成立后,纺织品与服装协定(ATC)取代了多纤维协定(MFA)。协议规定:从 1995 年开始,在 10 年内分 4 个阶段,进行配额调整;任何在 1994 年 12 月 31 日以前仍然存在的配额都被转入到新的协议中;在 WTO 成员国之间分阶段取消进口数量限制的最低比例和对保留配额的产品给予一定的额外增长率;协议规定了每一阶段纳入 GATT 规则的产品比例,并逐步取消配额,实现纺织品服装的自由贸易。

表 4-8 所示为 ATC 配额的计算案例。这一方面意味着贸易保护主义渐趋失势,但另一方面也表明发达国家做好了以攻为守的战略转换,即以全球化经营,打入不断增长的新市场以保护本国产业,其中最引人注目的是美国纺织服装业快速反应(QR)战略的理论与实践。

表 4-8　ATC 规定的被动配额回归阶段以及计算

回归阶段	回归比例	额外增长率	中国对美的配额增长率
原 MFA 下	—	—	1.6%
第一阶段 1995.1.1—1997.12.31	16%	16%	没有加入 WTO,仍为 1.6%
第二阶段 1998.1.1—2001.12.31	17%	25%	没有加入 WTO,仍为 1.6%
第三阶段 2002.1.1—2004.12.31	18%	27%	1.6% * (1+16%) * (1+17%) * (1+18%)=2.56%
2005.1.1 以后	100%	取消配额	取消配额

(2) 地区性贸易协定

① 北美自由贸易区(North America Free Trade Agreement, NAFT)

由美国、加拿大、墨西哥三国之间形成商品、服务和资本可自由流动的区域性自由贸易区。NAFT 缘于世界纺织服装贸易的冲突,目的是以区域性的合作求共存,于 1992 年 8 月形成,1994 年 1 月生效。例如,墨西哥利用廉价的劳动力及巨大的美国市场,在服装生产和出口方面,短期内曾取得了进入美国市场霸主的地位。

② 欧洲联盟(European Union,简称欧盟或 EU)

由欧洲共同体(European Communities)发展而来,是一个集政治和经济实体于一身、在世界上具有重要影响的区域一体化组织。

欧盟纺织服装业直接从业人员达 250 万(东扩前为 200 万)①,销售额 1 768.93 亿欧元(2001 年),是世界纺织品和服装出口重要地区(仅次于中国)。而且欧盟纺织服装业具有比较优势,如引导时装潮流、产品质量高、具有多品种小批量系列产品的生产能力以及交货速度快、适应市场需求能力强等特点。

① 欧盟东扩后技术性贸易壁垒政策走势.国际商报,2004.5.1

③ 南亚区域合作联盟(South Asian Association for Regional Cooperation，简称南盟或SAARC)

1985年12月，孟加拉国、不丹、印度、马尔代夫、尼泊尔、巴基斯坦和斯里兰卡七国领导人在孟加拉国首都达卡举行第一届首脑会议。会议发表了《达卡宣言》，制定了《南亚区域合作联盟宪章》，并宣布南亚区域合作联盟正式成立。

据推测，世界贫困人口约半数在南亚诸国，那里的经济发展不平衡。正如多数亚洲发展中国家所经历的那样，近年南亚诸国的出口相当程度上依赖于纺织与服装贸易。可以说，纺织服装业对于这些国家的经济发展以及外汇收入具有十分重要的意义。印度和巴基斯坦的纺织业历史悠久，天然纺织资源丰富，而其他国家则将则重点致力于面向出口的服装生产。

其他自由贸易区组织还有：东南亚国家联盟(Association of Southeast Asian Nations，简称东盟或ASEAN)以及《与非洲和加勒比贸易法案》和《非洲增长与机会法案》涉及的美国、非洲、加勒比国家和地区，等等。

(3) 国际贸易理论和贸易保护主义

众所周知，当一国或地区的经济存在绝对优势时，便会产生贸易。如中国盛产苎麻和真丝，是大宗的出口商品；而中国又需从发达国家进口电子技术、民用飞机，因为发达国家在高新技术产品上有优势。

在大多数情况下国际贸易的进行是因为存在“比较优势”。例如，中国的服装业相对其他产业比日本、美国同类产业更具竞争优势，因此中国可以生产出口服装换取其他产品而获得利益。

理论上，国际贸易使交易双方总体上都受益。但事实上由于经济利益的驱使，处于比较劣势的产业部门总会从各自局部利益出发而抵制自由贸易；政府为了保持社会经济的稳定，也会以牺牲其他利益为代价实施贸易保护主义，同时为了各自国家利益，试图打破别国的贸易壁垒。这种反逻辑的现象集中反映在当前纺织服装的国际贸易中，对国际经济秩序产生重大干扰，同时也对我国纺织服装业发展国际贸易战略产生重大影响。

国际贸易涉及各交易国的经济利益，各国政府或区域组织为了保持贸易顺差，以实现资本积累的政策思想以及为了本国市场和产业的发展，都会制定有利于本国或本地区的对外贸易发展政策，实施贸易保护措施。

① 关税壁垒

关税是一国对外贸易政策的基本手段之一。它是进出口货物经过一国国境时，由政府所设置的海关向进出口商征收的一种关税。关税可以按照征税商品的流向、课征的方法、税率等不同的标准进行分类。按征税商品的流向可分为进口税、出口税和过境税；按关税的税基可分为从量税、从价税、混合税和选择税等。

② 非关税壁垒

非关税壁垒又称为非关税措施，国际贸易中除关税以外的一切直接或间接限制外国商品进口的法律和行政措施总称。非关税壁垒种类繁多，主要分为数量限制、价格限制、经营及采购限制、金融控制、技术性贸易壁垒五大类。

a. 数量限制——在现代国际贸易中，数量限制是指进出口国通过行政和法律手段，对特定商品的进口量进行实物或金额数量限制，从而达到贸易管制和市场保护目的的一种措施。主要有进出口配额制、“自动”出口配额制和进口许可证制度。

b. 价格限制——价格限制包括最低限价和海关估价制。最低限价是一国政府对某种进口商品规定的最低价格，凡进口货价低于规定的最低价格时征收高额进口附加税或禁止进口，甚至动用反倾销措施。

c. 经营及采购限制——经营及采购限制包括国营贸易和政府采购。国营贸易是国家对某些产品的进出口贸易及与贸易有关的生产进行价格、数量、流向及管理方面的垄断或控制。政府采购作为一种非关税壁垒，是指一国政府通过颁布法令或政策，规定本国政府机构在采购时必须优先购买本国产品的歧视性规定和进口限制。

d. 金融及税收控制——包括外汇管制、预先进口存款制、利润汇出限制和各种国内赋税。目的是平衡国际收支和维护本国货币的稳定。

e. 技术性贸易壁垒——现代国际贸易中，商品进口国在实施贸易进出口管制时，通过颁布法律、法令、条例、规定等方式，对进口产品制定严格的技术标准、环保标准、卫生检疫标准及商品包装标准等，通过提高进口产品的技术指标，以限制进口的一种非关税壁垒措施。如欧盟的生态纺织品标准(OKO—TEX STANDARD 100)中，对服装和纺织品中的某些物质含量要求达到规定的物化指标。

4.3 世界时装中心及其影响

现代交通和信息技术已使服装业成为真正的全球化产业，每时每刻都会影响全球民众的衣生活。

(1) 法国巴黎

巴黎是现代时装的发源地，浪漫、优雅的时装影响着世界流行和时装业的发展，同时也通过其独特的发展模式影响全球的时装业。1896 年，Chambre Syndicale de la Couture(服装商会)的会员制组织成立，以统一协调时装的展示、特许签约、出售等活动。最初由高级女装(Haute Couture)公司推出创新的款式，然后由客户特许签约复制为成衣进行销售。高级女装通常选用特殊加工的面料、量体裁衣、手工缝制，因此只有少数人能承受昂贵的价格，而且成员严格审定。这种方式派生的服装产品称作高级成衣(prêt-a-porter)，一些著名设计师的高级女装都有高级成衣品牌，如 Dior、Chanel、Pierre Cardin、Givenchy、Yves St. Laurent 等。巴黎的时装设计师每年举行二～六次时装发布会。例如十月的春夏季时装发布会和七月的秋冬季时装发布会，参加展示的服装极其昂贵，而客户或对象主要是豪富或社会名流为代表的个人买主、贸易和商业特许合约的客户(包括纺织厂商、设计师、服装厂商、零售商)、新闻媒体等。

由于巴黎优秀的文化传统、良好的商业机制、创造性的时装风尚以及健康的竞争氛围使之成为全球最有影响力的时装中心之一，造就了以 Dior、YSL、Pierre Cardin 等著名设计师命名的大型时装公司和相应发达的时装行业。

(2) 意大利米兰

在欧洲时装领域唯一能与法国匹敌的是意大利。与法国不同的是意大利设计师的设计室分布于米兰、罗马和佛伦罗萨。意大利设计师的时装发布一般每年二次，春夏时装发布在一月，而秋冬时装发布在七月。意大利的时装业是在 20 世纪 50 年代崛起并以卓越的织物设计和质量、针织服装、休闲装，精美绝伦的服饰、做工、创意、款式及高贵的皮革制品闻名于世。意大利的男士服装和饰品堪称世界一流。意大利时装业的发展也得益于国际市场，或者说主要的收入依靠出口。政府对时装业的支持是意大利时装繁荣兴旺的重要因素。

米兰时装展示业的困扰

第二次世界大战结束后，意大利以面料和服装加工闻名于世，以至于当时服装界有这样一种传言：时装创意在巴黎，面料质感找米兰。随着服装业的发展，意大利设计师利用传统的工艺和文化底蕴，于 1951 年 2 月发布了最早的时装秀，以后经过努力，米兰逐渐成为仅次于巴黎的时装发布中心。但每年巴黎时装发布会有 40 多个国家参加，商业买家和新闻记者达 2 500 人，而米兰每年参加国为 30 个，商业买家和新闻记者 700 余人。两者的差异除了历史的原因外，主要表现在人才的推陈出新方面。巴黎时装发布会，每年都有来自世界各地的设计新手出现，德国、英国、美国、俄国、西班牙等国家年轻设计师的不断出现给时装界带来了新的创意和品牌。尽管米兰也曾引进了一些国际著名的设计师，如古姿公司的美国设计师 Tom Ford。但总体上，意大利著名品牌主要仍依靠大师级设计师，设计新人不及巴黎时装界活跃。保持传统特色和启用有创意的设计新手是米兰时装界克服竞争困扰和进一步发展的瓶颈。

意大利的时装中心崛起于佛罗伦萨，而当今米兰是公认的世界时装中心之一。和法国时装界一样，意大利的时装设计师不仅参与一年两度的国内时装发布，同时还参与诸如巴黎、纽约的时装发布。驰名世界的设计师和品牌有 Valentino Garavani、April Ferry、Giorgio Armani、Fendi 等。时装业是意大利仅次于旅游业的第二大产业，而服饰企业的数量两倍于法国。由于意大利的织物比法国的质优而价廉，故法国的设计师往往舍近求远成为意大利面料的客户。意大利的时装通过本国的公司或者特许经营的方式遍布全世界，德国、法国和美国是意大利时装的三大进口国。近年来，诸如 April Ferry、Valentino Garavani、Benetton 等名牌逐步进入中国市场，设计师的时装发布和政府推动的贸易博览会也经常在中国举行。

(3) 英国伦敦

英国最早以花呢和男装量体裁衣闻名于世，服装业的发展主要在第二次世界大战以后，但过分保守、贵族化和皇室家庭气氛是导致之前不被世界广泛认可的原因。20 世纪 60 年代，以 Mary Quant 为代表的年青设计师崭露头角，象征自由、青春活力的迷你裙等款式风靡西方。20 世纪 70 年代，英国设计师重新着力突出传统和高质量的毛织物和定制男装，如做工精湛的 Aquascutum 和 Burberry 品牌服装。20 世纪 80 年代是英国时装振兴的年代，传统与前卫、保守与创新、古典与现代风格携手并进，吸引着逆反的年青一代和循规蹈矩的老一代，创造出令世人瞩目的时装风格。

(4) 日本东京

时装一向是西方人的世袭领地。过去，日本服装曾被看作低质廉价的代名词。但现在，日本服装已在国际中、高档市场中崭露头角，日裔设计师如三宅一生、高田贤三等在世界时装界占有重要位置。20 世纪 80 年代东京已被传播媒介和时装业界公认为时装前沿，而日本设计师品牌已在世界各时装中心出现。依靠纺织服装坚实的设计和技术基础，日本高档服装和时装像它的汽车和电子产品一样进入世界市场。

(5) 美国纽约

纽约的良好市场环境和外部集约规模——资本、技术、信息、人材等集中了世界上许多高档服装和时装消费者，使之无可非议地成为世界时装之都中的一个重要城市。纽约市场包容了各种各样摩登的、敏感而时髦的、典雅而矜持的时装，不仅背倚着全球最具购买力的市场，还以经济和政治影响傲视世界服装市场。同时纽约也是各种文化的大熔炉，造就了不同风格的设计师，如擅长休闲装的 Palph Laurerc 趋向古典；CK 显示性感；安妮·克莱因体现优雅；做套装的奥斯卡炫耀高贵；Bill Blass 标新立异；DKNY 雅俗共赏。虽然在世界时装设计界纽约只能排在巴黎和米兰之后，但是它的自由和宽容，创造力和效率，无疑使之雄居时装市场之巅。

(6) 德国

德国以世界最精密的服装机械和技术以及精工制作闻名于世。每年在德国举行的盛大国际纺织和服装博览会可谓独领风骚。如法兰克福每年 5 月和 11 月有“Interstoff”国际纺织展，世界各地数万家厂商和服装厂商参展；科隆每年 2 月和 8 月有国际男士服饰周，千余家参展商向来自各国的 3 万余买家展销；而在杜塞多夫每年 4 月和 11 月的 IGEDO 女装展，更有 2 千余厂商向 3 万买家推广服饰商品；除此之外还有大型内衣展、鞋展、童装展和泳装展等。尽管德国的服装工业和服装出口相对较小，但它们的服饰博览会却是面料和服装创意的源泉，对世界时装界产生巨大影响。近年来，德国的数家著名展览商与中国纺织与贸易部门成功举办了多项时装展和服装博览会，如在亚洲首屈一指的内衣展和面料展等，推动了行业与市场的发展。

4.4 世界服装市场及趋向

发达国家占世界人口比例不高，但服装进口额却占主体，这些国家仍是世界服装贸易的主要市场。但另一方面，随着经济发展，不发达国家服装消费迅速增长。中国虽然人均收入较低，但从 20 世纪 90 年代以来，服装销售量持续增长，进口额有望进一步扩大。

一般对服装的需求，不同市场有很大差异，发达国家人均收入高，购买力强，高档优质产品需求量大，而不发达国家进口高档服装有限。国际贸易中，不发达国家向发达国家出口具有价格竞争力的中、低档服装产品，作为互补，不发达国家也从发达国家进口一定数量的高档服装产品。同时，发达国家还向不发达国家转移或出口服装加工技术、电子机械设备、印染设备和设计技术等。

这种西高东低，即发达国家输出高档和高技术产品的格局仍将维持很长一段时期。但随着服装产品结构的调整和技术转移以及信息高速公路的沟通，这种梯度差异将逐渐减少。

(1) 消费者对服装价值的新诉求

发达国家消费者在表现个性化的同时，也在追求生活质量和生活乐趣的多样化。面对地球环境的恶化和人类对自身生存环境的破坏，更多的消费者意识到生活质量的提高依赖于全体地球人对社会的责任感和维护环境保护的义务。对服装的高质量、舒适性的追求要高于炫耀性的消费。天然纤维和纤维素纤维满足了这方面的要求，绿色纤维、防紫外线、防微波和弹性纤维等面料，使现代生活快捷、休闲和舒适的愿望得以实现。名牌服装在体现个性化和穿着品位方面无可替代，但盲目追求名牌意识的倾向将会淡化，无论在发达或不发达国家，实惠和简洁仍会占重要地位。一些世界级的廉价商店，如 GAP、ZARA 等在 20 世纪 90 年代的迅速发展并在全世界范围内取得越来越多的市场份额足以验证这一点。

(2) 简洁的服装供应链

信息技术的高速发展和广泛应用以及服装流行的快节奏，导致了世界服装贸易市场快速变化和波动，这与服装供应链冗长和复杂的组织结构相矛盾。服装业需要采取不同的经营战略和策略，以应对如下不断变动的经营环境：

① 逐步构成敏捷的供应链系统，其中包括快速反应(QR)服装生产体系、精益的物流管理系统、生产和零售市场信息的标准化和供应计划的一体化、更有效的垂直营销系统(VMS)等；

② 随着全球化的进展、服装生产的专业化分工、信息技术的广泛应用，服装业将出现大规模定制生产和营销的新模式；

③ 服装分销渠道的重组，世界级物流中心的形成，授权品牌(Licensing)和特许专卖(Franchising)将在服装业广泛应用。

4.5 服装国际市场营销

世界服装市场的发展使得服装业不再是传统的裁缝业，也不再仅局限于一国或一个地区，国际市场营销已成为商品策划师、设计师、制造商、零售商及服装产业链面对的共同课题。如前所述，纺织服装业是资源互补产业。中国在劳动力、服装生产、纺织原料资源以及产业集群等方面具有优势；意大利在服装款式、设计和制作等方面独领风骚；日本在服装机械、质量控制方面优势明显；美国具有现代分销渠道和管理系统等，服装国际市场营销使这种交换与互补得以实现，进而推动了服装国际贸易健康、持续地发展。

加工贸易

加工贸易(Improvement trade)形式包括：进料加工；来样加工；来料装配；来料来样加工等。

① 来料来样加工(Processing against sample)

某国或某地区的加工一方(外贸部门或工业部门)由外国或其它地区另一方提供部分或全部原材料、辅料或包装材料，按照委托加工方要求的款式和规格进行加工生产，成品交给对方，收取加工费的加工贸易形式。我国实行改革开放后，服装出口产品采用这一形式较多，这种方式有利于国内劳动力和设备能力的有效发挥，有利于增加我国出口商品的品种、规格、款式的改进，从而增强我国服装在国际市场上的适应性和竞争能力。

② 进料加工(Process with imported material)

进口原料加工成成品后，再复出口的贸易形式。适合于国内生产有潜力，而原料短缺、国外销路好且创汇率高的商品。开展进料加工以进养出，可充分发挥国内劳动力资源丰富的优势，挖掘设备、技术潜力、扩大出口商品生产，为国家多创外汇收入。服装企业开展此项业务时，应精确核算进料成本、国内工缴费及服装制成品在国际市场上可实现的创汇率，尽可能加工生产国外销路广阔、创汇率高的服装商品。

国际市场营销的认识误区：有些企业认为接单加工就是国际市场营销，实际上这只是国际贸易中的一环，生产加工者并不是国际营销活动的策划者与实施者；不恰当地处理国内市场和国际市场的关系，也是国内一些服装企业的通病。事实上，国内市场是一个发展快速、极具潜力的市场，轻易地放弃国内市场是不明智的，而且只有在国内市场营销有所作为，才有可能为国际市场营销积累经验。因此，国际市场营销是一个从制定战略、规划方案直到实施计划、生产、销售等全过程控制和管理的系统。

(1) 国际市场选择策略

我国服装企业最初进入国际市场是从 OEM(Original Equipment Manufacture)接单加工开始的，渠道主导者往往是进出口商(贸易公司)。随着我国经济快速发展和科学技术水平的提高，出口服装中的一般贸易比例逐步上升，拥有自主知识产权的服装品牌商品将越来越多地进入海外市场。

企业决定进入国际市场前必须明确：

a. 国际市场是否有足够的吸引力；

b. 企业是否有能力进入国际市场；

c. 企业本身是否具备(或获得)这种能力的资源。

正确进行国际市场可行性分析，是国际市场营销战略决策的关键要素之一。若海外市场无利可图、发展前景不明确、或者企业无优势可言、或者运输和流通费用抵消了这种优势、或者竞争对手太多太强而市场本身已饱和或萎缩，那么盲目进入国际市场会造成无可挽回的损失。即使市场有吸引力，但企业无相应资源和实力、或者不能获得这种技术和能力，也只能望“洋”兴叹。

若企业已满足上述三项条件，还要决定：

a. 企业国际市场营销的目标和方针，即国外市场占主要地位还是次要地位；

b. 企业的目标是少数几个国家的小市场还是许多国家的大市场；

c. 是将现成产品还是将创新产品售给这些市场；

d. 采取高风险高收益还是低风险低收益的市场机会。

企业确定国际市场营销方针后，还需要做出下述市场选择决策：

① 估计当前市场的规模和未来的趋势

根据近期国际服装市场的现状和国际服装贸易的实绩以及服装流行变化，预测市场发展趋势。除了通过公开的有关服装出版物等获取二手资料外，还可直接通过市场调研获得一手资料，如当地消费者对服饰流行的偏好和口味等。在服装界比较实用有效的方法是实地考察或通过当地各类服装展会等获得信息。

② 预测市场份额和市场定位

这是一项比较困难的工作。一方面是因为很难预测当地消费者对企业、企业的产品和策略作何反应；另一方面当地政府和行业也可能设置某些障碍和壁垒。

③ 预测成本和利润

主要取决于市场营销的策略和途径。直接出口或特许品牌与在境外设厂不一样，后者要受到当地劳动力、工作条件、税收和商业习惯做法等影响，而前者会更多地遇到贸易壁垒或各种经营障碍。

④ 估计投资收益率

从成本和利润可以算出现金流动率，并进一步折算为收益率。估算的收益率必须与行业通常的收益率相当，并且还须考虑在国外投资的风险补偿。

(2) 进入国际市场的方式

以何种方式进入国际市场进行运营，取决于比较优势和当地的市场营销环境。

① 出口

最简单的方式是向国外销售服装商品，服装款式可做某种程度的修改或保持不变。由于这种方式对生产线的变动小，也不须对企业的组织、投资、经营方针和战略作重大修改，风险和成本投入较小。

间接出口可以委托国内出口商或国外进口商进行服装贸易，或者通过进出口代理商进行代理贸易。

直接出口是将产品直接销售给国外客户。这种方式风险、投资大，但省去了中间商的费用，潜在收益也大。通过一般贸易我国有些出口服装由国内服装企业直接销售给国外大型零售商，如沃尔玛。直接出口可以通过企业的出口部或国外企业在国内的贸易机构实行，后者更了解国外市场动态。服装企业在国外设销售分公司也是争取服装出口、进入国际市场的一种方式。

② 合作经营

合作经营区别于产品出口和直接投资。有四种方式：

a. 特许经营。它是一种简捷的进入国外市场的方式。企业(授权方)通过合同或协议同意被授权方有偿或有条件地使用授权方的生产工艺、商标、专利和贸易诀窍。例如 Pierre Cardia 品牌就是用这种方式打开其他国家包括中国市场的。

b. 协作生产。一些著名的服装品牌常常利用当地的制造商生产服装并在当地市场上销售。在我国服装消费市场上，许多境外品牌采取这种方式。这样既降低了生产成本，又有利于迅速扩大市场。

c. 联营。大型百货店、大卖场、销品茂及一些品牌服装专卖店往往采用这一方式。

d. 合资。双方或多方投资有利于获得当地的资金、土地和其他资源，同时也容易获得行政机构的认可。在进入国际服装营销市场时，这种方式应用普遍。

③ 直接投资

这种方法既可避开贸易壁垒，又可获得低成本的资源。因为直接投资可以给当地经济和就业带来利益，较易为当地政府接受，在管理上也容易控制。缺点是投资风险大，管理上有一定难度。

④ 跨国营销

对于一些大公司而言，由于它们已有在国外市场经营的各种经验，因此走向跨国营销成为必然。这种企业本身已不再为一国所有。企业经营策略和生产、服务、销售网络及营销策略已全球化。

■案例

"ZARA 现象"引发服装业革命①

没有任何一种系列服装像 ZARA 品牌服装那样迅速地普及开来，并紧紧跟踪世界每个角落顾客的特殊喜好。

① 摘自《参考消息》2003 年 3 月 3 日第四版世界经济

在21世纪初，国际媒体不断关注西班牙萨拉公司对服装生产体制的革新，甚至可以说西班牙迅销时装（fast fashion）特点使世界纺织服装贸易和社会学发生了革命。

① 高效率的“萨拉模式”

ZARA公司每周开设一家新的分店。现在它所属的西班牙纺织设计工业集团在世界44个国家雇佣了2.7万人。另外，它以“快速制作”观念使世界纺织业发生革命，生产的时装迅速流行，价格对所有消费者都适宜。设在拉科鲁尼亚的公司总部汇集信息，并向世界各地的1 500个分支机构传递信息。与此同时，所有竞争对手和主要服装品牌都在努力适应和采取“ZARA模式”。

顾客提出要求，公司能在极短的时间内进行设计和生产。纺织设计工业集团提出的所谓“企业纵向一体化”观念是：完全控制设计、生产和经销的全过程。使得萨拉公司和该集团的其他品牌，通过设在世界各地的商店，随时根据顾客的要求生产服装。

一个由直接收集时装流行趋势人员组成的流动小组周游世界，小组还包括专门检查各种服装销售情况的人员，还有就服装与附件搭配提出建议的时装设计师。他们与设计师和盈利专家——计算出设计的服装投产后能否获得利润——共同组成一个巨大的团体，得以每年推出2万多种不同款式的服装。

该公司80%的服装产自欧洲，西班牙的产量约占50%，基本上是由自己的工厂和合作厂家生产。5个系列的服装每年的销售量约为9 000万件。

当休闲时到ZARA店去转一圈，看到那里的服装，你就会产生一种难以控制的购买冲动。你会成为纺织设计工业集团的支持者。世界上所有最重要的商业院校都将这家公司作为企业成功的榜样。在该集团所有的品牌中，最突出的是萨拉。

被经济学家命名为“ZARA模式”的是一种革新的服装生产体制，它在不到两周的时间内就能设计、并由自己工厂制作以及在该集团全球1 564家商店——其中527家为萨拉专卖店——出售同一款服装，而传统的体制则需要6到9个月。

合理的价格、生产和销售迅速、优秀的设计以及灵活地应对市场的变化，这些是该公司成功的关键。

② 紧跟顾客喜好

当公司的领导人员被问及取得胜利的完美方法时，他们都一致回答说，公司取得成功是倾听潜在买主的意见和紧跟他们的喜好。他们说：“我们不仅为制作服装而工作，我们还为顾客而工作。”

收集意见、生产和销售的速度之快几乎与顾客爱好的改变同步。尤其是，当一种服装还没有出售时，就不断地向商店、商人和管理人员提供信息，以便改变生产样式。在72小时之内，任何一个分店向中心店提出的订货要求都能得到满足，这样可以降低成本，因为几乎没有储存费用。

ZARA公司按照顾客的爱好运转。如果东京的顾客在其所属的商店打听在最近一部《007》电影中邦德女郎所穿的衬衣，那么商店负责人就会将这个信息转给集团总部。15天内这种样式的衬衫就会摆上日本的货架。

③ 迅速满足要求

首先是因为80%的生产是在欧洲进行的，许多是在加利西亚。尽管成本比转向劳动力便宜的发展中国家生产要高，但是可以更好地控制全过程；

第二是利用自身的生产发展和尖端通信技术，可以迅速满足顾客需求。例如使用便携式电脑就可以了解分布在全世界每个商店的每天详细销售情况。信息可以立即传送到集团先进的IT中心，由此根据各个市场的需求状况调整生产进程；

第三是物流。在拉科鲁尼亚，各个服装生产工厂通过与各种巨型配送中心相连，2001年运送服装1.15亿件。每星期两次汇集产品并向1 500多个分支机构中的每一个终端发货。

正如集团领导者们经常强调的那样，“人的价值”是公司的核心。非常引人注目的是25到30岁的年轻人担任店长。自上而下贯彻一种企业哲学，即让所有雇员都感到自己是非常重要的组成部分。

ZARA面向消费者的广告宣传也不一般。实际上，它的广告没有出现在大广告牌、或者报纸、电台、电视和杂志的广告中。它是通过各自的商店向社会展示其面貌的，这些商店总是设在最好和最贵的商业区。例如设在伦敦牛津街333号的萨拉专卖店每年的租金为275万英镑。因此各个商店的设计具有特别的重要性，它们负有宣传集团形象的使命。为此，公司拥有一个由建筑师、内部装修专家、设计师、技术专家和橱窗设计师组成的小组，确定商店的精神风格。

(3) 国际市场营销组合策略

由于在大多数情况下国际市场与国内市场有较大差异，因此需要对原有的营销组合策略做出相应调整。

① 产品和促销

a. 直接扩展。采用原有的产品和原有的促销方式。无须变动生产和促销模式，无须组织新的商品和促销计划。这种策略在服装营销中并不多见。一般仅应用于内衣和其他基本或简单产品。

b. 促销修正。保持原有的产品，但调整促销策略。如同样的牛仔裤，在伊斯兰国家促销时就应避免与“性”有关的字眼和形象；休闲装和运动装在国内渲染新潮和时髦，而在美国则强调运动、健康和生活方式；在西班牙常应用大幅色彩艳丽的广告，而在英国则应略带点古典甚至保守。

c. 产品修正。修正产品以适合当地市场条件和需要。如出口到美国、日本的电熨斗的额定电压为110 V，24K首饰是不受欢迎的；出售给国外的服装规格尺码应该与当地消费者体型一致。

d. 双重调整。产品和促销都作相应调整。例如国外的内衣在进入我国市场时不但在规格、款式有较多修正，宣传也更含蓄，以符合中国女性的文化品味和价值观。

e. 产品创新。专门为国外市场开发新产品。例如我国开发的具有防紫外线功能的面料，制成泳衣和沙滩装进入发达国家后很受欢迎，但这样的产品在国内市场不一定会好销。

② 价格

a. 在国际市场上的销售价格比国内高，主要原因是：

- 目标国家的收入高；
- 国外消费者的价值取向不同，产品定位高；
- 销售费用和促销费用高。

b. 向国际市场推广低价格产品，主要原因是：

- 目标国家的人均收入低；
- 为了提高竞争力，以打开市场；
- 为了扩大份额；
- 国内市场饱和而向国外拓展市场。

但要注意低价销售不应被认为低价倾销，同时要了解有关国家的反倾销法律。

一般来说，出口产品在国外的市场价格较难控制，而合作经营或直接投资则有较大的价格控制权。确定市场价格不仅应考虑企业的宗旨和产品的价格定位，更应考虑当地顾客对价格的期望以及法律等环境因素。

③ 销售渠道决策

如图 4-5 所示，国际市场营销的销售渠道通常要比国内长得多。因此出口服装价格到市场后要比出厂时上涨数倍，其中主要是流通费用增加所致。

需要强调的是不同国家的流通渠道也不尽相同，例如日本传统的服装流通渠道长而复杂，一般的服装通常要经过数级批发商。流通组织的规模也不同，美国的批发和零售组织的规模一般都较大，而印度、非洲各国的流通组织小而分散。各国在服装流通中的传统习惯也有很大差异。

鉴于国际流通渠道的复杂性和流通过程中的高额费用，国际营销对渠道的选择显得非常重要。

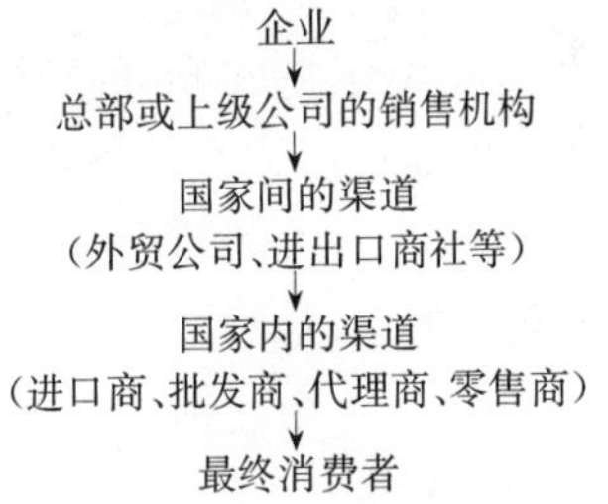

图 4-5　国际市场服装销售渠道

（4）国际市场营销组织

国际营销组织的形式与企业的发展战略目标有关，也同企业投入国际营销的深度相关。

① 企业出口部(科)。刚涉足国际市场的企业一般设立一个出口部(科)，编制为一个经理和若干出口业务员。

② 国际事业部。当企业在几个领域和几个地区并以多种形式参与国际竞争，这时需要设立事业部，由一个负责国际营销的副总经理主管几个职能部门或经理。事业部下属的部门可以是地域组织，或者是产品组织，或者是混合式组织。

③ 跨国组织。主管跨国集团（公司）的国际贸易或海外经营业务，在集团（公司）的统筹下，通常由所在国的法人企业相对独立地组织决策和实施营销工作。

（5）特许经营在服装国际市场营销中的应用

① 特许经营的概念和基本特征

特许经营定义众多，有些十分详尽，而有一些则包括各种特许经营方式因而十分笼统。英国特许经营协会(British Franchise Association，简称 BFA)给出的定义如下：

特许经营是一种营销产品和(或)服务和(或)技术的体系，基于在法律和财务上独立的当事人——特许人(Franchiser)和受许人(Franchisee)之间紧密和持续的合作，根据特许人授予受许人的权利和附加义务，以便依据特许人的理念进行经营。

具体包括：

a. 受许人被允许在限定的区域和时间内使用特许人的商标或经营某一特定的业务；

b. 在特许合同期间特许人对受许人进行业务质量控制，以保证特许业务的正常经营；

c. 按照特许合同，特许人有义务向受许人提供业务支持，包括特许业务的组织、人员培训、商品策划、管理等内容；

d. 受许人定期向特许人支付特许权使用费；

e. 特许经营合同不同于母公司与分公司之间的合同关系，也不同于同一母公司的两个子公司之间的合同关系，而是两个独立法人之间的一种契约关系。

② 特许经营的利弊分析

a. 特许人的利弊分析

有利因素：

• 特许人需建立一个紧密的组织，包括与经营业务有关的高度专业化的经理和辅助人员；

• 特许人风险小，也无须处理各分店在日常经营中可能出现的各种问题，有合理的利润保证；

• 由于特许人可通过培训计划使受许人完成经营业务，因此特许人能在全国范围内，甚至在世界范围内快速发展组织，有效使用为数不多的风险资金和管理资源；

• 特许人利用受许人对当地经营环境的了解和便利，能简捷地将营销网点扩展到现在还未经营的地区；

• 在一个连锁组织中引入特许经营制度，可以把亏损或盈利很少的分支机构转换成盈利较多的分店；

• 特许人遇到的人事问题较少，因为特许人不需要去处理各个特许分支机构可能出现的人事问题；

• 各个特许分支机构的管理会有很大改善，无论是人员激励还是降低费用和扩大销售，都会比派遣经理、直接管理的情形要好；

• 品牌生产商通过特许批发或零售能建立起稳定的产供销渠道，保证服装产品的销路；

• 批发商有未能充分利用的储存和分销设施时，可以建立零售特许业务，从而为其分销的产品增加零售点，使货源和设施能被充分利用；

• 现有多家直销网点的企业，可通过制定特许合同的方式，出售其中部分或全部的店铺以回笼资金、减少贷款规模或使业务方式多样化。

存在的问题：

• 特许人必须提供、保证产品和服务的质量标准；

• 如果受许人和特许人存在矛盾，双方会出现信任危机；

• 特许人必须确保选择对象适合特许业务，有能力承担经营业务的责任；

• 在对受许人的营业场所提出装修和更新设备等投资方案时，较难得到受许人的合作；

• 在对受许人进行有效管理时，良好沟通扮演着重要角色，但难度较大；

• 特许人在征召足够数量的合适受许人选方面可能会遇到困难。

b. 受许人的利弊分析

有利因素：

- 通过特许人的培训项目，受许人能快速掌握基本知识或专业知识；
- 受许人拥有相对独立业务和利益，又受益于特许人持续不断的指导和帮助；
- 大多数情况下，受许人的经营得益于已经在消费者心目中建立起来的特许人品牌形象或声誉；
- 通常，受许人比自己独立开业需要较少资金；
- 特许人为受许人提供的一系列服务，能保证受许人在经营上获得与特许人同样的成功；
- 受许人得益于特许人在全国范围内的广告和营业推广活动；
- 受许人受益于整个体系的公关能力和大批量购买在价格上的好处；
- 受许人既可以保持独立性，又可以利用特许人总部的各种专门知识和经验；
- 受许人的经营风险小；
- 受许人可以得到特许人现场支援人员的服务，帮助解决经营时出现的问题；
- 受许人得益于使用特许人的专利、商标、服务标记、贸易名称、版权、商业秘密和经营诀窍等；
- 受许人得益于特许人为改进经营、保持体系合乎时尚和强大的竞争性而做出持续不断的研究开发工作；
- 特许人收集的市场信息和各种经验可与受许人共享。这些信息和经验是外人得不到的；
- 区域划分可使受许人免受特许人或体系内其他受许人的竞争；
- 银行认识到特许经营优势时，可能更愿意贷款给受许人。

存在的问题：

- 特许人和受许人之间的关系包含着施压控制；
- 受许人需要支付首期特许费和后续特许费，尽管特许人可从体系内的许多活动中取得收入；
- 潜在受许人可能发现难以评估特许人的经营素质；
- 特许合同中包括出售或转移特许业务的限制；
- 特许人的经营策略变动可能会影响受许人的盈利能力；
- 特许人可能会制定错误的决策或导向，受许人应用时有可能导致失败；
- 特许业务的商誉和品牌形象可能因受许人无法控制的原因受到损害。

国际服装品牌经营模式和案例分析

1 特许专卖(franchising)模式——直接进口销售

1.1 步骤

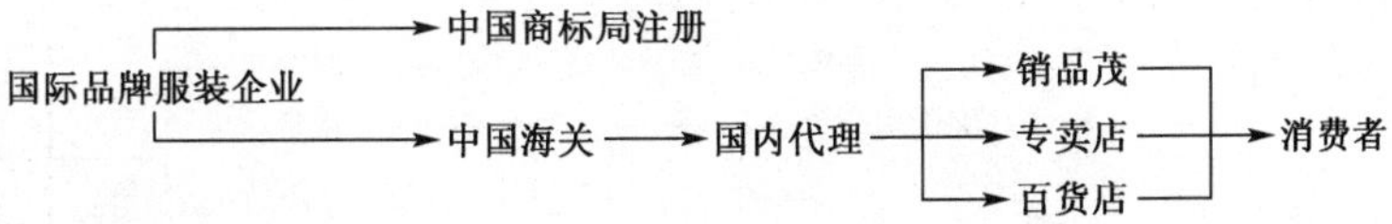

1.2　价格构成(案)

表1　价格计算表　　单位:元

价格		备注
FOB(离岸价)	900	国际服装品牌采购价
CIF(到岸价)	1 035	银行费用、保险费、运费(15%)
关税	1 242	20%(2005年降低至12%)
VAT(增值税)	1 453	17%
代理商费用	1 067	经营费用、特许费、跌价损失等
零售商费用	1 080	店铺租金或按零售价30%计
零售价	3 600	剩货风险由代理商承担

1.3　国际品牌服装企业

国际服装品牌具有设计、面料、做工、配套、质量优势,但对中国国情了解甚少,缺少分销网络。因此,利用产品特色、品牌知名度和原产地要素进行特许专卖授权时,投资低、风险小,有利于国际品牌在中国市场的拓展。

国际品牌商对国内代理商的授权要素:

a. 品牌背景和生活方式(Life Style);

b. 商品构成和商品知识;

c. 员工培训和商业技巧;

d. CI(企业形象)、VMD(商品视觉策划,包括产品目录、店铺设计、广告设计等);

e. 品牌促销及公众展示活动的合作;

f. 商品配套协调及技术支持。

可能存在的问题:品牌塑造力度不够,运营技巧(Know-how)未能充分传授。

1.4　国内代理商

特许专卖方式是国际高档服装品牌、高档商场及资金雄厚的服装企业集团运营方式,或者国内大型服装企业与国外高档服装品牌初期合作的运营模式。

经营要素:

a. 通常实行买断方式,前期投入资金较大;

b. 对代理的国际品牌理念、价格构成、促销方式和特许权限应充分了解,同时应明确国内细分市场和准确进行目标顾客的市场定位;

c. 拥有分销网络;

d. 涉及国际贸易及入关操作,快速反应市场需求有一定难度;

e. 由于采用取脂定价法(高价厚利),进口服装价格高。

2　品牌授权(Licensing,亦称特许品牌)模式——国内生产、销售

2.1　步骤

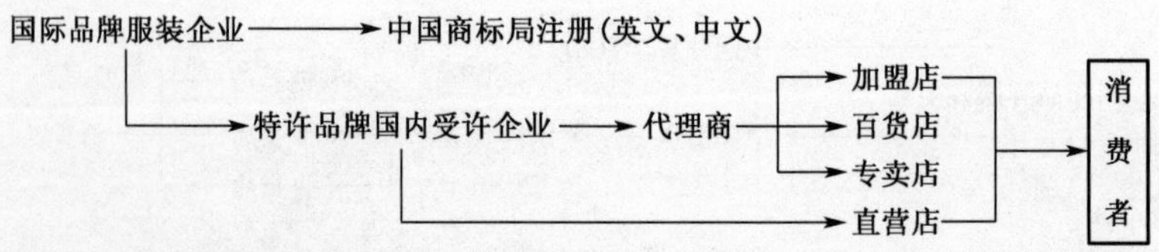

2.2 品牌授权企业

a. 具有品牌高附加值和特许品牌授权经营经验；

b. 产品开发、树立形象及促销活动等方面给予受许人不断支持；

c. 特许经营之前和过程中进行法律和审计控制；

d. 其他同特许专卖模式。

2.3 品牌受许企业

a. 根据企业原有基础，可适度控制投资规模；

b. 拥有服装生产能力或组织、控制生产及保证服装品质的能力；

c. 具有市场运作经验和分销网络；

d. 服装商品由特许经营双方合作开发，产品本土化，因此能适合当地市场需求，对市场变化反应迅速，具有价格竞争力。

总之，品牌授权企业在品牌、产品开发、营销技巧方面具有优势，而品牌受许企业在组织生产、分销网络和对当地的商业惯例方面具有优势，两者结合能优势互补，取长补短。

3 直接投资——独资、合资、合作经营

在中国建立合资、独资或合作经营企业，共同进行产品开发、生产、促销、分销经营活动，服装商品面向国内外市场。

企业经营特点：

a. 对国际投资及资本运作富有经验，但投资高、风险大；

b. 对中国服装市场了解、愿意长期投入；

c. 服装商品符合本地市场消费者需求；

d. 生产本土化，对市场需求反应快，价格适中。

服装国际品牌三资企业在品牌、营销和管理方面具有优势，同时也得益于产品开发和生产本土化，需要较强的投资运作和市场知识，双方（或多方）的文化沟通、管理及营销战略是成功的关键。

国际服装品牌经营备忘录

正　　确	错　　误
通过市场调查、研究，寻找商机	未作前期调查，过于自信
寻找、了解值得信赖的合作伙伴	依靠主观判断，沿用本企业传统运营方式
双方利益共享、有钱可赚	让合作者少赚、使自己多赚
愿意调整商品配套，符合目标市场消费需求	过分相信原先市场或本地市场积累的经验
聘用既懂品牌理念，又了解国内市场，勤于学习、善于沟通和工作的管理及专业人才	不管工作性质，不当的或片面的用人标准（如强调两年以上工作经验）
了解商品的价格与价值，给顾客更多选择	忽视竞争者，忽视消费者的价格敏感性
致力于长期、始终如一的品牌形象塑造	忽视品牌形象的投资、推广
注重和逐步建立顾客关系管理系统	无此类计划
有计划的员工培训、绩效评定	缺乏培训和激励机制
积极沟通，了解双方的商业惯例及中国市场	一切交给代理商
信息技术的运用、开发，销售数据的挖掘	只关心销售额或特许费

4 案例分析

S品牌的无奈

S品牌作为意大利著名男装品牌，国际上的知名度不亚于在中国大陆闻名的Pierre Cardia品牌。品牌所属I公司是当今欧洲颇具实力的纺织服装集团之一，总资产1.2亿欧元，年营业额3.5亿欧元，其中纺织、服装业各占50%，麾下除S品牌外，还有系列高档服装品牌。

上海S服装有限公司由上海F集团公司（占35%股份）和意大利I公司（占65%股份）于20世纪90年代投资组建，有员工331人（2002年），主要生产男士西服、大衣、风衣及衬衫。公司引进意大利和德国最先进的设备，全部采用意大利进口面辅料及一流的制作工艺，并融合每一季欧洲最新款式，产品档次高，定价与Marco Azzali品牌类似。

上海S服装有限公司除完成意大利方面的服装订单加工任务外，自公司成立以来一直同时开展内销经营活动。公司在若干中高档百货商场曾设过专柜，自派营业员，包括锦江迪生、友谊商城、梅龙镇伊势丹、太平洋百货、上海第一百货商店东楼、新鸿翔、北京东路友谊商店等；还曾将专柜开至苏州和南京的商场。但由于公司的经营决策层对中国的内销市场和商业惯例不了解，缺少切实有效的市场推广手段，导致S品牌男装国内销售一直不理想，处于萎缩状态。至2002年底，商场专柜只剩下上海两处，其余均因无法继续维持而撤退。

思 考 题

1. 试述服装国际贸易现状及世界服装贸易的结构。
2. 我国服装出口现状及发展趋势。
3. 贸易壁垒与主要形式。
4. 试述国际市场选择策略及进入国际市场的方式。
5. 特许经营的定义、基本特征及利弊分析。

5 服装消费心理与行为

导　读

行为理论认为，凡是使人们能够得到满足的东西，就会对它持肯定态度，相反，未能满足的东西，则会形成否定的态度。

对消费者来说，服装是一种象征、一种语言和一种工具。消费行为是一系列复杂动机的产物，受到社会、经济、文化、习俗、心理等多种因素的影响。研究服装消费者行为，一般可分为两类：微观角度和宏观角度。服装消费微观层次以研究消费者对流行款式、品牌定位、广告促销、产品风格和价格导向等反应为核心。服装宏观消费层次则侧重消费者行为受社会文化、经济环境和流行演变等方面的影响。

正是基于这种心理，服装消费者表现出对特定商标、商店的赞成或不赞成的倾向。消费者对哪类商店的装饰感到愉快，对哪些售货员感到友好亲切，认为哪些商品价廉物美，那么，消费者对该商店的肯定态度会更加强烈，也更可能去那里购买商品。

通过对服装消费心理与行为研究，才能向不同类型消费者提供具有针对性的营销组合。

本章围绕服装消费心理与行为，重点阐述消费者需求、消费者决策模型、服装消费者的选择理由、服装消费者购买行为模式、影响服装消费心理与行为的因素、服装消费行为与企业行为的关系以及服装消费的常见类型等方面的论题。

5.1　消费者需求

服装市场营销包括了服装货品和服务与消费者需求相适应的过程。经营者希望通过对服装消费心理与行为研究，能向不同类型消费者提供有针对的营销组合。1993 年劳顿(Loudon)和迪拉・比塔(Della Bitta)将消费者行为定义为："在评价、获取、使用及处理商品和服务时，个体所运用的决策过程与实际活动。”在人类社会生活中，也许没有比选择穿着更能鲜明地表达人们的价值取向和生活方式。

消费行为以需求为起点，以购买类型和模式为中心，以购买和消费为终点。因为有了需要，才会产生购买兴趣，形成购买动机。因此，消费者的需要是购买行为的首要动因。

服装消费者最基本的需求有两大特征：强调个性和实用性。

这些需求是积极的、普遍的，并且贯穿于不同的教育背景、经济地位和其他不同的变量中。消费者能够而且愿意花费多少钱来购买服饰，不仅取决于价格和收入等经济因素，而且还取决于政治、社会、文化等诸多非经济因素。根据对服装的不同价值观和需求，可以把服装消费者划分成六种类型：理论型、经济型、审美型、政治型、社交型、宗教型。

理论型：求知欲强，常追根问底，特别注重服装的舒适性；

经济型：注重商品的使用性能，认为穿着只能流行一时的服装是一种浪费；

审美型：注重形式的完美，对服装打扮表现出较高的趣味和修养；

政治型：追求成功的事业和权力地位，穿着的服装既符合时尚又不失身份，与其政治目标相一致；

社交型：重友情，待人热诚，服饰打扮注重他人的评价和流行；

宗教型：笃信某一宗教或哲学，其服饰往往较为保守或朴素。

消费个体往往同时兼具两种或多种消费类型，从而构成影响消费行为的价值观系统。例如，一个兼具经济型和宗教型价值观的消费者，往往会穿得整洁朴素，摒弃一切奢侈品和化妆品，反对身体裸露。

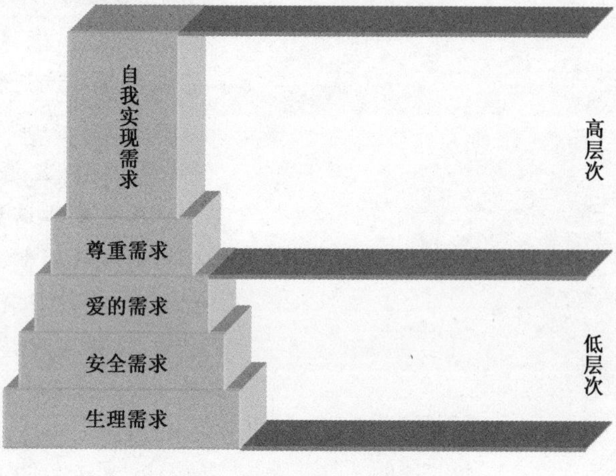

图 5-1　马斯洛需求层次结构图

有关人类心理需求的研究成果为探寻服装消费心理提供了各种理论支持，其中，1943 年美国人本主义心理学家马斯洛(A. H. Maslow)发表的《人类动机理论》首次提出了“需求层次”的重要概念。如图 5-1 所示，马斯洛认为不分民族、性别、年龄都可以找到人类需求的共同点。

需求层次具体表现为：

① 生理需求：食品、水、睡眠、保暖(衣服)、性 ……

② 安全需求：人身、财产、就业 ……

③ 爱的需求：友爱、归属、社交圈(需要服装的协调)……

④ 尊重需求：尊重别人、尊重自己、受他人尊重 ……

⑤ 自我实现需求：独立性、自立性、独创性、鉴赏力、反潮流 ……

马斯洛的需求论在一定程度上概括了服装消费心理。必须指出的是：处于安全需求、爱的需求和尊重需求层次的个体与着装消费有密切关系。随着消费生活由低层次向高层次演进，服装消费行为一般有认同倾向(即朝高层次消费者靠拢的方向)，而高层次消费者为了与低层次消费者的服饰相区别，会去寻求新的服饰，这样在不断的认同、求新、再认同、再求新的过程中，形成了服饰的流行行为。

通常与服装消费心理较为密切的需求有：美观、顺从、社会参与、自我表现、声望价值、着装舒适和经济条件等。

此外，1959 年赫茨伯格（F. Herzberg）等的双因素论和 1972 年奥尔德弗（P. Alderfer）的 ERG 理论（即生存、相互关系和成长需求理论）等均在一定程度上为研究服装消费心理需求提供了有效的理论工具。

5.2 消费者决策模型

消费者决策是一种复杂而微妙的过程。消费决策过程的弹性化和动态性影响了人们对消费行为解析的正确判断。最有影响力的消费者决策方法研究首推恩格尔（Engel）、布莱克威尔（Blackwell）和米尼阿德（Miniard）于 1991 年提出的模型图（图 5-2）。依据消费者决策模型图，不难发现消费过程主要遵循以下四个过程：

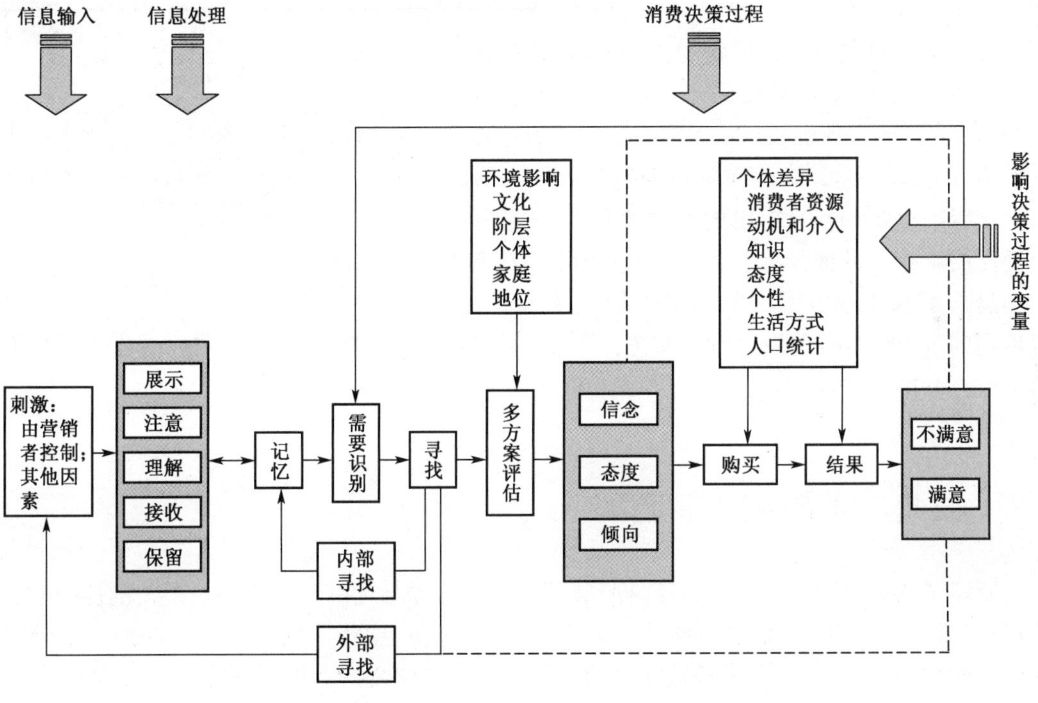

图 5-2 恩格尔-布莱克威尔-米尼阿德的消费者决策模式

① 消费信息输入——消费者根据自我需求寻找外部信息，而营销者往往运用促销组合元素制造出刺激消费者感官的各类信息。

② 消费信息解读——消费者感知和解读促销信息能力是消费决策的重要准备阶段。

③ 消费决策过程——在影响消费决策环境因素变量的作用下，消费信念、态度、偏好与消费购买具有同等价值和意义。

④ 消费购买实施——受个体差异性的影响，消费购买行为会对消费结果进行重新评判，

即满意或不满意。

恩格尔、布莱克威尔及米尼阿德的消费者决策模式能帮助企业了解究竟是什么力量支配着消费者的消费决策。这些变量对企业实施市场细分战略,即包括产品、价格、店铺、服务、促销等一系列组合有着重要价值。

1989 年,哈沃德(John Howard)坚持其一贯的思想,即消费者行为可定义为解决问题的实践。为此,哈沃德提出了三种消费者解决问题的类型,即扩展型(EPS)、有限型(LPS)和常规型(RPS),表 5-1 表达了这三者的特征和差异。

表 5-1 消费者三种行为类型及其特征

消费者行为的类型	基 本 特 征	消费者信念、态度和行为
扩展型(EPS)问题解决	消费者面对一种全新或首次消费品牌或产品时所采用或适用的方式	消费者形成有关这一新产品类别的概念和认知,主要特指选择品种和选择品牌
有限型(LPS)问题解决	在同类熟悉产品类别中,消费者对不熟悉品牌或产品的判断	形成有关同类熟悉产品类别中,对不熟悉品牌新产品类别的概念和认知
常规型(RPS)问题解决	在十分熟悉的产品和品牌中,消费者重复购买或使用	消费者形成消费习惯或消费惯性

图 5-3 是有关哈沃德消费者决策的模型图。

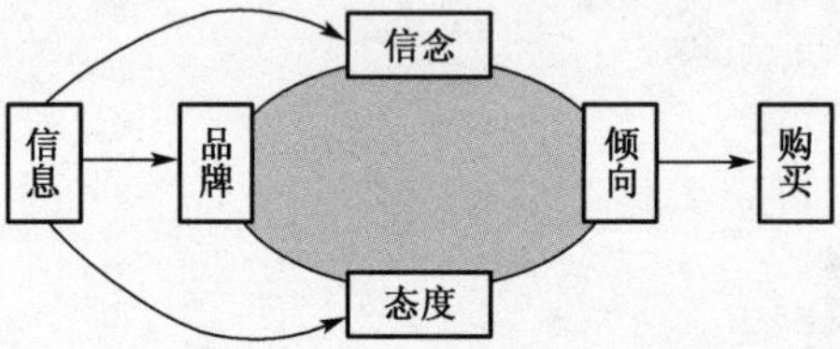

图 5-3 哈沃德消费决策模型

虽然种种消费者决策模型或理论深刻地影响着人们的思维,是学习、观察和判断消费者行为和消费心理的重要指南。然而,1979 年奥沙维斯基(Olshavsky)和格兰布伊斯(Granbois)提出的无决策购买思想也有着广泛的影响力。他们认为:在许多情形下,消费者的信息采集和备选方案在购买前阶段是不存在的。按他们的观点,在不同消费层次,从总体预算细分到个别品牌的选择,大多数消费者事实上并不进行方案的评估,因而也就不存在消费决策。

5.3 服装消费者的选择理由

服装消费者究竟需要什么?这是服装营销者必须深刻理解和解决的一个关键性问题。正如培那(Rita Perna)在《流行预测》(*Fashion Forecasting*)中指出的那样:“现在的消费者是按照自己的意识在做选择,而不是被强迫的。他们所需要的流行必须兼顾胆识与内容,再加一点点的轻浮以达到平衡。”服装消费者所需要的流行服装,必须能反映他们的生活。

服装消费者的选择理由和真实心态:

第一方面:消费者需要将自己变得更加美丽或英俊。为了这一目标,服装消费者需要服饰搭配的强化效果。

第二方面:标新立异是绝大多数人的基本心理历程,尤其是青少年群体。为了确立自我的外观形象风格,走在流行潮流的尖端是最容易实现的个体理想形象目标。时尚流行元素则成为服装消费者的首选。

第三方面:无论是百货公司、销品茂,还是专卖店、折扣店,线上或线下服装市场始终是一个开放的竞争市场。由于竞争的压力,服装供应商为了扩大市场占有率,提升销售业绩,往往实施以调节商品价格为要务的促销活动。这一点客观上培养了各阶层消费者对价格的高度敏感性。期待服装商品价格的合理性是消费者选择的重要前提之一。

第四方面:随着服装消费者的日益成熟,区分产品品质的优劣是消费者在实际选购服装时的一个基本条件。花费相同的钱,买到希望的正牌货是每个消费者的权利。

第五方面:着装的舒适性则是消费者对服装服用性能的另一个基本选择条件。

第六方面:选购服装的便捷性是消费者对消费方式的又一个重要因素。无论是在实体店购买、网购,或是电话订货,让消费者能觉得省时省力、地点方便、服务周全、信用可靠等是最终实现消费的保证。

第七方面:服装是无声的形象语言,具有强烈的象征意义。就绝大多数消费者而言,塑造正面、健康的外观形象是必须的,同时能够强化消费者的专业化、个性化、性别特质和性感魅力。

就服装购买本身而言,消费者主要考虑以下两大因素:产品价格和产品品质。

为了深入研究这一问题,以"不考虑价格,只关心品质"和"最要紧是价格便宜"两大问题,研究人员在全球 10 国家和地区进行了问卷调查,结论见图 5-4。从多国(地区)服装消费选择比较图中,可以得到如下启示:

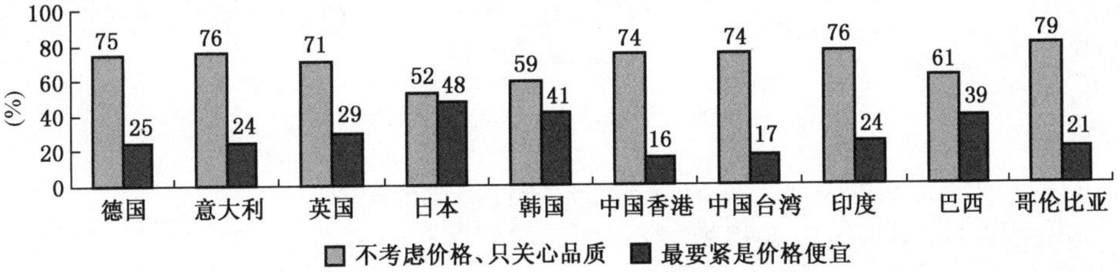

图 5-4　多国(地区)服装消费选择比较

启示一:服装消费时,关心产品品质始终是不同国家和地区消费者的首选;

启示二:服装消费时,对价格高低的敏感性,与所在国家和地区的经济水平高低没有明确的对应关系。

5.4　服装消费者购买行为模式

图 5-5 所示为服装消费者对服装商品接受的概念模式。

由图可知,消费者需求在商品经济条件下,表现为购买商品的欲望。因此,对消费者需求的研究是消费者行为研究的基础。服装营销者应深入了解消费者的不同需求,掌握各种心理活动的规律,预测服装消费趋向,为制定服装生产和经营策略服务。

任何服装品牌经营者要推出下季新产品或组织新一轮促销活动,都会相当程度地热衷于调查目标消费者的价值观与生活形态,目的是想了解他们的需求与渴望。影响消费者服装着装的因素很多,主要包括:

a. 不同的工作环境或不同的休闲方式深刻地影响着消费者的着装方式;

b. 消费者的生活形态是严谨或随意决定着他们的消费行为;

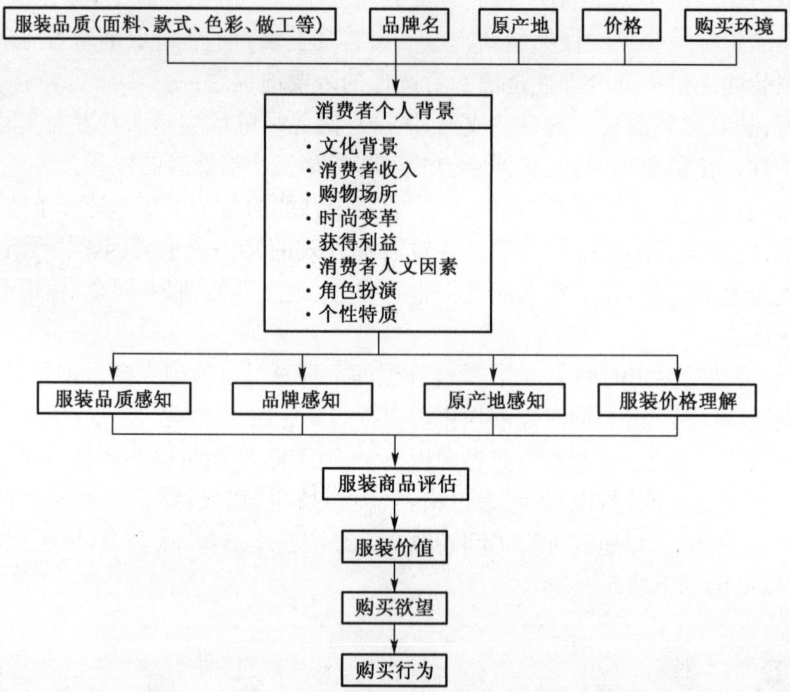

图 5-5　服装商品消费心理与购买行为模式

c. 气候与地理因素也会对当地消费者的服饰行为造成影响;

d. 人口统计资料显示:家庭规模越小,人们越倾向于纵容自己的消费行为,如家用电器、个人嗜好、娱乐旅游、居家生活、艺术品收藏和品牌服饰等。

5.5　影响服装消费心理与行为的因素

服装是日常生活衣食住行中最主要的内容之一,同时又是深深植根于特定年代中社会活动的一种表现形式。1975 年,哈恩(Marilyn J. Horn)在其著作《第二皮肤》(*The Second Skin*)中描述了影响个体消费者对服饰选择与使用因素的模式图(图 5-6)。

哈恩认为:个体对服饰选择与使用主要受到来自 a. 社会文化;b. 美学原则;c. 人体特质;d. 行为管理;e. 经济市场;f. 社会心理六方面的影响。

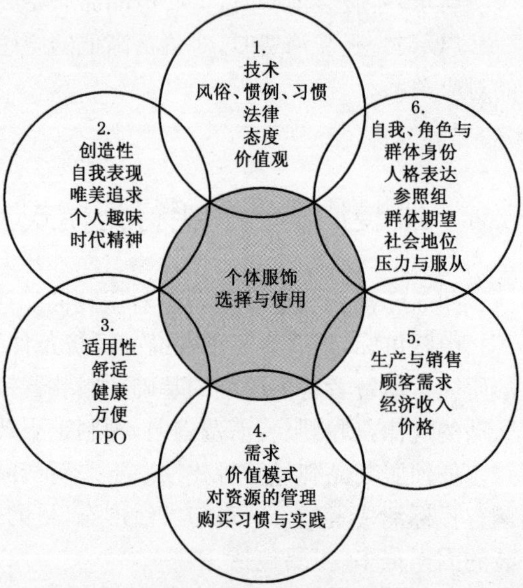

图 5-6　影响个体消费者对服饰选择与使用因素的哈恩模式图

(1) 家庭生活周期的影响

家庭是社会生活消费的基本单位,是影响

消费行为的最重要社会因素。家庭的社会地位和经济条件不仅决定了家庭的购买能力，也决定了家庭成员的需求层次、消费水平和消费结构。随着家庭生活周期的变化，家庭的需求结构、经济能力和消费水平也相应发生变化。研究家庭生活周期对服装消费的不同需要，有助于服装营销者按各种家庭不同的收入和生活周期所处的阶段，区分成不同特点的细分市场，并针对不同目标市场的需要进行营销组合，制定不同的经营策略。

关于如何划分家庭生活周期阶段，有各种论述。其中美国的罗姆·马克金在《市场学》一书中提出的独身、新婚、满巢1(子女年幼)、满巢2(子女成为少年或青少年)、空巢、丧偶独居六阶段论，使用最为广泛。

根据我国家庭状况，可把城市家庭生活划分为单身青年期、核心家庭期和空巢期三个阶段，不同阶段的家庭生活对服装消费行为影响不尽相同。

① 单身青年期

我国处于这一阶段的青年通常在家吃住，经济上独立，父母一般尚在中年，有时还会接济一下子女。因此，单身青年购买力高，加上他们对新鲜事物十分敏感和乐于接受，崇尚时髦，喜欢标新立异，有着较强的自尊心，更希望有一个能取悦于人的外表。这一阶层常常穿着靓丽的服装以期吸引人们的关注，获得社会承认。所以，单身青年是流行时装最有实力的购买者，繁荣兴旺的服装市场往往以满足青年人的需求为首要目标。

在20世纪90年代上海未婚青年的问卷调查中发现，他们平均每月收入中用于购置服装的费用超过30%。根据统计(多选题)，青年人在购买行为上的特征为：80%的青年人买衣服没有计划性；62%的青年人只要服装样式好就会冲动购买；45%的青年人喜欢各种带有时尚度的服装小饰品；75%的青年人经常逛商店；85%的青年人热衷于上网冲浪。另外，调查中还发现，在众多的服装广告宣传中，青年人对杂志、电视、橱窗陈列和网络的印象深刻，表5-2所示为单身青年接受广告类型的统计结果。

表5-2 单身青年喜欢的广告类型统计表(1998)

服装的广告类型	喜欢服装广告人次所占百分比(%)	服装的广告类型	喜欢服装广告人次所占百分比(%)
报　纸	4	广　播	1
杂　志	18	时装表演	5
电　视	19	橱窗与陈列	27
宣传图片和广告牌	12	网　络	14

近年来，随着互联网信息技术提升和消费世代更迭，作为"互联网原住民"的Z世代(出生于1995年后)成为主要消费群体，而由于生活方式和日常信息接收渠道的变革，年轻一代更习惯于通过社交媒体、移动互联和各类数字化平台接收广告信息。

② 核心家庭期

核心家庭是指由一对夫妇与其未婚子女所组成的家庭。在城市家庭结构中，核心家庭占比三分之二。随着我国经济的飞速发展，原先核心家庭初期经济比较紧张的状况得到了根本改善。青年夫妇对流行时装的追求有增无减。当然，一部分年轻父母仍保持着勤俭治家的本色；一部分年轻父母则追求服装个性化，但并不追求或模仿过分的新潮服装；而将时尚向往体现在孩子身上的父母则大有人在。随着孩子的成长、升学，费用又有所增加。这一时期，中年夫妇可能还要照顾年迈的父母，因而，日常开销比较大，负担比较重，购买能力有限。在核心家庭服装和中小学生服装营销策略上应强调实用用性，价格不宜偏高。

通过对50对处于核心家庭期夫妇的问卷调查表明：他们每月用以购置衣着的费用约为生活消费支出的15%，低于单身青年时期。

核心家庭在购买服装时往往会考虑别人的看法，尊重传统习惯，不标新立异。为了家庭，他们宁可压抑个人的一部分需要和爱好，购衣常以是否符合年龄、身份，价格是否恰当为前提。

这一阶层的服装信息来源以电视和橱窗陈列为主(表5-3)。

表5-3　核心家庭喜欢的广告类型统计表(1998)

服装的广告类型	喜欢服装广告人次所占百分比(%)	服装的广告类型	喜欢服装广告人次所占百分比(%)
报　纸	7	广　播	4
杂　志	8	时装表演	3
电　视	40	橱窗与陈列	25
宣传图片和广告牌	4	网　络	9

步入核心家庭期的消费者受日常生活规律和经济结构的影响，其消费支出更注重计划性。但近年来在广告信息获取来源上与单身青年群体类似，除传统广告渠道之外，社交媒体、互联网和各类电商直播平台是较为常见的广告信息来源。

③ 空巢期

在大多数家庭中，离巢期和空巢期可分为两个时期。但我国城市独生子女家庭为主体，这两个时期可合二为一。这一时期的前期是为子女准备结婚费用，处于储蓄率较高的时期。夫妇年龄在50～60岁之间，对服装要求质量好，美观大方。而在60岁以后，由于收入的降低，年龄的增加，会逐渐倾向于价廉物美的产品。我国中老年服装市场潜力较大。根据预测，2030年我国老年人口比例将与美国持平，达到24%，是一个相当大的消费群体。他们大多有一定的储蓄，在经济上不像过去的老年人那样拮据，不少中老年消费者对衣着需求将出现"款式大方、穿着舒适、风格得体，价格次之"的现象。

(2) 不同生活方式的消费心理

现代服装日益成为人们生活方式、兴趣和消费形态的象征。不同生活方式的消费者，需要不同外观和功能的服装。消费者的生活面貌、角色地位、人脉关系、健康状况、社交活动和工作、生活设施、文化和自然环境、医疗和闲暇等各个方面都会不同程度地影响人们对服饰的要求和选用。参加社交活动，需要正规礼服；出入豪华宾馆，应穿着恰当的服饰；喜欢旅游者则挑选舒适轻便的服装；体育爱好者强调服装的运动功能；是否独住家庭决定了居家服饰的随意程度；有无空调或暖气对室内外服饰的差异影响大；生产车间、办公室等不同场合的制服必须与工作环境相符合。

现代生活的特征是休闲时间增加，内容丰富。休闲时间的增加使得人们的生活方式趋于多元化。大多数消费者意识到工作和休闲是并存关系，现代社会的成员既努力工作，又注重闲暇娱乐的文化内涵。人们不再限于从家庭到工作单位的两点一线传统生活方式，而流行服饰的选择和审美的TPO原则要求在不同的时间(Time)、地点(Place)和场合(Occasion)应选择不同的服饰，因而生活方式的多元化导致了服饰消费行为的复杂化。因而，生活方式的变化、发展与流行服饰密切相关。

现代生活的多层次、多样化直接导致新颖的服饰风格流行。例如"休闲"这个概念已在全球盛行。近年来,在我国也由领导潮流者和消费者互动,以极快的速度扩散,广泛流行。GAP、ZARA、优衣库、美邦、太平鸟、Esprit, Benetton, Jeanwest 等休闲品牌,以高密度高强度的促销姿态进军服装市场,加速了休闲观念的扩散和休闲服装的流行。从消费者立场来看,休闲服装符合现代生活的快节奏、多样化、个性化趋向。周双休制的实行、经济收入的增加以及宽松的政治和社会环境,使得人们有更多的闲暇时间进行娱乐、购物和装扮生活,选择自己喜欢的服装。随着工作时间的快节奏和高负荷,业余时间的松弛更为必要。人们对于旅游和参加体育活动的兴趣大为增加,穿着休闲服装的机会越来越多。

现代服装经营者应特别重视生活方式对市场的影响,因为服装设计和生产的决策要在实际销售一年前或更早提出,对消费者生活方式的调查分析有助于预测服装消费趋势。服装设计师在构思时的第一个问题是"为谁设计?",如具体化则为"设计对象的生活方式如何?"。服装消费对象的生活方式表现各异,这就要求进行商品策划和细分市场,以便用更有效的商品组合满足消费者需求。

生活方式将成为今天和将来影响服装消费行为的越来越重要因素。对服装在生活方式中的心理和行为因素进行定性定量分析和研究,已经成为当前服装领域的新话题。

(3) 不同消费层次的消费心理

消费者对服装的需求,取决如下因素:

个人收入、个人变化的需求和欲望、商品的价格以及替代产品和服务价格等。

其中,影响服装消费的最重要因素是消费者的实际收入。一般来说,服装消费随着消费者家庭收入的增加而增长。

国家统计局统计数据显示,我国城市家庭收入水平和消费层次仍然存在较大差距(图 5-7),大体可分为五大消费阶层:富人阶层;中资阶层;小资阶层;工薪阶层;城市下层。

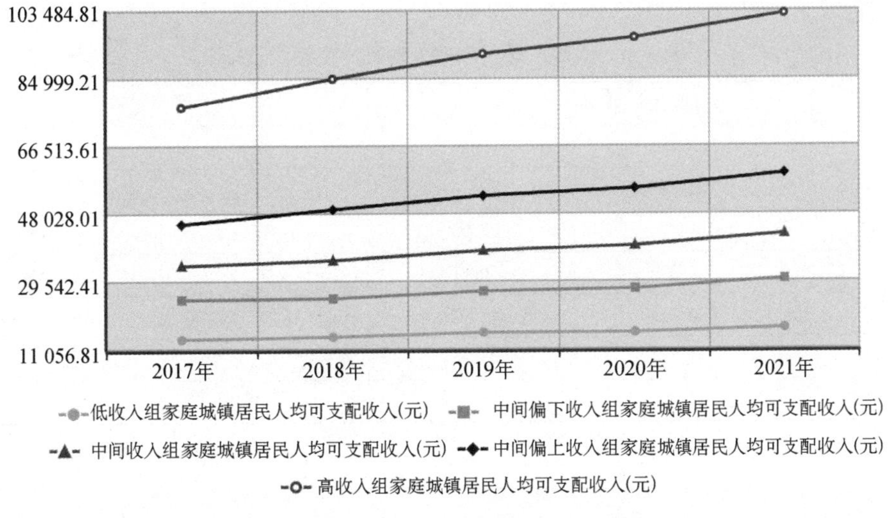

图 5-7 2017—2021 我国城镇居民家庭人均可支配收入变化情况(按收入五等份分组)

(数据来源:国家统计局)

中国城市家庭五大消费阶层已经形成明确的目标消费市场(表 5-4)。

表 5-4　中国城市五大阶层服装目标消费市场

消费阶层	服装消费的目标市场
富人阶层	名品专卖店、一流百货公司等
中资阶层	中高档百货公司、品牌专卖店等
小资阶层	品牌专卖店、中高档百货公司和各种时尚专卖店等
工薪阶层	传统百货公司、服装大卖场、超级市场和服装批发市场等
城市下层	服装大卖场、超级市场、服装批发市场和街边服装个体店

同时，一个地区的 GDP、城市居民家庭人均可支配收入、城镇居民家庭平均每人全年衣着类消费性支出等指标是影响该地区居民购买力的主要因素（表 5-5、表 5-6）。

表 5-5　全国及部分城市 GDP 比较

全国及城市名	GDP（亿元）		人均 GDP（元）	
	2020	2021	2020	2021
全国	1 013 567.0	1 143 669.7	71 828.0	80 976.0
上海	38 963.3	43 214.9	156 803.0	173 630.0
北京	35 943.3	40 269.6	164 158.0	183 980.0
成都	17 717.0	19 917.0	84 616.0	95 124.7
武汉	15 616.0	17 717.0	126 687.0	143 728.8
西安	10 020.0	10 688.0	77 360.0	82 516.5
沈阳	6 572.0	7 250.0	72 793.0	80 304.3

资料来源：全国及各城市统计公报。

表 5-6　六城市居民家庭人均可支配收入及排名

城市	人均可支配收入（元）		排名	
	2020	2021	2020	2021
上海	72 232	78 027	1	1
北京	69 434	75 002	2	2
武汉	45 230	50 414	3	3
沈阳	42 128	44 874	4	5
成都	42 075	45 755	5	4
西安	35 783	38 701	6	6

资料来源：根据各城市统计局数据整理。

5.6　服装消费行为与企业行为

研究服装消费行为的目的主要是明确经营者与消费者之间的关系。通过揭示两者之间的内在联系，促进服装企业更好地开展市场营销活动。

如前所述，消费行为是指在商品经济条件下，为了恰当地满足消费者各种需求，根据收入和信用状况等条件，购买各种消费资料的经济行为。从经济学角度来说，企业是从事生产、流通或服务等活动，并实行独立核算和自负盈亏的基本经济单位。企业行为是市场环境与企业应变两者交互作用而形成的。如果交互作用与国家宏观调控政策及消费者行为相一致，则称企业行为协调，否则称为企业行为不协调。

(1) 企业行为与消费行为的互补关系

企业经济活动的根本目标是满足人们的消费需求，企业经营目标和消费者个体目标与这一根本目标既相互联系又相互区别。企业经营目标是实现企业利润的最大化，而消费者个体目标是以有限的购买力实现消费效用最大化。这两者之间存在着一种既矛盾又统一的辨证关系。两者目标的差别会导致企业行为和消费行为的差异。企业要按照成本最小、利润最大的原则进行生产经营决策。但如果企业片面追求利润最大化，有时甚至偷工减料，以次充好，随意提高商品价格，损害消费者利益，使消费者不能实现消费效用最大化，那么这种企业将不会得到可持续发展。

在市场经济条件下，市场竞争会使片面追求利润的企业受到价值规律的制裁。因为企业的商品价值通过市场实现，是企业获取利润的前提。企业生产的商品若经受不住消费者的检验，将会失去消费者，丢掉市场，在竞争中败北，商品价值就无法实现，自然无利可图，更谈不上利润最大化。企业生产的商品只有符合消费者的需要，才会获得消费者的认可，才能在竞争中取胜，实现价值，获取利润。

为了实现消费效用最大化，消费者会根据商品满足自己消费效用的状况来确定购买决策，进行自主选择，购买价廉物美的商品。但消费者自主选择的前提是有一定的消费收入。消费收入决定于个人的劳动成果和所从事工作企业的生产经营成果。只有个人劳动成果和企业生产经营良好，企业实现利润最大化，个人才能有较大的消费支付能力，才能有充分的购买选择性。同时，企业生产出更多的新商品，消费者才能有更多的选择。所以，企业和消费者在行为目标规则上的差异，必然要在相互补益，相互制约中统一起来，两者的目标才会实现。

(2) 企业与消费者交换行为

企业的交换行为，是企业为了实现利润最大化，根据市场信息等做出销售决策和进行销售活动的行为。企业与消费者交换行为，通过市场纽带联系起来。消费者对商品的不同需求，构成企业的不同销售市场；企业供给的不同商品，构成消费者的不同购买市场。双方都要通过市场了解对方并与对方打交道。其行为的互补关系通过市场表现出来。

企业为了销售自己的产品必须研究消费者需求，以便销售给消费者合适的产品，从而扩大服务面，巩固老用户，开发新用户；分析影响消费者需求的因素，掌握不同消费者的特点和潜力、需求变化趋势及需求结构，从而预测未来市场需求方向和市场需求结构。

消费者为了购买到称心如意的消费品，达到消费效用最大化，首先要对欲购商品有所了解，例如服装的款式、面料、色彩、风格、做工、品牌信誉等，在购买时会货比三家。因为服装在不同的地区、不同的商店，价格会有所不同，如果冲动购买，难免会出现质价不符的现象。

(3) 商业环境与消费行为

商业环境对消费心理和消费行为会产生直接影响。作为销售的重要组成部分，店铺是消费者购买服装时感受的直接环境。商业环境从狭义上讲，是指商品的零售环境（市口位置、货架陈列、橱窗布置等）、售货行为等。广义的商业环境还包括商店的信誉、知名度、营销方针、人事组织等。

按空间设计形态划分，服装店铺由三大空间构成，即货品空间、店员空间和顾客空间。表5-7所示是有关三大空间的构成和特征。在服装店铺实际销售环境中，货品的多少、陈列的方式、货架的高低、路径的宽窄、灯光的明暗和冷暖以及店员的站位和移位等均会对服装顾客的消费心理和消费行为产生积极或消极的影响。

表5-7 服装店铺三大空间的构成和特征

三大空间	空间构成	空间特征
货品空间	店招、店门、天地、层高、货品、货架、人台、收银台、试衣间、仓库、灯箱、灯光、休息座位、各种道具	固定、人为、显性、设计
店员空间	店员本人、店员站位、店员移位、货品空间的营业路径	主动、训练、目的、影响
顾客空间	店铺位置、店门、店铺购物路径、顾客的站位和移位	流动、随意、主观、被动

按服装店铺所处的商业零售业态划分，服装店铺主要有三种形式，即百货公司或购物中心的服装品牌专柜或店中店、各种类型的服装专卖店及大型销品茂服装卖场。表5-8所示为三种常见形式服装店铺的具体特征。不同的购物环境有不同的目标市场，服装营销者应根据品牌定位和产品特点选择合适的销售场所，并根据不同的目标市场合理设计、装潢店铺、陈列商品，以适合目标市场消费者的口味和需求。

表5-8 服装店铺的三种常见形式

按业态划分的店铺	具体形式	销售服装品类	消费者印象
百货公司或购物中心的服装品牌专柜或店中店	店中店	系列品牌服装	高价位、高品质
	边　厅	系列品牌服装	
	中岛区	系列品牌服装	价位适用、品质适用
各类型服装专卖店	街边店	系列品牌服装	高价位、高品质
	旗舰店	系列品牌服装	价位适用、高品质
	楼中店	系列精品服装	高价位、高品质
销品茂或超级市场	按品类划分销售区域	非名牌量贩服装	价位低、品质合格
	品牌专卖区	品牌量贩卖场	价位低、品质适用

(4) 店员销售与营销服务

店员是连接服装经营者和服装消费者的纽带。服装企业或品牌公司通过店员售前、售中和售后服务，将设计和制造的产品转化为商品，以期获取目标利润。面对服装零售市场的激烈竞争，如何提高店员服装零售的服务技巧，直接关系到服装门市经营的成败。在一项小型的问卷调查中（表5-9），调查了售货员态度对顾客购物影响的结果。由表可知，服务态度的好坏，对消费者购买行为影响明显，一件可买可不买的衣服，会因服务态度好而拉回45%的顾客。

表 5-9 店员态度对购衣者影响程度分析表 单位：%

问卷调查内容	买	不买
着装令顾客很满意，服务态度不好	42	58
衣服一般，服务态度好	45	55
衣服一般，服务态度不好	—	100
着装令顾客不满意，服务态度好	16	84

为了加强终端营销管理，各类服装企业或品牌公司均将店员培训视作保持与消费者良好沟通的桥梁。在实践中，创造了许多店员营销宝典：

① 营业前准备

主要分两大部分：个人准备和销售准备。

个人准备要点：a. 保持整洁仪表；b. 始终保持旺盛的精力；c. 养成得体的举止。

销售准备要点：a. 配足商品；b. 熟悉价格；c. 备齐用具；d. 整理环境。

② 营业中服务

可将店员导购工作细分为以下十大步骤：迎客进店；注视观察；招呼接近；询问需求；找寻商品；示范讲解；微笑服务；周到试衣；付款包装；礼送顾客。

③ 营业后信誉

“无条件退货”是服装企业或品牌公司参与市场竞争的一项基本准则和服务信誉。规范店员售后服务，特别是退换货服务，是企业或品牌文化的组成部分。

退货要点四则：

a. 端正认识，深刻体会处理好顾客退换货业务是诚信经商的最好途径；

b. 迅速办理，要以爱心去对待顾客，不怕麻烦，不能推诿，急顾客之所急，及时帮顾客处理好退换商品工作；

c. 诚心道歉，向顾客表示歉意，并保证不发生类似事情；

d. 认真负责，如果同一款式发生多起退换事件，证明这一款式存在明显质量问题，店员必须向服装企业或品牌公司报告，并停止出售。

(5) 视觉营销与服装消费

作为包装消费者外观形象的服饰商品，以促进消费者形象理解为中心的视觉营销是拉近消费者与服装经营者距离的重要销售促进手段。视觉营销一直是零售业及服装业倾心研究的领域。进入 21 世纪，技术革命不断丰富视觉营销的表现手段，如 3D 动漫、流媒体、等离子彩电、触摸屏显示器、各种翻转式灯箱、易拉宝宣传画等，使得视觉营销朝着脱离文字、表现时尚图像方向迅速普及。为了紧紧抓住服装消费者的视觉心理，视觉营销必须具备如下特征：a. 容易使消费者接受和理解；b. 给消费者留下深刻影响；c. 带有明显娱乐色彩；d. 视觉美感具有冲击力；e. 创造改变消费者对服装企业或服装品牌的印象；f. 即时视觉传递功能。基于服装视觉营销的六大特征，能够影响服装消费者心理和行为的视觉设计元素主要指以服装店铺为中心的品牌或产品形象(图 5-8)。

图 5-8 以店铺为中心的服装视觉营销表现

5.7 案例分析

案例1 服装消费的若干类型

《经济问题》1999 年第 11 期发表的题为"建立适合中国人口现状的消费模式"一文，作者提出了政府该如何扭转消费市场低迷格局，采取一系列刺激内需消费、拉动经济增长政策的冷静而客观的见解。

"适合中国人口现状的消费模式"基本思想如下：

① 中国人口数量庞大，这就使我国按人口平均数计算的经济发展水平和国民的生活消费水平比较低，与之相适应对生活消费资料生产的要求相对较高；

② 人均资源占有量少，使资源已难以承受人口增加和现代经济高速增长的双重压力；

③ 人口城市化水平较低，在较长时期内低消费水平的农民还会在我国人口当中占有相当的比重；

④ 人口老龄化速度快，老年人口数量多带来的老年人口的生活消费问题，使我国处于既要控制人口数量又面临人口迅速老化的两难境地；

⑤ 虽然家庭规模小型化将会在消费需求、消费结构、消费市场和消费观念等方面对消费产生较大的影响，但我国的家庭小型化是政府为缓解人口压力不得已而采取的人口政策结果，是在经济水平比较低的情况下出现的，与西方发达国家有明显的不同。

"适合中国人口现状的消费模式"认为西方高收入、高消费、高消耗的消费模式对于我国并不适合。我国在选择消费模式时，必须注意到低经济水平、低消费水平的背景，从中国的人口现状和中国的国情出发。根据"适合中国人口现状的消费模式"，国内服装消费和营销主流将集中于"高品质、低价位、量贩式、品牌化"市场。

所谓消费模式，就是在消费时所表现出来的行为特征。消费要与人的生存和发展需要以及消费者的财力相适应。目前，我国家庭消费的不合理现象时有所见。如超前消费、过度消费、盲目消费、炫耀消费、攀比性消费、畸形消费等。消费规模的合理化也要与家庭财力相适应，不能寅吃卯粮、竭泽而渔，而要留有余地，有一定积蓄以应付突发事件。

消费主体合理化：消费主体是消费行为所指对象。在中国各类家庭中，消费主体主要是儿童，妇女。国内家庭普遍最舍得为孩子花钱，家庭中女性购买服装、化妆品等消费支出一般也高于男性。相比之下，对老人消费需要的关注很不够，而实际上这种消费需求正在日益增长。所以关心老人生活，增加老人的消费支出也是目前许多家庭应特别重视的消费行为。

案例2 店员服务不同顾客反应时间的实验设计与分析①

作为消费者，逛街购物是日常生活中的常事。每个顾客在逛店时都会接受不同店员的服务，相应的，每个店员对不同的顾客也会做出不同的反应。店员对不同类型顾客所做出的反应是否存在某种规律呢？为回答这个问题，可以建立如下模型：将商店内的店员视为 A，顾客视为 B，那么，A 对于每一个不同的 B 都会做出相应的反应 CA，模型表达为：A→B⇒CA。这种模型可以应用于服装市场营销中的许多场合。

① Randolph A. Smith，Stephen F. Davis. 实验心理学教程. 郭秀艳，孙里宁，译. 中国轻工业出版社，2006.

店员究竟是如何为顾客服务的呢？在此通过案例进一步讨论。首先，对所要研究的问题建立研究假设。所谓研究假设是对研究问题的一种理论的或实践的预判，是在更大更广泛的特定研究领域或理论中组织数据以及构建自变量—因变量关系的尝试。这里涉及到相关变量的概念：自变量、被试变量和因变量。自变量可以定义为由实验者有目的地操纵的变量，是进行研究的原因，不依赖于任何其他变量而独立存在；被试变量则是被试验者身上的一些被试特质被作为自变量进行处理的变量；因变量是由自变量所引起的实验所得的数据或结果。实验所支持的假设对现有的知识结构会有很重要的贡献。由于真正的实验尚未进行，所以假设就是对所要操纵的自变量和所要记录的因变量之间的关系进行的预期。如果实验结果支持研究假设，那么它就有可能为理论做出贡献，也有了推论因果关系的基础。在本案例中的研究假设是：营业员对不同衣着风格和性别的顾客提供服务的反应时间是不同的。根据这一假设，提出实验设计的模型架构(图 5-9)。

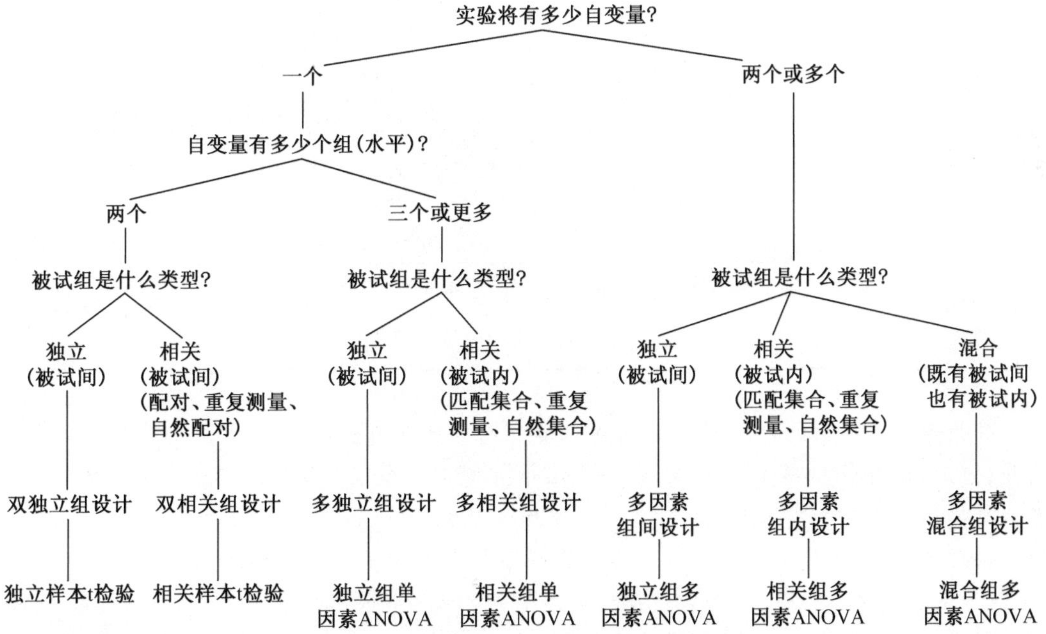

图 5-9　实验设计

本案采用 ANOVA[①](方差分析)的统计检验方法。设计一个 2×2 的实验：两个自变量——一个是顾客衣着风格，一个是顾客性别；每个自变量又各自分为两个组——顾客衣着风格分为“随意”和“邋遢”，顾客性别分为“男性”和“女性”。这样，当每个自变量作为被试组时，被试组可以是独立、相关和混合三种情况。相应的实验设计，可以是多因素组间设计、多因素组内设计和多因素混合组设计。所用的检验方法则是独立组多因素 ANOVA、相关组多因素 ANOVA 和混合组多因素 ANOVA。表 5-10 是营业员对不同衣着风格和性别顾客的反应时间数据。

① ANOVA 即方差分析，是统计检验的一种方法。通过各个数据资料之间所显示的偏差与各组群资料中认为是属于误差范围内的偏差进行比较，来测验各组资料之间有无显著差异存在，即判明实验所得之误差在统计学上是否显著。

表 5-10 营业员对不同衣着风格和性别顾客的反应时间 单位:秒(假想数据)

		衣着风格		
		随意	邋遢	
顾客性别	女	46 39 50 52 48 54 M=48.17	37 47 44 62 49 70 M=51.50	女 M=49.83
	男	38 50 38 44 49 55 M=45.67	47 69 69 74 77 76 M=68.67	男 M=57.17
		随意 M=46.92	邋遢 M=60.08	
		总平均 M=53.50		

若采用独立样本的双因素 ANOVA 则要有两个独立组自变量(衣着风格和顾客的性别)。为此,使用四个随机分配的不同营业员组,每一组对应一个可能的处理组合。因变量的分数是营业员接待顾客时的反应时间。表 5-11 描述的是根据表 5-10 数据所得出的计算机输出结果。由表可知,营业员接待顾客时平均花费一分钟左右时间。所有样本均数(所有的 24 个营业员)测试数据是 53.50 s。营业员接待衣着随意和衣着邋遢顾客的平均时间分别为 46.92 s 和 60.08 s。对于女性顾客和男性顾客,平均时间分别是 49.83 s 和 57.17 s。最后一部分描述统计呈现了两种衣着风格和两种性别的结合。营业员接待衣着随意的女性的平均时间是 48.17 s,接待衣着随意的男性的平均时间是 45.67 s。对衣着邋遢的顾客,营业员接待这样的女顾客平均时间为 51.50 s,而男顾客的平均时间为 68.67 s。表中,要检验的仅是两个自变量的效应以及它们的交互作用。剩下的来源(单元内)是误差部分,被用来检测自变量的效应。

接着是检查两个自变量间的交互作用。这里有一个双因素在交互作用,因为有两个自变量。衣着和顾客性别间的交互作用的 F 比值为 6.65,概率 $p=0.02$,达到了显著水平。由于显著地交互作用掩盖了主作用,原因是这些主效应受交互作用限制而不是直接性的。因此要使这些结果有意义,必须解释交互作用,图 5-10 描述解释了根据统计结果得到的交互作用关系。

表 5-11 独立样本单因素 ANOVA 的计算结果

均数表:		衣着类型		
		衣着随意	衣着邋遢	行平均
顾客性别	女	48.17	51.50	49.83
	男	45.67	68.67	57.17
	列平均	46.92	60.08	

总平均＝53.50

来源表:					
来 源	平方和	自由度	均 方	F 比值	概 率
衣 着	1 040.17	1	1 040.17	11.922	0.002 5
顾客性别	322.67	1	322.67	3.698	0.068
衣着×顾客性别	580.17	1	580.17	6.649	0.017 9
单元内	1 745.00	20	87.25		
总 和	3 688.00	23			

当一个图中的两条线交叉或会聚时，说明交互作用发生。图 5-10 中交叉的两条线以及统计结果中交互作用的低偶然事件发生概率，都说明了存在显著的交互作用。如果已经根据主效应得出结论，那么可以认为与接待这些衣着邋遢的顾客相比(60.08 s)营业员接待衣着随意的顾客更快些(46.92 s)。同样，我们也可以得出营业员在接待男性时的时间(57.17 s)比接待女性顾客的时间(49.83 s)长。当观察图 5-10 时，与衣着随意的顾客相比，营业员接待衣着邋遢的顾客是不是慢一些？不，只是营业员接待衣着邋遢的男性顾客时，反应时间更长。男性受到接待的时间是不是要比女性慢？不是的，只是营业员接待衣着邋遢的男性顾客时反应慢。当存在显著交互作用时，如果你试着直接去解释主效应，你就是想把原来是灰阶的图片解释成黑白的。换言之，你会对结果过于简化而内疚。当一个自变量的效果取决于另一个自变量的特定水平时，交互作用发生了。研究的目标是用清楚的语言交流结果。但要完全理解交互作用，应进行进一步的实际统计检验。需要注意的是：虽然这里阐述了交互作用的显著性，并附加了图表，但并没有全面地解释交互作用，只是对交互作用进行效应大小的估计，因为显著的交互作用会取代主效应。

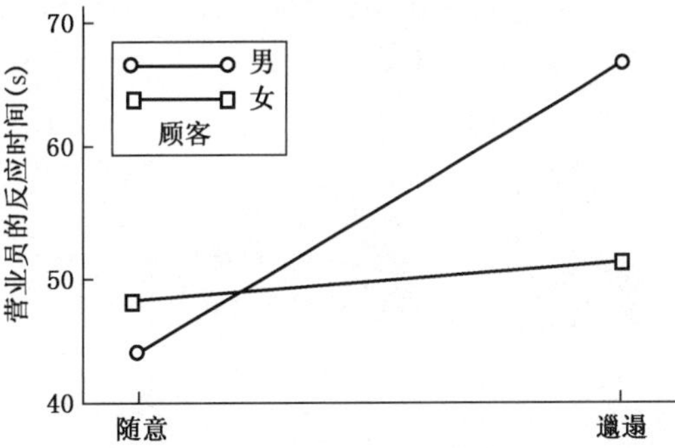

图 5-10 衣着风格和顾客性别实验的交互作用

相关组多因素 ANOVA 在本例中的应用与独立组多因素 ANOVA 十分相似，只是需有两个使用相关组的自变量(这里是衣着和顾客性别)。多数情况下，相关组通过匹配或重复测量构成。本例中，两个自变量上都可以进行重复测量，只需一组营业员样本，让他们接待穿两种样式衣服的男性、女性顾客。容易得出，组均数与独立样本 ANOVA 中呈现同样结果。这是预想之中的，因为分析结果来自相同数字。但是用来构成各组的方法是不同的，所以 ANOVA 结果应是不同的。这里应注意，交互作用表明自变量的效应在其他自变量的不同水平上并不一致。从对相同数据的不同分析中，可以比较不同实验设计的检验力。使用相关样本可以通过减少一些被试间变异来帮助减少误差变异，对处理效应的检验一般会更有说服力、更有效力。

而对于混合样本的双因素，ANOVA需要一个自变量采用独立组设计，另一个自变量采用相关组设计。一种可行的设计方法是将营业员随机分配给不同的顾客性别组。营业员接待一种性别的顾客，但要接待穿着两类服装的顾客。不同的营业员分别接待男性或女性顾客，并且既要接待衣着随意的顾客又要接待衣着邋遢的顾客。因变量的分数是营业员对顾客的反应时间，但是同一个营业员的反应时间是针对每一类衣着、某一类性别的顾客。统计结果显示：顾客性别效应是不显著的，衣着变量是显著的。但是，因为顾客性别和衣着之间存在显著交互作用，可忽略衣着的结果而解释交互作用。ANOVA的结果不同于前面两个分析，说明实验设计在决定显著性上的重要性。顾客性别效应在这个设计中是最弱的。

在真实的实验情景中，不能用几种不同的分析方法分析相同的数据，这里只是为了说明如何把一个实验想法放到几种可能的实验设计的背景中去。

以上统计分析所处理的方法仅有两个自变量，每个自变量只有两个组。当改变自变量的数量、改变各自变量的组数、改变各自变量上被试的分配方式时，多因素设计的形式将会千变万化。在这里不可能穷尽所有可能的多因素设计类型。只能集中探讨最简单的2×2多因素设计并进行基本介绍。对于多个自变量的实验设计，请参见该书的“三个独立变量的多因素设计”。

思考题

1. 马斯洛需求层次结构和内容。
2. 影响服装消费心理与行为的因素。
3. 家庭生活周期对服装消费的影响。
4. 企业与消费者的目标、行为及互补关系。
5. 视觉营销与服装消费的关系。

6 服装流行传播与消费需求

导　读

我们生活在一个充满流行的社会：流行时装、流行音乐、流行食品……

何谓流行？简而言之：流行是人们不约而同的选择，或者说是不由自主的选择，是人们群体的追求倾向。流行是影响人们生活最有力的因素之一，影响着衣食住行，生活的方方面面。

流行又称时尚，是指一个时期内社会上或某一群体中广为流传的生活方式。流行是一个时间概念，有一定的周期，但并不表示被所有消费者接受。而服饰流行是指一个时期内社会上或某一群体中广为流传的穿着款式和方法。对流行服装而言，往往只是被某一特定群体的人群认可，但它仍被视为流行。

服装包括面料、色彩、款式、图案纹样及工艺装饰等多种构成要素，通常认为只要其中的一种或几种要素是流行的，即为流行服装或时装。

流行是一个持续变化的过程，受到很多因素影响，如社会环境、心理因素等，但纵观整个服装流行的演变，可以发现它具有循序渐进的演变规律。

与其他商品一样，不同服装商品种类具有一定的生命周期：即导入期、成长期、鼎盛期、衰退期、消亡期。

对于服装营销者而言，应明确区分不同群体的流行传播方式，即"上传"、"下传"和"水平"传播方式，并时时给予关注。

随着现代传播技术使流行的传播速度越来越快，国际互联网技术的广泛应用，电子商务等新的业态为流行的快速传播提供了便利条件，同时也为企业降低成本创造机遇。

服装被视为体现个性、宣扬生活观念的有效工具。作为服装企业，应在消费需求形成之前了解顾客各种需求信息，在消费过程中充分利用各种媒介传播服装信息，满足消费者需求。

服装界是讨论流行最多的领域之一，而时装本身就包含流行。本章将讨论服装流行与消费需求的关系。

6.1 关于流行的若干概念

(1) 流行

流行意味着被消费者接受，一种款式只有当它获得消费者的认可时才能成为流行。流行是一个具有时间性的概念，消费者接受的时间有多长，款式的流行时间就会有多长。然而这并不意味着该款式必须被所有消费者或者大部分人赞许。对服装而言，某一款式常常只能被某一特定群体认可，但它仍可以成为一种流行。

(2) 款式

许多人容易混淆款式和流行的概念，认为一种款式就是一种流行，而实际上两者是不同的。所谓款式，是指服饰的特征或特有的形式，它具有某些可确认的区别于其他形式的品质或特点。一般来说，服装款式是指它的设计、裁剪，可以用线条、形状或比例等术语描述的品质。于是就有了许多上衣的款式(厚呢大衣、卡曲衫、软领长大衣、双排扣雨衣或运动衣等)，袖子的款式(插肩袖、羊腿形衣袖等)，帽子的款式(布列塔尼女帽、常礼帽、费多拉帽、盔形女帽等)和鞋子的款式(沙滩鞋、浅口鞋、粗皮鞋等)。但是，并不是每一种款式都能成为流行。

(3) 设计

狭义的服装设计包括色彩、面料、款式、配饰；而广义的服装设计还包括纸样结构、生产工艺、橱窗和店面及形象包装等设计。当人们称某款服装是流行服装时，并不意味着这款服装的面料、色彩、款式等都必须是流行的，事实上只要其中某一部分要素是流行的即可称为流行服装或时装。

(4) 流行色

英文意为时代风尚之色彩。色彩是时尚的灵魂和精髓，流行色是指在一定的时间范围内，流行于某些地区或国家，为消费者普遍欢迎的几种或几组色彩和色调，成为当时的流行主色。流行色广泛应用在纺织、服装、轻工、食品、家具、建筑装饰、装潢设计等方面，其中以纺织服装业反映最敏感，流行周期变换频繁。这是因为随着社会物质和文化生活的发展与丰富，尤其是服装新材料、新工艺、新技术的不断涌现以及人们审美观点经常变化而产生的。

流行色的发展趋势：

a. 色彩流行的范围越来越广；

b. 色彩流行的地域差、时间差越来越小；

c. 色彩流行的消费品构成越来越复杂；

d. 色彩流行持续的时间越来越短，变换频繁。

■案例

FASHION COLOUR TREND REPORT(时尚流行色趋势报告)
2023 春夏季伦敦时装周

“富有想像力和迷人的永恒色调和巧妙的明亮组合包含了我们对宁静和稳定的对比渴望与活力和兴奋。“

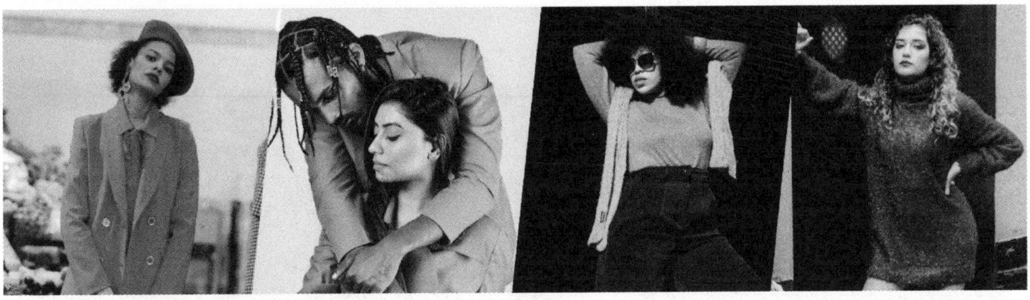

(图片由 Pexels & 提供不飞溅。

从左到右:关注 NYC/Pexels、Rodnae Productions/Pexels、Phenyo Deluxe/Pexels、Vladimir Yelizarov/Unsplash、Ron Lach/Pexels)

报告由趋势预测与色彩咨询机构彩通色彩研究所为服装产业所发布,这一季的内容包含 10 种首选流行色以及 5 种当季主打的核心经典色,预期在伦敦设计师们推出的春夏新系列里可以看到。

2023 年春夏季伦敦的色彩描绘了一条新的前进道路。这一季的色彩以现代的优势重新诠释,将传统和创新结合起来,将我们对明亮和充满活力的积极性的需求与安静的色调结合起来。一种无畏的态度和自由的表达方式重新构建了我们对色彩的认知,在诙谐的混合和生动的搭配中体现出一种无拘无束的方法。

彩通色彩研究所的行政总监 Leatrice Eiseman 表示:“当我们预测我们的未来时,我们正在拥抱自由,不受约束地用色彩表达我们的个性。经历了突破以往规范的创造性解放,我们正在适应和发明新的搭配和对比性的和谐。”

关于 2023 春夏季伦敦时装周色彩系列:

动感的色调与安静的色调相融合,形成生动的搭配和诙谐的组合

PANTONE 17-1563
Cherry Tomato
樱桃番茄红:诱人的红色,呼之欲出

PANTONE 16-1544
Persimmon
柿子色:丝滑的蜂蜜色系珊瑚

A PANTONE 14-1140
Iced Mango
冰冻芒果橙:具有热带风情的果味橙

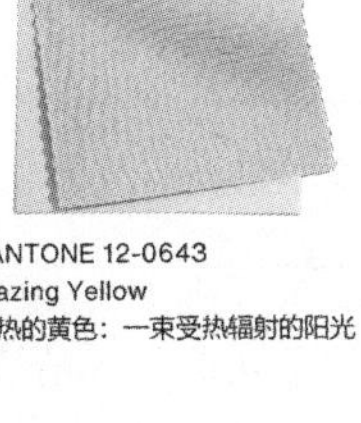

PANTONE 12-0643
Blazing Yellow
炽热的黄色:一束受热辐射的阳光

PANTONE 16-0229
Titanite
泰坦石绿:一种充满活力和光泽的黄绿色

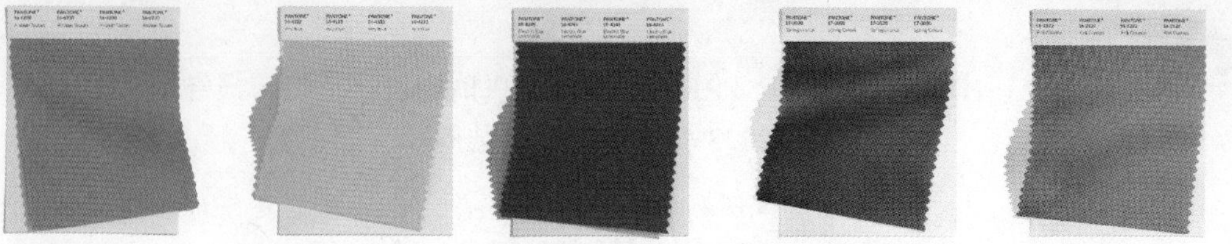

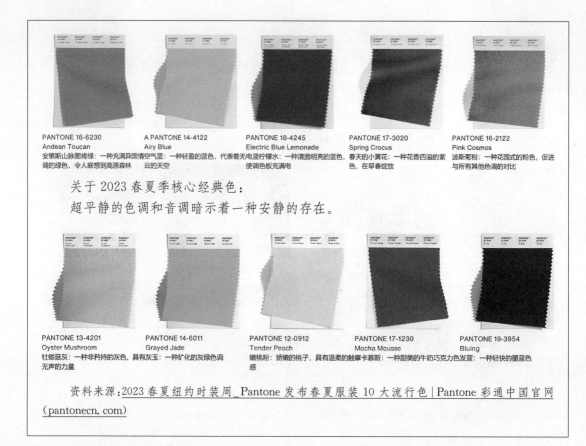

PANTONE 16-6230
Andean Toucan
安第斯山脉图肯绿：一种充满异国情调的绿色，令人联想到高原森林

A PANTONE 14-4122
Airy Blue
空气蓝：一种轻盈的蓝色，代表着无云的天空

PANTONE 18-4245
Electric Blue Lemonade
电蓝柠檬水：一种清脆明亮的蓝色，使调色板充满电

PANTONE 17-3020
Spring Crocus
春天的小黄花：一种花香四溢的紫色，在早春绽放

PANTONE 16-2122
Pink Cosmos
波斯菊粉：一种花园式的粉色，促进与所有其他色调的对比

关于2023春夏季核心经典色：

超平静的色调和音调暗示着一种安静的存在。

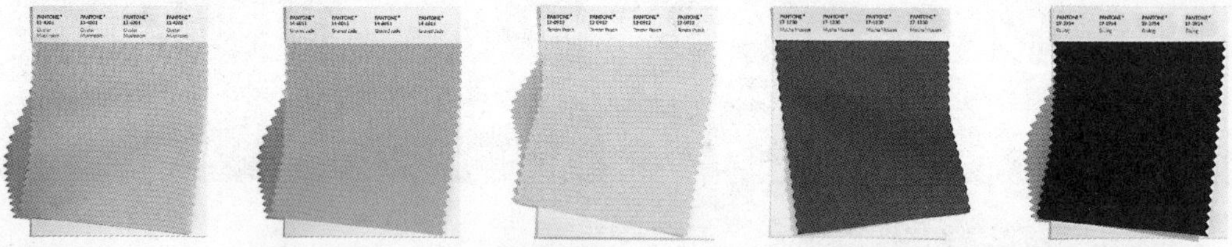

PANTONE 13-4201
Oyster Mushroom
牡蛎菇灰：一种非矜持的灰色，具有无声的力量

PANTONE 14-6011
Grayed Jade
灰玉：一种矿化的灰绿色调

PANTONE 12-0912
Tender Peach
嫩桃粉：娇嫩的桃子，具有温柔的触感

PANTONE 17-1230
Mocha Mousse
摩卡慕斯：一种甜美的牛奶巧克力色

PANTONE 19-3954
Bluing
发蓝：一种轻快的墨蓝色

资料来源：2023春夏纽约时装周_Pantone发布春夏服装10大流行色|Pantone彩通中国官网(pantonecn.com)

(5) 流行周期

每一种流行都有逐渐兴起，达到极盛最终衰落的过程，即所谓的流行周期。

在流行的起始阶段，它只为某些喜欢或是有能力尝试新款者，或者是那些渴望穿着有异于其他人的消费者所接受。这类人相对来讲比较有限，这一阶段的流行通常被称为“时髦”。

当这种流行理念被广为传播，并为流行的追逐者所接受时，逐渐达到流行的鼎盛阶段。由于对于这种流行产品的需求如此之大，以致可以进行大规模生产，并以消费者普遍可以接受的价位进行销售。

同时，不可避免地每一种流行都将趋于它的第三阶段——最终衰退阶段，通常是由于消费者厌倦了，看到太多同样的东西。例如，某些消费者在这一阶段仍会购买或穿着这种流行装，但他们再也不会以正常的价格购买这类衣服。与此同时，另一种新的流行又进入逐渐兴起阶段。图6-1所示为服装流行周期示意图。

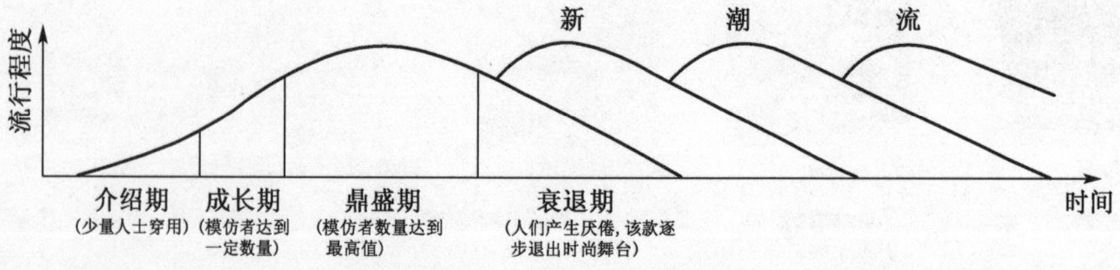

图6-1 服装的流行周期

■案例

50年代的复古风情①

20世纪50年代的时尚风格给许多时装设计师带来了灵感，2003春夏服装又回溯起50年代的纯真风貌。Louis Vuiton、Marc Jacobs、DKNY、MOSCHINO都回锅热炒50年代！蝴蝶结、圆点成了春夏Good Girl必备元素！仿佛穿上这些浓厚50年代风格的时装，就可以化身成《罗马假日》里的奥黛莉赫本，或是永远的王妃葛莉丝凯莉！

第二次世界大战结束后的20世纪50年代，巴黎和米兰重新占据了世界高级时装的霸主地位，时尚圈开始沸腾了起来，一种象征精神时装冒出了头，地平线上露出礼仪良好的清新曙光，设计表现得更为立体、高雅。DIOR、LANVIN等设计大师主宰着裙摆长短、翻领大小，或袖子宽窄。当时的人们即使一天辛勤的工作结束后，仍会换上晚礼服出入于歌剧院和剧院，绝不会让战后的经济萧条影响到生活品质。总而言之奢华回潮，模特儿们炫耀着历久不衰的典雅，宽松裙装的样式中，显出查尔斯顿时代的风格。

2003年的蝴蝶结、圆点图腾与连衣裙等是重点！像DKNY将各种甜美的糖果色泽，铺陈在典雅的春夏款式上，一件宽摆印花裙，在波尔卡圆点点缀下，甜美可人；个性强烈的牛仔装，透过皱褶、珠片绣、滚边等点缀，与50年代甜美风格产生共鸣。MOSCHINO则是将所有彩色圆点，绣在服装系列中，搭配一双绑带舞鞋，仿佛爱跳舞的女孩。

Marc Jacobs走的是20世纪50年代邻家女孩路线，极女性化的雪纺、蚕丝绸剪裁成细肩带洋装，腰际还不忘系上俏丽的缎质蝴蝶结，裤装则以小圆点与特意凸显的腰线为主打；品牌中颇受买家青睐的包鞋，Marc Jacobs也不忘在鞋端加上优雅的蝴蝶结。强势品牌路易威登(Louis Vuitton)的糖果色彩的缎质连衣裙、内衣式的香草色缎质衬裙、黑白色小圆点的比基尼，无不流露出50年代的复古风情。

(6) 经典服装和流行快潮

经典服装是一种在某种程度上长时间持续为消费者所接受的服装，对时装界而言，它可能连续流行几个季节甚至更长时间。典型的经典服装如：男西装、运动夹克、牛仔服、布衬衫等，流行期长达上百年。一代又一代，经典服装逐渐达到极盛而成为大众流行服装。与经典服装相反的是有些款式突然一下子成为流行，为许多人所喜欢，然后又迅速被摒弃。这种款式通常在极短的时期内被有限人群所接受，这种存在周期较短的流行被称之为流行快潮，而且通常不能对以后的流行产生什么深远的影响。

(7) 流行季节

通常针对不同的季节，服装企业分阶段推出新的服装系列。对于女装来讲，可分两到六个流行季节，最简单的划分为春夏、秋冬，也可按照季节划分为春、夏、秋、冬，每个季节的确切时间依据每个国家和城市或品牌款式设计的不同情况而异。表6-1为服装商品按季节划分的示例。

① http://quan.hsw.cn/gb/life/2003-08/05/content_212719.htm

表 6-1　服装商品季节的划分

服装季节	上市日期	服装季节	上市日期
春　装	2月	秋　装	8月
春夏装	3月	秋冬装	9月
夏　装	5月	冬　装	11月

6.2　服装流行的原则

根据 Elaine Stone 在 *Fashion Merchandising: An Introduction* 中提出的理论，服装流行具有五项原则：

(1) 服装流行由消费者决定

服装流行不是由原料商、纺织品商、服装制造商、服装设计师、服装批发商或服装零售商所决定，而是由消费者决定的，图 6-2 所示的服装消费者价值链表达了这一涵义。

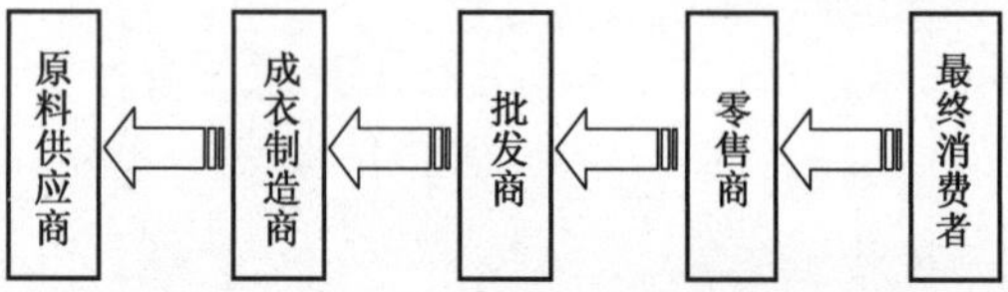

图 6-2　服装消费者价值链

这个模式中，后者选择前者，决定前者的产品是否被采用。最后环节即消费者才可能最终决定服装是否流行。尽管每季的展示会和市场上推出的服装新款成千上万，但只有少数样式被大众接受并广泛传播成为流行。

(2) 服装流行样式与服装定价无关

由于现代社会信息业的迅猛发展，服装样式传播迅速，使得服装流行已经作为一种公众行为渗透到社会各阶层。同一款服装流行样式以不同的价格销售，在市场上可以被不同层次的目标消费者所接受。流行服装的面辅料可以有优劣之分，做工有高低之别，但各层次、品牌的服装样式可相互模仿和借鉴。

(3) 服装流行是一种循序渐进的过程

一般情况下，服装流行是一种循序渐进的过程，而不是一种流行的突变或革命。可能引起服装流行突变的因素往往是战争、自然灾害和社会变革等重大历史事件。

每一季或每年的流行基本上都是在原有流行的基础上作局部的、有限的修改，因为对大多数消费者来说，选择新服装会从经济角度考虑，需要同已有的各种服装和饰件搭配。新款式在面料、色彩、款式方面保持一定的相似，有利于与原有服装搭配。通常在两个极端的流行之间存在一系列的过渡环节。社会本身的剧烈变化才可能引起服装的突变，如 20 世纪上半叶两次世界大战的爆发使得现代女装彻底摆脱了传统的层叠内衣和繁琐装饰。

(4) 广告促销不会改变服装流行的方向和轨迹

消费者是服装流行的最终环节，也是服装营销的最终环节。服装广告的投入或服装促销活动可以在一定程度上加快服装流行的速度，但两者并不一定成正比。因为广告促销仅仅给服装消费者提供更多的选择机会或利益，但并不能强迫消费者购买他们不想要或者不在预算内的服装。不符合消费者审美观的服装，促销再多也不会广为流行。

(5) 任何一种服装流行均有消亡的过程

从流行的时间纬度上看，服装流行具有生命周期的特征。虽然一个生命周期结束后，某种流行在特定时间或条件下还会再现，即服装流行具有循环特性，但这种流行的回归不会完全照搬以前的服装，细节上必然有新的变化。所谓经典服装也需要不断加入新鲜要素，在不同时代呈现出不同的细节特征。

6.3 服装流行的预测

(1) 服装流行预测概述

流行预测(Fashion Forecasting)是指在特定时间，根据过去的经验，对市场、经济以及整体社会环境因素等专业评估，以推测可能的流行趋势活动。

服装流行无论是形成原因、影响条件、传播方式都有发展规律。服装具有历史继承性，服装生命周期特征使得流行的发展总是渐进的，有脉络可寻的。事实上，服装流行预测已逐渐成为一种规模宏大的产业化研究。这些流行预测不是随意的或凭经验而来的，而是建立在广泛的市场调查和对社会发展趋势全方位评估的基础之上。各大权威机构的预测借助现代媒体高效率的宣传，冲击消费者的视觉和心理，使消费者在不自觉中受到引导，这对服装业的投资者和经营者无疑具有相当的诱惑力。

流行预测的目的有两个：

第一，在不久的将来(未来一年左右)，特定地区会发生什么变化。

第二，目前所发生的事情中，哪些元素足以对未来造成深远的影响。

流行预测工作基本是不断地确认流行趋势，它可分为短期、中期或对当时的预测。一般流行预测包括对色彩、款式、装饰、图案纹样以及面料流行的预测。整体看来，款式和面料的流行变化不及色彩、装饰和图案来得明显。

流行预测不像预测天气、股市那样要求得到一个正确的答案，它的目标在于通盘考察所有相关事物，并得到一个令人满意的结果。所以他们的预测结果必须要有足够的弹性，以便应付出乎意料的状况。流行预测工作者必须具备强烈的感知能力、敏锐的洞察力、丰富的联想解释能力，并且客观地总结分析流行趋势，“必须在消费者清楚地陈述各种需求之前，先为他们编写好故事剧本。”

流行预测最早从流行色开始。随着时间的推移，加入面料和款式的色彩倾向，做一些相应的调整后成为服装流行预测。

(2) 流行色及其预测

流行色历来对人们的影响很大，比如在时装方面，中国的古书《礼记・檀弓上》中，就有“夏后氏尚黑”的描述。殷商流行白色，周朝流行红色。春秋时，齐国风行紫色，齐桓公穿上紫袍后，紫色的纺织品价格猛涨了十倍。

国际流行色预测由总部设在法国巴黎的“国际流行色协会”发布。国际流行色协会各成员国专家每年召开两次会议，讨论未来十八个月的春夏或秋冬流行色提案。协会通过对各成员国提案的讨论、表决，选定一致公认的三组色彩为未来季节的流行色，并进一步细分为男装、女装和休闲装流行色组块。

国际流行色协会发布的流行色定案是由专家直觉判断进行选择的，西欧国家的一些专家是直觉预测的主要代表，特别在法国和德国，专家们一直是国际流行色业界的先驱，对西欧的市场和艺术有着丰富的感受，以个人的才华、经验与创造力设计出代表国际潮流的色彩构图，这些直觉和灵感的表达非常容易得到其他代表的认同，同时也被世界同行接受。表 6-2 所示为世界主要流行色组织和机构。

表 6-2 世界主要流行色组织、机构

国际流行色协会	International Commission For Colour In Fashion And Textiles(Inter color)
国际色彩权威	International Color Authority
国际纤维协会	International Fiber Association
国际羊毛局	International Wool Secretariat
国际棉业协会	International Institute For Cotton

此外，一些世界级的纺织服装大企业也在进行流行发布，如：

杜邦　Tactel

拜尔　Bayer Dralon

蓝精　Lenzing(Lyocell & Modal)

阿考迪斯　Tencel

美国棉花公司　Cotton Incorporated

赫司特　Trevira

(3) 服饰流行预测的过程

一般情况下，流行趋势预测最早提前 24 个月，选定国际流行色提案。推广过程大致如下：

提前 24 个月，选定国际流行色提案。

提前 21 个月，由国际流行色协会的各国专家确定流行色国际提案。

提前 18 个月，以色卡形式发表流行色预测结果。

提前 12 个月，欧洲各面料展纷纷发布面料流行趋势预测，其中面料的色彩趋势预测是以前发布的色彩中呈上升趋势的色彩；稍后，各大著名设计师举行下一季时装发布会。

提前 6 个月，流行趋势以服装的形式出现在展示会上，各国流行色专业委员会推出最后的流行趋势(针对国内市场)；接着是各品牌服装的订货会。

案例

Cotton Incorporated 2022/2023 秋冬流行趋势(主题一)

2022—2023 秋冬流行趋势将结合不同主题，通过所反映的生活方式、重点推荐的颜色和面料来诠释。

主题一：变形 Metamophosis

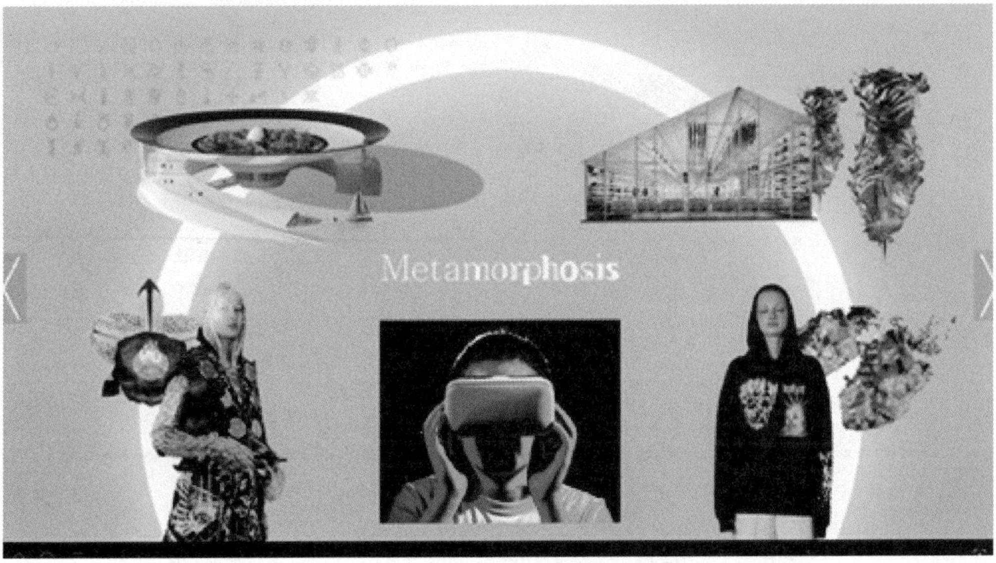

我们抱着一种彻底创新的心态，让未来成为现实。变形趋势突出介绍了全新的城市生活形式，以及更可持续的生活方式。

智慧城市正在世界各地涌现，将技术和可持续性融合在一起。例如，丰田建造的智能城市，2021年初破土动工，位于富士山脚下的丰田工厂遗址。特点是三种城市道路：1. 快速道，自动驾驶车辆和丰田电动无人驾驶厢式车，作为零售商店、工作场所和移动酒店；2. 踏板车、自行车和丰田 i-walk；3. 人行道。2025年将开放的沙特阿拉伯新城，面积相当于比利时，将包括会飞行的出租车、打扫卫生的机器人、“在黑暗中发光”的沙子、人造月亮和人造雨。

建筑、纺织品和汽车的流体/相变设计。某应用生物技术的服装公司推出的面料可以经过六到十二个小时在身体上结晶生长出来，晶体像鲜花般绽放，然后氧化、变色，最终会脱落。面料本身也是可生物降解的。

来自未来世界的材料以意想不到的方式结合，在艺术和设计中形成未来主义的美学。例如来自瑞典的艺术家将光纤、天鹅绒、黄铜与天然的毛刺木相结合。

此外，还有品牌运用现代科技打造虚拟空间的设计。总部位于多伦多的初创公司 UCL，推出了世界上第一个人工智能机器人设计师 STICH。STICH 创造的服装品牌“害怕什么”，从文学、艺术、时尚、童话、中世纪历史、朋克文化和恐怖电影中获取的不同元素，进行创作。

颜色

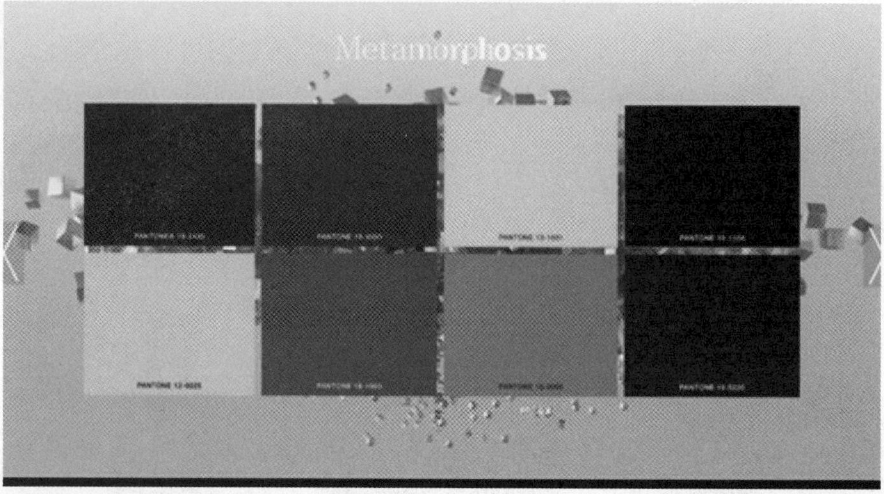

这组颜色来源于现实生活，带着梦幻的意境。合成的和有机的色调融合在一起。具有磁性的紫色、棕色和青色，与充满活力的蓝色、粉红色及桃红色、薄荷色和灰色，形成相互的制约与平衡。这样的颜色组合有助于设计水乳交融的图案，通过悬浮纹理的印花重新想象自然。

面料：

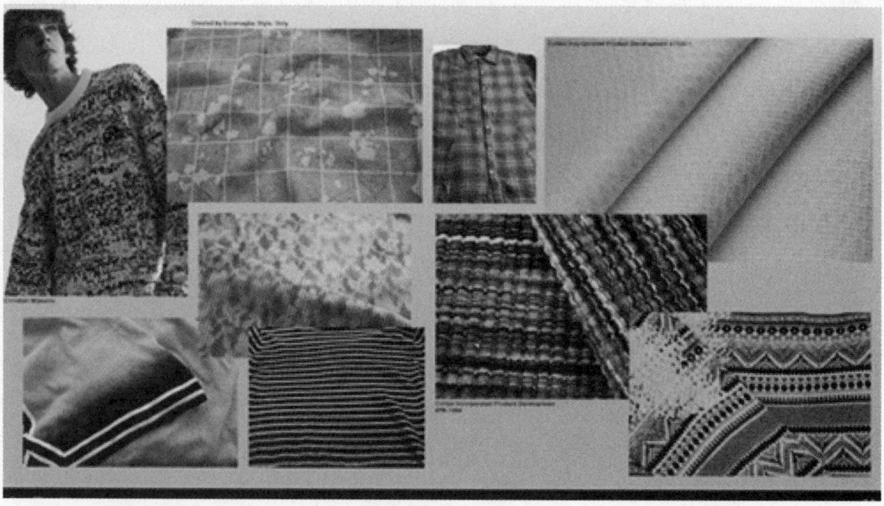

通过云纹、印花、图案和组织结构产生融合的外观

左上角：长袖运动衫上格子图案和颜料波溅图案

左中：色织条纹衬衫，阴影部分的花朵图案

上中：暗色调格子衬衫的侵蚀效果
下中：针织衫彩虹色调云纹效果
右下：大提花针织面料的消融效果

时髦的未来主义：使用花式纱线、覆膜和涂层，呈现未来派的外观。
左上角：牛津纺面料上的珍珠色聚氨酯涂层
右上角：牛津纺面料上的全息图案印花

上中角：金属丝和竹节纱应用，未来感十足
左下角：晶洞图案
右上角：灵感来源于花岗岩
右中：兽皮印花，覆膜

立体悬浮效果

左上角：磨毛格子法兰绒，灰色条纹似乎凸显于色织条纹之上

左下角：抽针双面大提花色织针织面料，K5 -细条纹中的水平效果；K6 -细条纹中的矩形图案

右下角：针织面料上断断续续的条纹，仿梭织外观

资料来源：2022/2023 秋冬流行趋势发布-纺织服装周刊(taweekly.com)

6.4 流行的变化

流行具有持续不断变化的特点，有时候比较快速，有时候比较缓慢，一般不会是静态的。

(1) 影响流行变化的因素

为了正确理解流行的变化，首先必须认识到流行总是与它所处的时代和谐。一位著名设计师曾说“流行是一种社会现象，它反映了特定年代的不断变化”，并强调流行变化是“很微妙的，而且常常隐含于那些影响整个社会的相关因素中”。从这种意义上来讲，服装是流行的表征。服装流行的动因有很多，一般可概括为主观和客观两大因素。

① 客观因素

影响服装流行的客观因素可概括为自然因素和社会因素。

a. 自然因素——生活在不同地域的民众，受所处自然环境的影响，对服装流行有不同的行为或态度。经济发达地区的人们更容易接受新的观念并对流行产生推动作用；相反，在偏远山区或经济落后地区，人们较少或较慢地接受服装流行，有些甚至会固守原有的穿着习俗。

b. 社会因素——服装的流行存在于人类社会的进程中。每一次社会变革都会带动服装的变化与流行。工业革命、科技进步、经济发展、政治事件、文化活动、艺术思潮等都或多或少地影响着服装的流行。例如：20 世纪初的欧洲，随着妇女社会地位的提高，她们逐渐摒弃了曾经流行几个世纪的束腰女裙，宽松、自如的服装更适合她们积极、充满活力的新生活。当妇女走上高级管理层职位之后，职业套装、手袋等就会成为她们的必备之装；而二战结束时，因为人们对战争的厌倦致使迪奥的“新风貌”轰动一时。由此可见，服装流行同社会发展休戚相关。

② 主观因素

主观因素即心理因素，是人们心理欲望的表现，对服装的流行起支配作用。一般而言，人类是一种复杂的生物，个体行为很少仅靠理性支配，往往同时受到感性因素和理性因素的支配，而变化常常源于心理因素。有关服装流行的心理因素影响主要包括：

a. 爱美心理——爱美是人的天性，亦可以说是人的本能。原始人类在身体的某个部位做彩绘、文身等装饰或者将鱼骨及动物的骨头穿成项链、手镯等饰物，以此表达对美的认知与渴望。正是由于人们有着追求美的强烈心愿才推动了流行服装的产生。

b. 求变心理——对于一种新鲜事物，总是要经历从惊喜接受到适应到厌倦这一过程，继而会寻求新的刺激来满足自身的需求。当人的需要得到满足的时候，就会产生更高的目标，继而就会有更多的需要等待满足。可见，人的欲望是永远得不到满足的，这促使了服装流行的不断变化。

c. 自我展现——作为社会一员，人们总希望在他人面前展示自我，而借助服装能展示自己的与众不同，证明自己在社会中存在的意义。同时，服装也可以帮助自己建立自信心和自尊心，在让他人关注自己的同时，也建立了同他人的某种联系。正因为服装有着愉悦自己和向外界传递信息、促进人际关系交流的社会功能，因此人们会不断追求新的潮流。

d. 从众心理——源于人们不愿被社会淘汰的心理，要么先于他人接受新事物，要么紧跟潮流。这种从众心理促使服装由个体消费迅速向周围人群扩散，这也是推动服装流行的基本原因。

e. 模仿心理——如今模仿对流行的推动作用是显而易见的。对于自己喜爱的某个偶像，总是爱屋及乌，不仅喜欢甚至模仿他们的穿着。而这种模仿并不只限于模仿偶像穿着，有时个体也会对其他着装者进行模仿，或是喜爱某些人的装扮，从而复制这种装扮，服装也因此趋于流行。

(2) 流行变化的渐进

虽然流行一直在改变，几乎每个季节都有新的款式推出，但彻底的革新是不可能在短时间内完成的。当人们回顾历史时会发现今日的服装迥异于几个世纪前的服装，但当我们完整地看待整个服装演变后，则会发现今天的服装是一步一步演变而来的，今天的流行是昨日流行的发展。同时，又可以发现流行是循环演变的，当某种改变达到极限时，又会折返回来，继续朝着另一个极限发展。所以，才会不断地看到复古装，这不仅是人们怀旧心理的一种体现，更是流行演变的必然结果。

(3) 流行变化的几种模式

流行一直在变，但改变方式却有多种模式：

a. 停滞型——主要受文化价值观念、社会价值观念、生活方式、传统习惯、经济因素和现有市场体系等因素的影响，使得某一种流行几个季节、几年甚至上百年都不改变，如印度的莎丽、日本的和服。

b. 进化型——这种变化方式又称作服装市场的加法，即随着时间的推移，设计日趋精致。

c. 摇摆型——这是从一个极端走向另一个极端的流行变化模式。

d. 周期型——流行呈周期性变化，若干年后人们会发现今日的流行居然是以前曾经穿过的款式。一般来说，裙子 30 年呈一周期变化。

e. 突变型——一种纯粹的突变模式，是突然发生的，没有一个渐进的过程。

f. 发散型——又称为钟形曲线，这是一种最为常见的流行变化模式。

6.5 服装流行传播

(1) 服装流行传播的特点

① 空间传播

空间传播是指流行扩散的跨度和广度。由于地域差异，人们的生活方式和观念不尽相同，这会导致服装流行仅在某一地区扩散，而在其他地区则无法拓展，于是造成不同的服装流行跨度。而服装流行的广度则体现在参与人数方面，其广度大小取决于一定时间内接受这种服装行为人数的多少。

② 时间传播

服装流行具有一定的周期性。通常一种服装流行要经过导入期、发展期、盛行(高潮)期、衰退期直至消亡。而服装流行的传播时间则决定了这种周期的长短。有的流行传播速度快、时间短，其高潮期可能较短；而有的流行持续时间很久，如中国古代的上衣下裳式样，龙形纹样或牛仔服装的流行等。

(2) 服装流行传播的方式

① 服装展示

服装展示是最直接的传播方式。不论是动态展示，还是静态展示，其目的是向人们传递服装的流行信息，展示即将兴起的流行样式或风格。例如，每年两次的高级女装发布会，通过设计师的创造、媒体的传播、形成新的流行趋势。

② 名牌、名人效应

名牌或名人具有社会地位象征，广受人们的关注，因此常常被当作模仿的对象。例如：英国王妃戴安娜的孕妇服曾带来孕妇式样时装的流行；具有影响力歌唱演员的穿着方式总会受到追星族的效仿；Chanel、CD 等品牌一直受到无数追赶潮流女性的青睐，这种少数人喜爱到多数人跟随的现象也就形成了服装的流行。

③ 媒介传播

电视、杂志、报纸、网络等媒体或组织机构的报道和宣传会对服装流行产生快速而广泛的推动力，同时也缩小了地域性差异，为服装的流行提供了条件。

(3) 服装流行传播理论

服装流行的传播，通常是从流行元素被制造或再现到它被另一个个体穿着在身的过程。而一般情况下“传播导致流行”，没有传播就没有流行。消费者的互相模仿是流行传播的重要手段。另一种观点认为：流行是一种“追随领导者”的过程。社会学家认为之所以在流行周期中存在追随时尚领导者的现象，是因为消费者希望通过选择其崇拜的个体或群体相近的服装来达到个体所期望的社会地位。这种选择意味着时装是弥合社会阶层之间差异的桥梁，当人们穿着与“他们”一样的服装时就会认为自己像“他们”一样。

三个有关流行的传播理论被广为接受并用来解释流行是如何从领导者传播开来的，这就是“下传理论”、“水平传播理论”和“上传理论”，每一种理论都可用来解释特定服装的流行。

① 下传理论

下传理论认为一种流行总是最先出现在富人阶层，然后逐渐传播到城市下层。

若干世纪前，这些位于金字塔顶端的流行发起者是皇室，然后传播到贵族阶层和中等阶层，而较低阶层的人既没有能力也不敢模仿，甚至被法律禁止模仿。例如，在中国唐朝以前，黄色是大家都可以使用的；但唐代以后，黄色成为皇族的专用色，不仅平民百姓，达官贵人都不可使用。

现在，随着皇室逐渐消亡，金字塔顶端这个位置已被经济、社会、文艺界或政界的富人阶层所占据。这一群体以穿着考究作为他们身份的象征，他们的举动和穿着总是倍受舆论媒体关注。对大多数公众来说，易于接受时装潮流领袖人物创导的流行。他们认为创新具有风险，而模仿则较为安全，于是，流行从富人阶层传递到城市下层。

同时，那些富人阶层的人总是力图与那些被他们认为社会地位较低的人区分开来。一旦一种时装被公众接受，不再具有独特性，这些人会毫不犹豫地摒弃这种时装，并推出一种新的或是不同的时装款式。

② 水平传播理论

到了 20 世纪，时装已不再是特定社会或阶层的象征，而是个体角色定位的选择手段。这种现象导致了另一种流行传播理论，即由查尔斯·金(Charles W. King)于 1963 年提出的水平传播理论。这一理论认为：流行更多的是在群体内部或是同类的群体之间传播，而不再仅仅是垂直地由一个社会阶层传播到另一个阶层。例如，校园里的某一风云人物如果喜欢白色毛衣，就有可能在其他同学中激起一种流行。

③ 上传理论

上传理论广受服装专业的学生和时装界人士推崇，他们认为传统的流行下传现象已经转变，现在许多流行是由下层发起的。这一上传理论由格拉堡(Greenberg)和格拉英(Glynn)发现，他们认为年轻人比其他社会阶层更易于接受新的、不同的流行，因此导致流行传播。这种传播并不仅仅是由年轻人向老年人传递，也从较低的经济阶层传到较高的经济阶层，最典型的例子是牛仔裤和软底鞋的流行。

以上这三种有关流行传播的理论对于时装领域的从业者而言具有十分重要的意义。因为在现今多变的社会中不存在唯一同质的时装消费群体。许多具有显著差异的群体会构成不同的时装消费群体，每一群体有自己的领导者和自己对流行的独特理解。虽然人们不断地看到新的款式以高价推出，并最终成为时装，但已不像以往那样频繁。某一种成功的新款式可能是源于顶尖设计师的时装展示会，但另一个流行则可能源于积压的军需服装。

如今的流行领导者已较少与价格或高价商品相联系，因此生产商和零售商不能再仅仅关注社会上那些下传或是在群体之间传播的流行。作为一个服装企业的营销者，应明确区分以上这些不同群体并时时给予关注，只有这样才有可能取得成功。

6.6 流行的生命周期理论

如前所述，每一种流行都有周期性，这是因为流行总是逐渐变化的，以使消费者逐渐接受新的组合和新的形象。

每个季节，消费者都会见到一系列设计师介绍的新款式，一些款式很快被淘汰，但另一些在一定时期内被接受——作为企业，通常可用销售额来衡量。

(1) 流行生命周期

流行的周期变化可用一系列钟形曲线描述，通常分为五个阶段(类似于一般的产品生命周期)：导入期、成长期、鼎盛期、衰退期、消亡期(图 6-3)。

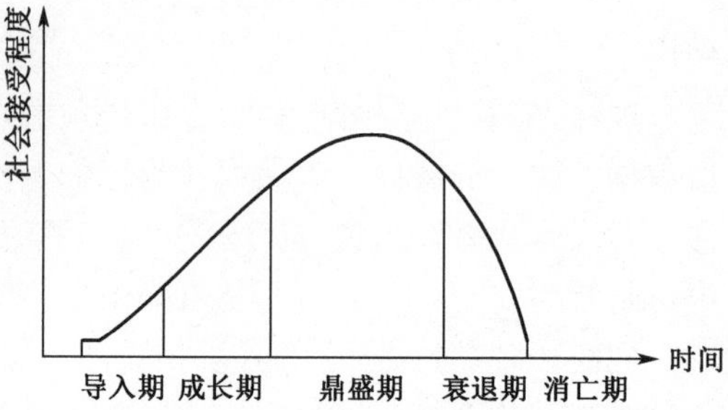

图 6-3　流行生命周期

① 导入期

设计师依据自己对时代潮流的理解推出一种具有创造性的款式，而后通过零售渠道向公众提供这种新的服装商品。巴黎的某些“最新时装”可能未被任何人接受，所以说，这一时期的流行只是意味着时尚和新奇。

绝大多数的新款都以高价推出。一般而言，以创造性和对潮流敏感著称的设计师需要得到巨额财力的支持，结合高品质的原材料和精美的制作工艺，才能自由地进行创作设计。显然，这样做成本极高，因此只有极少数人承担得起。例如，知名的设计师阿玛尼(Giorgio Armani)、卡尔·拉格斐(Karl Lagerfeld)就不希望大量销售自己的作品，因为小批量生产能给他们提供更多的自由，更大的灵活性和发挥创造力的空间。

② 成长期

当某种新的时装被购买、穿着并为更多的人了解时，它就有可能逐渐为更多的顾客所接受。对于那些昂贵的时装，它却可能是设计师一个系列中最流行的，甚至是所有高档时装中最流行的，但销售额可能永远也不会高。为此，在现实经营活动中，某种款式可以通过驳样和改制得以进一步流行或扩大市场份额。

一些企业通过品牌授权的方式进行生产，而后以较低的价格出售；而另一些企业则用较便宜的面料和修改一些细节进行批量生产，然后以更低的价格进行销售；著名设计师也许会对自己的设计进行一些修改以符合他们的顾客需要和价格定位，许多知名服装设计师品牌通过这些方法获得不菲的市场收获。

③ 鼎盛期

当一种流行达到鼎盛时期时，消费者对它们的需求极大，以致许多服装企业都以不同的方式驳样或改制流行时装，并进行成批生产，使流行款式更多地被顾客购买。

大批量生产必须能得到大众的接受，因此，许多服装企业紧随已经形成的流行趋势进行生产，因为他们的顾客需要的是正处于流行主流的服装。

④ 衰退期

最终，相同款式的服装被大批量生产，以致具有流行意识的人们厌倦了这些款式而开始寻求新品。此时的消费者可能仍会购买或穿着这类服装，但他们不再愿意以原价购买，于是零售店铺将这些服装放在削价柜上出售，以便尽快为新款式腾出空间。

⑤ 消亡期

流行周期的最后一个阶段是消亡期，这时消费者已开始转向新的款式，因此又开始了一个新的流行周期。这种现象的发生是因为这种款式已落伍。

(2) 流行周期的长短

尽管每一种流行都遵循同样的流行模式,但没有一种能衡量流行周期的时间表。某些流行很快达到鼎盛期,而有些却要漫长一些;有些流行缓慢地衰退,而有些却是急速下降;有些时装只能在一个流行季节里流行,而另一些却可能持续几个季节甚至更长;某些风格会迅速消亡,而另一些则经久不衰。

① 经典服装

有些款式永不会被彻底摒弃,而是在很长一段时间被或多或少的人群接受。经典的服装以简洁的设计为特征,从它被推出就一直被保持和传承。典型的例子如夏奈尔套装,它于20世纪50年代晚期达到鼎盛时期,但直到今天其仍被广大消费者所欣赏和接受。

② 流行快潮

昙花一现的流行或者称之为流行快潮,可能只在一个季节里出现又消失,它们缺乏能长时期吸引消费者的个性。流行快潮只能影响极小部分消费者,以较合适的价格推出,相对来讲比较简单,复制方便,因此能很快在市场上流行。由于市场很快趋于饱和,公众很快就会厌倦而摒弃它。

6.7 不同的消费群体

在流行的整个周期中存在着不同的消费群体,正是这些对流行敏感性不同的消费群体导致了流行周期各个不同阶段的出现。

消费者可以按照不同的流行阶段进行区分。例如:流行创新者在流行周期最初购买和穿着新款式,而其他人跟着模仿;由于品味不同,对某一群体而言是流行款式而对另一群体却不是;对创新者而言是流行款式,而对跟随者而言则太前卫;而最终为跟随者广为接受的流行对创新者而言却已过时了。

(1) 流行创新者

虽然流行创新者通常不是创造者,但他们可以发现流行,并通过穿着来推动特定款式的流行。

绝大多数的流行创新者都是高收入阶层,这是因为高品质的时装总是十分昂贵的。创新者不断地寻求新的款式、新的色彩、新的面料以及不同的搭配服装的方法。

大多数流行创新者都占据显赫的位置,经常在公众面前亮相,因此对其他人的穿着颇具影响,新闻界详细描述他们在公众事件、影视剧或是录像中穿什么,正是由于他们长年累月的爱好,才推动着一波又一波流行潮的出现。

(2) 流行追随者

对于大多数男女顾客,通过认同和追随流行领导者以求提高穿着新款式的自信心。只有当流行追随者确认了某种款式正在流行时,他们才会接受和尝试。消费者成为流行追随者往往出于以下原因:

a. 他们缺乏成为流行领导者的机会、金钱和欲望;

b. 在接受一种新款式之前他们需要一段时间的考虑;

c. 他们对自己的品味没有信心，所以转而追求那些已被证明是合适和被接受的款式；

d. 他们渴望与他们的邻居或同辈人保持一致，或者是被他人所接受；

e. 他们趋向于模仿他们所崇拜的人。

正由于存在着大量流行的追随者，才造成许多时装业的成员乐意复制或者修改流行款式。从营销学的观点看，是流行追随者促进了大众产品的成功，因为只有当某一种产品为众多消费者接受时，大批量生产时装才能创造利润。

流行由流行领导者发起，继而由追随者传播到大众而形成，在这个过程中，追随者的特征对流行的传播方向、速度以及方式均有重要影响。

年轻人较其他成年人更热衷于对流行的追随，尤其是仰慕群体的穿着方式更是深刻影响年轻人对服装的选择。

6.8 传播技术对流行的影响

随着现代传播技术诸如通信、杂志、报纸、电话、传真以及网络技术的发展，流行的传播速度越来越快。

(1) 时装流行杂志

杂志能够使最新流行趋势迅速传遍全球。1627年，巴黎创办了世界上第一本报道时装的杂志《风流信使》，向世界各地传播时装中心巴黎及凡塞尔宫廷的时装信息。19世纪，时装杂志开始在法国和英国发行。这些杂志以效果图和赏析的方式使最新流行的理念由法英传播到世界各地，服装制造商以所能得到的最好面料生产这些流行款式。目前世界权威的服装杂志如《VOGUE》，以模特和时装照片著称，其他如 *ELLE*、*BAZAAR*、*L'OFFICIEL* 及日本的《装苑》等都是世界上著名的流行时尚杂志。我国时装流行杂志主要创刊于20世纪80年代(表6-3)。

表6-3　国内代表性时装杂志发展概况

刊物名	创刊地点	创刊时间	隶属机构
《时装》*	北京	1980年	中国丝绸进出口总公司
《现代服装》(出版至2004年)	北京	1981年	轻工业出版社
《流行色》	上海	1982年	中国流行色协会
《中国服装》	北京	1985年	中国纺织工业联合会
《上海服饰》(出版至2017年)	上海	1985年	上海科技出版社

* 2003年11月，《时装》与法国时尚杂志《L'OFFICIEL》合作，推出新版《时装 L'OFFICIEL》

流行杂志的作用是多方面的，作为流行的发布者，编辑们关注国内外的营销动向，选择并特别报导有新闻价值的款式。

a. 作为流行的影响者，编辑们时常通过与服装制造企业密切合作，积极沟通生产与市场信息，以提供给读者能够接受的产品；

b. 通过与流通业界保持联系，传播市场上流行或具有特色的服装款式并提供流行趋势的咨询和评价，参与服装广告活动或其他服务；

c. 时装杂志不仅提供有关服装款式的信息，也提供这些款式生产者和销售者的消息，并报导消费者的生活动态。

时装杂志的编辑们通常选择将要流行的服装或饰件，刊登相关的解读文章和照片，发布有关设计师、制造商和零售商的信息，即促进制造商生产、流通商储货、消费者购买的产品链信息有效传递和反馈，由此形成一个流行潮。由于流行杂志不分国界，因此流行信息能迅速及时地传播到各国各地，这也是如今全球年轻人在穿着上无甚差异的重要原因。

(2) 一般杂志和报纸

在众多的一般杂志中，也有众多关于流行的报道。而报纸适合各种人群阅读、成本低、信息迅速及时、地区针对性强。这些媒体的编辑以大众的眼光看待流行，会选择那些年轻母亲、职业妇女、运动员、企业管理者或是特殊公众等感兴趣的内容。专业的时装类报纸力图满足时装界人士及时获取业内各种信息的需求。服装专业人员或管理者会长期订阅一种或几种专业报纸或期刊，以此了解时装界的各种动态和市场反应，如流行信息发布、时装展示会报道、编辑推荐的流行产品、名人明星的最新亮相、各大品牌的市场动态、企业经营之道、生产材料的供需信息等，这些刊物往往按信息特征分为各种专业版面。

几乎所有的报纸都有流行信息报导，只是依据读者和办报宗旨不同而篇幅大小各异。一份《纽约时代》专刊的报纸可能拥有报导巴黎时装发布会和进行新闻评述的专家；而一份小报可能只是在妇女专栏中提到流行。

1960 年在美国发行的《女性时尚日报》(*Women's Wear Daily*)，是目前世界公认的权威时装报纸，主要报道美国女装流行的款式、市场动态、流行趋势以及服装和社交界的新闻。它的闻名之处还在于，编辑们会在首页批评他们不能苟同的作品，甚至可以决定或影响哪些设计师能主导当季流行，而设计师们也会急于参考这份报纸以便确定自己是否做得妥当。有时候甚至因为这份报纸对某些作品提出批评，导致相关设计师打消举行发布会的念头。

国内的时装报纸如《中国服饰报》中“经济大观园”“企业天地”“行业广角”等版面涉及国内服装业现状与发展以及行业动态等方面的信息；《服装时报》的“行业企业”“商业”“市场”版面，则对中国服装工业、贸易等进行全方位报道。

(3) 专业刊物

专业刊物仅面对专业人员发布有关服装生产或零售领域的信息、流行趋势，帮助从业者明确对流行的认识，从中获取各种专家的观点和见解。

■案例

服装专业刊物——Mook

服装专业刊物“Mook”，顾名思义也就是 magazinebook，这是杂志与书本的一种结合。Mook 在不同领域有着不同的含义，就服饰流行资讯 Mook 而言，它是一种介于期刊和图书之间的特殊品类。它具有期刊的时效性和连续性，但又不同于期刊栏目设置的丰富性，而是以一个或几个主题贯穿全书，无论版式或风格都不及期刊富于变化，这一点类似于图书。此外，服饰流行资讯 Mook 往往因其超前的资讯所传递的无形价值而具有超高的市场定价，但又因为这种高定价而不能适用图书或期刊的大众流通渠道。服饰流行资讯 Mook 的目标顾客十分专业，也非常具有针对性，他们是时装界的采购人员、设计师、面料或成衣制造商、零售商、时尚顾问、创意总监以及企业家等。

目前，市场上可搜寻到的服饰流行资讯 Mook 很多，分类很细。总的看来，可以归为三类：专业流行趋势研究机构发布的一年两次的流行趋势报告；专业设计工作室根据未来一段时期内的流行发布做出的设计作品或设计师手稿；由图片公司、个人或其他组织汇集的发布会图片集或资料。

(4) 电视、广播

电视、广播也是非常行之有效的传播载体，人们可以从中迅速获知各种新的品牌、款式或零售信息。

电视是最容易被消费者接触到的媒体，几乎每个家庭都会拥有一台或几台电视机。电视的普及之高足以让它成为最强势的媒体。电视有很多优点：声像并茂，令观众印象深刻；强大的渗透力，自动进入千家万户；重复播出，单位传播成本低；吸引观众的注意力等。虽然电视很强势，但它仍然不是最主要，甚至是次要的流行传播媒体。原因在于电视传播制作成本高，一般服装品牌难以承受。

通常，汽车、著名化妆品会在电视上做大量广告；在国内服装界，大公司品牌或销量大的品牌会选择在电视上做广告，如男西服、男衬衫、内衣或休闲装等。

虽然，时装在电视上做广告不多，却不能忽视电视在流行传播中的作用。电视上出境的人物，一般都进行过精心的包装，主持人、公众人物或艺人的着装往往代表着流行。在看电视的过程中，消费者潜移默化地受到流行影响。尤其是电视剧偶像人物的穿着打扮方式，总是让消费者们群起而模仿之，对时装流行的影响可见一斑。

随着经济生活的日渐丰富，消费者更加乐于在着装上投资，这使得专业类的时尚电视节目得以生存和壮大。近年来，国内各大电视台纷纷开辟时尚类栏目，甚至专门的时尚类频道，如上海电视台的生活时尚频道。而在国外，这类栏目出现更早，如：法国有多家时尚类电视电台，其中著名的有法国时尚电视台（1、2、3、4），法国时装台（一台、二台）；韩国也有韩国时尚台，等等。这些电视台除了娱乐观众之外，对流行的传播不遗余力，不断播放世界各地的时装展示会，对时尚界人物进行访谈等新闻。

对大多数受众而言，广播可能是容易被忽视的一种媒体，它远没有电视那样生动，吸引人。无线广播最大的问题是缺乏视觉效果，但它也有优势，人们可以边听广播边做其他事情。广播有它特定的听众群体，如：司机，可边开车边听节目；有些人习惯在做家务、运动尤其是走路或者跑步的时候听音乐和广播（手机）。广播的流动性强、制作成本低、节目制作快速（可随时插播）。

广播适合传播流行信息吗？时装是视觉的，“一幅图片胜过任何语言”，电视可以转播模特在台上戏剧性地猫步表演；杂志可以用色彩表现设计的视觉佳作或精彩笔墨；广播的时尚报道通常以商场或服装品牌的促销信息为主，有时也传播流行信息和时装界的新闻动态。与电视一样，广播的受众一般为普通消费者。

(5) 互联网

从 20 世纪 90 年代开始，“OL”(On Line)作为与这一时代切合得最为紧密的关键词，成为人们探索生活和世界的代码。互联网在加快人们社会和经济生活行进速度的过程中，改变着人们的生活方式和消费理念。与此同时，时尚和服装业的发展也随着互联网的开放性、交互性、全球性被挖掘出更多的发展空间。

世界贸易组织电子商务报告中的电子商务(E-Commerce/E-Business)定义:通过电信网络进行的生产、营销、销售和流通活动,它不仅指基于互联网上的交易,而且指所有利用电子信息技术解决问题、降低成本、增加价值和创造商机的商务活动,包括通过网络实现从原材料查询、采购、产品展示、定购到出货、储运以及电子支付等一系列的商易活动。

电子商务模式:企业与企业之间的电子商务(B2B)、企业与消费者之间的电子商务(B2C)、消费者与消费者之间的电子商务(C2C)。

① B2B模式即企业与企业(Business to Business)之间,通过互联网或专用网方式进行电子商务活动。它是将买方、卖方以及服务于他们的中间商(如金融机构)之间的信息交换和交易行为集成到一起的电子信息运作方式。这种技术的使用会从根本上改变企业的计划、生产、销售和运行模式,甚至改变整个产业社会的基本生存方式。传统上,基于EDI(Electronic Data Interchange,电子数据交换)技术的B2B电子商务由于其巨额的开销,只能成为大企业、大银行或大的合作伙伴之间的专利。但目前基于互联网的EDI技术出现、各种网络支付手段的建立和完善使得中小型企业进入这一领域得以实现。

② B2C(Business to Customer)模式即企业通过互联网为消费者提供一个新型的购物环境——网上商店,消费者可通过网络进行网上购物和支付。由于这种模式节省了客户和企业双方的时间和空间,大大提高了交易效率,节省了不必要的开支。

企业与消费者之间的电子商务引发了商品营销方式的重大变革,无论是企业还是消费者都能从中获益匪浅。

a. 消费者可以足不出户,通过计算机在网上寻找、购买所需的商品,获得商家提供的一系列服务。互联网高速度、低费用的信息传递可以让消费者高效、便捷、低成本的完成网上购物过程,同时,网上购物为现代社会消费时尚的个性化进一步提供了便利,消费者不再是只能被动购买已生产出的商品,而是可以通过网络向商家提出个性化要求。

b. 对于企业而言,电子商务完全更新了原有的市场概念,传统意义上的商圈被打破,客户扩展到了全国乃至全世界,赢得了前所未有的商机。另外,网上商店交易成本与传统店铺销售成本比较,费用大大降低,且将依靠人工完成的活动转化为数字化的信息传送过程,节省了大量的经营成本,使企业更具竞争力。

③ C2C(Customer to Customer)模式指个人与个人之间的电子商务。

国内相关服装网站见表6-4。

表6-4 国内相关服装网站

网站名称	网址	网站名称	网址
中国纺织服装网	http://www.china-f.com/	中国国际时装周	http://www.chinafashionweek.org.cn/
中国服装网	http://www.efu.com.cn/	POP服装	https://www.pop-fashion.com/
VOGUE时尚网	http://www.vogue.com.cn	中国国际服装服饰博览会	https://www.chicfair.com/
中国纺织经济信息网	http://www.ctei.cn/	观潮网	http://www.fashiontrenddigest.com
中国纺织工业联合会	https://www.cntac.org.cn/	中国纺织贸易促进会	http://www.ccpittex.com/
上海时装周	www.shanghaifashionweek.com	纺织服装周刊	http://www.taweekly.com/

部分国际时尚流行网站如下：
https://www.businessoffashion.com
http://www.elle.com
https://www.vogue.com
http://www.styledumonde.com
https://cfda.com
https://www.wgsnchina.cn
https://ww.fashionnetwork.com
https://wwd.com
https://www.premierevision.com

■案例

Boo.com服装网的变迁

Boo.com可能是服装业界谈论最多的服装网上零售商之一。这家成立于1999年3月的户外运动服和街头装网上店的创业资本1.25亿美元，股东全部是赫赫有名的包括LVMH主席Bernard Arnault旗下的一家私人投资公司、Benetton家族持有的私人投资公司以及Goldman Sachs等。Boo.com在网上出售超过三十个牌子的货品，包括DKNY Active、Fila、FuBu和New Blalace等。货品送往欧洲任何地方或美国本土，无须支付附加费用，而且享有退货服务。

Boo.com在伦敦、纽约、斯德哥尔摩、巴黎和慕尼黑都设有办事处。在路易斯威尔、肯塔基和德国的科隆设有货仓和分销系统，并且得到多家机构做后援，包括德国邮政局(Deutschepost)和联邦快递(UPS)协助供应商把货物集中包装和付运。客户可以用自己的语言和货币进行购物，是一个全球性的购物网站。Boo.com先进的搜索功能，除了协助客户寻找所需的颜色、价格和品牌，同时也提供产品目录和户外运动指南。顾客可以从不同角度仔细检查产品每个细节，而且具备特强的微观功能，可以近距离察看布料、针脚和颜色。电子试衣室内设有男女虚拟模特，让顾客自由搭配，找到最适合个人风格的款式。

Boo.com的私人服装指导员Boo太太，随时为顾客提供专业意见。24小时全天候客户服务中心，根据顾客的需要，提供联络代理商的方法，协助顾客解决问题。顾客也可致电客户服务中心、透过电子邮箱联络代理商，或在网上与客户服务员直接倾谈。独有的"双向视频"功能可以让用户和客户服务员面对面交谈。在纽约、伦敦、慕尼黑、斯德哥尔摩和巴黎等城市都设有电信咨询服务中心。

Boo.com公司于创立初期把自己定位为面向全世界，打出了要成为"全球首家网上时装贸易商"的口号，为18个国家和地区的顾客量体裁衣，销售他们加工制作的时装。在各大媒体大肆宣传以高级服装为主的网上零售业务，并聘请伦敦著名广告公司BMP DDP推出广告系列，围绕年轻人运动服装这个主题进行爆炸式宣传。

然而，由于对自身实力的估计不足以及他们猛烈的全球宣传攻势，在耗费了大量资金的同时，却没有取得理想的销售业绩。Boo.com在网上全价销售Donna Karan品牌裤子和 Puma 网球鞋，树立了时髦奢侈品的网上销售商形象之后，又开始提供批量打折，甚至大量降价销售产品，极大影响了公司的形象，使得名声一落千丈。

2000 年 6 月，Fashionmall. com 正式收购 Boo. com 的域名、商标和内容。新的 boo. com 成为面向全球服装消费者的入门网站，提供国际服装零售商、制造商、服装目录和杂志方面的咨询，而不会再以过去的网上商店形式出现，也不会有任何货品供选购，而是使得网上购物者可以进入制造商网站进行选购，该网则收取佣金，经营模式类似现在的 Fashion mall 的运作。

6.9 消费者需求的形成

消费者的需求欲望往往是在缺乏或是感到缺乏时才会产生，而有了购买力支持的欲望才能最终提升为消费者需求。服装已不再仅仅是遮羞避寒的生活必需品，而是更多地被消费者作为体现个性，宣扬生活观念的最有效工具。流行的产生、发展、鼎盛、衰退乃至消亡体现了消费者需求的形成、发展和衰退过程。当某一种款式为创新者所接受时，还仅仅是作为一种风尚，而只有当大多数追逐者认可并纷纷模仿时，这种广泛的接受才真正形成消费大众的需求。而当大多数消费者穿着这种款式时，这种流行也就走到了它的尽头，这时消费者的需求也已逐渐走向消亡。作为企业，要在消费需求形成以前引导消费者，在流行为大多数人所接受时抓住市场商机，而在流行的衰退时期寻找新的消费需求，推出新的服装款式。惟有如此，服装企业才能在激烈的市场竞争中满足消费者需求，在时尚潮流中获得可持续发展。

思　考　题

1. 服装商品周期对不同产品、不同地区会有何不同。
2. 请分析流行色对服装流行产生的影响。
3. 试分析生命周期在流行传播中的具体体现。
4. 应用流行传播理论解释服装品牌形象代言人的作用。
5. 现代传播技术对服装流行主要影响有哪些？
6. 试分析服装电子商务 O2O 对服装企业的影响。

7 服装设计师与服装市场营销

导　读

服装设计师在企业营销活动中具有举足轻重的作用，需要具备各种知识结构，如消费者和市场信息收集与分析、流行预测、服装材料性能的掌握、色彩的灵活运用、廓体造型的变化规则、效果图绘制、样板制作、生产工艺流程、流通和预算知识等。通过一系列创作设计，结合营销活动，将符合消费者需求的服装商品推向市场。

服装设计师的主要工作是设计款式，但必须明确市场的需求，同时设计师也应参与样板、样衣的制作流程，以确保设计的款式成为时尚商品。为了使设计的理念最终转化为消费者能够接受的服装商品，设计师应融入到企业营销活动的全过程。

服装设计师在不同企业有不同的地位和作用。随着全球化和市场经济体制的逐步形成，设计对企业发展、品牌形象和服装成功销售至关重要，设计师的个性和风格是一种无形资产。成功的设计师懂得在整个营销活动中充分利用个人、企业或品牌的声誉，注重开发新的产品系列，抓住新的市场机会，实现商业经济利益。

为了创立我国走向国际的服装品牌，培养我国服装设计大师已成为服装业的一项重要工作。一方面设计师要提高设计技能，另一方面企业要逐步完善设计师培养体制和机制，依靠市场与企业实体推动服装设计师立足本土，走向世界。

20世纪80年代，我国市场经济开始发展，服装商品日益丰富。服装设计师在市场营销中发挥着重要作用。改革开放以来，随着海外服饰品牌的纷纷涌入以及国际著名服装设计师在国内推出一台又一台精彩纷呈的时装表演，消费者头脑中已树立起“设计师”形象概念。与此同时，国内服装设计师和设计师品牌在本土取得了长足的发展，国内外设计师品牌服装的有形或无形价值也越来越为公众所接受。

7.1 服装设计与设计师

服装设计的本质是创新，广义的服装设计包括季节主题、面料、色彩、款式、配套、样板、生产工艺、品牌、广告、渠道、店铺陈列、预算、订货展示、时装发布等；狭义的服装设计主要是结构造型、生产工艺和店铺陈列等。

作为优秀服装设计师应具备各种知识结构，如对市场信息的收集与分析、消费者需求的了解、流行预测、服装材料性能的掌握、色彩的灵活运用、廓体造型的变化规则、效果图绘制、样板制作、生产工艺安排、流通和预算知识等。

7.2 设计师与市场信息

服装设计的整个流程与市场紧密相关，市场是检验产品能否满足消费者需求的唯一标准。因此，服装设计师的设计活动要以市场为中心，随时收集各种各样的市场信息，然后把收集的信息进行综合分析及利用，并及时对设计活动做出相应的调整，从而为消费者提供所需的服装商品。

a. 设计师应积极捕捉来自权威机构的信息，如国际流行色、流行面料等机构发布的信息。只有掌握了这些信息，设计师才能通过自己的创意，将其恰当地应用于服装设计活动中，使自己的作品顺应市场潮流和消费者需求；同时应将设计师设计作品通过一定的途径传递给消费者，如时装发布会、时尚杂志、商品陈列等，使自己的设计创意被消费者接受，从而引领时尚潮流，实现服装的商品价值；

b. 设计师应收集服装生产和销售等环节反馈的信息。消费者作为产品的最终购买者和使用者，无疑是市场信息收集过程中的重要调查对象。应从消费者的需求目的为出发点，了解消费者的心理特征和生理要求等要素，及时对设计产品做出相应的调整。如古驰(Gucci)的几代掌门人通过在店铺直接销售、与顾客交朋友，以此了解他们的需求，他们非常重视消费者的感觉，哪怕是很小的细节都会认真改进。

近年来，国内服装设计师十分注重市场信息的收集，更用心、更细致地去观察市场、了解消费者的需求，以求在激烈的市场竞争中寻找有利商机。

“依文”设计师与顾客的互动

北京男装品牌“依文”开展了“设计师与消费者面对面”的活动，使设计师与消费者经常交流沟通，从而可以率先听到最真实的反馈信息，了解消费者的喜好。“依文”采取的活动方式有：一是定期的聚会，通常是在每一季的季初和季末举行；“依文”选择一直购买、偶尔购买、买过后不再购买等几种不同类型的顾客聚在一起，与设计师在轻松的氛围下交流；二是从公司顾客数据库中选取若干对象，由设计师在他们的生日或其他重大节日时，送礼拜访，进行一对一交流。这种无功利的、聊天式的、轻松的沟通，可以了解到消费者最真实的想法和需求。通过这些活动，设计师们可以更深入地了解消费者，并激发设计师们的创作灵感，从而不断提高产品的设计质量，以更好地满足消费者和市场需求。

7.3 设计师与流行

服装设计师在流行的传播、变革中承担重要角色，每个服装季节推出的成千上万款式，许多新款因为有独特魅力而成为流行。

关于设计师与流行有两种观点：

(1) 流行是由设计师创造的。的确，许多时尚由著名设计师推向市场。如Chanel1920年推出的boy装、Dior20世纪40年代推出的“新风貌”、Yves Saint Laurent推出的吸烟装等。

(2) 设计师是流行的确认者，而不是创造者。因为每一种流行虽然可以在发生之前通过相关模式进行预测，但正是设计师在消费者意识到之前就预感到他们需要什么，继而转化为具体的服装色彩、面料与款式，并将这种流行推向市场。

现代市场经济认为只有顾客才是真正的上帝，才是流行的最终决定者。尽管理论界有不同的论点，但只有消费者接受的款式才能成为流行。人们之所以称服装设计师是“流行的创造者”，是因为他们能成功地把人们的需求情感表达为具体的、符合时代特征的服饰商品，而且是消费者想要和能够接受的。

服装设计师必须准确掌握消费者和市场信息，根据流行周期分析，正确预测消费者在下一个季节需要什么。若设计师的设计风格和市场需求相背离，设计师的作品有可能会落败。一个典型的例子是裙长的流行变化。20世纪60年代初，西方女装裙长的不断缩短已持续十余年，许多设计师都意识到这一流行总有一天会被淘汰，但关键是什么时候达到流行周期的顶峰，什么时候开始衰退。当时，巴黎有一位服装设计师雅克海姆认为这种潮流持续太久了，长裙应该开始流行。为此，他将裙子的下摆加长到小腿的中部，许多企业和媒体也认同这一观点，并生产和传播这一流行款式。但是这次他们的预测错了，由于消费者对新款长裙无动于衷，裙子还在继续缩短，直到1970年才达到顶峰。可见，在现代社会中，服装设计师不能自认是时尚创造者，而只有正确地了解和反映消费者的需求，这时的流行才有可能被消费者接受并成为一种时尚。

服装设计师的每一季服装作品与其他设计师的作品往往看上去有明显的相同之处，这会使人产生误解，以为每一流行季节设计师们都会聚在一起，讨论未来季节的服装流行趋势。实际上，服装业是最具竞争性的行业之一，每家企业都对它的新产品严守秘密。之所以出现这种现象，原因是设计师们在相同时代精神和社会环境中，接触相同的人们、看到相同的事物、阅读相同的服装刊物、接受相同的流行信息、从相同的面料中进行选择设计等，由此不可避免地导致某些服装款式的雷同(其中不乏模仿和抄袭者)。

21世纪的服装设计师应以流行确认者的姿态，依据消费者需求，推动时尚业创新与发展。

7.4 设计师的分类与品牌

服装设计师大体可分为两类：

① 独立设计师——如皮尔·卡丹(Pierre Cardin)、瓦伦蒂诺(Valentino)、伊夫·圣·洛朗(Yves Saint Laurent)、三宅一生(Issey Miyake)、高田贤三(Kenzo Takada)、君岛一郎等，他们拥有自己的独立公司，设计师兼总经理，往往以设计师的姓氏为品牌名，多见于高档品牌服装，这类品牌通常被称为设计师品牌；

② 职业设计师——这一类设计师隶属服装品牌企业，作为公司职能部门一员，他们设计的服装，供所属企业品牌采用，如雅戈尔、Levi's、贝纳通(Benetton)等旗下都拥有一支十分强大的设计师队伍。这类设计师无论在国际还是在国内最为普遍，以设计成衣化服装商品为主旋律。

两种类型的设计师各具特色：

a. 独立设计师凭借个人的知名度推进整个企业的营销活动，产品系列往往跨越服装而涵盖其他领域，如法国的夏奈尔(Chanel)，以她名字命名的商品涵盖服装、饰品、香水等多个产品系列。此时设计师的名字已不仅是一种名称，而是整个企业的象征。设计师品牌可以授权特许经营。因此作为消费者购买到一件并非皮尔·卡丹设计的皮尔·卡丹牌衬衣不足为奇；

b. 职业设计师作为企业的职能部门成员，可以凭借企业组织系统的明确分工和协作，进行服装产品开发、设计，通过企业的规模经营和有序管理获得成功。但设计师的设计风格、对目标市场的选择及整个产品的开发过程，将受制于所服务的企业，自由发挥有限。

7.5 设计师与服装企业

服装设计师在企业中有不同的地位和作用。随着全球化和市场经济体制的逐步形成，服装企业管理者已经认识到：设计对企业发展、品牌形象和服装成功销售至关重要，设计师的个性和风格是一种无形资产。

(1) 设计师在企业中的地位

企业是设计师生存的根基、施展才华的舞台。高级女装、高级成衣、时装、大众成衣以及来料来样加工等企业的服装设计师承担着不同的职责和角色。

① 高级女装企业——首席设计师有一言九鼎的地位。高级女装是艺术和技术的结晶，是时尚的旗帜，它带给世人美的享受，是时装艺术的顶峰。首席设计师的才华、创造力给品牌源源不断地注入活力，是企业当之无愧的主宰和灵魂。

② 高级成衣企业——对生产名牌产品的衬衫、西服企业而言，设计师的工作受市场影响较大。以美国大型百货连锁店 JC Penney 为例，企业采购中心每季需购入上千万美元的男衬衫：首先由公司市场信息部门提出指导性计划，告诉采购部门明年某季度的衬衫需要多少件方领或尖角领、用什么面料、颜色和规格分几种、价格多少为宜等；采购部门经过讨论把该项计划交给若干家生产商(供应商)；生产商指派自己的设计师按要求绘出候选效果图，通过

INTERNET 闭路视频网让 JC Penney 2000 家连锁分店的销售人员提出修改意见；最后再由 JC Penney 采购部门正式向生产商订货。这种情景下，企业的设计师主要工作是按照客户对服装的要求，再依据自己对市场的领悟设计服装款式，最终达到客户满意的目的。

③ 时装企业——设计师能获得比较大的创作自由空间。他们中的一部分人充当原创设计师的角色，通过艺术创作和技术开发，获得原创款式，带给市场新鲜的服饰景观；另一部分人充当专业款式结构设计师，依靠对市场的敏感分析和训练有素的高品位眼光，将已有服装的不同部件和结构细节，根据品牌理念、季节主题和流行，设计组合成有新意的款式。时装企业中的设计师需要研究市场、流行以及目标顾客，使个人的眼光与目标顾客视野一致，同时，应具备一定的超前性。发挥设计师的创作才能，是企业不断发展，创造利润的重要源泉。

④ 大众成衣企业——或许不存在真正意义上的设计师。这里说的大众成衣是指产品批量大、价格较低、款式变化不大的日常服装。设计师在这类企业中的地位和角色不易显露，有时会出现大材小用的局面。

⑤ 来料来样加工企业——通常没有服装设计师。因为按照产业分工，产品设计、销售由采购方负责，服装企业只是加工地而已。但随着国内服装加工型企业技术、工艺、管理水平的提高以及对客户的深入了解，这些企业经营方式正由 OEM（Original Equipment Manufacture，定牌加工或来料来样加工）向 ODM（Original Design Manufacturer，原设计制造）方向发展，甚至走向 OBM（Original Brand Manufacturer，原品牌制造）。服装设计师融入这一历程将大有作为。

综上所述，高级女装设计师是企业的领袖，具有崇高的威望，创造的服饰商品甚至能影响人们的生活观念；时装原创设计师和款式设计师是企业的骨干力量和企业兴旺发达的原动力；而大众成衣和来料来样加工企业，随着企业经营方式的转型，服装设计师将越来越多地发挥自己的专业才能。

(2) 设计师与企业家的关系

改革开放后，我国服装设计师走过了一条与国外服装设计师同样的发展道路和轨迹。20 世纪 80 年代末，国内经济开始活跃，消费者有时尚需求，但当时商品仍然短缺，许多刚刚起步的服装设计师作品进入市场后，非常受欢迎，媒体也广为报道；20 世纪 90 年代前半期，服装设计师开始创办自己的企业，成功者不在少数；到了 20 世纪 90 年代后半期，随着我国经济快速发展，服装企业遍地开花，各种服装琳琅满目，消费者选择余地拓宽，商品由短缺转变为过剩（但并不是有效需求过剩），卖方市场逐渐转为买方市场，服装市场开始出现竞争，价格回落。一些设计师服装品牌企业因不善经营管理，步履维艰。同时，以制造商为主的国内服装品牌企业开始迅速成长，出现了著名服装设计师加盟服装企业的浪潮。但由于设计师和企业家的期望和磨合存在先天不足，能坚持下来，有所成就的十分稀少，唯一的成果可能是著名服装设计师为企业带来的广告效应。

因此，为了促进服装企业创出知名品牌，需要正确处理设计师和企业家之间的关系，这也是我国服装业需要解决的关键问题之一。

a. 作为企业家，首先要认识设计师在企业中的地位和作用。在当前我国服装业买方市场已全面形成的条件下，如果说企业是一条龙，企业家是龙头，合理的经济规模、完善的销售网络、充足的资金是龙身、龙尾、龙爪的话，设计师应该成为服装企业的龙眼。因为服装产品的特殊性在于通过设计师个人智慧的融入，才能成为独具风格和品味的点睛之作。设计师能给服装产品以生命和活力，也能够给企业带来声誉和效益；其次，企业家在聘用设计师时，既要有爱才之心，又要有用才之道。如果企业用高薪聘请服装设计师，以此当作金字招牌，而在服装运营中不能充分发挥设计师的创造才能，则这种合作不能长久维持。如果企业家希望设计师能长期与企业合作，应给予设计师适度的成长空间，充裕的磨合期，让设计师和企业一起成长壮大。此外，企业家应对设计师为企业做出的贡献进行正确的评估，既要看眼前效益，更应考虑长远利益。惟有如此，设计师才可能与企业家之间实现长期愉快的合作。

b. 对服装设计师而言，要真正建立起与企业或企业家的和谐关系，首先要明确自己的真正价值体现在市场上，赢得市场消费者的认可才能真正实现自身的价值。设计师作品的时装秀具有创意才华和天分，而作为企业经营手段，只有把时装秀的流行因素转变成品牌理念鲜明、主题风格独特、在市场上受到消费者喜欢的服装商品，为企业创造出效益才能体现设计的价值。简而言之，服装设计师真正的实力在于把握市场的能力，在于将创意转化为市场可接受的服装商品。设计师要善于把自己的创造性思维和企业的设计开发需求结合在一起，将市场的需求放在第一位，因为市场成功率是检验设计师的重要指标。正确定位后，服装设计师与企业家之间才能真正建立起和谐、理想的共存共赢关系。

(3) 服装设计师的用武之地——中小服装企业

中小企业和大企业的概念是相对的，国际上一般用销售额、资金和员工人数三个指标进行划分。服装业与其他产业不同，它是由众多中小规模的服装企业聚集而成的产业，而且服装企业并非规模越大，经济效益越好。美国 20 世纪 90 年代生产服装的工厂约有 2.4 万家，规模较大的只有 2 000 余家；意大利被称为服装中小企业王国，中小企业的比例高达 99%；日本服装企业的规模见表 7-1，绝大多数是中小企业；同样，我国服装业也以中小企业为主体。

表 7-1 日本服装企业规模

行业从业人数	企业数	从业人总数	销售额(亿日元)
1～3	22 172	47 879	2 310
4～9	15 820	95 856	6 706
10～19	6 040	83 645	6 989
20～29	3 010	73 347	6 090
30～49	1 751	67 685	5 703
50～99	1 051	101 486	9 223
100～199	493	66 352	7 052
200～299	71	17 100	2 644
300～499	26	9 650	1 383
500～999	6	3 712	762
合 计	50 890	566 739	48 835

资料来源：纺织手册. 日本化学纤维协会. 2002

中小企业是服装设计师成长的沃土，原因是：

① 中小企业的存在与当今服装市场多品种、小批量、短交货期的发展方向相适应。市场要求企业新产品层出不穷，需要设计众多新颖的服装款式，设计师可以充分发挥自己的创造力；

② 企业规模小，层次分明、内部关系简捷，易于形成高效率的经营管理体制。在高效、轻松的工作环境中，有利于设计师创作设计、发挥个人的创意潜能；

③ 企业越大，分工越细，设计、销售等界限越明确，故设计师难于眼观六路、耳听八方，难于参加经营决策。而企业规模小，设计师一专多能，接触环节多，对提高设计师的独立工作能力、市场判断能力、协作能力和决策能力大有裨益。

服装设计师经过企业工作的磨砺，为将来的发展和进一步成功奠定了基础。如著名的美国服装设计师 Liz Claiborne，在她成名之前，默默无闻地为 Jonathan Lagan 服装公司做了长达 16 年之久的设计工作，这为她日后创立自己公司积累了丰富经验。1976 年，Liz Claiborne 组建了自己的设计师品牌公司，经过多年发展，Liz Claiborne 已成为著名国际服装品牌及跨国企业集团。

案例

国内女装品牌企业发展之路——之禾卡纷集团

之禾卡纷集团前身是上海之禾时尚实业（集团）有限公司（最初名为上海迪嘉服饰有限公司）。集团旗下的“ICICLE 之禾”创立于 1997 年，目前是国内知名的高品质时装品牌。品牌创立至今，坚持以“舒适、环保、通勤”为核心理念，致力于为年轻的中产阶级提供高质量易打理的纯天然通勤装。集团在 2018 年收购法国品牌卡纷（CARVEN），于 2020 年进行结构重组，成立了之禾卡纷集团。集团目前采用双中心运营模式，总部职能在巴黎办公室和上海办公室均有映射，为两地发展提供支持。主要业务板块包含中国品牌 ICICLE 之禾，法国品牌 CARVEN 卡纷，时装制造中心以及物流中心。

① 中国品牌 ICICLE 之禾

ICICLE 之禾倡导舒适而自然的购物体验，线下实体店全部采用专卖店的形式，以直营或代理模式运营，并通过建立北京、成都、深圳、广州分公司，对店铺进行属地化管理。至 2021 年，全国共有 270 余家店铺，其中包含综合性旗舰店、女装店和男装店。

2018 年，ICICLE 之禾正式启动了国际拓展业务。2018 年和 2022 年分别在法国巴黎的乔治五世大街和福宝大道开设两家旗舰店，带来兼具东方基因与现代精神的全新购物体验。2021 年，随着日本首店大阪阪急百货店和东京新宿伊势丹店的相继开业，ICICLE 之禾的国际化进程又得到进一步的发展。

② 法国品牌 CARVEN 卡纷

CARVEN 卡纷是由卡纷夫人 1945 年在法国巴黎创立的高级时装品牌，2018 年被之禾集团收购。2021 年 9 月，卡纷店铺回归品牌发源地，在巴黎香榭丽舍大街圆点广场 6 号开设了全球旗舰店，也是卡纷夫人于 1945 年创立品牌时的原址，以此续写卡纷新的篇章。

目前卡纷在中国已进驻北京、上海、深圳、成都和重庆等重要城市的高端购物商圈并开设直营店，至 2022 年，店铺数量达 20 余家。

③ 时装制造中心以及物流中心

近年来，集团着力建设 10 万平方米的上海松江时尚产业园和 5 万平方米的江苏海门时尚产业园，成立双制造中心，旨在传承中国 30 年高端制造经验，从“敬天、惜物、爱人”三个维度，推动可持续发展建设。

7.6 设计师的工作内容

设计、制造、零售是服装企业的三大组成部分，相互联系、相互依赖、缺一不可。没有设计，就没有东西可生产；没有销售，生产将变得毫无意义；同样，若订单不能及时完成，不能及时交货，零售也将难以继续。作为服装企业的设计师，通常在一个营销季节开始半年前推出系列新款，不仅要富有创意，还必须考虑品牌的价格定位、负责面辅料的选择、兼顾生产技术的可行性、成本核算、企业形象等。为了使设计的理念最终转化为消费者能接受的服装商品，设计师应参与企业的整个营销活动。成功的设计师要善于逾越自我，充分发挥创意才能，设计出畅销的服装商品。

设计师的主要工作之一是设计服装款式。为此，必须清楚地认识到市场需要什么，如何适应潮流，选择合适的面料、色彩和造型。同时设计师也必须参与样板、样衣的制作，以确保作品成为有经济价值的时尚商品。正如英国设计师 Jasper Conran 所说："推出一个服装系列并不仅仅意味着坐下来画 60 张效果图。设计师必须完美地使市场与艺术结合，若创意仅仅停留在纸上或脑海中，那么无论这个系列多么不可思议，你都将不可避免地破产。"可见一个成功的设计师不仅要创造美，也要懂得把美销售给目标消费者。图 7-1 所示为设计师的工作内容框图。

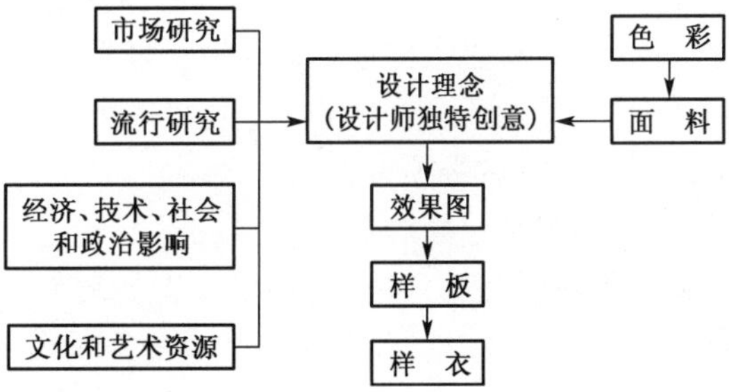

图 7-1　设计师的工作架构

（1）设计师的工作步骤

① 初始阶段

市场、消费者及企业现状调查、评价；

流行趋势及面料、辅料信息收集与分析。

② 季节主题

主题理念定位；

依据季节主题决定织物品种、规格（按质量分级）和色彩。

例如：秋季——天鹅绒、羊毛、深色系；春季——麻、棉、浅色系。

③ 面料采购

评价季节面料的特性；

联系订货。

④ 设计阶段

确定具体色彩、面料与造型；

色彩、织物重量以及质地的协调；

悬垂性等材料特性;

款式结构设计。

⑤ 销售

参与制定各种营销策略,将服装商品推向市场,满足消费者需求。

(2) 设计要素

服装设计师通过改变设计要素,如:形、色、料、细节以及要素之间的关系形成不同新款。如改变裙子的长度最终会影响整套女装的黄金分割,而男西装串口位置的高低变化将导致其他部件结构的位移。

服装设计师必须将色彩、面料、线条和轮廓等诸多因素完美地结合才能有一个好的设计作品上市。

① 色彩

色彩给人强有力的第一视觉冲击,是影响消费者选择或是放弃一件服装的重要因素。因此,设计师必须了解消费者的色彩感受,使推出的服装既具吸引力又令人赏心悦目。

② 面料

面料是设计师传达理念的媒介,而面料材质本身又往往引发设计的灵感。成功的设计师往往根据面料进行设计创意,如著名服装设计师 Christian Dior 曾说过"我的许多作品是面料本身创造的";而有些设计师则是先进行创意构思,然后再去寻找或委托加工采购相应的面料。但不管设计师采取何种方式,服装面料必须与创意设计完美匹配。

③ 线条与轮廓

线条与轮廓是设计师选定面料之后必须考虑的两大要素。

线条创造出的不同形状,可将服装分割成形态各异的部件构造。打裥、抽褶、开叉等细节形成服装立体或局部造型。为了使服装具有美感,必须妥善处理好直线与弧线的关系。不同线条包含不同的感情色彩:垂直线条意味着坚固、水平线条象征平静安宁、弧线显得优雅、斜线暗示着强有力的运动、而锯齿线则使人兴奋。优秀设计师懂得如何运用不同的线条表达自己的设计理念。

设计师必须遵循一定的设计规则。有经验的服装设计师懂得用比例、平衡、重复和点缀分析设计作品,并使整体和谐美满。

(3) 制作样衣

检验设计款式是否成功的方法是制作样衣,依此客观地分析所有设计要素结合在一起是否能创造一种持久、和谐的视觉美感和着装效果。

通常,服装效果图只能显示二维平面效果,所以必须通过制作样衣才能真正明确设计作品的立体视觉效果是否符合服装设计师的原创设计理念。

(4) 设计师的工作进度安排

a. 服装设计日程计划的确定;

b. 销售季节规划;

c. 尺寸规格选定;

d. 设计款式编号;

e. 主题和风格简洁描述;

f. 服装效果图;

g. 色彩组合；

h. 面料设计或选择；

i. 面辅料说明：包括种类、来源、门幅宽度、单价等；

j. 排料图或布料利用率；

k. 饰品信息：纽扣、拉链、花边、松紧带等的种类、产地、规格和价格；

l. 工时及成本。

(5) 关于T形舞台

对于设计师而言，推销个人的最好方法是时装发布会，虽然T形舞台不是展示陈列室，但是借助于T形舞台却能很好地达到宣传和促销目的。

T形舞台的时装表演戏剧性效果对于赢得新闻媒介的评论与关注至关重要：而服装样品展示厅却是需要冷静商业头脑的场所，"选择性"、"适合性"和"灵活性"是商人们对服装评价的关键词。因此，服装设计师需要采用不同的策略应对T形舞台和样衣展示厅，在取得服装营销成功的同时，展现自己的才华和魅力。

· T形舞台必须充满震撼人心的冲击力，不能让观众有丝毫枯燥的感觉；

· T形舞台上服装表演获得成功，是对服装商业的最好促销；

· 世界上如果没有T形舞台让设计师展示服装创作灵感，他们将不得不去卖力地推销自己的作品。

在筹划T形舞台展示服装时，有两种不同的风格：一种是T形舞台展示服装很少考虑销售问题，呈现给观众的是极端风格的服饰，而在样衣展示厅却是面向消费市场、冷静得多的实用服装，如美国设计师Todd Oldham的服装；另一种是T形舞台上展示的服装即市场出售的服装，如美国设计师Donna Karan、意大利设计师Giorge Armani、英国设计师Rifat Ozbek等，他们在T形舞台上展示的服装与样衣展示厅或商店里的服装基本一致或仅仅做一些细微的改动。

7.7 设计师的营销活动

(1) 独创性

服装设计师要取得成功，必须具备扎实的业务基础及独创的设计眼光。尤其在当今千变万化的服装市场中，具有独创性的设计才能吸引顾客、赢得市场。所谓"独创性"，有人理解为"前无古人，后无来者"。听起来悬乎，其实服装设计上的独创性是指在某一时间阶段，能被目标消费群接受、有别于同类产品、富有时代感的原创设计理念。从组成设计的因素上来看，色彩、造型未必前所未有，或者使用的材料也并非都是新问世的高科技面料。但是，优秀的服装设计师会把人们普遍使用的设计要素以自己的创意手法巧妙组合，产生焕然一新的感觉，并且这种感觉是当时的同类产品所不具备的。

(2) 媒介宣传与时装发布会

服装设计师取得成功不仅要有主观努力、自身才能作为"发芽成材"的保证，而且还需要有客观环境作为合适的"土壤气候"条件。如服装设计师需要利用媒体来推销自己，有了出色的设计能力而不进行宣传，等于将金子藏在柴垛中。召开时装发布会是设计师推销自己的手段之一，不少世界顶尖服装设计师的成功，往往始于个人作品展示会和发布会。例如1958年22

岁的 YSL 入主 Dior 公司担任设计师后，首次发布展示的“梯形”系列时装作品，引起巴黎时装界的强烈反响，从此他的名字开始与成功紧密相联；1967 年，意大利的 Valention Garavani，在他 35 岁之际推出了“白色”系列女装才迎来显赫声誉，等等。风格独特的个人作品展示会和发布会对于设计师的成功和成名是不可缺少的。

（3）商业化服装

设计师除了需要对流行时尚理念精确把握外，更需要对服装消费市场的深刻了解。服装作为商品，只有通过市场经营才能实现商业价值。一些设计师参与市场经营的成功案例值得借鉴。如前述的著名美国服装设计师 Liz Claiborne，由于她设计的服装款式受到商家及顾客的欢迎，因而在创业当年就达到了 200 万美元的销售额，十几年以后她的公司服装产品成为唯一一家在一年内销售额超过五亿美元的设计师品牌公司，她本人也名副其实地成为美国最具影响和最富有的服装设计师之一。

（4）多品牌和特许经营策略

随着服装市场竞争的日益激烈，许多成功的服装设计师意识到以单一品牌参与市场竞争，势单力薄，难以扩大目标市场和占领较大的市场份额，同时也局限了企业及品牌资源的发展空间。为此，设计师可充分利用企业和品牌的声誉及无形资产，进行服装品牌延伸，形成新的品牌线或产品线。

20 世纪 70 年代后期，一些在女装领域颇具知名度的设计师开始涉足男装设计领域。如：Calvin Klein、Bill Blass、Pierre Cardin、Christian Dior 及 Yves Saint Laurent 是最早将他们的品牌名特许用于男装的设计师。其他如 Perry Ellis、Oleg Cassini 和 Giorgio Armani 在 20 世纪 80 年代亦成为男装领域的代表人物，他们中的许多人通过与众多公司签订不同服装产品系列的特许经营(或授权品牌)而获得成功。如 Pierre Cardin 将自己的授权品牌用于上衣、裤子、外套、衬衫、运动装、领结等，并于 1978 年在中国成功举行了时装发布会，使 Pierre Cardin 成为中国消费者最早认识的国外知名品牌和服装设计师。

Liz Claiborne 于 1985 年推出 Claiborne 男装部，但是不采用授权品牌经营方式，而是采用直营模式，自己设计、销售并获得设计师品牌拓展成功的一例。

（5）服装与饰品

许多设计师将自己的姓名或品牌特许用于男装生产，出发点主要是为了以较小的风险获取较大利益。当 20 世纪 70 年代整体“形象”对时装很重要而消费者开始注重整体配套时，为了达到精心设计的休闲或典雅风格，饰品(领带、皮带、手包等)对服装来讲变得如此重要，以致许多服装设计师转向经营特许饰品，这种趋势几乎导致所有的美国和欧洲知名服装设计师将姓名或品牌用于饰品领域。

饰品领域的知名设计师也几乎都在服装领域取得成功，然后转向许可个人品牌给饰品制造商。如：杰出的设计师 Vera Wang，许多年前从事工艺品设计；Elsa Peretti，曾为 Tiffany 公司设计珠宝；而 Kenneth Jay Lane，也是从珠宝行业起步的。

值得一提的是 Liz Claiborne 公司，在 1986 年曾将授权品牌转让给 Rayser Roth 经营系列饰品，但后来中止了这项协议，并且在公司设立了一个新的部门——Liz Claiborne 饰品部。这么做的原因是因为服装与饰品存在密切联系，公司决定这样做是为了使两者的关系更密切。

由以上案例可知，成功的设计师懂得在整个营销活动中充分利用个人、企业或品牌的声誉，注重开发新的产品及系列，抓住新的市场机会，实现商业经济利益。

7.8 中国服装设计师走向世界

过去，计划经济年代不可能产生、也不需要设计师。进入20世纪80年代，随着国内服装产业的发展，一批有潜力的年轻设计师开始崭露头角；20世纪80年代中期，我国服装设计师主要通过举办个人时装作品发布会扩大个人影响和增加知名度；20世纪90年代初期，设计师开始自己创办企业，创立个人品牌，进行产品和品牌经营活动，但随着业务和经营规模的不断扩大，由于缺乏资金或管理经验，设计师品牌企业经营困难重重；20世纪90年代中后期，设计师开始加盟服装企业，担任企业总设计师或形象代言人。这一历程说明了我国服装设计师为提高我国服装水平和繁荣服装市场发挥了重大作用。近年来，我国服装设计师也有若干与市场结合成功的例子，如张肇达、吴海燕等。但总的来讲，我国服装设计师品牌商品在市场上份额有限，服装设计师与市场还有距离。

纵观我国服装界，虽然也有一些知名的设计师，每年也能在世界性设计大赛中捧得若干奖杯，但到目前为止还没有真正意义上的世界级服装设计大师出现。

造成这种状况的主要原因是：

① 我国设计师培养机制尚不完善。为此，可以借鉴国外的一些经验，如日本和我国都属于东方文化，日本从20世纪70年代开始有一批设计师走出国门，来到巴黎学习和工作，熟悉和了解高级女装、高级成衣的设计和运作规则。然后，他们将个人风格、东方文化和欧美的时装运营体系相结合，在国际时装界别开生面，涌现了以三宅一生、高田贤三、山本耀司等为代表的国际级服装设计大师。

② 国内设计师缺乏有效的营销活动。国际上的知名设计师，不论是自己拥有公司的，或是加盟于某个大公司的，背后都有强大的经济实体为其进行有效的营销活动。通常，国际上著名设计师召开的时装发布会与订货会同时进行，也就是说与企业的营销活动紧密结合在一起。而国内服装设计师缺乏的恰恰是营销实绩，一些设计师举行的时装发布会仅仅是发布会而已，以至于设计师苦心设计的服装只能用于舞台表演，却不能创造实际经济效益。服装表演虽能够创造美的视觉感受，但服装毕竟不是艺术品，而是商品，只有把艺术和市场成功地结合在一起，服装设计才有长久生存的意义。

成功的设计师必须经常接触世界舞台，加深对世界服装市场的了解，进行多渠道的文化、设计和信息交流。21世纪初，跨出国门已非难事，我国服装设计师开始在巴黎、米兰、纽约等国际时装中心“上市”。服装没有国界，它是一种国际语言，只有在巴黎、米兰、纽约等国际时装中心获得成功，才能建立起国际服装品牌世界。

总的来说，培养我国服装设计大师，一方面要提高设计师自身素质，另一方面要逐步完善设计师培养体制和机制，依靠市场与企业实体推动服装设计师立足本土，走向世界。

案例

中国设计师品牌的崛起

中国设计师品牌的发展分两个阶段，第一个阶段的品牌创立于上世纪九十年代末和二十一世纪初，这个阶段国内的商业百货体系正在建立中，这批品牌通过商业百货体系建立起全国销售网络成为有一定规模的品牌，代表性品牌有广州的例外、杭州的江南布衣、上海的素然。

其中例外创立于1996年，由毛继鸿和前妻马可在广州创立，被认为是中国创立最早和存在时间最长的设计师品牌，此后还创立了更艺术化的设计师品牌无用，并在巴黎高定周发布，以及由贾樟柯拍摄了纪录片《无用》参加威尼斯电影节。

江南布衣由吴健与李琳夫妇于1997年在杭州创立，经过二十年发展，2016年末在中国香港上市，在招股说明书中，JNBY这么写到：

“我们是一家位于中国的领先设计师品牌时尚集团。根据CIC的资料，于二零一五年，以零售总额计，我们在中国设计师品牌时装行业占有9.6%的市场份额，排名第一，并在中国服装行业占有0.2%的市场份额。中国的设计师品牌时装行业是于服装行业中增长迅速的细分市场，主要是由于消费者对时装的品味越来越成熟及在服装方面日益渴望追求更大的个性及独特性。”

根据JNBY的年报，品牌的发展增长也基本跟预测一致，即由2017财年的23亿元增长至2021财年的41亿元，几近翻倍，由此我们可以看到中国设计师品牌市场的巨大前景。

另外一个代表性品牌是ZUCZUG（素然），由王一扬于2002年在上海创立。经过多年的发展，ZUCZUG（素然）的品牌定位也由早先的个人设计师品牌逐渐转型为更多元化的本土设计品牌。

这个阶段的设计师品牌创始人基本出生于1960年代末和1970年代初，品牌带有较强的个人风格，但是都没有用自己的名字来命名。

第二阶段中国设计师品牌的一大特点是有更多品牌名以设计师名字来命名，时间上基本在2010年以后，创始人一般是70末和80后90后，以80后为主。在那个时间段国外的品牌大量进入中国市场，特别是奢侈品牌和快时尚品牌，另一方面百货店开始走下坡路，购物中心和网购开始兴起，而买手店在全国各地也逐渐出现。此外，从2014年开始，上海时装周以及showroom逐渐成形，比如Mode、Ontime、DADASHOW等，其商贸环节帮助设计师品牌与买手店连接，形成一个面向个性消费的服装细分市场。到2020年以后，设计师品牌和买手店概念已经开始在国内一二线城市的消费者领域普及，并快速向三四线城市渗透。

因此，设计师品牌根据自身的资源状况一般采取如下发展路径，设计出一个系列后通过参加展会或签约showroom开始面向买手店市场销售，如果得到买手的积极反馈一般能获得十几家店铺的订单，经过几季发展后客户数能累积到每一季五十家左右客户，有了一定的生意体量。然后在推广上通过上海时装周的几个发布平台进行宣传，比如新天地秀场和Labelhood等，进一步提升品牌知名度，同时打磨品牌风格，当时也有到国外四大时装周进行发布的，不过随着新冠疫情的影响，国内发布更方便一些。时机成熟后，有些设计师品牌会开设线下自营专卖店或旗舰店，此外也会建立自己的网购渠道。接下来的发展路径，有的设计师品牌会逐渐向商业品牌过渡，扩大产品系列，着手发展加盟代理商，当然这对于设计师最大的挑战是公司的管理如何跟上，团队如何建立，对资金的要求也会较高。

由于买手市场的不断扩大，也有原先运作商业品牌的公司入局，由于公司实力较强，同时走加盟代理和买手市场，取得了不错的成效。当然在这里我们也要看到创始人对产品的把握能力是成功的关键因素之一，比如有个品牌在产品推向市场前进行了一年的产品开发，设立了完整的开发团队，在产品自认为满意后才推向市场。在推向市场后也不断进行调整和优化，其过程是动态的，不断完善。品牌从2018年开始推出，在2020年后以内循环为主的市场环境下得到进一步发展，截止2022年全国零售店铺超过200家，合作买手店超过300家。而就是如此规模，品牌尚未举办一场面向大众的时装秀，这颇值得设计师品牌从业者深思。

据了解，现在有越来越多商业品牌包括资本开始关注设计师品牌市场，自创品牌，投资入股等方式都有。据预测，未来十年将有中国设计师品牌能产生世界级影响力，我们认为这类品牌一定是既能深耕国内市场，同时其产品也能符合国外消费者喜好。历史可以借鉴，但一定需要大胆创新，走出一条适合中国设计师品牌发展的道路。

思考题

1. 服装设计包括哪些内容？
2. 试述服装设计与市场信息的关系。
3. 试分析服装设计师与流行的关系。
4. 服装设计师在不同企业中的地位有何不同？
5. 如何建立设计师与企业间的和谐关系？
6. 服装设计师的主要工作步骤。

8 服装市场调研与预测

导　读

市场调研(market research)与预测(forecasting)是运用科学方法,对影响市场供求变化的诸因素进行系统的收集、分析和研究,为企业预测市场发展趋势,掌握供求变化规律以及确定市场营销决策提供可靠依据。

服装业是经济活动中最活跃、与生活最贴切的行业。服装三大构成要素——款式、面料、色彩具有明显的流行周期。21世纪的消费者已不再满足于单调、统一的服装,而是追求个性化,自我表现意识强烈。因此,信息的收集和处理、市场和流行的预测对服装企业极其重要。

服装企业既要了解国内外目标市场的宏观、微观环境,还要掌握国内外服装市场的专门信息。服装企业市场调研重点是了解目标市场的营销环境。调研的基本内容包括国内外政治、经济、文化等背景信息,服装的供给与需求、目标市场服装需求预测、价格信息、渠道信息、贸易规则和促销手段等。

市场调研是服装企业制定市场细分、确定目标市场、制定商品计划、生产、促销等市场经营战略的基础。市场调研的内容包括市场特性不可控营销因素调查、市场结构不可控因素调查和市场可控因素调查。

市场预测是在市场调查研究基础之上的科学分析结果,对每一个服装商业组织和重要的经营管理决策而言,至关重要。企业经营者依靠销售预测开发新产品、补充货品或利用需求预测进行作业计划编制、库存管理、配送等决策活动。

服装市场预测的主要内容包括:展望市场发展趋势,制定营销策略;分析市场信息,进行商品策划(服装价格、商品组合、销售方式、分销数量等);目标利润预测,风险利润比较;流行主题预测;为生产计划提供不同品种、规格及数量的预测数据等。

8.1 市场调研与预测的重要性

(1) 市场营销中信息的作用

美国学者马里恩·哈珀认为:"要管理好一个企业,必须管理它的未来,而管理未来就是管理信息。"在当今竞争激烈的市场经济条件下,信息的收集与处理更显得举足轻重。建立一个完善的市场营销信息系统,及时收集全面、可靠的信息,并进行定性、定量解析,可以为营销决策者提供良好的市场预测、实施和控制的可靠数据。

在企业管理的漫长历史中,管理部门总是把它的大部分注意力集中在管理财务、材料、机器和人员上,而对企业的第五个重要资源——信息,却重视不够。而当今社会有三种发展趋势,使得营销信息的需要比过去任何时候都更为强烈:

a. 企业从过去地区性的市场发展到全国性甚至全球性的市场,需要更广泛、及时地传递和反馈市场信息;

b. 由于消费者收入增加,商品需求趋于高层次和多元化。预测消费者对商品的不同材料、款式、色彩和其他属性的反应变得复杂。为此必须建立规范的市场调研系统,深入、具体地了解消费需求的发展变化趋势。

c. 市场竞争从价格竞争发展到非价格竞争,企业必须加强运用品牌、产品差别化、广告、促销等竞争工具。此外,密切注意竞争者的营销策略组合等都需要收集和处理大量的信息。

服装企业建立与市场需求相适应、能正确收集和处理信息的研究开发部门已是当务之急,而了解市场需求和信息最有效的方法就是市场调研。通过对市场的调查研究,掌握市场需求信息和动态,才能探求企业生存和发展的立足点。

(2) 服装业的特殊性

服装业是经济生活中最活跃的行业,也是和生活最贴切、常盛不衰的行业。同时,服装作为社会文化发展的反映,是人们思想和期望的载体,受到社会、经济、心理等各方面因素的影响。服装的三大构成要素:款式、面料、色彩具有明显的流行周期。因此,信息的收集和处理、市场和流行的预测对服装企业的生产、销售以及整个服装市场的发展具有重要意义。服装企业必须及时地洞察消费者的需求与变化、掌握市场信息、了解市场的动态与流行变化,由此才能生产和销售合乎潮流的服装商品,满足消费者的需求。

(3) 营销信息系统

图 8-1 所示为营销信息系统(Marketing Information System,简称 MIS)的决策过程。

如图所示,由左向右表示营销部门必须注意观察营销环境的相关内容,通过营销环境及营销信息系统的整理和分析,得出评价结论流向营销部门,以帮助管理者对市场进行分析、计划、执行和控制;然后,他们的营销决策和信息又传递到市场。由于服装营销环境涉及的因素很多,服装企业要对消费者、竞争者、批发商、零售商以及企业本身的销售和成本数据进行考察、分析和研究,充分了解诸如市场需求量、款式、面料、辅料、配套、色彩、尺寸、时间、市场未来、市场稳定等,达到知己知彼,才能百战不殆。图 8-2 所示为服装流通过程中的信息传递和反馈示意图,市场营销者只有在了解服装流行趋势、洞悉市场变化和需求的基础上,才能创造出满足消费者需求的新产品,并制定合适的营销举措。

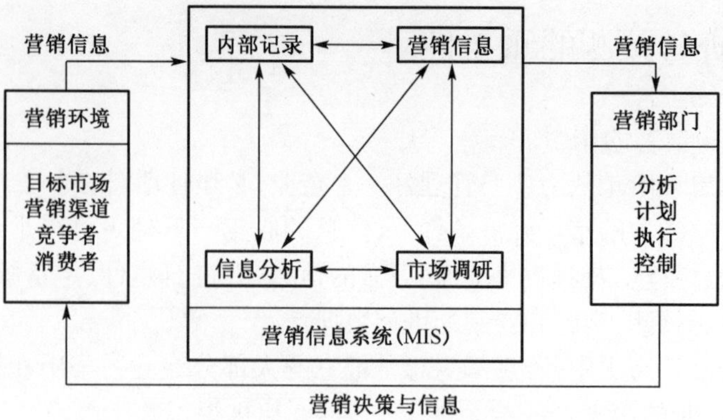

图 8-1　营销信息系统(MIS)

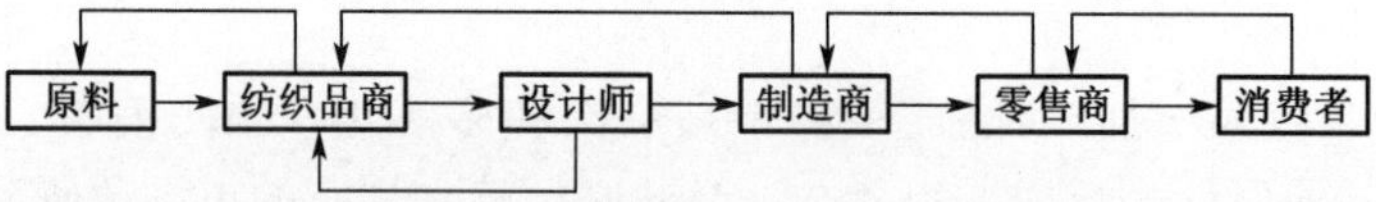

图 8-2　服装流通过程中的信息传递与反馈

目前,我国一些外销服装企业以国外订单进行来料来样加工为主,当遇到外销竞争激烈而转向内销市场时,由于未能进行有效的市场开发,不了解市场运营规则,缺乏市场调研与预测能力,没有市场开拓和长远发展的规划,若仓促进入国内市场将步履维艰。

市场的激烈竞争要求企业及时了解和反馈消费者信息。服装最终要由市场和消费者确认其价值,服装的流行不再由设计师、制造商或零售商引导,而由消费者决定。消费者不愿意接受的服装,哪怕设计的款式再新颖、质量再优良也不能称之为成功的服装。随着生活水平的提高,价值观念的改变,人们不再仅仅满足于单调、统一的服装,纷纷追求个性化,表现自我,这一趋势说明服装市场的调研和预测变得越来越重要。

8.2　服装市场调研

市场调研是市场预测和制定营销策略的基础。市场细分、确定目标市场、制定商品计划、生产、促销等都离不开市场调研。若信息不通或信息传递失误,将会影响企业正确制定可靠的营销战略和策略,对市场的预测产生误导。

(1) 服装市场调研内容

企业进行市场调研的内容包括与企业市场营销活动直接和间接相关的一切信息和因素。

① 市场特性不可控营销因素调查

a. 政治法律环境调查——主要指国家政策、法律、法令和法规,如“产品质量法”、国民经济发展计划、国家统计局报告等;

b. 经济环境调查——国民经济收入、人口普查、能源和资源状况、消费结构与消费水平、物价水平、物价指数、个人收入水平、居民存款等;

c. 技术环境调查——新工艺、新技术、新材料的发展趋势与速度，新产品的生命周期，国内外服装企业先进管理水平等；

d. 消费者状况调查——本企业产品的现实购买者和潜在购买者，个人消费或是团体消费，消费者的年龄、性别、职业、文化程度、地区分布、购买动机、购买行为与购买习惯等。

② 市场结构不可控因素调查

a. 竞争对手调查——竞争对手的数量与本企业产品的特性比较，竞争对手的产品市场占有率，单一品种销售额比例，竞争对手的市场竞争策略和手段，是优质取胜、低价取胜，还是服务取胜，竞争对手的市场营销组合策略，潜在竞争中对手出现的可能性；

b. 竞争产品调查——竞争企业的产品设计能力、工艺能力、产品的质量、数量、品种、款式、条格花纹、色彩、商标、品牌、包装、成本、价格、服务水准、产品动向等。

③ 市场可控因素调查（企业内部各种可控营销因素）

a. 产品调查——用户对企业产品的功能、质量、包装、商标、服务、款式、条格花纹、色彩、各种规格等的评价，企业产品处于产品生命周期的哪个阶段，市场占有率多少，潜在市场的大小等；

b. 价格调查——产品价格和需求弹性，产品价格受国家价格政策的影响，产品定价策略与定价方法，产品价格变动后顾客和竞争对手反映如何；

c. 分销调查——营销渠道检查与分析，批发、零售商的销售、资信与经营能力，商品的仓储、运输和保管情况，销售渠道策略的事实、评估、控制和调查；

d. 促销调查——人员推销绩效、销售机构和网点的销售效果，各种营业推广、广告媒体和形式对产品销量影响的评估。

(2) 服装市场调研的信息来源

a. 纤维和面料——企业展示订货会、贸易展览会以及行业协会等；

b. 设计师时装发布会；

c. 服装分销网点信息；

d. 消费者价值观念、企业和消费者行为、生活方式、人口普查资料等；

e. 关键性的贸易中间媒介；

f. 权威报纸、商业杂志、专业学术刊物、消费者时装刊物、互联网、手机（微信）等；

g. 名人及其生活方式；

h. 艺术——绘画、雕塑、摄影、博物馆展览、电视、电影、戏剧、芭蕾、音乐等；

i. 对一些相关事物的观察：诸如对新产品的介绍、玩具、运动服装、以旧换新、人们的聚集场所、交流中心、旅游胜地、新技术、少数民族服装，相关行业如汽车、娱乐、室内装潢等。

(3) 市场调研的步骤

图 8-3 所示为市场调研的步骤。

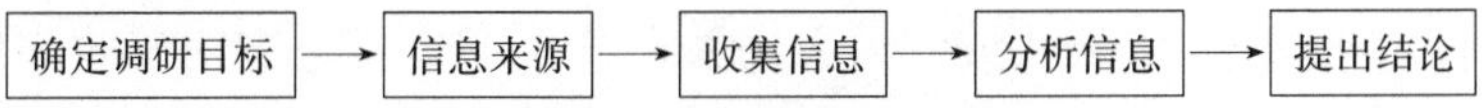

图 8-3 市场调研的步骤

① 调查准备阶段

a. 确定调研目标——调查人员确定调查项目应从企业实际情况出发，根据问题的轻重缓急，列出调查问题的层次关系并认真与企业商定探讨。将迫切需要解决的问题放在首位，作为市场调查的第一目标。因为在任何一个问题上都存在着许许多多可以调研的事情，除非对该问题做出清晰的定义、有所侧重，否则收集信息的成本会超过调研预算。

b. 初步情况分析——问题明确后，先不进行大规模调查，尽可能先利用现有资料包括各种报表、记录、统计资料、专题报告、专业刊物、报纸及政府公布的统计数据，以便掌握足够的背景资料，使正式调查范围缩小，努力做到有的放矢。

c. 制定调查计划——如表 8-1 所示，决定收集哪些信息、调查进度、经费预算、安排调查人员并进行培训。

表 8-1　调查计划的设计

资料来源	二手资料或一手资料
调查方法	观察法、访问法、实验法等
调查工具	调查表、抽样调查
抽样计划	产品抽样、抽样范围、抽样程序
接触方法	电话访问、邮寄调查表、面谈访问

d. 非正式调查——明确需要市场调研的问题，搜索现有资料，若已有结论或经过访问专家、中间商、推销员已找到问题的症结，所需资料齐备，就不需要进行正式调查，否则就应该展开正式调查。例如，在决定上海人民广场地下商城服饰店铺的市场调研项目中，由于上海服装零售店铺主要采用厂店联销的方式，根据各方面汇集的信息，一般情况下，根据不同市口位置、店铺装饰等级，扣率是销售额的 25%～35%，因此这一问题不必再进行正式的市场调研。

上海人民广场地下商城服饰店铺的市场调研

地下商城计划由一百家店铺组成，商城负责人计划将其开发成具有娱乐、购物、观光一体化的妇女服饰商业街，产品档次中等偏上。市场调研需要解决服饰商品如何组合以及店铺如何分布、配置的问题，为此课题组决定调研上海地区妇女服装、服饰商品的市场状况，如品牌、档次、价格、店铺选址、品种及配套、照明、广告、知名度等，通过市场调查确定 100 家店铺的商品组合及各种商品品种的店铺数。在进行市场调查时，首先召集市场调研人员开会分工。根据调研目标要求，决定对上海南京路、淮海路、徐家汇等主要服装服饰店进行分块调查。在对一般商店调查的同时，重点选择了十家国营、独资、合资、合作经营的零售百货店做详细调查。

② 正式调查阶段

a. 确定资料来源和方法——收集一手和二手资料，要注明来源，注意信息的可靠程度。一手资料可采用访问、观察、实验法或三种方法并举。二手资料也应明确收集的方法，尽量利用科学的信息检索手段。

b. 问卷调查表设计——收集第一手资料时，一般采用这一调查方式。在服装市场细分，服装心理调查及确定目标市场等问题时，都要用到问卷调查表。调查问卷设计得合理与否，关系到数据的准确性。因此必须学会设计科学的调查表和问项。

c. 抽样调查——被调查的总体对象十分庞大时，要进行抽样调查，即从被调查总体对象中选择部分样本进行调查，并用样本特征值推断总体特征。例如，我国 1981 年第一次制定服装号型标准，总体对象是 11 亿人口，而样本对象为 40 万人次。

d. 现场实地调查——现场调查能取得第一手数据，但调查人员应进行培训，严格按规定进度、方法收集信息。例如，当需要了解服装店铺在一星期或一天中销售额的波动状态时，调查人员可直接插班工作，及时记录售货信息，由此能够得到准确的原始数据。

③ 结果处理阶段

a. 资料的整理分析——资料的整理分析包括审核、分类、制表等。审核是为了发现资料的各种错误和误差，达到去伪存真的目的；分类是为了使资料便于查找和使用；制表是通过图表形式反映各种相关因素的经济关系或因果关系。另外，也可利用统计方法找出数据的重点，如帕累托图等。

b. 编写调研报告——编写调研报告是市场调研的最后一步，是对问题的集中分析和总结。编写报告的原则是：内容真实客观，重点突出，文字简练，采用简明易懂的图表说明问题，计算分析步骤清晰，结论明确；调研报告的内容：调研目的、调查过程概述、调查结果分析、调查方法、抽样方法、关键图表和数据、结论与建议、附录(图、表、公式)、参考资料等。

案例

平绒类产品市场拓展可行性方案立项意向书

1 项目背景

(1) 项目研究目的：调研国内平绒服装市场消费者行为以及企业客户需求，比较国内外平绒制品和品牌的经营状况。通过多层面调研，深入了解市场环境，为企业进入平绒服装和家纺家居市场进行可行性分析，并提供经营策略建议。

(2) 项目要求：通过案头研究、平绒制品市场及消费者调研、平绒服装产业链需求考察、关联企业相关人员深度访谈等方法，了解平绒市场现状和发展潜力。结合国内外经济环境以及平绒同类品牌产品的经营态势，以委托方经营现状和发展战略为出发点，根据项目需求及发展愿景，制定企业平绒服装市场拓展方案可行性分析报告，协助制定国内市场拓展方案。

2 项目内容

(1) 实地调研：国内平绒服装市场消费者行为调查(分为一般消费者调查及目标消费者调查两部分)；同类品牌平绒服装产品市场调查；企业产业链采供需求探析。

(2) 数据分析：运用 SPSS 统计软件分析调研数据。

(3) 可行性报告：依据调研结果，将数据分析与关联人员深度访谈相结合。充分考虑同类品牌竞争态势、研究目标、消费者购买行为以及相关企业的采供需求，从商品企划、品牌战略、销售管理等方面为企业提供可行性分析，并提出策略建议。

3 研究方法

(1) 案头研究。

(2) 平绒服装和家纺家居零售市场调查。

(3) 企业实地考察：对目标客户企业的生产、销售、供应链等进行考察，并通过问卷调查或深度访谈了解平绒类产品的需求特点及潜在市场容量，从而为委托方有针对性地开发平绒类产品提供实施建议，同时也为委托方与相关专业客户的后续合作奠定基础。

(4) 消费者问卷调查：针对平绒类产品的特点及服用性能等设计调查问卷，对市场终端的消费者进行购买意向和认知度调查，以此了解平绒类产品的市场前景。

基于以上调查分析，撰写平绒类产品市场拓展方案可行性报告。

4　项目合作阶段时间

内　容	时　间
拟定立项意向；委托方企业合同洽商；业内相关资料搜集	略
拟定专业客户问卷和消费者问卷，由委托方确认	
问卷定稿及发放回收，同时完成平绒零售市场和企业的调查	
问卷数据统计分析，撰写报告草案，与企业沟通交流	
提交可行性报告，结题	

5　提交成果

(1) 平绒类产品市场拓展方案可行性报告(装订成册的报告以及电子稿)；

(2) 调查原始数据和资料。

6　费用(略)

7　项目成员(略)

(4) 一手资料的收集

一手资料亦称原始资料，指市场调查人员通过实地调查得来的原始资料。

① 一手资料的收集方法

a. 访问调查法

访问调查法是将所拟调查的事项，向被调查者提出询问，以获取所需资料。主要采用的是面谈调查法、电话调查法、邮寄调查法和留置问卷调查法。服装行业中较多采用的是第一和最后一种。随着互联网的发展，网络问卷调查工具的使用越来越频繁。

i. 面谈调查法——调查员通过与被调查者面对面的直接交谈，提出对有关问题的询问，并将回答记录下来。调查人员在面谈前，应熟悉调查提纲，明确问题的核心和重点，可采用个别面谈或小组座谈(调查会)两种形式。这种方法的缺点是费用高，易产生偏见。

ii. 留置问卷调查法——将设计好的问卷由调查者当面交给被调查人，并说明填写的方法和要求，由其自由填写，再由调查人员定期收回。

b. 观察调查法

调查人员通过在现场观察具体事物和现象收集所需信息资料。通过耳闻目睹顾客对市场的反应，或利用照相、录音、摄像或仪器记录所需的资料。前述的上海妇女服装、服饰市场调查采用的是观察调查法。

c. 实验调查法

通过市场营销实验来测定某一产品或某项营销措施的效果，以决定是否有扩大规模的必要。

一般来讲，通过广告宣传可提高产品知名度，增加销售量。图 8-4 所示为 A、B 两个品牌服装的价格、需求量和广告作用的实验调查结果。

由图可知，同样价格（P）下，通过广告获得高知名度的 B 品牌（D_1）要比没做广告、知名度低的 A 品牌（D_0）需求量大。市场实验结果不像自然科学实验结果那么精确，因为市场上不可控因素和影响服装消费行为的因素众多，但通过实验调查法能直接检验营销活动的效果。

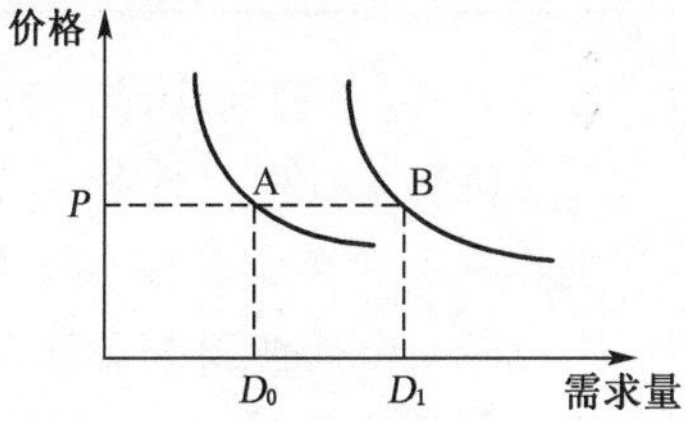

图 8-4 两种服装商品品牌的需求曲线

注：A 品牌——知名度低
B 品牌——知名度高

案例

互联网平绒问卷调查

1 基本情况

调研与服装观潮网合作，对国内平绒产品市场一般消费者和企业专业人士进行网络问卷调查。

一般消费者问卷回收 223 份，有效问卷量 187 份。企业专业人士问卷回收 46 份，有效问卷 40 份。

问卷分析采用 SPSS 数据统计分析软件，重点了解国内 25～35 岁男性消费群体的特征以及专业人士对平绒产品市场拓展的见解。

时间：2009 年 7 月。

2 数据分析(部分)

根据 SPSS 相关性分析，消费者人口统计因素与平绒产品诸因素之间呈非线性相关关系，并通过 Spearman 秩相关系数检验，结果如下：

a. 曾经购买次数与消费者学历的相关性检验结果 r 值为 0.163($P=0.026$)；

b. 曾经购买次数与个人月收入的相关性检验结果 r 值为 0.214($P=0.003$)；

c. 曾经购买次数与可接受价格的相关性检验结果 r 值为 0.146($P=0.047$)；

d. 可接受价格与消费者学历的相关性检验结果 r 值为 0.190($P=0.009$)；

e. 可接受价格与个人月收入的相关性检验结果 r 值为 0.481($P=0.000$)；

f. 可接受价格与购买类型的相关性检验结果 r 值为 −0.212($P=0.004$)。

由此可知：

① 随着文化层次的提高，消费者购买平绒服装的次数将增加；

② 个人月收入越多的消费者，购买平绒服装的次数越多；

③ 购买平绒服装次数越多的消费者，选择平绒服装的价格越贵；

④ 较高学历者购买平绒服装选择的价格较高，学历较低者与之相反；

⑤ 随着个人月收入的增高，购买平绒服装的价格会有所上升；

⑥ 越是偏向于购买休闲类服装的消费者，可接受平绒服装价格越低，而越偏向于正装、商务装类型的消费者，可接受平绒服装价格越高。

3 网络调研小结

(1) 一般的男性被调查者曾购买过1～2次平绒服装。其中25～35岁男性购买平绒服装的次数要比其他年龄层的多，因此将这一年龄层男性作为目标顾客比较合适。

(2) 女性被调查者购买平绒服装的次数要高于男性消费者，尤其是24岁以下的女性消费者最为活跃，这一年龄段的女性消费者大多买过2次或2次以上平绒服装，建议企业关注这一细分市场。

(3) 消费者最常购买的服装类型是生活休闲类服装，其次是商务休闲类，无论男女均如此，且涉及年龄层较宽。可见，生活休闲类男装的市场存在一定的上升空间。

(4) 橱窗展示、网络、报刊是目前最好的传播服装信息的方式。越是年轻的男性消费者，越是容易受橱窗展示以及网络传播的吸引，而越是年长的男性消费者，更喜爱电视广告以及营业员的介绍。

(5) 男性消费者偏爱的绒类面料排序分别是灯心绒、平绒以及丝绒。但对于25～35岁的男性消费者而言，对平绒的喜爱指数要高于灯心绒。

(6) 对于女性消费者而言，喜爱的绒类服装依次是平绒、丝绒和灯心绒。

(7) 男性被调查者倾向购买价格在1 000元以内的平绒服装，但各个年龄层的情况又有差别：25～35岁的男性，34.6%的人选择500～999元；23.1%的人选择100～299元和300～499元；19.2%的人选择1 000～1 999元。建议企业根据以上情况，合理组合产品价格带。

(8) 女性被调查者在购买平绒服装时，价格带在1 000元以内，而且100～299元、300～499元、500～999元这三个价格范围的人数差异不大，在这三个价格层次上都有一定数量的女性消费者。

(9) 各购买因素之间的关系：随着文化层次、个人月收入的提高，消费者购买平绒的次数将增加，且购买的平绒服装单价会有所上升；购买平绒服装次数越多的消费者，选择平绒服装的价格越贵；越是偏向于购买休闲型服装的消费者，可以接受的平绒服装单价越低，而越是偏向于正装、商务装的消费者，可接受平绒服装的单价越高。

(10) 国内服装企业可接受的平绒面料价格在每米40～49元的范围内(33.3%)，其次是30～39元(25%)和20～29元(19.4%)。

(11) 本次网络调研以中小型企业为主，其中有56.8%的企业对平绒成衣采购有兴趣。55.6%考虑服装的采购单价在100～299元，100元以内以及300～500元的各占25%。大多数企业要求在45天内交货，其中44.4%的采购商要求在30天内交货，交货时间较短。

② 市场调查表的设计

a. 市场调查表的类型

i. 调查一览表——指一张表中包含若干个被调查者以及他们的意见和基本情况。这种表由于能容纳较多的被调查者，因此设置的调查项目相应较少。表8-2所示为上海多国服装机械展销会的调查一览表。

表 8-2 上海多国服装机械展销会展销情况调查表

编号	参展国	参展单位	产品名称	规格型号	展销价格	已售台数	已订购台数

调查员：
调查日期： 年 月 日

ii. 问卷调查——指访问调查时记录被调查人员意见的问卷。通常一人一卷，容纳问项多，能收集系统、详细的资料，故服装市场调研常用。

通常问卷调查表由三部分组成，即被调查者项目、调查项目和调查者项目。被调查者项目主要指被调查人姓名、性别、年龄、文化程度、职业、家庭住址、联络方式、地位、婚姻以及经济状态等；调查项目是将所要调查了解的内容，具体量化为若干问项和候选答案，供被调查者选择填写；调查者项目主要包括调查人员的姓名、工作单位和调查日期等。

浙江某服装集团为了使该公司男式衬衫产品顺利进入上海市场，决定对上海市场男式衬衫做市场调研，主要采用问卷调查方式，包括消费者问卷调查、零售商问卷调查和营业员问卷调查。调查对象为居住在上海的本市及外省市来沪男式衬衫消费者。

上海市衬衫市场调研——消费者问卷

（时间：1996 年）

1. 您是否上海居民？

A. 是　　B. 否

2. 您曾经穿着过下列哪些品牌的衬衫？（可多项选择）

开开		海螺		康派司		司麦脱		皮尔卡丹	
豪曼		富绅		舒而挺		男士令		圣大保罗	
钻石		乔士		金利来		绅浪恤		卡西里尼	
绿叶		舒乐		梦特娇		蓝威龙		花花公子	
鳄鱼		汉森		雅戈尔		沃迪斯		杉杉	
其他									

3. 您最喜欢下列哪五种品牌的衬衫？（按 1、2、3…顺序排列）

开开		海螺		康派司		司麦脱		皮尔卡丹	
豪曼		富绅		舒而挺		男士令		圣大保罗	
钻石		乔士		金利来		绅浪恤		卡西里尼	
绿叶		舒乐		梦特娇		蓝威龙		花花公子	
鳄鱼		汉森		雅戈尔		沃迪斯		杉杉	
其他									

4. 您所穿衬衫的领围规格(cm)

A. 37 以下 B. 38 C. 39 D. 40 E. 41 F. 42 G. 42 以上

5. 您购买衬衫时,是否常常遇到规格不合适?

A. 是 B. 否(转问项 7)

6. 不合适的部位(可多项选择)

A. 领围 B. 袖长 C. 肩宽 D. 胸围 E. 衣长

7. 您是否乐意购买新品牌的衬衫?

A. 很乐意 B. 一般 C. 不乐意

8. 您是否对保暖类衬衫感兴趣?

A. 感兴趣 B. 一般 C. 不感兴趣

9. 您最易接受哪种面料的保暖衬衫?

A. 金属棉 B. 远红外材料 C. 羊毛绒 D. 不知道

10. 您最喜欢哪五种面料的衬衫?(请按 1、2、3…顺序排列)

全棉	涤棉	亚麻	棉麻	丝麻	真丝	羊毛	牛仔布	灯芯条	人造棉	桃皮绒	混纺羊毛	其他

11. 您最喜欢以下款式中的哪一款?(可多项选择)

(1) 按领型分:(注:图形省略)

正规型 短领型 长领型 敞领型 圆领型 有扣型 别针领型 翼领型

(2) 按口袋数量分:

A. 单袋 B. 双袋 C. 无所谓

(3) 按花色分:

A. 白色 B. 单彩 C. 素条 D. 彩条

E. 印花 F. 格子 G. 无所谓

(4) 按下摆分:

A. 平摆 B. 圆摆 C. 其他 D. 无所谓

12. 您对下列哪种包装比较满意?(可多项选择)

A. 盒装 B. 衣架 C. 袋装 D. 其他 E. 无所谓

13. 请问您所拥有衬衫的主要来源(可多项选择)

A. 自己购买 B. 母亲或妻子购买 C. 接受馈赠 D. 单位赠送

14. 您每年平均购买几件衬衫?

A. 2 件以下 B. 2～5 件 C. 6～10 件 D. 10 件以上

15. 作为日常穿着,您会选择以下哪种价格范围的衬衫?

A. 50 元以下 B. 50～75 元 C. 76～100 元 D. 101～150 元

E. 151～200 元 F. 200 元以上

16. 购买衬衫您最注重的是哪一方面?(请按 1、2、3…排列)

A. 价格□ B. 品牌□ C. 款式□ D. 面料□ E. 颜色□ F. 质量□

17. 您一般在哪类商店购买衬衫?(可多项选择)
   A. 专卖店(如鳄鱼、皮尔卡丹)　B. 超级市场(如联华超市)
   C. 大型百货店(如一百、瑞兴)　D. 一般服装商店
   E. 个体服装店(如九江路)
18. 您认为下列哪种广告形式效果最佳?
   A. 电视广告　B. 电台广告　C. 报纸广告　D. 车身广告
   E. 路牌广告　F. 气球广告　G. 传单　H. 其他

下列问题将会涉及到您的一些私人情况,请予配合,谢谢!

19. 您的年龄
   A. 20 岁以下　B. 21～30 岁　C. 31～40 岁　D. 41～50 岁
   E. 51～60 岁　F. 60 岁以上
20. 请问您的文化程度
   A. 初中以下　B. 高中专　C. 大专　D. 本科及以上
21. 您的职业
   A. 党政机关干部　B. 机关事业单位公务员　C. 专业技术人员、医生
   D. 教师　E. 厂长、经理　F. 公司企业管理干部
   G. 商业服务业职工　H. 企业职工　I. 学生
   J. 个体经营者　K. 其他________
22. 您的月收入
   A. 1 000 元以下　B. 1 001～1 500 元　C. 1 501～2 000 元　D. 2 001～3 000 元
   E. 3 001～5000 元　F. 5 000 元以上
23. 请问您对衬衫有什么要求和建议?

再次感谢您的合作和支持!

访问日期:________　被访人居住区:________　访问员姓名:________

b. 调查问项的设计

调查问项是调查表的核心内容,问项设计合理与否是关系到调查能否成功的关键因素,它在很大程度上决定调查表的回收率、有效率、答案的准确性、误差程度以及实用性。

调查问项的关键是如何命题及怎样确定命题的答案。主要方式有以下几种:

i. 开放式问题——又称自由式问题。调查表上没有拟定可供选择的答案。被调查者自由回答问题,不受限制。这种方法,能充分听取各方意见,活跃调查气氛,能收集到意想不到的建设性意见。缺点是答案离散性大,归纳整理困难。如上述衬衫调查问卷案例中的第 23 问项。

ii. 封闭式问题——调查表中提出的问项设计有各种可供参考的答案,被调查者只需选中一个或几个答案就行。

iii. 是非式问题——又称二项选择或对比式问题。被调查者只能在诸如"是"与"非","有"或"无"等两个可能的答案中选择一个。设计时要注意"二项选择"是客观存在的,不能凭空臆造。如衬衫调查问卷中的第 1、5 问项。

iv. 多项选择式问题——设计者对一个问题先列出若干个答案，让被调查者从中选择一个或几个答案。如衬衫问卷中第 2、12、13 等问项。这种问题的优点是提问和回答明确，便于资料分类和整理。缺点是被调查者的意见不一定能全面反映出来。

v. 顺序式问题——又称序列式问项，是在多项选择的基础上，要求被调查者对所询问问题的答案，按照被调查者认为的重要程度进行顺序排列，如衬衫调查问卷中的第 16 问项。

vi. 量度问题——在市场调查中，往往涉及到被调查者的态度、意见、感受等有关心理活动方面的问题，较难采用定量表达方式。下面介绍常用的两种形式：

· 评比量表——由调查者事先将预测问题按不同的态度列出一系列顺序排列的答案，并按顺序给出一定分值，由被调查者选择回答。例如以顾客对某服装店营业员服务满意程度的评价，可采用下述的评比量表进行定量评估：

非常不满意	不满意	稍不满意	一般	比较满意	满意	非常满意
1	2	3	4	5	6	7

评比量表可分为若干阶段(上面所列为 7 段量表)，企业可根据具体情况而定，一般以五段量表比较适宜，特殊情况下，可设为 11 段量表。上列分值在采用计算机处理时可转化为－3，－2，－1，0，1，2，3。

· 数值分配量表——由被调查者在固定数值范围内，对所测问题依次分配一定数值得出不同评价的一种态度测量表。例如，在调查顾客对时装店营业员服务满意程度时，可让被调查者按照对甲、乙、丙三个营业员服务的满意程度打分，三项分值总数为 100 分(或 10 分)。例如，被调查者 A 评分为：甲营业员 60 分，乙营业员 20 分，丙营业员 20 分。表明被调查者 A 对营业员甲、乙、丙的满意程度有差异，汇总所有被调查的得分，就可以判断顾客对各营业员的满意程度。

c. 市场调查表设计的原则与步骤

i. 市场调查表设计的原则

· 必要性原则——为了取得预期的结果，所列项目应是调研课题所必需的；

· 准确性原则——所提问项的界限，用词应准确，避免含糊不清。多种理解、过分专业化的语句及多层次内容会影响被调查者对问题的正确理解及答案的准确性；

· 客观性原则——所提问题要客观，不要提出带有引导性或倾向性的问题，即不要提示答案方向或暗示调查者的观点；

· 可行性原则——对所有问题，被调查者应根据常识或经验选择答案，而不是依靠解释选择答案；设计问卷要讲究技巧，开始时可安排一些趣味性的问项，对令人困窘而又必须调查的项目可放在问卷的后面或设计出间接引问句；注意逻辑性与顺序，先易后难。

总的来说，若能设计出一份简短、明了、客观、实用的市场调查表，就能收到事半功倍的调查效果。反之，设计的调查表不妥时，则尽管花费了许多时间和精力，但很难摄取到必要的有效信息。

ii. 市场调查表设计的步骤

要设计完善的调查表，除了调查人员必须具备丰富的知识和实践经验外，还应做一系列深入、细致的工作。基本步骤如下：

· 根据调查目的拟订调查内容提纲，划出调查所需收集资料的范围，并征求专家和专业人员的意见；

· 汇总各方面意见后，根据调查对象的特点和调查提纲的要求，确定调查表的形式和问项的类型，开列调查项目清单，编写问项的命题和诠释，并明确各种指标的含义和统计方法；

· 按照问题的内容、类型、难易程度、安排调查问项的顺序及拟好的提问命题，编写填表说明并设计调查表初稿；

· 将调查表初稿在小范围内作初步测试，根据初步测试结果，对调查表作必要的修改，最后拟定正式的调查表。

上述衬衫调查问卷中，针对的是竞争激烈的上海男式衬衫市场，确定采用问卷调查法进行市场分析和研究。问卷从衬衫品牌、衬衫外观特征（包括款式、色彩、面料）、衬衫规格、衬衫包装、消费者购买行为、衬衫价格以及消费者个人资料等方面进行问项设计。

（5）二手资料的收集

二手资料亦称现有资料，指经过他人收集或整理过的资料，包括企业的外部资料和内部资料，如：各种书刊、报纸上的信息和数据；聘请市场调研专家收集市场或企业信息；交换企业内部资料等。

① 企业外部资料的收集

由于服装业的特殊性，了解国内外服装市场和企业的发展态势、收集流行与时装信息等，对服装产品开发与市场开拓非常重要。

目前世界公认的五大时装流行中心是巴黎、伦敦、纽约、米兰、东京。尤其巴黎更是时装潮流的领导者和创始者。每年各个季节均有多种以知名品牌或名设计师为主的时装秀、发布会。除此之外，如中国、德国、荷兰等国家和地区，每年固定举办时装周展示，有世界各国服装厂商参加。这些服装展示为用户提供了第一手设计信息，而服装企业则利用这些信息，驱动流行。因此，这些发布会的资料格外珍贵。收集这些资料最直接的方法是企业派专业人员参加流行时装发布会，了解主题及围绕主题展开的细节，收集流行色、流行面料、服装廓形变化、设计细节、工艺技巧以及服饰配套方式等信息资料。但由于客观原因，世界上著名的设计师发布会并非简单地可以参加，而且派人直接收集资料的费用昂贵。因此，可以从各种书刊、杂志、报纸或互联网上收集和分析流行和时装发布信息。收集这些信息和资料，可以弥补闭门造车的弊病。

服装市场营销决定于客户，更决定于市场消费者。以信息为基础，以市场为导向，由此生产和销售的服装才能博得消费者的青睐。

企业外部资料的收集，可以概括为：

a. 收集途径

i. 公开发表的有关资料。包括：中、外文期刊、报纸、文献和研究报告等；政府机关公布的有关政策、方针与法令、指标、图表数据等；市场研究机构、咨询机构、广告公司等单位发行的商业性刊物；相关行业和系统如服饰协会、中国香港贸易发展局等发行的市场动态、行情信息或产品目录等；其他企业单位寄送的产品样本、说明书和宣传资料，互联网信息等。

ii. 向有关单位索取所需资料。企业外部资料并非都是公开传播的，有些资料（如尚未公开发表的国家统计局、纺织服装行业统计资料、企业内部刊物、印刷宣传和实物样品）企业可派人磋商或发函联系，以无偿或有偿的方式向有关单位索取；

iii. 通过资料交换收集。这是企业获取所需资料的重要方法之一，也是企业之间交流的重要途径；

iv. 委托收集。有些不易得到的资料，可以通过委托信息咨询机构、企事业单位或个人帮助收集。

b. 收集企业外部资料的注意事项

收集外部资料应有针对性，从企业具体的需要出发，针对科研、生产、营销活动的要求，有目的、有选择地进行资料收集。同时，还应具有及时性、计划性、系统性、准确性，以便在激烈的服装市场竞争中抓住有利时机。

资料的收集必须是可持续的，而且是一项固定的预算支出。有了资料后如何利用也是一项重要工作。收集的信息资料应加以归纳、整理和消化，而不要只是存档保管。资料与信息应及时进行判断，有些具有时效性的信息，应尽快处理，否则将坐失良机。

② 企业内部资料的整理

内部资料是指企业内部各种与生产和销售有关的数据记录。包括凭证（如发票、订货单、提货单等）、财务成本资料、统计资料、工作报告、用户来往信函、电函以及购销合同、企业推销员或采购员甚至质量检验的信息资料等。解决服装企业市场营销问题时，往往先从企业内部资料分析着手。例如，服装企业准备下一季度向市场推出服装新品种时，先要对企业内部现有服装产品的销售额、不同品种、色彩、款式、成本、价格以及批发商、零售商和顾客的信息反馈等各种数据进行整理分析，以便决定投产、销售何种服装品种和产品组合最能受到顾客欢迎并使企业获得最佳经济效益。

企业内部资料通常是零星杂乱的，归纳整理时应注意下列几个问题：

a. 及时性——企业内部资料应及时归纳整理，送达有关职能部门，以使这些部门和企业决策者及时掌握企业各方面的信息，避免工作失误；

b. 准确性——企业内部资料的加工整理，应客观反映质量和数量的情况，剔除不符合客观实际的虚假数据。同时记载整理者的姓名、日期和目的；

c. 完整性——在整理企业内部资料时，应保证资料完整，既不重复也不遗漏。同时要剔除与调查主题无关或过期的资料；

d. 有序性——通过归纳整理，使零星杂乱的数据按照客观标准和工作需要分门别类形成系统，同时尽可能突出重点。

8.3 服装市场预测

（1）服装市场需求预测的特征表现

分析服装市场需求的特征表现，有利于对服装市场进行需求预测。服装市场需求一般分为：季节性需求、周期性需求、趋向性需求和随机性需求。服装市场需求的这些特点在一定程度上决定了服装商品的销售特点。

① 季节性需求——指产品的需求量随着季节的转换而发生较大的变化，季节性需求具有明显的季节特征，即由于气候、节假日、消费习惯等因素引起的需求量变化，如夏季泳装的销售量、儿童节童装的需求量等。在这种情况下，服装企业应根据预测数据及时调整本企业的经营方向和供货能力，迅速满足市场的需要。

② 周期性需求——指产品的需求量随着时间的推移而呈现周期性的变化。由于时间间隔的周期一般较难确定，或因形成周期性需求的原因难以描述，从而使周期性需求相对较难

预测。

③ 趋向性需求——指产品的需求量随着时间的推移而朝着某一个方向有规律地运动，没有出现较大的剧烈波动，它具有较为明确的发展方向和稳定的变化幅度，因而趋向性需求一般较易预测。

④ 随机性需求——指产品需求量由于需求的偶然变动而呈现无规则的变化趋势，在随机性需求中，各销售季节的需求量差别较大。一般将总需求中的那些已知原因的需求因素剔除后，剩下无法解释的部分属于随机性需求。

(2) 市场预测方法和内容

营销决策依赖于市场预测。预测即预计和推测，是在市场调查研究基础之上的科学分析结果，而不是毫无根据的主观臆断。对每一个服装商业组织和重要的经营管理决策而言，预测都是至关重要的。预测是服装企业编制计划的基础，市场靠销售预测开发新产品、补充货品和销售人员或做出其他决策，生产经营者利用需求预测进行作业计划编制、库存管理、配送等决策活动。因此，市场预测必须以市场调研为依据，即市场预测的科学性以调查研究为基础。

服装市场预测的主要内容：

· 展望市场发展趋势，制定营销策略；
· 分析市场信息，进行商品策划(服装价格、商品组合、销售方式、分销量等)；
· 目标利润预测，风险利润比较；
· 流行主题预测等；
· 为生产或采购计划提供不同品种、规格及数量的预测数据。

对于服装企业的销售预算、销售定额等，可以采用数学方法进行定量的预测，以便为当前的面辅料采购、服装生产和现金流量决策服务。例如，企业用概率统计中的一次、二次移动平均法预测销售额。在信息化时代，营销人员可以通过计算机统计软件等工具，对大量的销售、市场调查数据进行分析处理，从中获得有用的信息。然后在定量预测的基础上，进行定量、定性分析，了解销售现状，进行市场预测，并制定相应的营销策略。

例如上文中所述的浙江某服装集团，原本欲将男式衬衫品牌打入上海市场，但经过对上海衬衫市场细致的调查研究和预测后，得出的结论是调查阶段上海男式衬衫进口、三资、国有品牌竞争激烈，市场趋于饱和，即使花大量的精力和资金进入上海市场，也不会有很大的突破。因此，该集团根据市场调研和预测的结论，制定了暂时不进入上海市场，而全力进军上海附近的江苏、浙江地区的营销策略，后来的营销实践证明该集团的衬衫品牌在江浙一带取得了预期的成功。

(3) 市场流行预测

服装的流行作为一种社会现象，不仅与政治、经济、军事、地理有关，而且更重要的是与社会文化，尤其是社会的伦理道德紧密相连。因此，服装的流行预测带有不确定的因素，服装流行理论对于服装流行预测有很大影响。国际上有许多著名的流行预测机构，如美国的"第一视觉"、"色彩箱"和"这是哪里"等，国内外一些服装品牌集团每季都向这些机构购买流行预测的商业信息。中国也先后建立了一些流行预测机构，如中国服装研究设计中心、中国流行色协会等。另外，对于国内服装市场的预测，除了及时收集国际流行信息、掌握国际市场发展趋势以外，还要针对国情和企业自身的特点，进行系统、科学的调查分析和研究。

我国各省市都有城乡抽样调查机构，收集的资料服装企业可做参考。也可委托专业调查公司进行专题调查，如：

a. 对某一区域内的人口构成调查，包括民族、年龄、性别比例、受教育程度、宗教信仰、就业情况等；

b. 对某一区域内的消费购买力基本调查，包括平均收入、平均支出、日常生活用品支出占总支出的比例、服饰消费所占的支出比例、各社会阶层的收支状况、消费者的生活方式、消费者的就业方式、各种消费与商业区域的关系、消费者对价格高低的态度和心理承受力等；

c. 对某一区域内消费市场(商店或销售方式)的基本调查：

· 销售方式，如有奖销售、售后服务、配套销售、邮购销售、批零销售等；
· 服装色彩、面料、款式的变化；
· 纺织品、辅料和配件发展的趋势；
· 主要品牌服装的制作工艺发展与变化；
· 主要品牌服装的包装体系和展示形式发展的变迁；
· 主要品牌服装的价格体系及构成方法等。

基于这些收集、调查得到的资料，企业营销人员再进行分析、讨论、研究，进而提出服装市场流行的预测方案。

服装流行预测是一种引导性、推荐性的行为，由服装业各方面人员参与其中，包括纺织服装企业决策者、学者、色彩学家、设计师、时装评论家、营销人员、市场调查分析人员等。

(4) 需求预测案例分析

上海 N 时装有限公司是于 1993 年在沪投资设厂开办的台商独资企业，拥有多个品牌，以销售淑女装而立足于国内市场。公司决策者具有敏锐的管理意识，成立不久就从台湾购进了计算机管理系统和电脑生产设备，依据严格的质量管理和完善的售后服务，公司一直保持着高速发展的良好势头，2002 年已拥有遍布全国各大城市的 200 多个营销网点，销量逐年递增。

在此，以 N 公司 9956 款型的女装作为研究对象，进行数据挖掘和分析。

"9956"是一款畅销的女式羊毛套装(裙)，面料由 60% 羊毛、40% 锦纶组成，里料是 100% 醋酯纤维，市场零售价为 1080 元/套。表 8-3 是该款服装三年间的季度销售数据。

表 8-3　季度销售量记录(1999～2001 年)

时　期	1	2	3	4	5	6	7	8	9	10	11	12
季　度	Ⅰ	Ⅱ	Ⅲ	Ⅳ	Ⅰ	Ⅱ	Ⅲ	Ⅳ	Ⅰ	Ⅱ	Ⅲ	Ⅳ
销量/件	2 000	1 640	1 000	3 000	1 850	2 030	890	2 160	940	1 060	700	800

考虑到季节因素对时装产品销售的影响，采用最小二乘回归法对时间序列进行分解，结果见表 8-4。每个数据点相对应于三年(12 个季度)的各个季度，本项研究的目标是预测第 4 年各季度的需求。具体步骤如下：

第一步，确定季节因子。将 3 年中各季度销量值分别相加并除以 3，然后以此结果再除以 12 个季度的平均值即为季节因子，将其列入表中的(5)。表中的(4)为三年期间相同季节的需求平均值；

第二步，消除需求的季节性影响。为剔除数据中的季节效应，将原始数据除以季节因子，列入(6)；

第三步，根据消除需求季节性影响后的数据建立最小二乘回归直线。这样做的目的是为

了建立趋势曲线 Y 的方程，此后再用季节因子加以修正：

$$Y = a + bx \tag{8-1}$$

式中 x——季节；

Y—— 由回归方程 $Y = a + bx$ 计算得的需求量；

a——Y 轴截距；

b—— 直线斜率。

表 8-4 最小二乘法回归后的时间序列分解结果

(1) 时期 (x)	(2) 季度	(3) 实际需求 /件(y)	(4) 三年相同季度的 平均值/件	(5) 季节因子	(6) 消除季节性影响后的需求 /件(y_d)(3)÷(5)	(7) x^2 $(1)^2$	(8) $x \times y_d$ (1)×(6)
1	Ⅰ	2 000	1 596.7	1.06	1 886.8	1	1 886.8
2	Ⅱ	1 640	1 576.7	1.05	1 561.9	4	3 123.8
3	Ⅲ	1 000	863.3	0.57	1 754.4	9	5 263.2
4	Ⅳ	3 000	1 986.7	1.32	2 272.7	16	9 090.8
5	Ⅰ	1 850	—	1.06	1 745.3	25	8 726.5
6	Ⅱ	2 030	—	1.05	1 933.3	36	11 599.8
7	Ⅲ	890	—	0.57	1 561.4	49	10 929.8
8	Ⅳ	2 160	—	1.32	1 636.4	64	13 091.2
9	Ⅰ	940	—	1.06	886.8	81	7 981.2
10	Ⅱ	1 060	—	1.05	1 009.5	100	10 095.0
11	Ⅲ	700	—	0.57	1 228.1	121	13 509.1
12	Ⅳ	800	—	1.32	606.1	144	7 273.2
78	—	18 070	—	—	18 082.7	650	102 570.4

$\bar{x} = \dfrac{78}{12} = 6.5$ $\qquad b = \dfrac{\sum xy_d - n\bar{x}\bar{y}_d}{\sum x^2 - n\bar{x}^2} = \dfrac{102\,570.4 - 12 \times 6.5 \times 1\,506.9}{650 - 12 \times 6.5^2} = -104.7$

$\bar{y}_d = \dfrac{18\,082.7}{12} = 1\,506.9$ $\qquad a = \bar{y}_d - b\bar{x} = 1\,506.9 + 104.7 \times 6.5 = 2\,187.5$

因此，$Y = a + bx = 2\,187.5 - 104.7x$

注：(3)和(6)的累计值应该相等，表中出现的差异是由于计算中所取小数点位数不同所致。

应用最小二乘法计算时用到了上表中的(1)、(7)和(8)，计算结果见该表底部。消除季节性影响后的最终方程为：

$$Y = a + bx = 2\,187.5 - 104.7x$$

第四步，经过已销售时期(1～12)的计算，外推回归直线。本次的目标是预测第 13 至 16 期(即第四年各季度)销售额，将各期数值[13～16]代入即可求得 Y 值。

第五步，用季节因子修正回归直线，建立最终预测方程。然后反过来，用已求出的季节因子乘以各季度数据，得到如表 8-5 所示的第四年各季度销量的预测值。

表 8-5　预测值列表

时期	季度	由回归直线得到的 Y	季节因子	预测值($Y\times$季节因子)
13	Ⅰ	826.4	1.06	876
14	Ⅱ	721.7	1.05	758
15	Ⅲ	617	0.57	352
16	Ⅳ	512.3	1.32	676

以上是对“9956”款式在 2002 年各季度销量的预测。为了检验预测效果，将 1999—2002 年间的有关数据（消除季节性时的需求预测值、考虑季节性时的需求预测值、实际需求量）汇总到表 8-6 中，并以此绘制出如图 8-5 所示的折线图，作进一步比较分析。

表 8-6　预测值/实际值汇总表（1999—2002 年）　　单位：件

季　度	消除季节性时的需求预测值（取整）Y	考虑季节性时的需求预测值（取整）$Y\times$(季节因子(5))	实际需求量（销量）
1	2 083	2 208	2 000
2	1 978	2 077	1 640
3	1 873	1 068	1 000
4	1 769	2 335	3 000
5	1 664	1 764	1 850
6	1 559	1 637	2 030
7	1 455	829	890
8	1 350	1 782	2 160
9	1 245	1 320	940
10	1 141	1 198	1 060
11	1 036	590	700
12	931	1 229	800
13	826	876	400
14	722	758	233
15	617	352	100
16	512	676	—

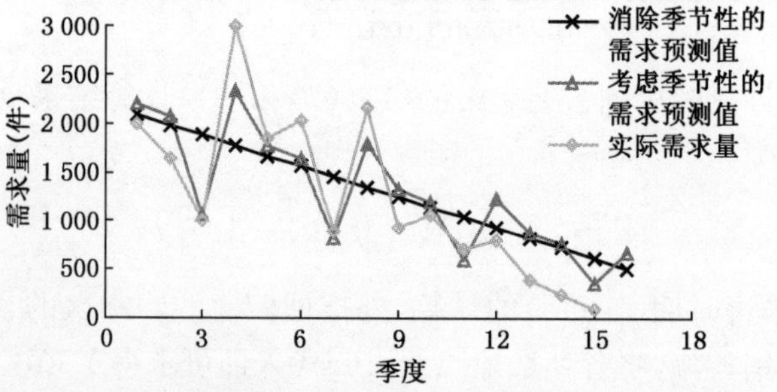

图 8-5　预测效果比较图

由图可知：

a. 1999—2002 年间，“9956”款式销量呈前期上升、中后期下降的趋势，基本符合服装商品的生命周期，因此 2002 年第四季度的库存水平可适当降低；

b. 带三角的曲折线表示需求预测值与带菱形的曲折线表示实际需求量值基本吻合，说明用最小二乘法进行时间序列解析用于预测服装企业的需求量是可行的，根据最小二乘法估计得到的需求量对安全库存量等指标有积极的参考意义；

c. 需求预测的局限性。从图中可以看出，2002 年前三季度的实际销量均小于预测值，且差别较大，这是因为 2002 年已是“9956”款式投入市场的第四年，服装商品不但受季节还受诸如流行趋势、周期性等其它因素的影响。因此，服装企业在进行需求预测时，为提高需求预测的准确性，应综合考虑影响服装销售的其他因素。

思 考 题

1. 用框图描述市场调研的步骤。
2. 市场特性和市场结构不可控因素以及市场可控因素调查的内容。
3. 市场调查表的类型和设计内容。
4. 一手、二手资料的定义及收集方法。
5. 服装市场预测的主要内容和方法。

9 服装业组织结构和企业开发模式

导　读

我国服装业不仅拥有世界上最大的服装生产和出口基地，正在发展成为潜在的最大服饰零售市场，其中包括珠宝、饰件、皮革制品等配套商品。另外，还有诸多与服装业密切相关的行业部门，如服装报刊、杂志、出版社、信息传播媒介、管理咨询、贸易中介、服装策划设计、摄影、模特等组织机构。这些不同的产业结构不仅给投资者和就业者提供了无限机会，同时也促进了服装市场的成熟和服装业的完善。服装从业者只有全面了解行业构成，才能真正了解企业营运真谛和内涵，把握各种机会，充分利用和协调行业中各种资源和力量，在服装市场竞争中运筹帷幄、游刃有余。

随着改革开放和市场经济的深入发展以及我国加入WTO，国内服装企业需要快速适应消费者生活需求和市场变化，不断进行结构调整，形成强有力的、具有系统管理功能的企业经营体制和机制。为了取得优异的经济效益，企业需要开发完善的市场营销系统；在以人为本的年代，重视人才开发是企业发展的源头；确立正确的经营机制，才能使企业在市场经济的惊涛骇浪中乘风破浪；同时调整好经营规模和利润之间的关系，是企业持续健康发展的有力保证。

每个国家的服装业有着不同的发展阶段，我国许多服装企业正处于转型和结构调整期，因此正确了解企业的现状至关重要。本章将阐述服装生产和流通基本组织结构以及与服装业密切相关的出版业、服装展会、质检、咨询以及教育与研究机构等，由此了解我国服装企业的基本制度，分析服装业的发展瓶颈，并探讨未来我国服装业的发展趋势。

9.1 服装业组织结构

(1) 服装生产组织

服装成衣化生产也称成衣工业或制衣业。我国的成衣化生产从裁缝和前店后场(制衣作坊)发展而来。劳动密集型、出口导向型特征以及稳定的市场需求是服装业在经济发展初期迅速壮大的原因。

一般地,成衣企业可分为两类:

一类是集设计、缝制加工和销售为一体的制造企业(manufacturer),它们承担着商品策划、设计的基本功能,拥有服装加工厂,有自己的品牌甚至销售网,如三枪、雅戈尔、之禾等。这类企业一般规模较大,有营销策划、控制和开拓市场的能力,因此有较强的竞争力和较大的市场占有率;

另一类是加工企业(sewing workshop),这类企业主要从进出口贸易商、批发商、零售商、服装品牌企业或前一类服装企业那里接受加工订单,其中不少订单是来料来样加工,企业(工厂)只收取加工费。这类企业一般没有自己的设计师,也没有自己的品牌和零售组织,它们较少承担市场风险,相应的获利也少。我国大多数外向型服装企业属于这一类。

随着劳动力成本的增加和市场结构的变化,特别是沿海地区的服装加工业将面对许多困境和产业转移的抉择。一般服装加工企业由于加工能力、设备和技术条件受到限制,能够承担加工的服装类型也有限,主要从事专业生产,例如单纯加工内衣,或丝绸类轻薄面料服装,或西服等厚重毛料类服装。

我国服装制造企业依据品牌、品种的系列化和市场定位,通常拥有多种服装品类的策划设计、生产和销售能力,虽然有时也将订单外发加工,但这类企业掌握着品牌、策划设计、质量控制权和产品销售等资源和权利。20 世纪 90 年代起,为了适应市场竞争的需要,我国大型服装制造企业有向上游产业(如面料生产)或下游产业(如零售业)发展,并逐渐向国际集团化经营过渡的趋势。

完整的品牌服装企业,不仅应包括从外衣到内衣各种服装的组织生产或采购,还应包括诸如帽、围巾、手套、鞋子、腰带和首饰甚至化妆品等配套产品的策划、设计以及组织生产。这类企业经营方式不仅满足了消费者的多层次需求,有利于服装品牌的准确定位,同时也拓展了市场机会和企业的经营范围,减少单一品种经营的风险。

雅戈尔品牌的延伸

雅戈尔集团经过 40 余年的发展,逐步确立了以服装、地产开发、股权投资等产业为主体,多元并进、专业化发展的经营格局。目前,雅戈尔已经成为拥有员工 5 万余人的大型跨国集团公司,集团旗下的雅戈尔股份有限公司于 1998 年在上海证券交易所上市。

"雅戈尔"品牌正朝着多品种、多档次、系列化、跨领域、跨行业的发展方向延伸。一是雅戈尔服装品牌的延伸,开发金标、蓝标、绿标系列产品,形成不同的产品结构;二是品牌向上游纺织领域延伸,在发展服装品牌的同时,强化雅戈尔在纺织原料、服装面料和辅料的产业链投入；三是向非纺织服装领域的扩展，在经营好主业的同时，介入房地产、股权投资等产业，巩固发展扩大“雅戈尔”品牌内涵。

主要服装品牌

YOUNGOR

雅戈尔集团旗下的男装品牌。YOUNGOR 为青春、活力之寓意，行政、商务、休闲三大系列是雅戈尔品牌服饰主导产品系列，主要面向 30～45 岁的精英男士开发设计，品类涵盖衬衫、西服、西裤、茄克、领带和 T 恤等，形成了成熟自信、稳重内敛、崇尚品质生活的品牌特色，主打产品衬衫为全国衬衫行业第一个国家出口免检产品；

MAYOR YOUNGOR：雅戈尔的高端品牌线，包括定制业务，由精品车间专门生产，大量运用手工制作，品质与国际奢侈品牌无异，但价格上却拥有更大的优势，这是雅戈尔提升品牌跨入奢侈品行列的一种尝试，让更多的人们拥有体验奢侈的真实感受；

HANP(汉麻世家)：以纯天然汉麻纤维为原材料的自然原创品牌，崇尚本色、自然、简约、个性的设计风格和“自然、健康、艺术、品质”的品牌理念，阐述真我个性、倡导低碳生活新主张。品牌涵盖服装服饰、家居卫浴两大系列产品；

YOUNGOR LADY：取意自然、环保、高品质，寓意着为职业女性带来舒适美好的生活。品牌以天然材料的棉、麻、羊毛、羊绒和高品质化纤料为面料出发点，一切表达以简约、知性、和谐的美学追求，得体的裁剪、精湛的工艺和独特的色彩哲学传递着现代都市女性对美好生活的诉求；

Hart Schaffner Marx：2007 年收购引进的美国男装品牌，雅戈尔拥有该品牌的大中华区经营权，重新定位美式休闲，强调轻商务、重户外、类运动，将产品年轻化、休闲化，塑造了全新的 Hart Schaffner Marx 品牌形象。

（资料来源：雅戈尔集团官网http://www.youngor.com/index.html）

(2) 服装流通组织

① 服装零售

服装业是一个消费驱动的行业，在服装流通业中，零售占了很大比重。在一般情况下，服装直接从生产企业配送给零售商。经营零售店的可以是品牌服装企业、独立的零售商或者通过特许经营(franchising)形式，以拥有服装品牌知识产权的企业按契约合同的特许标准，由受许企业销售规定的品牌服装，如杉杉服饰品牌的特许加盟连锁经营。特许经营广泛应用于驰名和高档名牌，这既有利于扩大名牌服装的影响和销售，又保持了名牌市场定位的一致性和独特形象。

② 服装批发商

服装批发商在流通中的作用和地位不容忽视，通常有两大类：

a. 专业批发市场(professional wholesale market)。主要经营诸如工作服、内衣、睡衣、袜子等一些基本商品(basic item)，这类商品由于消费量大面广，而一般制造或加工企业主要生产专一品种，因此由批发商负责转售和配送分发，可降低流通成本，提高流通效率；

上海七浦路与首尔东大门服饰批零市场

20世纪90年代以来，随着世界经济的不断发展、互动，商品生产供应与消费者之间的沟通日趋顺畅，社会经济活动效率逐渐提高并获得不断发展。

上海七浦路服饰市场与韩国首尔东大门服饰市场在发展初期是以低价批发为主的传统型市场，随着经营模式的不断改革和整合，逐渐从单一的批发市场转变为批发零售兼具的多功能集聚型服饰商圈。这类市场是流通业中的一种新业态，起着整合批发零售营销功能、促进商品供应与消费快速敏捷沟通的作用。同时，作为重要的服饰商品分销模式，集聚型服饰批零市场是百货商场、超市、专卖店、大卖场等流通市场的有效补充。

上海和首尔分别是中韩两国的标志性城市，也是两国引领时尚潮流的服饰文化重要城市。韩国首尔东大门服饰市场形成于20世纪50年代，地处市中心繁华街区，这一市场由26家商场、27 000余家商铺构成，以服饰零售与批发为主，餐饮及游戏厅等生活娱乐设施一应俱全。七浦路服饰市场的发展轨迹与东大门服饰市场颇为相似，同样地处上海中心城区，交通便利，20世纪80年代从单一的批发市场经过40余年的发展形成了以服饰批零为主，集购物、旅游、休闲等诸多功能于一体的服饰集聚型商贸购物中心。

b. 转包批发商(jobber)，也称品牌设计公司。它的职能主要是根据商品策划和销售计划实施面辅料采购、负责设计(或指定设计师进行设计)、组织生产和销售，这类中间商不一定具备自己的设计、生产或销售实体，但具有市场预测和商品策划的能力，拥有自己的品牌，并承担经营风险。NIKE和国内的德尊等品牌采用这一经营方式。我国都市型服装业应积极发展这类企业，利用城市人才、信息、融资、交通等资源优势，消除生产与市场之间的鸿沟，繁荣市场，促进我国服装全行业从生产加工型向品牌经营型方向转化。

另外，服装贸易公司(代理商)承担服装、服饰原料和中间产品的行业间或地区间流通的任务。进出口贸易公司则承接海外客户的订单，由生产企业实施加工。

(3) 服装媒体与会展

服装商品从市场调查、策划、建立品牌理念和主题开始，经过设计、生产、流通到达消费者手中这一过程，介入了各种媒体组织，以帮助信息不断传播和反馈。

① 出版业

时装杂志在出版界具有重要地位，对服装流行的推动作用更是不言而喻。消费者从服装杂志中体会流行，领悟服饰的品味，提高衣着修养，找到合适的服饰消费方向；而设计师从中找到灵感与启发；生产和销售经营者则不断借助杂志推出设计新款，树立品牌形象，扩大商品影响。畅销服饰杂志不但能推动消费，而且也对社会精神和文化素质起促进作用。出版商的获利来源主要是刊物发行量和广告收入。著名的时装出版物有《世界时装之苑》(*ELLE*)、*Vogue*、*GQ*、《女性时尚日报》(*Women's Wear Daily*)等。表9-1所示为我国主要服装报刊杂志。

表 9-1 中国主要服装报刊杂志列举

报 纸
《中国服饰报》(China Fashion Weekly)创刊于 1994 年 7 月 1 日，由经济日报报业集团主办，中国服饰报社出版，是中国服装业权威性的专业媒体。具有广泛的信息采集系统，其海外信息网络延伸至美国、欧洲、日本、韩国等地；发行网络和采编系统覆盖内地和港澳台地区，成为中国服装业的信息汇总中心和发布平台。
《中国纺织报》(China Textile News)创刊于 1986 年 1 月，国内外公开发行。《中国纺织报》隶属于经济日报报业集团。反映中国纺织服装行业经济运行动态；刊登中国政府关于纺织工业发展、生产和经营等方面的政策法规；提供国际、国内纺织市场信息，报道内容覆盖衣着、装饰和相关产业等领域，涉及纺织机械、原料、中间产品和终极产品市场，贯穿管理、经营、科技、企业文化等全过程。
《服装时报》(Fashion Times)由经济日报社、中国服装集团、北京服装协会主办，以服务服装服饰企业，推广专业知识，传递服饰信息，引导服装潮流，弘扬服饰文化，推动服装行业发展
杂 志
《时装》1980 年创刊，中国丝绸进出口公司主办，主要介绍国际时装流行趋势为主。2003 年 11 月，《时装》杂志和法国加鲁出版集团《L'OFFICIEL》版权合作，推出《时装 L'OFFICIEL》。
《时尚》1993 年创刊，1998 年 4 月与美国赫斯特出版集团《COSMOPOLITAN》版权合作，更名为《时尚 COSMOPOLITAN》，传递国内外最新的流行服饰、美容产品资讯，全方位关注中国女性的职业发展、情感健康和生活方式。
《中国服饰》2007 年创刊，中国纺织出版社联合主办的服饰行业内杂志。杂志内容涵盖行业宏观透视、市场行业解读、经营实物技巧、设计趋势分析、典型案例推介、重点人物访谈，强化时尚产业链和终端的分析反馈报道等

② 服装会展

会展也是服装经济活动中重要的一环。会展商通过招展和推广获取收益，参展商通过展览向公众和买家(Buyer)展示自己的服饰产品、促销或直接获得订单。成功举办展览会的关键在于招展和参观者的确定和组织，成功的服饰会展可促进商品流通、信息交流、稳定和扩展行业间商贸关系、扩大社会影响、推动流行。服装会展一般每年定期举行，从面料、辅料到生产设备，从内衣到外衣。会展的时间应与时装季节相衔接，会展通常在世界主要的时装中心或大都市举行。表 9-2 所示为部分服装会展明细，图 9-1 所示为服装博览会(展示会)组织程序。

表 9-2 服装会展一览(第一季度)

日 期	展览会名称	地 点	日 期	展览会名称	地 点
1.15～18	中国香港秋冬时装展	中国香港	2.14～17	马德里国际时装周	马德里
1.16～18	东京国际时装展	东京	2.20～23	巴黎春夏装系列展	法国巴黎
1.18～21	米兰休闲服时尚展	米兰	2.22～25	米兰国际女装系列展	米兰
1.19～21	巴塞罗那国际时装及内衣展	巴塞罗那	2.28～3.3	中国香港国际皮草及时装展	中国香港
1.20～22	美国佛罗里达皮革展	佛罗里达	3.1～3	萨尔茨堡国际时装节	奥地利萨尔茨堡
1.21～25	曼谷国际时装节	曼谷	3.5～8	波兹南时装周	波兰波兹南
1.24～26	纱线、纤维及针织物展	佛罗伦萨	3.6～8	科莫春夏女装织物展	意大利科莫
1.25～28	法国巴黎名人时装展	法国巴黎	3.6～9	东莞国际纺织及制衣展	中国东莞
1.31～2.4	印度国际皮革展	马德拉斯	3.7～10	法兰克福毛皮及时装展	法兰克福
2.1～3	科隆男士服装周	德国科隆	3.9～11	印度国际皮革制品展	加尔各达
2.3～5	德国杜塞尔多夫紧身衣及沙滩装展	德国杜塞尔多夫	3.9～12	海峡两岸纺织服装博览会	中国福建
2.7～10	哥本哈根国际时装节	哥本哈根	3.11～13	中国国际缝制及纺织制衣机械展	中国北京

（续 表）

日 期	展览会名称	地 点	日 期	展览会名称	地 点
2.10～12	德国汉堡时装订货展	德国汉堡	3.17～19	美国国际家用纺织品及室内装饰展	迈阿密
2.10～12	伦敦优质女士服装展	英国伦敦	3.19～20	伦敦工作服装周	英国伦敦
2.12～14	布尔诺国际时装展	捷克布尔诺	3.19～21	中国香港春夏季时装材料展	中国香港
2.12～15	贝尔格莱德服装、皮革、鞋及设备展	南斯拉夫贝尔格莱德	3.19～21	北卡罗莱纳针刺产品展	美国北卡罗莱纳
2.13～15	波兰华沙国际皮草及皮革展	波兰华沙	3.20～21	科隆国际织物展	德国科隆

资料来源：制衣业世界.中国香港.2002.1

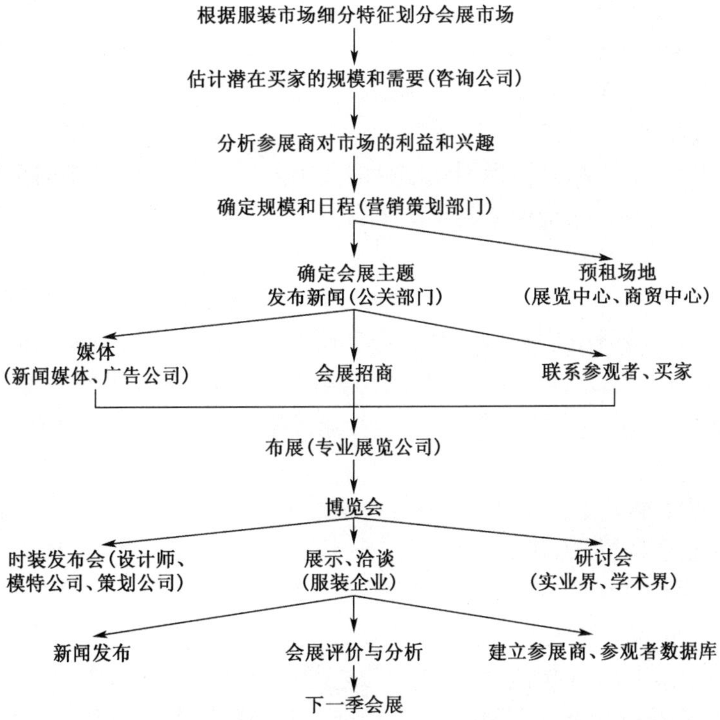

图 9-1 服装（专业）博览会（展示会）组织程序

③ 时装表演与流行信息发布

时装表演是服装界用以发布流行信息，传达设计师创意、理念和品位的特殊手段。时装发布的意义是双重的：一方面用以市场定位，通过新闻媒介进一步扩大设计师和服装品牌的社会影响；另一方面在多数情况下，又可获得客户的订单。时装发布的策划与实施是一项大工程。需要较大的人力和财力投入，例如，安妮·克莱恩（Anne Klein）举办的一场针对目标客户的秋季时装发布会花费了13.9万美元：包括雇用21位模特9万美元；灯光、布景和录像2万美元；饰件1万美元；设备租用6 000美元；发型设计师和两个助手3 500美元；音乐2 500美元；两个化妆师加两个助手2 000美元；其他如邮资、请柬、节目单等5 000美元。时装表演的成功依赖于良好的策划组织，而模特的表演则是关键。由于模特的挑选与培养需要高额资金的投入，大多数公司不可能长期负担一支专业模特队，于是职业化的模特和模特经纪公司应运而生。模特公司从事发现、培养和推广有潜质的模特人才。优秀的时装模特不仅要求天生丽质、身材高挑等生理素质，更需要对时装的领悟、理解和富有内涵的表现，要有舞蹈、音乐、美学等方面的修炼，更重要的是品位与修养。在发达国家，模特主要是自由职业形式；在我国，为了加速模特人才的培养，满足服装业发展的需要，一些大学或专科设置本、专科服装表演与设计专业，培养与时装表演相关的专门人才，成为专职表演和组织者的重要组成部分。

④ 时装摄影

时装摄影是与时装表演、时装刊物出版相伴而衍生的另一重要行业角色。通过摄影，服装设计师的理念和风格得以诠释，服装美感能够得到充分展现，时装艺苑将变得更加多姿多彩。

在时装发布前，新闻稿包括已摄制的时装写真应提供给记者或自由撰稿人，在时装发布后，大量在现场摄取的时装写真或录像通过公共媒介广泛传播。企业还将摄影作品用作产品目录和广告，而时装摄影本身就是一种艺术品。

(4) 服装教育和研究机构

服装业属于劳动密集型行业，但服装本身的文化美学内涵、服装营销的全球化以及因为全球竞争导致技术进步，使服装业越来越依赖于高科技和现代文化知识。世界著名学府如哈佛大学、麻省理工学院都有相应机构从事纺织服装业的经济、生产和营销理论及技术研究，国内东华大学(原中国纺织大学)、浙江理工大学(原浙江丝绸工学院)等一批教学和科研机构，有专门的服装专业和相应科研机构从事服装教育和研究工作。我国自行研制的CAD、CAM系统、UPS生产线和条形码或二维码应用技术已开始发挥作用；在服装生产、营销、经济、管理以及服装消费心理学等领域的研究成果，为制定行业战略、贸易政策、企业经营战略和策略提供依据。

服装教育是近年来最受欢迎的求学专业门类之一，有20余所纺织或非纺织院校设置了服装学院和服装专业系列，相继开出了服装工程、服装设计、服装营销、时装与表演以及装潢设计、珠宝设计等相关专业课程，而职业教育和培训为服装业培养了大量实用型服装专业人才。从一些世界著名的服装学院如纽约时装学院(FIT)来看，服装教育的主要特点：一是强调与服装企业相结合，掌握实际工作技能，相比较而言艺术理论研究次之；二是在专业课程设置时，有关服装市场营销、服装商品策划(fashion merchandising)的课程占有重要比例。在美国，除了服装院校外，在普通高校中，人文学院、消费系、家政系也设有与服装相关的专业，进行有关消费心理、流行理论、服装产业经济以及其他学术研究。表9-3列出了部分国外服装院校的情况。

表9-3 国际服装名校

校名	特色	毕业的名设计师
法国爱丝摩服装设计学校	培养专业服装设计人才，专业划分非常细致，有女装、男装、宴会装、内衣等各学科方向。每年招收200名学生，三年制	索菲·西特布思(Sophie Sitbon) 奥利费·查特内特(Oliver Chatenet)
巴黎服装公会学校	捍卫法国高级女装设计传统是该校宗旨，学生修习传统的设计与制作方法。每年招收50名学生	伊夫·圣·洛朗(Yves Saint Laurant) 三宅一生(Issey Miyake)

(续 表)

校　　名	特　　色	毕业的名设计师
法国时装学院	结合管理、营销培养创作设计人才，是法国唯一有服装专业硕士、博士学位课程的学校。每年招收学生50名	伊夫·圣·洛朗(Yves Saint Laurant) 克里斯丁·拉克鲁丝(Christian Lacroix)
英国圣马丁艺术与设计学院	课程多样化，融合文化基本知识、技巧与自由创造风格，“时装与织品系”是孕育大师的摇篮，每年100名，四年制	约翰·加里亚诺(John Galliano) 亚历山大·麦克奎恩 (Alexander McQueen)
伦敦皇家艺术学院	男装、女装、服饰专业分科严格，织品专业著名，每年招生30余名，两年制	菲利普·特蕾西(Phlip Treacy) 内尔·巴瑞特·巴伯(Nell Barett Barber)
纽约时装学院(FIT)	时装界人才摇篮，专业有设计和服装营销等，每年招生1 000名，分两年或四年制	迈克·高丝(Michael Kors)
日本文化服装学院	培养样板师、工艺师、设计师和营销人员，专业齐全，设施先进，每年招收1 000名，两年制	山本耀司(Yohji Yamamoto) 高田贤三(Kenzo Takada)
比利时安菲尔皇家艺术学院	注重实验和研究、素质与创造性、前卫与奇异，该校以严格著称，每年50～60名，学制四～五年	安·迪默勒米斯特(Ann Demeulemeester) 马丁·马吉拉(Martin Margiela)

(5) 其他服装组织机构

① 服装质量检测机构

服装吊牌和商品质量标识是服装产品的重要组成部分，从消费者立场来看，服饰标识吊牌不仅维护了他们的正当权益，还是服饰质量档次的象征。发达国家都有相应的国家标准和法律规定。我国根据国际标准化组织(International Organization for Standardization，简称ISO)制定了一系列与服装相应的质量标准和法律法规。服装标准制定或立法后，作为法定标识，服装企业必须应用或使用这类服装标识，并且要有相应的检测机构对标准和法律进行实施和监督。

服饰标识与吊牌主要由印刷或织造制成，但标示的内容应符合国家标准和法律规定。服装质量标识虽小，但市场需求量很大。

② 形象设计和服饰咨询

这是一类很有潜力的市场。配合发型、化妆设计，根据顾客不同的年龄、性别、身材、体型、肤色、脸型等生理特征和职业、教育、性格、心理等个性特征，合理选配服装款式、色彩、配饰、首饰等，考虑到消费者的经济条件和价格定位，指导服饰消费，使之达到最佳效果。

③ 专业制版

无论发达国家或是发展中国家，绝大多数服装企业是中小型企业，而服装款式千变万化，样板设计是一项繁复的工作。专业制版企业可以为小型服装企业提供工业化标准样板的商品制作和服务。根据客户提供的款式图，制版企业进行样板设计、推档、排料，并提供系列工业化样板和排料图。家庭用服装纸样在我国也有一定市场，不少消费者希望通过自己的创意以补充市场服饰商品的缺口或出于经济目的而尝试自己缝制衣服。目前一些专业制版和纸样公司已在国内开拓这方面的市场业务。

质量标识(quality mark)

又称品质标志。表示产品质量不同属性的文字说明或图形记号。为确保产品经常保持相同的质量,满足消费者的使用要求,通过立法或注册手段简明扼要地说明产品的原产地、特征、材料成分、使用保管方法等内容。服装质量标识常用的有商标、纯羊毛标志、使用标识等。

使用标识(care label)

由法定机构确认的标示产品使用属性的文字说明或图形记号。为了消费者方便安心地使用产品,保证消费者的利益,企业对售出产品在规定的时间和使用、保管条件下,通过明示使用标识的形式承担保证产品质量的责任。服装使用标识包括原产国(原产地)、生产厂家代号、面辅料成分、洗涤方法和熨烫条件等内容,上装通常缝合在摆缝内侧,下装缝合在腰里。

国际羊毛局标准(standard of IWS)

国际羊毛局(International Wool Secretariat,简称 IWS)制定的"纯羊毛标识"、"高比例混纺标识"及"羊毛混纺标识"等是行业标准。这些产品除羊毛含量外,产品标准是一致的,只有质量完全达到国际羊毛局品质标准要求的产品才能使用 IWS 羊毛产品标识。各羊毛标识的毛纤维含量是:使用纯羊毛标志要求纯新羊毛不少于 93%;使用高比例混纺标识,羊毛含量不得少于 50%;使用羊毛混纺标识要求羊毛含量介于 30%到 50%之间。

服装销售咨询专家(sales specialist)的作用

里斯(Liz Claiborne)服装公司专门设置了培养服装销售咨询专家的学习班,一方面为百货店培养销售咨询专家,另一方面也为里斯服装公司的专卖店培养销售人才。培养目标:彻底了解和掌握公司品牌及销售的各种知识,成为品牌服装销售权威;对特定对象销售特定服装;以里斯特有的氛围,努力提高销量以及服务水平;收集顾客和销售信息(里斯服装公司非常重视市场调研,每年调查费 100 万美元)。通过讲课、录像和宣传资料,使每位咨询专家明确每一季节服装商品的特色,如何向顾客销售。优秀的销售咨询专家会在顾客的生日寄上贺卡,甚至会打电话询问她的丈夫:"您夫人生日的礼品准备好了吗?"

9.2 服装企业开发模式

企业开发模式是指企业组织能快速适应消费者生活需求和市场变化,不断进行结构调整,形成强有力的、具有系统管理功能的企业经营机制。

美国从 20 世纪 30 年代起用了半个世纪,对服装企业进行了现代企业制度和运营机制的培育，日本 20 世纪 50 年代用了 25 年时间改变了传统的企业组织结构，形成了适应市场主导型的企业体制和机制。

我国服装企业的所有制形式有国营、集体、民营、三资等，企业体制和经营方式差异很大。一些企业运用了现代企业管理、市场营销策略及国际上成功的营销模式，在国内迅速占领市场，扩大市场份额。随着改革开放和市场经济的深入发展以及我国加入“WTO”，境外服装企业和品牌将在国内市场进一步拓展，这对国内服装企业特别是传统粗放型经营的服装企业是一大挑战。因此，必须加速对我国纺织业龙头的服装企业进行体制、机制改革，开发出适合我国国情而又具有竞争力的系统组织结构。图 9-2 所示为企业开发模式的基本构造，主要由市场营销系统开发、人才开发和经营机制开发组成。

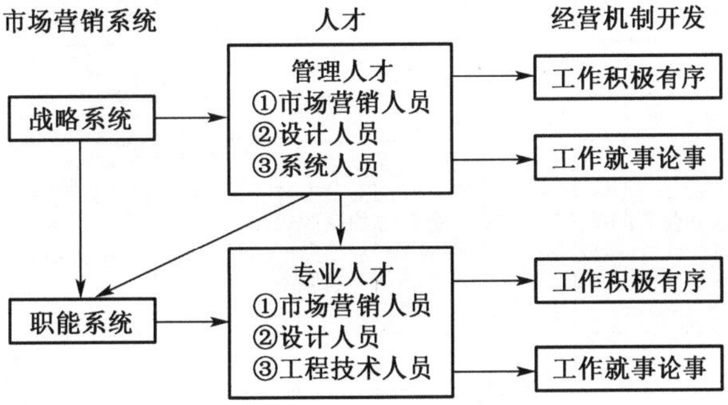

图 9-2　企业开发模式的基本构造

资料来源：宇野政雄，江尻弘，菅原正博，十合晄工．服装营销．日本：实教出版株式会社，1990(6)：119．

(1) 市场营销系统开发

企业为了取得优异的经济效益，必须开发适应市场营销系统的组织结构。市场营销系统可分为战略系统和职能系统。

战略系统是服装企业为了适应市场变化及消费者生活需求而制定的决策组织结构、实施步骤及各项战略方针，如图 9-3 所示，战略系统由七个子系统组成。

确定了战略系统后，具体地使设计、计划、生产和销售形成一体化的系统称为职能系统。图 9-4 所示为职能系统的 7 个子系统。

战略系统与职能系统的最大差异是前者由企业的上层管理人员研究制定，而后者是以前者制定的方针为依据，研究各种实施职能的专家系统。

在市场营销系统中，必须重视战略系统组织结构的建立，因为企业市场营销成功与否，关键是制定正确的战略方针。当然，职能系统也应与之配套，相辅相成，这样才能保证企业在不同市场环境下，战胜竞争对手，取得经济效益和可持续发展。

(2) 人才开发

企业人才开发可分为管理职能开发和专业职能开发。目前，我国服装人才开发主要是培养能在实践中发挥作用的专业技术人才，而对于管理人才的开发与培养重视不够。因为专业人才即使高效工作，但它并不能替代企业市场营销决策和管理职能，为此服装企业在培养、开发专业人才的同时，必须重视管理人才的培养开发。

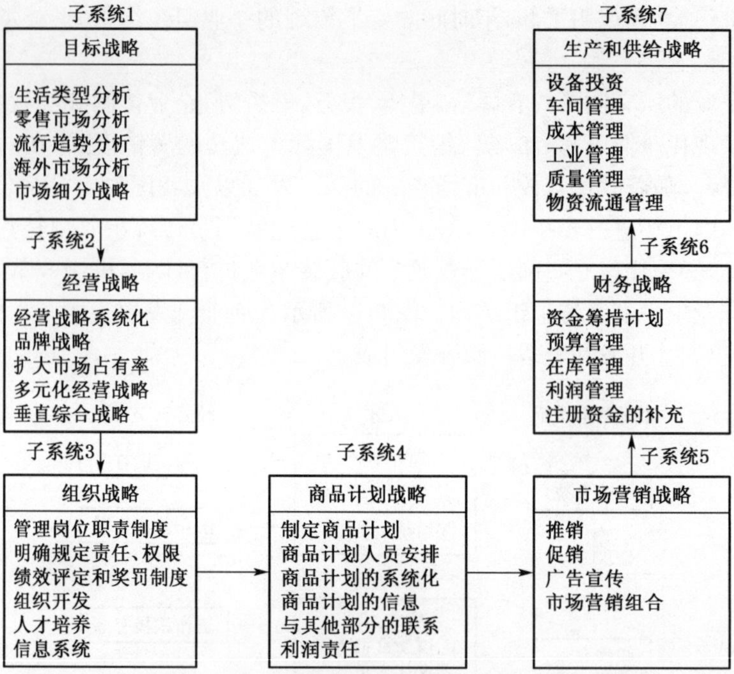

图 9-3　服装企业战略系统

资料来源：菅原正博. 知识集约型时尚产业. 日本：东京教学社，1976：123.

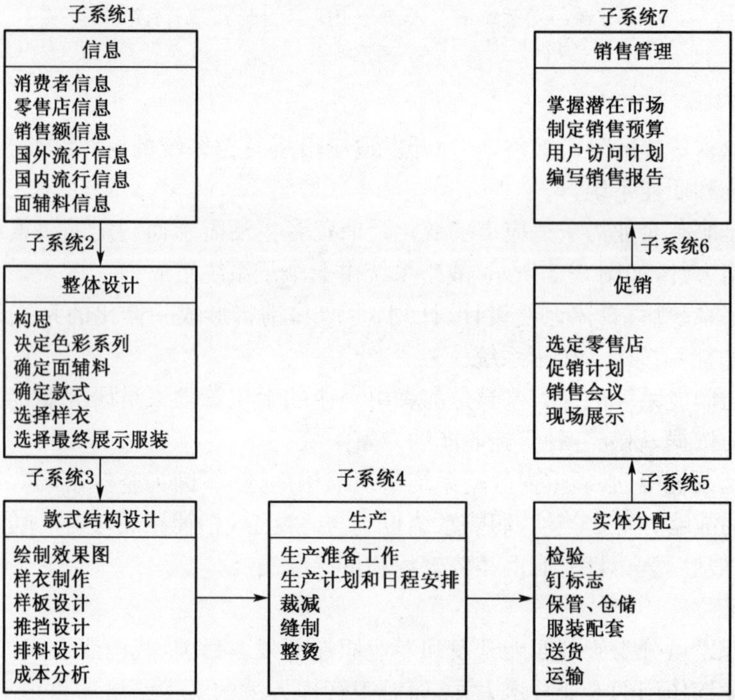

图 9-4　服装企业职能系统

资料来源：宇野政雄，江尻弘，菅原正博，十合晄工. 服装营销. 日本：实教出版株式会社，1990(6)：122.

表 9-4、表 9-5 所示为服装企业管理、专业职称以及改进的要点①。

表 9-4 服装企业不同部门的管理职称和改进重点

部门	管理职称			改进重点
	中国	日本	欧美	
市场营销部门	销售科长 销售经理 业务部经理 广告部经理	营销部长 事业部长 销售部长 商品企划部长	市场营销副总经理 商品策划副总经理 业务部经理 广告部经理	① 系统分析和制定计划 ② 消费生活分类知识 ③ 市场营销理论学习和实践 ④ 专业管理能力的培养
设计部门	计划科长 设计总监 总工程师 总设计师	计划室长 流行室长 商品开发室长 首席设计师	时装部经理 设计和造型部经理	① 重视利润 ② 掌握市场动向 ③ 加强专业知识学习 ④ 上级主管应掌握专业知识
综合部门	财务科长(经理) 总务科长(经理) 各车间主任 人事科长(经理)	财务部长 总务部长 人事部长 货品部长	财务经理 货品经理 人事经理 设备经理	① 加强管理意识 ② 关心与其它部门的联系 ③ 系统理论学习 ④ 理解企业战略意图

表 9-5 服装企业不同部门的专业职称和改进重点

部门	专业职称			改进重点
	中国	日本	欧美	
市场营销部门	店长 营业主管 销售总监	商品策划师 店长 销售顾问	商品策划师 销售顾问	① 加强服装专业和市场营销基础知识的学习 ② 培养成为营销专家
设计部门	款式设计师 样板设计师 缝制工艺师 计划科长	设计师 生产计划担当	设计师 服装配套师 整体设计师	① 注意不过分强调艺术性,增强利润及商业知识 ② 作为一流企业,应有一批优秀的设计师和专家
工程技术部门	技术员 技术科长 检验员	技师 技术主任 检验师	工程师 服装工艺师 成本分析师	① 加强专业知识的培养 ② 加强现场管理和技术指导

以前,我国服装企业干部以科长、厂长命名。现在,由于外资企业的发展,外来职称的影响较大,企业管理职称缺乏统一性和对比性,而且更重要的是与职称相对应的管理和专业知识并未跟上现代科技或管理水平。企业管理和营销干部往往局限于完成眼前的销售目标,而对于不断变化的消费层次需求以及面对激烈竞争的市场如何采取措施,保证企业和消费者长远利益,形成完善的市场营销体系任重道远。

专业人员同样如此。服装企业过去以作坊加工为主,转向工业化成衣生产体系后,人才培养未能跟上。多年培养的高等院校毕业生相对庞大的企业群体来讲,只是杯水车薪。许多企业至今仍然依靠经验、直觉安排生产和销售活动,培训体系未能有效建立。即使服装专业毕业的学生,因缺少服装生产和营销的实践知识,若要培养其成为专家,在企业内要经过多年磨炼才能成才。

① 根据宇野政雄,江尻弘,菅原正博等著《服装营销》P123-124 改写.

由上可知，我国服装企业在培养服装管理人才和专业人才这两方面还有许多工作要做，必须尽快地在人才培养方面形成系统和教育培训体系。

（3）经营机制开发

企业除了营销系统和人才开发之外，还必须注重经营机制开发以使企业形成积极有序的工作氛围。

企业经营环境氛围是决定各类人才能否发挥优越才能的重要因素。若这种气氛融洽，能充分地发挥干部、技术人员和职工的聪明才智。这种工作氛围直接影响管理人员和专业人员才能的发挥，因此必须创造积极向上的气氛，也即进行经营机制或激励机制的开发。表 9-6、表 9-7 所示为服装企业不同工作氛围的内容①。

表 9-6　管理人员的工作环境

正效应工作氛围	① 在管理人员之间，对新项目积极应战，工作气氛高涨。 ② 管理人员经常收集服装发展趋势和环境变化的信息，对将会成为企业负效应的问题预先分析，采取计划性措施，推行完整性系统的管理方法。 ③ 企业发展前景决策阶段，不考虑上、下级关系，鼓励下属积极提建议、有感而发。
负效应工作氛围	① 在管理人员之间，小职员气氛弥漫，对出现的问题，谁也不去积极想办法解决。 ② 管理人员不擅于处理系统问题。在不得不解决问题时，采取就事论事的态度。 ③ 管理人员唯恐今后被上级追究责任，在部门内部极力压制自由发言和评议。

正效应工作氛围是指能促进服装企业效益上升，积极有序的环境气氛；而负效应工作氛围是指给企业效益拖后脚，经营无力的环境气氛。

表 9-7　专业人员的工作环境

正效应工作氛围	① 进企业时，对通过担任工作成为有能力专家的信心不足。但在与老同事一起工作中，能感觉到这种气氛，工作欲望逐渐旺盛。 ② 为了成为独立专家，通过掌握多种专业知识和实践经验，学会按计划工作的气氛。 ③ 在工作领域内，确信若成为专家，在收入和社会评价方面能形成自信的生活方式。
负效应工作氛围	① 进企业时，对工作抱有理想和希望，但对工作缺乏主动性，每天只是惰性地工作。 ② 被聘为正式职工后，即使能成为有能力的专家，但因薪酬相差不大，表现为完成上级布置的任务即可。 ③ 不愿在一家企业工作一辈子，可能跳槽到其他企业工作，这种想法年轻人较多。

（4）服装企业的经营规模

① 经营规模

服装企业 90％以上为中、小企业，经营规模差异大。

ZARA 品牌

ZARA 是西班牙 Inditex 集团旗下的子公司品牌。Inditex 是全球排名第一的服装零售商（前两名分别是美国的 GAP 和瑞典的 H&M）。2021 年，Inditex 全球销售额 277.2 亿

① 宇野政雄，江尻弘，营原正博，十合晄工. 服装营销. 日本：实教出版株式会社，1990(6)：126-127.

欧元，增长 24%，净利润 32.4 亿欧元。Inditex 在全球开设门店，旗下共有 8 个服装零售品牌，ZARA 是其中最著名的品牌。尽管 ZARA 品牌的专卖店（自营专卖店占 90%，其余为合资和特许专卖店）只占 Inditex 公司所有分店数的三分之一，但是销售额却占总销售额的 70%。

国内服装企业由于销售及加工等经营模式不同，销售额由几十万到几百亿元不等；从服装企业经营规模人数来看，小型服装企业仅有几人，而大型服装企业有上万名员工。例如：上海高雅服装有限公司年销售额 1 亿元，扣除面、辅料费用，年纯加工费收入 1 500 万元；雅戈尔 2021 年实现销售收入 136 亿元，同比增长 18.57%①。

② 利润率

衡量企业经营规模的另一个重要指标是利润率，表 9-8 所示是根据 100 家服装企业的抽样调查，企业的利润率和级别分布状况。通常服装企业的利润率能保持或达到 5%以上的利润率时，说明经营状况良好，也即利润率应保持在 B 级以上。目前，我国服装企业发展很快，但相当一部份企业优先考虑的是扩大经营规模，占领市场，而把经济效益放在第二位。实际上，企业规模即使小，但若经营管理得当，利润率稳定处于 B 级以上，说明这一企业具备了稳定的发展基础。

表 9-8 服装企业的利润率与级别的抽样调查结果

利润率级别	销售利润率(%)	企业数
A	8 以上	28
B	5～7.9	20
C	2～4.9	33
D	2 以下	19
小计		100

2021 年中国服装行业百强企业 Top10

2022 年 8 月，中国服装协会正式发布了“2021 年服装行业百强企业”名单。排名结果来源于分别从“营业收入”、“利润总额”和“营业收入利润率”三项指标对企业进行排序，全国共有 130 家企业榜上有名。

2021 年服装行业百强企业呈现三方面特点：第一，产业资源加速向优势企业集聚。在上榜企业中，营业收入超过 100 亿元的企业有 14 家，超过 10 亿元的企业有 69 家，比 2020 年增加 8 家；利润总额超过 10 亿元的企业有 13 家，超过 1 亿元的企业有 44 家，比 2020 年增加 3 家。第二，百强企业增长势头强劲。从总量上看，2021 年服装行业“营业收入”百强企业合计实现营业收入 7 936.9 亿元，比 2020 年增长 15.4%；“利润总额”百

① 资料来源：课题研究数据及企业年报

强企业合计实现利润总额528.3亿元，比2020年增长5.7%；"营业收入利润率"百强企业平均利润率达10.07%，比2020年提高0.31个百分点。第三，产能品质稳定、研发技术先进、市场反应敏捷的优质制造企业正成为行业稀缺资源。在上榜企业中，品牌企业占据主导地位，营业收入和利润总额分别占上榜企业总额的73.6%和71.7%，但是从营业收入利润率来看，品牌型企业的营业收入利润率为10.2%，比2020年下降0.6个百分点，而制造型企业的营业收入利润率为7.2%，比2020年提高0.3个百分点。

2021年服装行业百强企业排名前十

"营业收入"百强企业 Top10	"利润总额"百强企业 Top10	"营业收入利润率"百强企业 Top10
1. 雅戈尔集团股份有限公司	1. 雅戈尔集团股份有限公司	1. 地素时尚股份有限公司
2. 海澜集团有限公司	2. 波司登股份有限公司	2. 比音勒芬服饰股份有限公司
3. 红豆集团有限公司	3. 海澜集团有限公司	3. 日禾戎美股份有限公司
4. 杉杉控股有限公司	4. 杉杉控股有限公司	4. 北京嘉曼服饰股份有限公司
5. 太平鸟集团有限公司	5. 山东如意时尚投资控股有限公司	5. 江南布衣有限公司
6. 波司登股份有限公司	6. 浙江森马服饰股份有限公司	6. 国人服饰股份有限公司
7. 山东如意时尚投资控股有限公司	7. 迪尚集团有限公司	7. 欣贺股份有限公司
8. 迪尚集团有限公司	8. 江苏东渡纺织集团有限公司	8. 深圳市珂莱蒂尔服饰有限公司
9. 浙江森马服饰股份有限公司	9. 太平鸟集团有限公司	9. 河北格雷服装股份有限公司
10. 江苏阳光集团有限公司	10. 江苏虎豹集团有限公司	10. 北京红都集团有限公司

（资料来源：中国服装协会https://mp.weixin.qq.com/s/ZkywH60Jq7Bt247tv4LjBA）

因此，在激烈的市场竞争中，企业与其扩大经营规模，还不如对企业现有经营规模加强管理，使企业保持较高的利润率，由D级逐渐上升到A级企业。事实上，企业销售额不管多大，若利润率跌至D级以下，将面临破产的危险境界。

当然，企业利润率达到A、B级后，也可以采取扩大企业规模的战略方针，但要注意利润率应控制在C级以上（图9-5）。

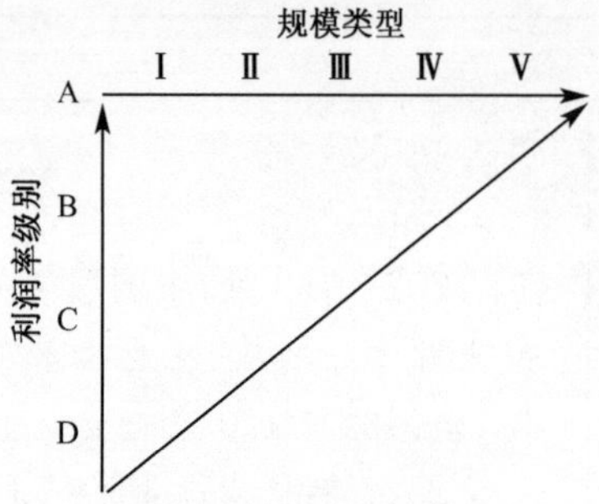

图9-5 企业发展模式

③ 利润率与企业开发模式的分析

表9-9是对表9-8的100家服装企业利润率和企业开发模式的关系分析。利润率为C级的服装企业，领导层对怎样提高企业的经济效益没有切实可行的方案，整个工作虽在进行，也达到了一定的水准，但效果不十分理想。对利润率为D级的服装企业来说，职能系统和管理人才的培养虽然做了一些工作，但上层管理人员每天忙于日常事务，战略系统基本没有考虑。由于D级企业没有展望未来的战略方针，因此管理和专业人员的工作氛围是负效应的。

表 9-9 规模经济与企业开发模式的关系

利润率级别	市场营销系统开发		人才开发		经营机制	
	战略系统	职能系统	管理人员	专业人员	管理人员经营气氛	专业人员经营气氛
A	○	○	○	○	○	○
B	○	△	○	△	○	△
C	△	△	△	△	△	△
D	×	△	△	×	×	×

注：○——好；△——中；×——差

由上表可以确定各种利润率级别的企业改进重点：

a. 为了使D级企业赢利水平上升，首先，领导层要重视战略系统的研究，制定企业发展战略方向；其次作为专业人才开发应提高具有良好基础知识和实际工作经验员工的比重；

b. 若C级企业要发展为B级企业时，必须使战略系统、管理人才和经营机制开发达到良上水平；

c. B级企业要想成为A级企业时，必须努力提高职能系统、专业人才开发和工作氛围的水平。

(5) 服装企业经营规模案例分析

案例 1

甲企业年销售额560万元，利润率14%，属A级企业。企业总经理兼总设计师K氏以市场营销系统开发为基点，取得了战略上的成功。

K氏在设计服装时的观点是："自己爱穿的服装，也要让同龄人享受。"策划设计时，对流行的变化趋势十分敏感，强调"色彩、花纹协调的上市服装，也是自己喜爱的服装"。反对奇异炫耀的，如超短裙和明度过高的服装款式。设计时，借助面料、色彩、条格花纹的变化，与廓体造型融为一体，重点在动态穿着效果上，而不是挂在衣架上的静态外观效果。

K氏的基本设计思想是"女性美很难用高明度表现，必须正确掌握女性的体形特征，设计出能体现女性内在美的服装"。色彩选择以藏青、黑色等浓色调为主。由于这一思想深受目标(细分)市场女性的青睐，因此，该企业有稳定的顾客购买层。

在经营机制开发方面，该企业培养管理干部和专业技术人才具有相互协调、相互支持的工作气氛，良好地发挥了团队作用。

在市场营销战略方面，销售限定于专卖店，与全国90来家零售店有贸易往来，其中连锁店8家。

该企业每年举行6次订货会，生产上采用100%的订货生产，即"以销定产"。连衣裙一个批量100～120件，一种色彩的面料设计四种款式。

在经营规模发展方面，该企业的方针是稳定现有市场，保持高利润率，不急于扩大经营规模。

案例 2

乙企业年销售额 1 400 万元,利润 15%,属 A 级企业。该企业是以著名服装设计师 H 氏为中心的企业,成功地将高级女装工艺应用于女子高级成衣生产。

在服装设计方面,H 氏认为:高级女装采用最高级的面、辅料和最优良的缝制技巧,因此,女子高级成衣服装在这方面是无法与之相比的。但这种理念必须积极地融入到高级成衣生产之中。设计时,采用具有中国和阿拉伯民族特色的裙装、套装,色彩斑斓的上衣和长裤,极宽松和有长褶的带有金属色泽的女装等。

该企业在商品管理上非常严格,对所有的产品,包括女衬衫和围巾等进行全数检验,返工返修率有时达 40%。检验合格的服装立体挂在衣架上,封装在塑料袋内。

尽管质量控制很严,但该企业对消费者的投诉,哪怕是轻微缺陷的投诉,也非常重视。H 氏认为:"设计师名牌是一种商品和无形资产,小缺陷的投诉,说明用户对本企业品牌有信誉感,如果辜负这一期望,作为设计师形象也就不复存在。"

该企业 160 人,特别是以总经理为中心的管理人员具有协同工作的正效应经营氛围,经过多年苦心经营,已发展成为著名的高档服装企业。

9.3 服装业的发展

(1) 服装企业制度

① 企业体制形态

第一类是业主企业。服装企业成立之初主要是业主企业,启动成本较低,不需要太多的注册资金,手续简便,经营项目灵活。我国改革开放后成立的家族制服装企业,大多数属于这一类型。这类企业资源和拓展手段有限,在市场竞争激烈的环境下,发展缺乏后劲;

第二类是合伙企业。相对来说实力要强一些,但由于与第一类企业相同的原因,同时,合作伙伴存在利益关系的协调问题,经营和发展过程中矛盾和冲突也较多,常常会延误决策,丧失机会;

第三类是股份制企业。这是一种现代企业制度,特点是可以充分吸纳和利用社会资源,融资方便,竞争力强,更重要的是由于所有权与经营权的分离能使企业在利润最大化(资本增值目标)的利益驱动下高效运行,保持资本所有者、经营者和劳动者之间的利益均衡。当然股份制企业的成立需要一定条件。

服装企业创立之初一般采用业主制或合伙制,只有当其发展到一定规模时才会拓展成为股份制企业。此外,三种类型的企业制度在税收和经营政策方面也有区别。

② 我国服装企业所有制结构变迁

图 9-6 所示为我国服装企业所有制结构沿革。

20 世纪 20～40 年代,上海作为远东的金融、贸易中心,已发展了初具规模的时装市场,领导着这一地区服装的流行。但当时的服装以手工定制为主,个体裁缝铺及前店后场是成衣业

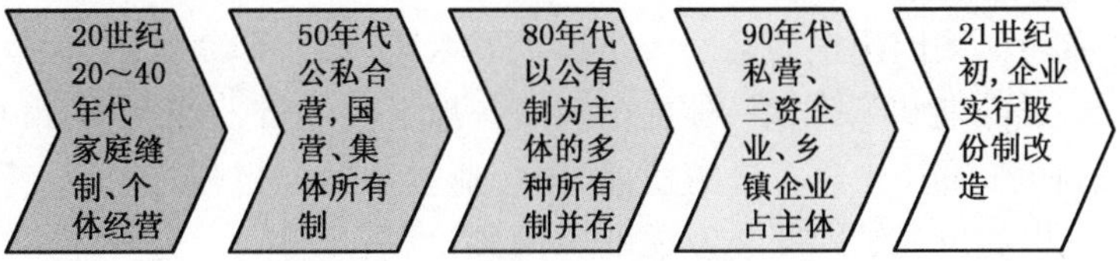

图9-6 我国服装企业所有制沿革

的最初形式。量体裁衣，家庭缝制是大多数人的日常服装来源。

50年代中期，我国基本完成了生产资料私有制的社会主义改造，国营和集体企业逐步发展。1952年我国城镇个体劳动者有833万人，到1957年社会主义改造基本完成后，还有104万人，但到了1978年只剩下15万人。50年代起，中国服装成衣业开始发展。公私合营运动使许多个体裁缝组成集体所有制的小工业，走上合作化道路。到1978年止，服装产业几乎全部为国营和集体所有制，私营、个体经营极度萎缩。

1979年党的十一届三中全会以后，国家实行改革开放政策，确定了以公有制为主体的多种经济所有制并存的指导思想，对社会主义市场经济的发展起到了巨大的推动作用。改革开放后，服装业形成了从国有企业一统天下到国营、集体、私营和外资等多种经济成分相互竞争、共同发展的格局。国内服装消费市场繁荣，购销两旺，人民生活从温饱开始走向小康，服装由卖方市场向买方市场转变。在服装商品策划、设计、生产、批发和零售领域，企业管理、技术人员不断改革创新，不同体制的企业互补余缺，使得国内服装市场与国际市场在流行、质量、销售等方面迅速接近。这一时期，尤其是乡镇服装企业发展迅速，从20世纪90年代起，在企业数、职工数、产量和出口额方面逐步替代了原工业部门国有企业的主力军地位。

到20世纪末，我国服装业（包括零售业）是私营经济和三资企业最活跃的行业之一。

进入21世纪，中国服装业进入了由生产经营型向资本经营型转变的重要阶段，股份制改造成为现代服装企业资本经营的核心。国有企业和民营企业纷纷融入股份制改造的时代潮流，力图实现内部管理、盈利能力和品牌效益等诸多方面的可持续性发展。由于股份制企业产权明晰、责权明确、政企分开和管理科学等特点，这一企业制度在现代服装企业中占据了相当规模。

三 资 企 业

1992年10月，中国共产党第十四届全国代表大会召开，中国经济体制改革进入了一个新阶段。从中央到地方，新创建的经济特区和开发区纷纷崛起，外资踊跃投入，服装业中的三资企业得到迅速发展。

所谓三资企业指海外独资、中外合资及中外合作三种形式企业的统称。这些企业拥有先进设备，并在技术、管理、人才方面吸收了国外的先进经验，推动了中高档服装市场的发展。政策规定：三资企业从盈利年份起实行所得税2年免税、3年减半的优惠税制，占据着国内服装市场和服装出口的有力竞争地位。随着我国加入“WTO”后的经济发展和税制改革，这一优惠措施将成为历史。

(2) 服装业发展阶段分析

美国学者伯莱恩·陶因提出著名的大纺织发展六阶段论，即萌芽期、大规模生产期、大规模出口期、黄金期、成熟期和下降期。他提出各国各地区因经济发展水准、市场孕育条件不同而处于不同阶段，而且随着社会经济的发展，服装业本身状况也随之改变。英国利兹大学的Peter Kilduff教授也提出了纺织服装发展的八阶段论（表9-10）。这些理论对指导服装业结构调整有重要意义。

表9-10 纺织服装产业发展八段论①

阶段	①维生期	②起飞期	③快速成长期	④发散/整合期	⑤量质俱增转型期	⑥高弹性低整合期	⑦创意整合期	⑧产业发展新形态期
产品特征	天然纤维的基本产品	基本形态天然纤维纺织品、成衣	多规格天然纤维、化纤纺织品及成衣	化纤及混纺纱、布、成衣、家用及产业用纺织品	化纤、纺织品供应服装、家用及产业用	产量降低、产品呈多元化发展	具有高品质时尚型及技术产品的品牌	量身定制，依订单生产
产业成长	低	加速成长	快速	减缓	低水平	负面为主	继续走低	整体产量稳定成长
出口量	少量	成衣出口增加	成衣出口开始快速成长	成衣出口达最高峰	成衣外销衰退，化纤外销增长	成衣、纺织品和纤维出口高	高精技术性、流行性产品	极精致的技术及流行性产品
进口量	少量	成品布进口增加	化纤进口快速增加	高级坯布和高档面料进口快速增加	成衣进口快速成长	纤维、布匹及成衣进口均高	精致产品进口明显增加	技术及流行性产品全面进口
产业策略	以维持生存为目标	扩张成衣工业	向后合并，产品项目增加	向后整合，产品品质提高	提高品质、以地理环境分散投资与生产	高品质、中流行、多元化、重服务	参与跨国营销网	持续创新，参与跨国营销供应网
生产能力	手工生产	代加工大批量生产基本型服装	代加工大批量生产服装	代加工生产中级品	以代加工方式生产高品质产品	原创设计及品牌产品的生产和销售	生产技术达到世界顶级	生产技术世界顶级，技术远播全球
产业结构	传统家庭加工型	水平组织	纺织业垂直合并	垂直及水平合并	纵横大整合	纵横双向整合势头渐低	横向完备，纵向亦佳	脑力设计者与生产销售分离
国内经济	农业为主	农业阶段	有初期工业化及都市化现象	快速工业化，都市人口大量增加	新兴工业化经济体	先进的工业化经济	成熟的工业化国家	先进的后工业化国家
国内市场	规模小，购买力弱	规模小，购买力薄弱	规模小，购买力不足	规模小	快速扩大	市场规模大，主要为中产阶级	规模扩大，财力雄厚	需求迫切
本国产业竞争优势	具民俗特色的纺织产品	各种规格成衣	基本型各种规格纺织及成衣	基本型各种规格纺织及成衣	基础化学纤维及化学纤维纺织品	高品质流行产品，高科技纺织品	创意独具，产品配合，一流服务	高度创新产品及特别量身订制产品

① 资料来源：根据英国利兹大学Peter Kilduff产业分析模型编制

按照纺织服装业发展八阶段论，我国大多数地区处于第二、三阶段；广东、浙江、江苏、福建、山东等纺织服装产地处于第四、五阶段；上海开始进入第五、六、七阶段。服装业的结构调整是一个动态过程，在结构调整过程中会产生许多行业发展机会，这种机会的综合，形成了行业的持续发展。

(3) 服装业的发展瓶颈

服装业的可持续性发展，取决于全行业整体结构的完善与合理性。过去，由于我国长期实施计划经济和出口加工型模式，导致服装业发展不均衡，行业部门结构不完整，区域结构分布不合理。

① 重加工而轻营销。长期生产主导型的经营模式，使一些企业缺乏市场营销能力，商品策划、市场调研、目标市场选择、市场定位等非价格竞争手段运用生疏。

② “宠坏的商业”。计划经济和统购统销时期，商业部门经营商品无竞争，无风险，坐收其利。一些零售商受传统经营习惯的影响，不能很好地与生产企业合作，共同开拓市场。商业部门本身的商品开拓、发展、组合能力逐步减弱，流通渠道方式单一，缺少有效供需信息的沟通，不能适应服装流通快节奏、短周期、小批量、多品种、多层次的发展要求。

③ 有待发展的服装信息业和咨询业。服装业对市场的快速反应依赖于对市场的充分了解、行业内信息的流畅贯通。我国服装面料、服装设计与市场脱节，信息孤岛等仍是阻碍产业发展的重要原因。除了企业和设计师本身需努力外，还需要在行业内发展市场研究机构、策划公司和促销推广公司等。

④ 产业配套和行业外部集约度。服装商品的系列化、高附加值，取决于产业的配套，除了服装外，还有饰件、鞋帽等部门；除了缝制加工业，还需要与面辅料、化妆品业、服务业、信息产业等共同发展。服装业本质上不是资本密集型产业，但是行业的进一步发展需要外部的集约，各种外部条件，如人才市场、金融市场及服装市场本身的发展等。

⑤ 地区结构的优化。中国的服装业正经历着从生产加工型向经营贸易型方向的发展。但企业间的专业化分工是现代经济的重要特征，各企业都去搞大而全是不妥的。因此，各地区应根据本地纺织原料、人才、技术、服装市场孕育程度、企业优势和竞争力等资源特点，合理制定服装发展战略。

产业集群(Industrial Clusters)

一组在地理上靠近、相互联系的公司或关联机构，同处或相关于一个特定的产业领域，具有共性和互补性而联系在一起的产业集聚体。特点：围绕一个专业化市场形成，提供各种原材料、配套设施与服务；以某一类产品为主的产业资本在这一区域较快地集中，实现生产资料、资本与劳动力的自由组合，降低经常性开支成本；当地政府为鼓励这种集群，提供土地、工商管理、引导服务等方面的政策支持，促进集群区产业链的完善和提升。产业集群经济是中国传统纺织服装业走集约化、专业化的经营方向。

纺织服装业是我国的优势产业，产业集群的形成与发展使我国纺织服装业的外部规模经济和整体配套能力不断增强，企业的创新环境日益优化，企业间的学习和信息传导机制逐步完善，从而促进了行业的区域性整合，带动了集群内外企业的合作竞争，并成为吸引跨国公司投资的主要因素。

> 我国服装产业集群，特别是在自发条件下形成的产业集群，集群内企业不论从规模、生产和管理能力、企业运作模式等方面几乎类同。这些集群借助当地专业市场以及集群规模效应在国内迅速打响知名度。但是，不难发现，很多这样的集群和专业市场在短暂的辉煌后出现停滞不前的现象。根本原因是在瞬息万变的市场环境和竞争条件下，服装产业集群的建设还存在着发展战略不清晰、产业和规模定位不合理等问题。

(4) 服装业发展因素分析

中国服装协会根据我国服装消费量与人口增长、社会消费品零售总额、衣着消费比重等关系研究，认为21世纪国内服装市场需求将继续平稳增长。

① 衣着消费增长推动因素

a. 我国人口自然增长率的增加将提高服装消费量；

b. 随着我国经济发展，居民收入水平提高，服装需求也会同步增长；

c. 一般规律是GDP增长1%，消费增长0.9%；

d. 我国农村居民人均服装购买量低，尚有增长余地。国家已经把增加农民收入，作为整个经济工作的突出任务。随着农村城市化的推进，每年约有1 000万农村人口转为城市居民，服装需求量会相应增长；

e. 具有时尚感的服装产品增多，产品品位提高，会吸引中高收入消费群体的一部分购买力；

f. 服装流行周期缩短，会增加服装更新换代；

g. 第三产业的发展，使职业服装需求量增加。

② 市场发展预测

a. 国内市场——服装已进入买方市场，但市场仍有一定的发展空间；

b. 国际市场——随着配额取消，我国对美国等设限国的出口会逐年增长，并带动服装出口总量的提升；但是需要改变出口服装量增价跌的态势，努力提高产品附加值；

c. 服装总产量将有一定的增长幅度，但数量增幅有限，应提高产品的科技含量；

d. 世界银行预测：加入WTO后的10年内，中国服装生产增加量将超过2.5倍，产品出口将增加3.75倍，在世界服装市场的出口份额将占近50%；

e. 随着我国投资环境的改变，外资的进入将更便捷和快速，更具竞争威胁。

③ 服装企业的发展态势

a. 随着竞争态势由价格竞争向策划、设计和品牌等非价格竞争阶段过渡，服装业的进入壁垒将不断提高，加之行业利润率的下降，新的进入者将放慢步伐；

b. 服装生产企业的投资还将体现在西服、女装、休闲装等热门品种上，职业装的市场竞争日益激烈，童装市场将蓬勃发展；

c. 大型服装企业在内销方面正在加强现代企业制度、营销模式、渠道的建设，依据国际化战略方针，加大对外贸易投资力度，加快创立国际品牌的进程；中小企业则依靠差异化发展，力争在行业或市场方面赢得一席之地；

d. 企业两极分化趋势将会继续扩大，由于缺少活力、技术进步、创新力以及市场运作欠佳，造成经济效益滑坡，这些企业或将倒闭或被优势企业兼并、重组；

e. 民营企业的规模逐渐扩大，企业通过改制争取上市更加频繁；

f. 数字化服装设计、生产、销售技术和设备将进一步在服装企业中普及；

g. 服装类上市公司依靠发展传统产业和高科技产业双重优势，积极拓展多元产业成长空间。

④ 四大因素引发行业整合

a. 国际推动因素——周边国家和地区中的日本、中国香港、中国台湾和韩国服装制造业将陆续进入衰退期，生产外移已经成为潮流；我国将不断吸引和接纳这些国家和地区服装产业的转移，由此推动本土服装业重组整合。

b. 政府推动因素——“十五”规划中国家确定把纺织服装业作为国有资本逐步退出的行业，明确国有企业通过规范上市、中外合资和吸引各种资金参股、兼并破产等形式，加快国有资本退出。“十一五”规划提出的目标：着力打造自主品牌，提高质量，增加品种，满足多样化需求，扩大高端市场份额，巩固和提高行业竞争力；鼓励纺织服装业增加附加值，提高纺织服装业技术含量和自主品牌比重；发展高技术、高性能、差别化、绿色环保纤维和再生纤维，扩大产业用纺织品、丝绸和非棉天然纤维开发利用；推进纺织服装业梯度转移。

c. 企业内在因素——未来商品企划、品牌竞争是服装企业争夺市场的主要形式，服装品牌企业通过与国外知名企业合作推出新品牌、收购国外品牌或通过品牌授权、特许经营等方式扩大市场份额。

d. 东西部发展因素——东部服装业在市场开拓、产品开发、培育品牌等方面具有优势，但日益增长的工资水平和商务成本制约了发展空间；东部与西部相结合能形成自然资源和劳动力资源的优势互补；通过充分利用国家西部开发的政策条件，东西部企业可以联手、重组，形成新的竞争优势。

思考题

1. 试述服装业的组织机构。
2. 服装流通组织的分类和各自的定义。
3. 简述服装企业开发模式。
4. 试述纺织服装业发展阶段论及应用。
5. 我国服装业未来发展因素分析。

10 服装市场细分与目标市场定位

导读

服装业的特殊性决定了服装商品种类的繁多以及需求量大而复杂的特性。随着国民生活水平的提高，对穿着的要求也相应有了很大程度的变化，人们需要能体现个性和展现自我的服装。但是在实际经营活动中，企业无法用有限的资源生产无限服装种类去满足每一个顾客的需求。因此，如何从企业自身的特色与能力出发，开发适合目标顾客的服装产品，成为企业参与激烈市场竞争的重要砝码。而STP营销(市场细分、目标市场和产品定位)是赢得竞争的利器。

STP营销可以通过市场细分和目标市场的定位，寻找适合企业或品牌发展的方向，并且能够满足不同层次消费者的需求。

由于服装商品的特殊性，服装市场细分可以有多种组合。主要按消费者特征以及消费者行为两大部分细分。

在市场细分的基础上，企业结合自身资源进行目标市场的选择。在目标市场的设定过程中，企业必须与营销战略紧密结合，并且需要持之以恒加以维护。

目标市场确定后，企业将确定产品定位。而在这一过程中，设计师与企业策划人员将完成消费者所需求的服装商品形象和功能，使企业产品在竞争中具有市场优势地位。

本章着重介绍服装STP营销，即市场细分(Segmenting)，目标市场(Targeting)和产品定位(Positioning)。并且通过对童装品牌的STP案例分析，解析这些环节的具体操作流程。

10.1 市场细分和目标市场定位的作用与意义

在市场销售的商品大类中，服装商品的构成要素相对复杂，影响消费者对服装的评价和爱好程度的因素也各不相同。服装消费的多样化和产品构成的多元化使服装成为所有商品大类中品种最为丰富的一族，随着社会的进步和国民生活质量的提高，这种特征更为显著。

因此，没有一家服装企业能够生产或经营成千上万的服装品种来满足所有消费者需求，也不可能以一种产品满足各类消费者的爱好。服装企业必须从整个服装市场需求中选择一类或几类顾客作为自己的目标市场，而产品开发、品牌理念、价格、促销等策略都因之而定。从这个意义上说 STP 营销，即市场细分(Segmenting)、目标市场(Targeting)和产品定位(Positioning)是营销战略的核心或出发点。

我国服装业关于 STP 营销理论与实践的认识经历了四个阶段。

a. 20 世纪 70 年代之前，由于商品短缺和特殊的社会政治背景，人们穿着单调，缺乏色彩，成衣业像生产工业标准件一样缝制服装；

b. 20 世纪 80 年代，随着改革开放和经济形势的好转，人们长期被压抑的对服饰美的追求得以实现。各种款式、色调、面料的服装争奇斗艳，服装企业开始注重开发新款式，服装市场品种开始丰富。但这一时期本质上还是追求大量生产、大量销售和大量消费。企业经营缺少明确的目标市场，虽然服装品种繁多，但实际上大多数服装款式雷同，模仿、抄袭成风，市场什么好销，马上就有大量的同类产品上市，服装缺乏特色和个性；

c. 20 世纪 90 年代，随着市场经济的形成，国外服装零售业的引入和服装消费层次的多元化，新的消费观念开始形成。服装成为不同生活方式、社会地位与角色、不同价值观、不同理想与追求的象征。消费者希望以合适的价格、在合适的商店买到中意的款式、色彩及面料的品牌服装，以满足不同场合的着装需求。引进境外品牌的服装企业和零售店，首先以 STP 模式经营，参与国内市场角逐，也迫使传统服装企业进行改革。

d. 21 世纪初的国内服装营销仍处于 STP 经营发展的初期：大多数服装企业已明确认识到市场细分、目标市场和定位的重要性；差异化服装开始出现；尽管我国服装消费者还有盲目追求现象，但成熟的服装消费观念和个性化意识已开始逐步形成。

在激烈的市场竞争面前，服装企业有意识地选择目标市场，以自己的专长和特色，独辟蹊径，开拓自己的目标市场，这是企业经营观念上的一大进步，也是目前服装企业生存与发展的主要出路。

总之，STP 概念的形成和发展具有如下的作用与意义：

① 对于企业而言，通过市场细分和目标市场的定位，可以发现和寻找最有利的市场机会，以最少的资本投入取得最大的经济效益。明确细分市场的特征，企业可以有的放矢地进行面料开发、款式设计、工艺技术安排，使服装产销对路，并针对目标市场制定品牌定位和价格策略、进行促销宣传、安排分销渠道及设计 POP 环境等，使企业在市场竞争中求生存、谋发展；

② 对于消费者而言，STP 营销方式能使各类消费者不断增长的需求得到充分满足，不断提高人们的衣生活质量。无论男女老少，无论前卫的、保守的、新潮的、传统的都能购得各自所需的服装，高中低档服装质价相符、物有所值；

③ 对于社会而言，STP 营销方式将繁荣和丰富服装市场，促进市场经济的健康发展，提高我国服装商品在国际市场上的地位和综合竞争力。

10.2 市场细分的方法

市场细分(Market segmenting)是根据消费者的文化、区域、生理和心理、性格、需求程度、经济状况以及购买习惯和方式等特征将市场分成若干个细分市场,目的在于通过提供有差异的商品和采取不同的营销策略满足消费者的不同需求。

服装消费市场本质上是商品分类选购,由于构成服装产品的要素众多,而消费者的需求又各不相同,因此理论上的细分组合是无限的。但对于服装企业来说,细分的目的主要是选择有足够容量、有利可图并且是可操作(即能为该细分市场设定可行的营销组合方案)的目标市场。因此在进行服装市场细分时,应广泛开展市场调研,收集消费者信息,听取生产、销售、店铺人员等从业人员的见解,分析竞争对手业绩。然后根据市场差异和发展趋势、竞争者的战略和策略以及企业自身的资源细分市场,并确立企业的战略目标。

例如:Esprit以时尚年轻人为目标进行商品策划,服装色彩鲜艳,款式活泼,材料以棉纤维为主;雪豹品牌以高收入者皮草服装为目标市场,着力开发皮草高贵、庄重的特色;瑞典服装跨国企业的H&M品牌在进入我国市场前,首先选定与欧洲文化具有较大兼容性的上海市场作为调研对象,不仅调查了主要国际服装品牌在上海的经营策略、模式、产品种类、价格档次和零售市场分布,还针对上海目标消费者对价格、面料、色彩、服装类型和款式的喜好进行分析,为最终确定细分市场和应对策略提供参考依据。

职业休闲服——新的细分市场

利维·斯公司以世界最大牛仔服制造商品牌著称,紧身、短裆、瘦裤腿以及靛蓝的牛仔服在服装流行史上创下了漫长的奇迹。但随着市场和消费者生活方式的变化,利维·斯公司于1986年推出了职业休闲服Dockers品牌,这一系列的休闲服以细部褶裥、多彩、廓型的变化为特色,一上市就受到了美国白领阶层的欢迎。1992年,利维·斯公司针对全美3万企业人事经理,进行了职业休闲服的大规模宣传促销活动。推销员向各公司人事经理提供了和谐的样品手册、高级写字楼职业休闲服着装的案例分析以及推行职业休闲服着装规定的企业提高效益的报告。1990年前后,美国经济曾出现过不景气,但是,这一时期以硅谷计算机软件为中心的高科技产业获得快速发展也是不争事实。硅谷年轻人的创造性思维、公司经营氛围以及潇洒的穿着受到了人们广泛注目,这也是职业休闲服得以拓展的背景。美国1996年男士服装销售额为412亿美元,比1989年增加了21.3%,职业休闲服的流行是男士服装销售额上升的一大原因。利维·斯公司的“Dockers”品牌十余年后,年销售额超过10亿美元。CK、GAP等服装公司也在进入这一市场,这种职业休闲服不仅在美国大有市场,随后逐渐扩展到欧洲、日本及世界各国市场。

服装市场可分为:个人市场、团体市场(如防尘工作服、抗高温劳保服等)和政府采购市场(如政府机构制服、军服等)。有时将团体市场和政府采购市场称为集团消费市场,如防菌防臭服装以井下作业的矿工和野外战斗部队官兵内衣等作为细分集团消费市场。实践中,这类市场细分比较专一，本章不予重点讨论。

服装市场与一般消费市场相比，有共性的一面，但更具特殊性。通常，消费市场的细分变数比较复杂(表 10-1)，可分为两部分：

① 按照消费者特征细分，如地理、人文和心理特征等；

② 按消费者行为细分：如购买(或使用)时机、利益、用途、态度等。

表 10-1　消费市场细分的主要变数

变　　数		市场细分内容
地理特征	地　区	东北、华北、华南、西南等
	城市规模	10 万人以下、11～50 万人、51～100 万人、101～500 万人、500 万人以上
	人口密度	都市、市郊、农村等
	气　候	温带、亚热带、季节、温度等
人文因素	年　龄	6 岁以下、7～11 岁、12～19 岁、20～34 岁、35～49 岁、50～64 岁、65 岁以上
	性　别	男、女
	家庭人口	1～2 人、3～4 人、5 人以上
	家庭生命周期	年轻家庭：未婚、已婚、未生育、小孩 6 岁以下或以上； 中年家庭：已婚、未婚、未生育、小孩 18 岁以下或以上；孤老；其他
	年收入	5 000 元以下、5 100～20 000 元、2.1～5 元、5.1 万～10 万元、10 万元以上
	职　业	技术人员、公务员、干部、教师、职员、企业主、农民、退休人员、学生、家庭主妇、待业人员等
	教　育	小学及以下、中学、高中、专科、大学及以上
	宗　教	佛教、天主教、基督教、道教、其他
	种　族	黄种人、白种人、黑种人等
	国　籍	中国人、美国人、英国人、法国人、德国人、拉丁美洲人、中东人等
社会心理因素	社会阶层	劳动阶层、富裕阶层等
	生活方式	朴素型、时髦型、传统型等
	个　性	自由的、爱交际的、独立的、疏离的等
行为因素	使用场合	社交场合、家庭生活、户外活动等
	追求利益	质量、服务、经济、舒适、功能、表现力等
	使用状况	未使用、以前使用过、潜在使用者、初次使用者、经常使用者等
	使用率	很少使用、经常使用
	忠诚程度	无、中等、强烈、绝对
	购　买	感兴趣、想买、即将购买等
	服饰态度	投入、热心、肯定、不关心、无所谓

(1) 地理细分

按地域分布或地理特征进行市场细分的方法。消费者所处地理位置，如城市规模、人口密度、气候条件、风俗习惯等会对服装有不同的需求和影响。例如：中国北方注重对冬季室外服装的御寒保暖功能要求，色彩稳重，而南方的服装相对明艳亮丽；年轻人对时装需求量大，而成年人款式简洁、讲究品位和面料质地；大城市和沿海开放地区对流行敏感；同为沿海地区，广东、福建的服装具有港台风格，而上海穿着方面比较开放，对各种文化具有兼容性，形成独特的海派服饰风格。

(2) 人口细分

按照性别、年龄、生命周期、收入和职业等为基础细分不同特征群体的方法。人口统计变量是区分消费者群体的最基础数据，因为消费者的欲望、爱好和使用率经常与人口统计变量有密切的联系，而且这种变量比其他类型的变量更易衡量，因而也更利于决策时的定量分析。人口细分可查询二手资料，如中国统计年鉴等。

① 性别

男装或是女装是任何设计师首先要考虑的。拉夫·劳伦的 POLO 品牌主要以绅士为目标，而 DKNY 则以女士为服务对象；"培罗蒙"以定做男西装盛名，而"朋街"则擅长缝制女装。尽管一段时期无性别服装流行，但实质上这是妇女借助服饰作为争取社会地位的一种手段，最终目的是表现女权主义。女装一直是服装界最为重视的主要商品，为企业家和设计师的表现与创作提供了无限商机。社会对女性服装比较宽容，女子穿背心、超短裙出入公共场合被认为是活泼而富有朝气的表现，而男子穿背心和短裤参加集会则被认为有失风雅。我国男装品牌大中型服装企业的市场占有率高，分销渠道遍布全国；但女装品牌普遍规模偏小，扩大规模需要服装企业具有高超的策划、设计和分销能力。

② 年龄和生命周期

消费者年龄层处于不同生命周期阶段或因有不同的履历而对服装会产生不同的追求和爱好。

不同的年龄在体形上有很大差别，形成不同规格的服装分类，但心理上的区别更大。表 10-2 所示为不同年龄层次女性的心理特征和服饰偏好，由此形成各自的细分市场。

表 10-2　城市女性对服饰零售店的偏好

年龄层(岁)	心理特征	服饰偏好	营销特征
少女 (花季期) 15～17	生理心理不稳定、好动、爱新奇、爱引人注目	款式活泼新奇、鲜艳夺目、见异思迁	注重款式、颜色跳跃、节奏、名牌效应、服饰配件；价格较低、对做工面料适中；运动装需求大
姑娘 (婚恋期) 18～24	生理心理趋成熟、刻意装扮、执着爱美、对他人的评价和穿着反应敏感、表现欲强烈、有收入、负担轻	追求时髦、对服饰欣赏品味高、对服饰美有强烈要求且目的明确	款式颜色应符合潮流、面料考究；注意名店、名牌、名师效应；易受广告诱惑；价格高；售货员应懂行；高级套装、礼服、休闲装看好
少妇 (成熟期) 25～34	有生活、社会经验和较高的文化素养；稳重、收入稳定；打扮成为生活的一部分	欣赏水平高，对衣着有独特的见解	款式颜色应符合流行趋势、面料考究、做工精细；名店、名师、名牌效应；对广告较为关注，价格较高；正规套装、休闲装
中年 (不惑期) 35～50	生活经验丰富，其中一大部分为职业女性；有较高文化素养、稳重；对渐去的青春留恋与回忆	雅致、俏而不艳，对服饰的选择标准趋于稳定	颜色冷而凝重、款式设计线条简洁、庄重而不古板；对正装、休闲装需求量大；不受广告诱惑

不同的社会年代，具有大相径庭的生活观和服饰价值观。例如，发达国家二战后有一段相对和平时期，此时出现世界范围内的生育高峰，不仅构成了随后人口数量最大的年龄团块，而且经历了社会大发展时期，到了 20 世纪 90 年代已成为社会中坚力量，他(她)们希望摆脱传统服饰的束缚，但是过于强烈的责任感使他们的穿着趋于拘谨保守。他(她)们的后代被称之为

未知一代(X-generation),经历的是冷战后世界旧结构的分崩离析和新秩序的混沌。这一群体烦于政治争斗,不信老一套的理想主义,有不同的信仰或思想。这一时期发达国家的年轻人在穿着上别出心裁但摇摆不定,今天穿缩手袖,明天又尝试露脐衫;本季内衣外穿,下一季外短内长;他们的购衣欲极强,但企业又难以把握他们的追求。

以年龄划分市场必须注意人口分布在各个区段上并不均匀,应根据人口普查的数据作市场潜量的推算。

③ 收入

收入是市场细分的重要因素。收入不仅涉及购买能力从而影响总的市场潜量,同时也影响服饰产品的市场结构。改革开放后,我国国民收入快速增加,但收入的差异形成了多层次消费现象。服装消费市场高、中、低档品种同时并存,目的是适应不同消费层次的需要。但我国与世界发达国家生活水平差距还相当大,即使考虑到一部分国民收入较高,有炫耀性消费因素存在,但能接受高价服装消费的人数毕竟有限。认为专卖店一定高档,这是一种误解。国内市场销售的海外品牌如 Urban Outfitters、C&A 等专卖店的目标市场是收入尚不丰厚的青年或学生,款式新颖,产品在国内或其他发展中国家生产,成本较低,价格适中。这种策略显然符合国内民众的经济收入和收入层次分布现状。

④ 职业

服装作为一种表达个人社会地位、角色和成就的载体,是职业表现的主题之一,凭借穿着往往可以判断此人的职业类型。艺术家对客观世界颇为敏感,处世自由而有个性、热情而有创造力;教师则不宜在课堂内穿得过于花哨,须保持为人师表的穿着准则,因此色彩与款式的选择相对传统拘谨;白领女性为了体现公司形象和个人的自信以及成就感,穿着新颖、选料做工考究、款式高雅稳重,为了表达个性,一般拥有较多套装,以满足各种社交与商务活动的需要;而大学生,大多数时间穿休闲装或休闲运动装。

(3) 心理细分

按消费者的社会阶层、生活方式和个性划分成不同心理特征群体的方法。服装具有表现个人社会地位和品位的作用,消费者个性对着装心理影响大。例如:性格开放的消费者往往选择新潮时装,而性格内向的消费者喜好穿着稳重、经典的服装款式;一些服装企业为"富有女性气质"的消费者设计服饰,而另一些则为职业女性设计强者形象;根据对上海市中学生服饰心理的调查,归纳出顺从型、享乐型、疏离型和未定向型等四类群体,他(她)们的服饰标准、购买和穿着方式各有千秋。

① 社会阶层

社会阶层在服装市场细分中是一项重要变量。如 RaLph Lauren 的 POLO 衬衫是为上层社会中消费意识稳重的男士设计的;而佐丹奴似乎更多地在一般青年学生中流行;"布鲁克兄弟"(Brooks-Brothers)品牌西服不仅价高,店址也选择在如华尔街那样的繁华商业中心,店面装潢凝重,目标细分市场是商界人士或事业有成的男士。

② 生活方式

生活方式是内容相当广泛的概念,包括人们的衣、食、住、行、劳动工作、休闲娱乐、社会交往、待人接物等物质和精神生活的价值观、道德观、审美观,以及与这些方式在一定历史时期与社会条件下,各个社会群体的生活模式。

消费者的着装,与他(她)的生活方式高度相关。休闲旅游和体育运动是青年人现代生活方式的一种趋向，相应的服饰商品开始流行；而女装制造商则往往接受杜邦公司的建议，为“甜纯女性”、“时髦女郎”或“男性化女士”设计不同款式的时装。

80后生活方式的主要特征

80后的年轻人具有同父辈明显不同的生活方式。

网上购物：这种不需要见面和出门的购物方式，一出现便得到80后的极度青睐。淘宝网等购物网站的大紫大红不仅给人们带来方便，也开始挑战传统的购物方式。

写博客：网络创作、上传、传播、博客的出现彻底改变了传统的书写方式，也让80后有了更广阔的自由空间。

聊QQ：可以说QQ的出现伴随着80后一代成长，因为他们刚开始接触到电脑时，是从QQ聊天开始的，到现在用QQ找工作、做生意、联系客户，QQ的进化见证了80后在数字时代的成长，有人戏称“我们平时用真名讲假话，在网上用假名讲真话”。

打游戏：种类繁多的单机游戏和网络游戏让80后的消遣和娱乐有了更自我的方式。80后一代的压力是很大的，因为他们处在快速发展和变革的年代、信息知识更新裂变的年代，他们需要不断更新自我，才能去适应社会。游戏是他们独特的休闲方式，但负面影响是过于沉溺其中者往往不能自拔。

MP3随身听：在街道上、校园内、地铁、公交车上随处可见80后戴MP3、MP4听音乐。他们的生活不墨守成规，拒绝一成不变。

发短信：短信是80后的指尖沟通。不管距离多远，这是他们的生活方式。逢年过节互发祝福短信，朋友、老师、同学、亲戚，一个都不能少。用文字来代替语言沟通。也许和80后独来独往的性格有关。

网上视频：从小学到大学要有多少同学、老师、朋友，答案只能是很多很多。网络视频让他们重拾当初的感觉，如同见面一般，是快节奏生活方式的减压方式。

看动漫：80后喜欢的动漫如日本的《海贼王》，动漫现在是一种流行的艺术或者叫文化吧，是80后的精神食粮！

玩数码相机：数字化的时代离不开数码相机，它让身边的人物、景色、动物都与电脑发生了关系。

真人秀：通过一个夸张的动作、表现真实的自我；通过一个个简单的故事，讲述生活中的点滴。草根真人秀体现着80后的正义和爱、幻想的内心世界。

值得注意的现象是，80后的青少年几乎都是独生子女，甚至是“6+1”的家庭模式，所谓“6”，就是父母、祖父母、外祖父母，“1”就是孩子自身。万千宠爱于一身的“小皇帝”、“小公主”感受到的压力是无形的，他们往往具有叛逆、个性张扬、脆弱、复杂、善变等心理上的很多特质。但换一个角度来看，他们的自我、张扬、敢于挑战权威、勇于创新又无疑是社会进步的强大动力。

③ 个性

如前所述，上海顺从型的中学生穿着由父母做主，衣着往往循规蹈矩，而穿短裙的女孩可能更活泼自信一些。IBM公司提倡在硅谷企业中的IT人员在工作时间穿休闲装,意在培养自由而有创意的个性。

(4) 行为细分

根据消费者对产品的使用情况、反应、态度、了解程度划分成不同特征群体的方法。包括:时机、利益及忠诚度等。

根据消费者对产品的使用情况及反应而划分市场是比较可行并有利于制定市场细分策略的,因此有专业人士认为这是市场细分的最佳开拓点。

① 时机

根据消费者需求、购买和使用时机细分市场。如日常穿的袜子属于必需品,可在一般连锁超市或便利店出售;而名牌时尚袜类,因在重要社交场合穿着,可在高档百货店或品牌专卖店出售。泳衣夏天畅销,羽绒服则适宜秋冬市场。

② 利益

消费者购买或使用物品时强调利益和效用。农村女性选购时要求服装厚实耐穿价廉,都市人讲究舒适,少女们则强调款式与色彩的表现力。

③ 忠诚度

服装消费者中不少人是品牌忠诚者,他们有自己明确的品牌倾向、定位。但有的则只是追逐名牌却不知道品牌的理念和内涵;还有的处于游离状况,可有可无。设计师品牌通常希望以明确定位和理念来培养忠诚的顾客群。

10.3　目标市场的选择

确定目标市场的基础是市场细分,根据企业的特长和拥有的资源,结合营销目标,规划企业经营的品种、产品市场计划及范围。

企业依据消费者需求及消费行为进行市场细分,再从这些市场机会中选择若干特定目标作为营销对象。并不是所有的市场机会都能被企业利用和把握,这种特定类型目标市场的设定和定位与确定市场营销的战略重点有关。高档名牌服装利润诱人,但大多数服装企业并不具备进入这一市场的能力;要使消费者对品牌认可进而愿出高价购买,企业要经历持久的努力和投入;反之,一家名牌店铺不能因一时利益去销售不符合经营理念的紧俏商品。

(1) 目标市场确定的原则

- 市场细分是目标市场设定和定位的前提条件;
- 目标市场设立后,要确定与该目标消费需求相吻合的市场营销组合;
- 通过确立目标市场和市场营销组合,才能制定合适的市场营销战略。

服装企业设立目标市场是一项战略性工作,一旦确定以后,需要长期投入,以树立与目标市场相一致的声誉与形象,而且一般不宜多变,以免造成目标市场的困惑而前功尽弃。

(2) 目标市场的设立方法

① 差异性集中目标市场

企业针对各细分市场的消费需求层次差异,选择若干具有较大发展潜力而企业又有一定优势或开发能力的市场，设计、生产和销售目标顾客需求的系列产品，并制定相应的营销策略。

案例

D'UBAN公司的目标市场及营销策略

通常，男士流行服装几乎以20～30岁的年轻男子为对象，当许多企业把眼光集中在这一目标上时，D'UBAN公司却以30～40岁的男子为对象，实现了设立目标的差异化。而在这一年龄层的男子中，又集中选择以城市中的具有大中专文化水平的人群为对象，目标性格鲜明。由此，使该公司在竞争中占据了两个有利条件：第一，对象差别化，目标鲜明；第二，由于目标市场设立明确，使得市场营销战略方案切实可行。

D'UBAN公司市场渗透策略：

a. 品牌取名为D'UBAN(具有城市味)。

b. 目标为30～40岁男性市民，大中专文化水平，企业职员。

c. 确定这一成年人目标顾客的流行风格。既要排除过去那种藏青、鼠灰色外观，也不采用年轻人流行的风格，而是将流行要素巧妙地融入款式设计之中，形成成熟、干练、潇洒的风格，在成年人时装领域拓展。

d. 商品配套有西套装、茄克衫、单西装、长裤、衬衫、大衣、礼服、休闲服、领带等，以"成年人时装"为目标。

e. 价格高于一般服装，推行高档服饰商品。

f. 收集市场和流行信息，企业决策不局限于地区观念，推行全球意识。

g. 以策划、设计、生产、销售、促销一体化为宗旨，建立完善的市场营销体系。

h. 第一年的销售额目标为4.8千万元。

确定了目标市场和营销战略后，为实现这一目标，D'UBAN公司对企业的生产经营体制进行了合理调整，在主要零售店广泛开展促销活动，同时利用阿兰·德龙的名人效应做广告宣传，取得了预期成果。

② 差异性市场的多元化目标策略及品牌目标市场

目标市场集中，市场营销活动性格鲜明，特别是服装商品，容易被消费者辨识、认知，对消费者的吸引力大。但要注意若目标市场过于集中，则市场面小、品牌单一、销售额增长受到限制。因此，服装企业可针对市场和顾客需要，确立多个目标市场和品牌，这样既扩大了经营领域和销售潜量，又不会造成目标市场混乱和市场定位的错位。通常，一个品牌有专一的品牌经理负责设计、生产、销售和促销的管理工作，必要时成立品牌事业部门，其中包括品牌策划师、设计师、样板师、生产工艺师等。例如：

目标市场A……A品牌……α品牌部门

目标市场B……B品牌……β品牌部门

目标市场C……C品牌……γ品牌部门

服装企业根据目标市场开发的多元服饰商品，由此形成多品牌共存和品牌经理制度，能充分发挥品牌及品牌部门的特长和积极性，经营得当，企业将获得全方位、平衡的发展，避免单一目标市场竞争的风险。这种策略适用于大型服装企业。

WORLD 公司的多元品牌

WORLD 公司总部在日本神户，成立于1959年，注册资金200万日元，由5名批发人员组成。公司初期经营采用买断形式。1974年起，连续多年增收增益。自1986年开始，对过去的经营体制进行不断改革，重视企业创新组织机制的建立。公司男、女、童装齐全，有近60个不同目标市场的品牌。1991年管理层对公司的营销组织结构实施大胆改革，1993年导入利用信息系统的SPA（制造零售一体化）模式，成功地推出了“O·Z·O·C”(Own Zone Original Comfort)品牌，采用直营连锁经营方式，使WORLD公司产生了一次新的飞跃。公司新业态事业部利用“O·Z·O·C”品牌成功的契机，推出了新的系列品牌。具有代表性的是“UNTITLED”、“BELOVED”和“SPB”品牌等。它们都是以“O·Z·O·C”品牌经营模式为典范的SPA型品牌。新业态事业部在培育新品牌的运作方面，树立了统一形象，经营稳妥，市场成功率高。1999年公司注册资金增加到110亿日元，新业态事业部销售额达到808亿日元，占WORLD公司总销售额1 543亿日元的52.3%。

③ 无差异性市场的同一营销策略

当目标市场的个体差异较小，并且这种差异性对营销激励不产生有意义的反应时，则可采用无差异的同一市场营销策略。即以相同的营销组合针对整个市场。显然，在多样化的服装市场领域中，这种策略应用有限。但也有不少企业在经营大众基本产品如中低档的袜类、牛仔裤、内衣裤等或休闲品牌服装时，应用这种策略获得成功。

10.4 服装市场定位

一旦确定了目标市场，服装企业决策者必须决定在这些细分市场占据何种地位。依据可供选择的商品归类，对产品、服务和公司形象等与其他公司作比较，由此形成一种能使消费者确认的综合品牌形象。因为服装商品最终定位的认可是由顾客确定的，而企业决策人员和设计师所做的一切是完成消费者需求的服装商品形态，企业必须有意识地塑造认知的形象定位，使自己的服装商品在竞争中占据有利位置。

如前所述，服装是一种用以表达个人在社会角色与地位的语言。由此看来，市场定位是一个抽象的概念，然而对于消费者来说，选择服装非常实际，许多消费者喜欢穿着某种款式或者某种品牌的服装，就是因为它适合“我”。成熟的消费者这种倾向明显，并且定位清晰。对于服装企业或设计师，只有使自己和自己的服装商品定位明确，才能明显区别于竞争者和竞争产品，才能吸引目标顾客，由此形成忠诚的顾客群。因此，就这一意义来说，市场定位是任何服装企业和设计师走向成功的必由之路。

(1) 品牌定位

品牌是商品的名称、图案、或某种设计、或它们的组合，以区别竞争商品的一种标识。品牌定位是表达品牌流行、风格、文化价值、个人理想、社会角色的标识象征，并能被消费者认知或认可。品牌定位首先要确认品牌属性，然后分析在同一类品牌中竞争者的定位，最后根据目标顾客的特点、流行趋势以及竞争者与企业的优势比较，对企业品牌进行定位。

由于服装本身的组合要素（如款式、面料、色彩等）易被模仿，区别困难，因此品牌具有强化服装作为一种标识象征的作用，能区别其他与之竞争的服装商品，使之容易被顾客认知。因此，服装品牌自然成为市场定位的最佳载体，或者说借助品牌，才能更有效地进行服装市场定位。综上所述，品牌定位是服装企业首先要实施的且需要持之以恒的重要决策因素之一。

另一方面，如果盲目追求品牌是不成熟服装消费现象的话，那么具有明确定位的品牌意识则是构成消费者市场与服装业繁荣的基础。因此，品牌的形成并不是简单的语言或符号，它依赖于对整个市场的深思熟虑，取决于服装营销者持久的努力。

品牌定位要点：

① 品牌属性——品牌可分为：设计师品牌，如 DKNY，Chanel 等；服装制造商品牌，如 Levi's、雅戈尔、三枪等；零售商品牌，如 JCPenney、GAP、开开、UNIQLO 等。通常设计师品牌出售高档服装，但并不是所有的设计师品牌都会被顾客认可。由于市场细分和目标消费者的不同需求，服装制造商往往集中开发某一大类服装，例如 Levi's 以牛仔产品为特色，Benetton 以针织休闲系列服饰为主；Liz Claiborne 则以职业女装为目标；而零售商品牌服装商品线更宽一些，如 UNIQLO 品牌的休闲服装男女老少均适宜。

② 同类品牌的产品定位——服装目标市场可以与竞争者相同，但必须以定位与之区别。同为休闲系列的 Benetton，以意大利的浪漫，强烈对比色彩为显著特征；而 Esprit 以成熟都市人的冷静、自由、宽容和向往纯真为宗旨，Esprit 之所以能在上海市场获得成功，是因为它的定位与海派文化较为相近。图 10-1 所示为服装品牌的流行定位。

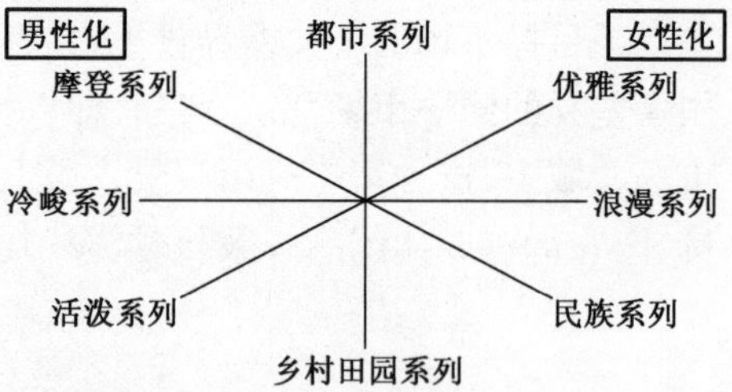

图 10-1　服装品牌流行定位

进行品牌市场定位时，还应分析目标顾客对服装的不同需求因素。例如一段时间内，国内男士高档衬衫好销，这一方面可归因于职业白领男士阶层的增长以及参与社交活动机会的增多；另一方面说明男性顾客追求高品质与独特品位，在没有很多品类选择的情况下往往以高价作为判断标准。然而，如图 10-2 的市场调研案例所示，尽管市场上衬衫品类众多，但仍存在缺口，企业可以瞄准这一细分市场进行定位和拓展。

③ 企业品牌定位——根据目标顾客的特点与趋势以及企业与竞争者的优势比较，进行企业品牌定位，图 10-3 所示为品牌定位逻辑关系。

(2) 设计师定位

设计师同样有自己的目标市场和借以赢得目标消费者的风格和特色，如 Norma Kamali 为像她那样的妇女设计时装，每件新衣都要亲自试穿，以自己穿着满意为准；夏奈尔设计的时装半个世纪以来年年推陈出新，虽然本人已不在世，但夏奈尔品牌的服饰风格依旧，高雅、雍容、线条勾勒清晰，后继的夏奈尔品牌设计师执着地维持着她的定位。同其他艺术一样，名家一定有独特的理念和风格，时装设计师必须有鲜明的形象和定位，他（她）的作品才能从千万种服装款式中被顾客选中使用。

时装设计师是流行趋势的归纳者，从生活中获得灵感，选择符合消费者评价准则的时装式

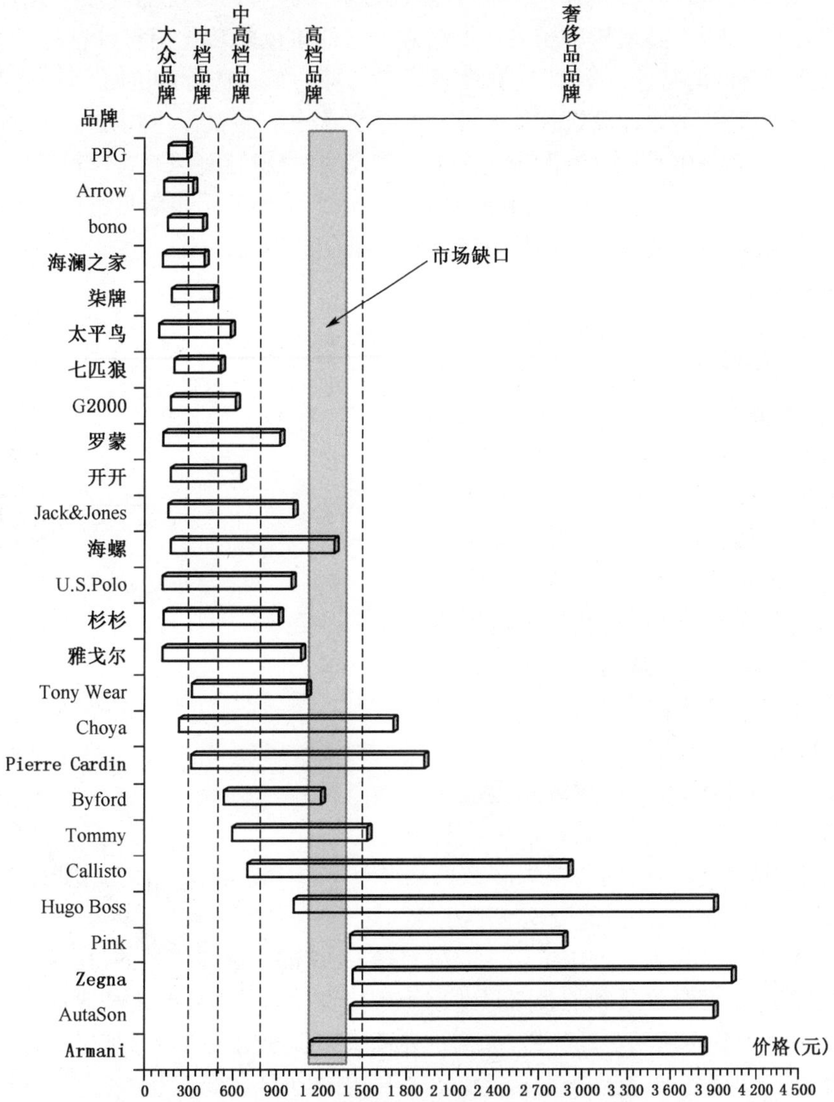

图 10-2　26 家男衬衫品牌与价格分布(2008 年,单位:元)

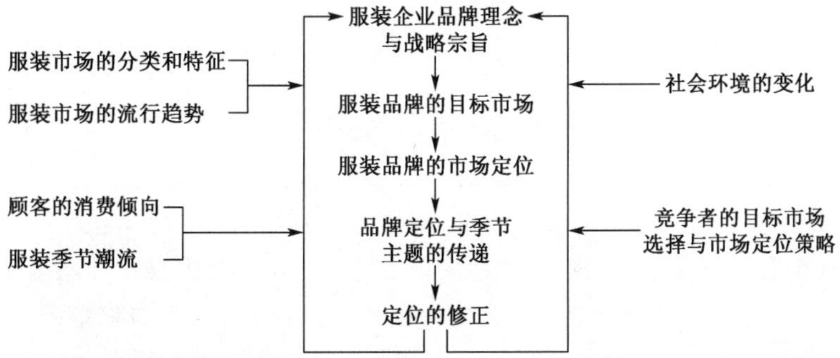

图 10-3　服装品牌市场定位逻辑

样;时装设计师又是流行的引导者,他(她)以在时装界中独特的地位居高临下地影响着流行;而作为营销者,他(她)又必须从市场中获得利益。这种角色的转化使设计师定位和市场定位既要统一又要有自己的特色。例如:中国香港设计师邓达智在进行定位时,十分重视吸纳中国文化与世界文化精髓,努力提高设计品位,同时,又要考虑他的目标市场是中低层的大众消费者;高田贤三和三宅一生通过时装发布会展示的作品,从材料、颜色到款式设计,非常前卫甚至怪诞,通常离生活甚远,但使人感到奇特新鲜,印象深刻,他们的零售店里也保持着这种独特而富有创造性的氛围,但是实际出售的是可以被社会接受的服装款式。

(3) 季节定位

作为原则,季节定位与品牌及设计师定位必须统一和协调。季节定位的目标市场应保持稳定,但时装季节的更替,时装周期的轮回,给消费者带来新的期盼,给企业家和设计师带来新的创造契机。季节定位实际上并不是新的定位,只不过是在新的时间点上以新的形式对原有定位的充实和再创造,为服装企业、品牌服装或设计师提供了一次超越自我和超越他人的机会。季节定位是季节商品策划的起始点。如图10-4所示为时装季节定位示例。

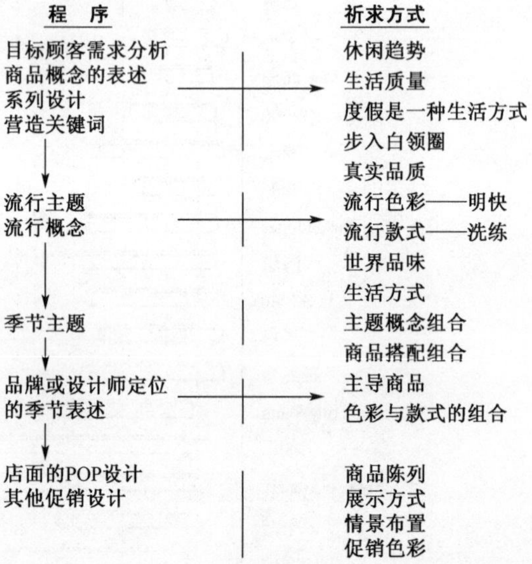

图 10-4 时装季节定位示例

(4) 零售价格定位

价格定位应与目标市场的顾客期望值和购买力相一致以及品牌定位相一致。但可以与设计师定位有不同的呼应。例如我国大多数民众收入水平属于小康,其中包括部分文化素养高的时尚潮流领导者,考虑到这种国情,一些高质量高品位的时装以中档的价格投入市场可能更易被目标顾客接受,而高价厚利的策略只适用于少数设计师品牌和与之相对应的目标市场。

切忌因一时利益而随意变动价格,如削价处理或服装畅销时提价获取暴利,这样会从根本上动摇企业、设计师形象以及品牌在目标顾客心目中的地位。

从环保通勤装到高品质的自然时装

ICICLE 品牌创立于 1997 年,是国内设计师领衔的本土服装品牌。

打造舒适环保的通勤装是 ICICLE 的品牌宗旨,也是 ICICLE 区别于其他通勤装的最大特色。ICICLE 款式针对受过良好教育的年轻职业女性上班族,强调环保理念,追求舒适和材质的体现和统一。

ICICLE 在制造每一件产品以及使用过程中,坚持环保的理念,选用可再生的棉、麻、丝、毛等天然原料为主要素材;潜心研究传统工艺再生,精心提取来自大自然的色彩,使用环保染料进行染色,同时还推出原料本色系列,将对环境的负面影响降至最低。穿着美观并不是 ICICLE 的唯一诉求,顾客的健康是 ICICLE 的责任所在。

市场定位

目标市场:25～30岁热爱都市生活的年轻白领女性。她们素质高、自信、有独特的品位,对时尚和流行触觉灵敏,高品质、价位适中的通勤装是她们的需求。

随着品牌的发展,品牌定位和设计也不断调整升级、推陈出新,相继研发推出了手工双面呢、原色茶染、原色羊绒、自然调色盘、环保牛仔、植物染、植鞣革等系列。ICICLE之禾也从舒适环保的通勤装升级为追求高品质的自然时装。但ICICLE之禾始终坚持精选天然高品质原料,并以环保的方式制造,以简约的当代风格,为都市人提供舒适、优雅而环保的着装体验。因此也使得对具有相同生活方式追求的品牌追随者相对稳定、忠诚。

经营模式

品牌直营,有部分加盟商,在上海、北京、杭州、天津、大连等城市的中高端百货店及购物中心设有销售终端。

销售业绩

2021年全国共有销售网点270余家,年销售额30亿元。

核心竞争力

倡导环保健康的生活方式,致于开拓环保时尚服装市场,将品牌理念融入生活,秉承以负责任的态度制造诚实的产品。

随着对法国CARVEN品牌的收购和ICICLE之禾品牌的坚持和业务的不断发展,目前原有的本土单品牌公司也升级发展成一家着重于可持续发展的全业务链国际化时尚集团。

(5) 定位的扩展和重定位

由于服装定位策略的最后确定和成功需要长久的努力,因此只要定位与趋势基本相符,就不应该作过于频繁和过大的变动,以免造成混乱。

当企业在经营过程中发现实际运作比原有定位偏离,甚至已造成负面影响时,需要修正定位。如由于店铺销售管理方法不恰当对商店或品牌形象造成伤害,或者商店的新装潢与原有定位不一致等,这时就必须采取补救措施以重塑形象。

当营销者发现有新的市场机会或扩大新的目标市场时,应考虑定位的扩展。若新的目标市场与原目标市场有较多的共同处,则可利用原有的定位优势扩展或略加修正,这样代价较低;若新的目标市场与原有市场有较大区别,如原来以女装为主的品牌向男装市场拓展时,则应非常谨慎地选择定位扩展策略。对拥有较多品牌资源的企业,利用新品牌作新的定位是较安全的做法。

如果原有的定位与时代发展不相适应,需要重定位,这种情况下企业的投入成本大,所以在重视流行趋势变化的同时应注意定位的相应进化。

10.5 市场细分与批量

服装市场细分和市场定位的专一性使得服装经营的多品种、小批量成为一种趋势,整个服装世界更为多彩纷呈，消费者能在更高需要层次上得到满足，提高整个国民生活质量，这无疑是服装业的一大进步。但另一方面，经营的专门化会带来经营风险的增加和规模化经营效应降低，使服装经营难度增加。

目前，发达国家的服装业重提大规模经营研究，但这已不是原有意义上的大批量生产或大批量销售。它的核心思想是：在充分考虑和满足不同目标市场和市场定位在理念、品位、期望价格，包括面料、色彩、款式差异性的同时，充分找出并利用服装生产和经营方面的共同点，如提高尺寸规格的宽容度，简化或统一加工模式，采取柔性生产工艺，精简零售供货环节，在强化服装理性方面差异的同时设法淡化实体的差异。Levi's 的定制服务规模化经营是一个成功范例。

总之，不应片面地强调小批量多品种，也不应片面地一味追求大规模生产，而应根据市场特征和企业拥有的资源确定批量大小和规模。

大规模定制

大规模定制（mass customization，简称 MC）是一种全新的企业生产经营模式，结合了大批量生产和单品定制两种方式的优势。这一经营模式诞生以来，短短的十几年间在理论研究和实践应用方面得到了迅速的发展。在企业界，大规模定制的先行者可以提供多样化、个性化的定制产品，同时价格可以与标准化产品和服务媲美，甚至更优。目前，大规模定制已在汽车、计算机、钟表、移动电话、家用电器、服装、鞋、玩具、软件、银行、保险和旅行服务等行业中得到应用。如以牛仔裤闻名世界的李维斯公司（Levi Strauss & Co.）、电脑业的戴尔公司（Dell）以及生产芭比娃娃的马特尔公司（Mattel）等，这些企业都已经实施了大规模定制这一生产经营模式，并取得了成功。

大规模定制是一种以客户为中心的制造（customer focused manufacturing，CFM），要求企业能够迅速地响应客户的个性化需求，及时将产品交给客户，有效地管理产品的品种变化，所有这些工作都是在一个敏捷集成组织中完成的①。因此大规模定制十分强调企业的整体优化，对企业的信息集成有较高的要求。大规模定制生产的基本思路在于：将定制产品的生产问题通过产品和过程重组，转化或部分转化为批量生产，优化定制零部件的数量和定制的环节②。

10.6 童装品牌的 STP 案例分析

(1) 基本分析

① B 品牌企业概述

B 童装品牌在国内市场上曾拥有较高声誉。1998 年经过企业改制，不到一年时间就荣获

① Kruse, Gunther. Customer is always right. Manufacturing Engineer, 2000, 79(5): 206.

② 邵晓锋. 大规模定制生产模式的研究. 工业工程与管理, 2001(2): 13-17.

了上海市名牌产品和上海市服装行业协会第二批著名服装品牌两项殊荣，实现了从老牌到名牌的升华。在商业竞争日趋激烈、市场千变万化的环境下，品牌拓展至关重要的因素是创新，包括产品、技术、管理、市场战略等全方位的不断创新。从这一点讲，B品牌离真正名牌应具有的理念和品位还存在一定差距。近年来，B品牌企业在发展道路上屡屡出现困境。

为此，根据B童装品牌的现状，运用SPT对企业品牌发展策略进行研究，提出B品牌市场营销拓展方案。

② 巨大的潜在童装市场

根据人口普查资料，我国14岁以下人口约3亿，占全国人口的1/4左右，独生子女占总人数的34%。

精心打扮孩子是目前家庭生活中的一项重要内容，许多家长为了让孩子穿得漂亮，不惜花钱添置新装。

近年来，我国城镇童装消费数量呈上升趋势，平均年增长率为7.25%，消费金额也呈上升趋势，平均年增长率为8.75%。据我国服装业相关机构预测，未来中国儿童服装市场每年以(8±2)%的速度增长。

③ 市场缺少大童装

大童装(少年装)是指12～16岁少年和少女的服装市场。目前，国内有众多的童装厂家，但真正名牌数量并不多，尤其是专业生产12～16岁少年儿童服装的品牌企业少之又少。市场上缺少12～16岁的大童装，且规格失调，尤其是大童服装基本断档。穿校服、运动服似乎成了这一年龄段儿童的“特色”和“专利”。而12岁以上的儿童开始进入青春期，生理上出现明显的变化，如男女性别的差异、身高增长迅速等。同时，心理活动增多，有一定的社交圈、自己的爱好以及对事物的辨别能力和观点。对服装的选择不仅有自己的主见，还受到周围同学和朋友以及流行时尚的影响。因此，这一领域有较大的市场潜力和发展空间。

④ 我国针织童装市场有待开发

我国儿童针织服装的开发主要局限于城镇，广大农村地区的针织童装市场有待开发，市场潜力巨大。据对儿童服装商场的了解，保持多年畅销的品牌中多以针织面料服装为主。针织童装品牌数量不多，但是销售比例高，而且稳定，如米奇妙、博士蛙、丽婴房等。

我国针织儿童服装的市场份额相对较低，在T恤、休闲服、时装、学生服等方面还有着广阔的发展空间。

(2) B童装品牌的市场渗透策略

① B童装今后以大童服装为主兼顾其他年龄段的少年儿童。针对这一年龄段儿童心理特点、审美趣味、行为模式和好恶倾向以及对世界潮流的掌握，策划和推出细分目标市场喜欢的服饰品种。

② B童装产品档次定位中档偏上，注重款式变化，品位高而价格适中，符合儿童心理，富有海派特色。面料以针织为主，兼顾梭织面料。B童装分为两个主题系列：第一主题是精致的小绅士、小淑女，展现的是现代儿童的独立、智慧、个性化；第二大主题是运动休闲装，展现的是儿童活泼、积极和纯真。

③ B童装品牌积极推行服饰系列化。所有款式可以相互配套，尽量不以成套形式售出，同时备有一些精心设计的帽子、背包、吊带等配件，让儿童可以依据自己的喜爱自由搭配，展现自己独特的品味。

从呱呱坠地的婴儿到16岁的花季，少年儿童在穿着上需要与保护生态环境的绿色面料相适应。因此，B童装更强调面料的柔软、吸湿、透气、滑爽，穿着舒适，对皮肤无刺激作用，具有抗皱挺括性能，或者与富有弹性的面料相结合，或者选择全棉面料融入高科技特色整理，形成全新的大童服饰品种。

(3) B童装品牌的定位

① 品牌的理念

B品牌通过服装服饰这一特殊文化载体，充分展现新世纪儿童聪明、伶俐、自信、活泼和可爱的个性气息。理念上揭示儿童生活形态：用心探索纯真、甜美的童心世界，充分表达快乐、浪漫的童年情怀。

企业可充分利用自己原有的设计优势，通过和卡通文化发展公司的合作，将最新、最有代表性的优秀卡通片的专利图案运用到童装设计中。卡通创意取材自然、超越自然。用好卡通代表作的图案专利使用权，达到最大的覆盖面。

② 品牌的风格和主题

根据新一代少年儿童群体的强烈自我表现意识，具有眼界开阔并富有协作精神的特征，品牌风格定义为：聪明、可爱、独立性；风格的核心表现为纯真、甜美的感觉。

③ B童装品牌的市场定位(图10-5)

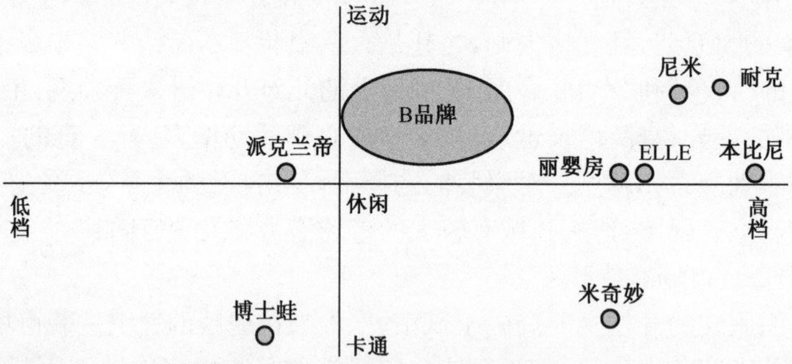

图10-5 B童装品牌的市场定位

a. 年龄细分

目标消费群年龄段：4～16岁，重点开发12～16岁大童装。

b. 地理细分

以城市少年儿童为主体。目前，城市儿童的自我意识越来越强烈，只要品牌能反映和顺应他们的态度，就会得到他们的青睐；同时随着互联网的普及和社会开放程度加快，当代城市儿童视野更开阔，重视欣赏具有流行特征的品牌。

c. 价格定位

价格以中档为主，童装每件(套)100～200元。国内童装市场发展两极化现象明显，即一方面质量好的产品价格偏高，另一方面价格低廉的产品在做工和款式方面不尽人意。目前童装低档市场由国内企业品牌占据，而高档市场海外品牌居多。

思 考 题

1. STP 名词解释。
2. 市场细分的意义和方法。
3. 目标市场确定的原则和设定方法。
4. 同类品牌市场定位方法。
5. 大规模定制在服装业中的应用。

11 服装商品策划

导　读

服装商品具有一定的特殊性，是自然性和社会性的统一体。随着国内服装业的发展，商品策划能力的提高已成为服装企业重要的核心竞争力因素之一。企业应遵循一定的原则，以人——消费者作为原点进行商品策划，以适应当前国内服装市场发展变化的趋势。

服装品牌由诸多要素构成，把握这些要素，是认识和理解品牌的前提，也是服装品牌商品策划的基础。近年来，我国逐步形成了个性化的服装市场，并呈现多元化倾向，出现了一系列的个性化细分市场。企业应根据自己的产品和实际情况，选择合适的策划战略和市场营销组合，培养具有创新意识和高附加值的服装品牌。

服装商品策划是团队活动，需要策划、设计、生产、销售、顾客等多方面的协同，是一种新颖的管理方法。在专业策划师的指导下，商品策划小组有组织地对企业内、外部资源进行协调，有序地实施一系列商品策划活动，目的是将商品策划理念和技术融会贯通到服装商品生产中并实现销售。

以品牌创设为核心进行新品牌的商品策划，可分为两个阶段：确定新品牌的商品策划方针（战略构成）和确定具体的商品构成（价值构造）。新品牌创设的商品策划体系总体上包括七个实施要素：即品牌命名、目标市场设定、环境分析和流行预测、服装理念风格设定、服装总体设计、服装品类组合构成和服装销售策略。

企业在对商品进行策划时，应对以上各实施要素进行科学有效地组合分析，确定品牌发展战略，创立优质品牌。

11.1 服装商品策划的基础知识

商品策划是市场营销组合的一个组成部分，随着时代的变迁，服装企业的经营方针由生产导向型转向市场导向型，企业之间的非价格竞争越来越受到经营者重视，而这种非价格竞争的有效手段是进行卓越的商品策划。

（1）服装商品的特殊性

服装商品种类多、批量小、市场竞争激烈。有的企业发展快，利润丰厚；而有的企业服装滞销，陷于困境。造成这些不稳定现象有许多原因。

a. 受流行影响。服装的面料、色彩、花纹、款式结构变化快，产品品种生命周期短。

b. 受气候影响。尽管现在已能进行长期气象预测，但实际上经常有异常气候发生，由此造成服装市场需求变化频繁。

c. 服装生产企业数量多。往往造成过分竞争，容易供过于求；商品策划不当，很快会丧失市场。

d. 款式易被仿造。服装款式容易模仿，热销时很快会被人仿造，结果造成企业品牌服装市场占有率缩小。

e. 大公司即使投入巨资办服装企业，若商品策划不得当时，也会失去市场，导致失败；而中、小型服装企业，若能制定周全的商品组合和计划，经历若干年时间也可能成为大企业。

为了克服服装商品不稳定给企业带来的负面效应，商品策划应以现代市场营销思想为指导方针，制定有效的商品策划方案，在市场竞争中求生存。

（2）商品策划的定义和方法论

商品策划亦称商品企划（merchandising，简称 MD），定义为：企业为实现销售目标，采用最为有利的场所、时间、价格、数量（质量），将特定商品推向市场所进行的计划和管理。

美国市场协会 AMA（American Marketing Association）对商品策划进一步说明：制造商策划包括选定需要生产的所有产品，决定产品尺寸、生产数量、时期及价格等相关工作，并有产品策划和制造管理等不同侧重形式。

从商品策划的相关定义中可概括出“五适”或“5R”原则：

a. 适品（Right merchandise）——适当的产品；

b. 适所（Right place）——适当的场所；

c. 适量（Right quantity）——适当的数量（质量）；

d. 适价（Right price）——适当的价格；

e. 适时（Right time）——适当的时机。

即企业根据经营战略宗旨和目标消费者需求开发设计产品，生产适当数量和质量的产品，投放到合适的交易场所，以目标消费者能够并愿意支付的价格，在需要的时候，供给满意的商品。

服装商品策划（fashion merchandising）是指企业针对服装消费者潜在的需求、欲望和期待，实施服装商品规划及帮助消费者得以自我实现的有关服装商品一系列经营活动。服装商品策划将社会环境文化和流行时尚商品化，针对生活方式、品牌理念、社会生活环境动向、流行趋势、服装季节主题定位、推销和促销计划、商品类别确定、生产管理、成本控制、陈列展示及时装发布等进行统筹规划，最终实现企业经营目标。

服装企业可分为以生产为主和以零售为主的两大类型，商品策划相应有两种解释：服装生产型企业的“商品化产品计划”和服装零售型企业的“商品采购或配货计划”，因此，服装业的商品策划又可分为生产型商品策划和零售型商品策划。图 11-1 表明了服装生产商和服装零售商商品策划涉及的范畴，两者的策划范围和侧重点各不相同，但又相互联系。

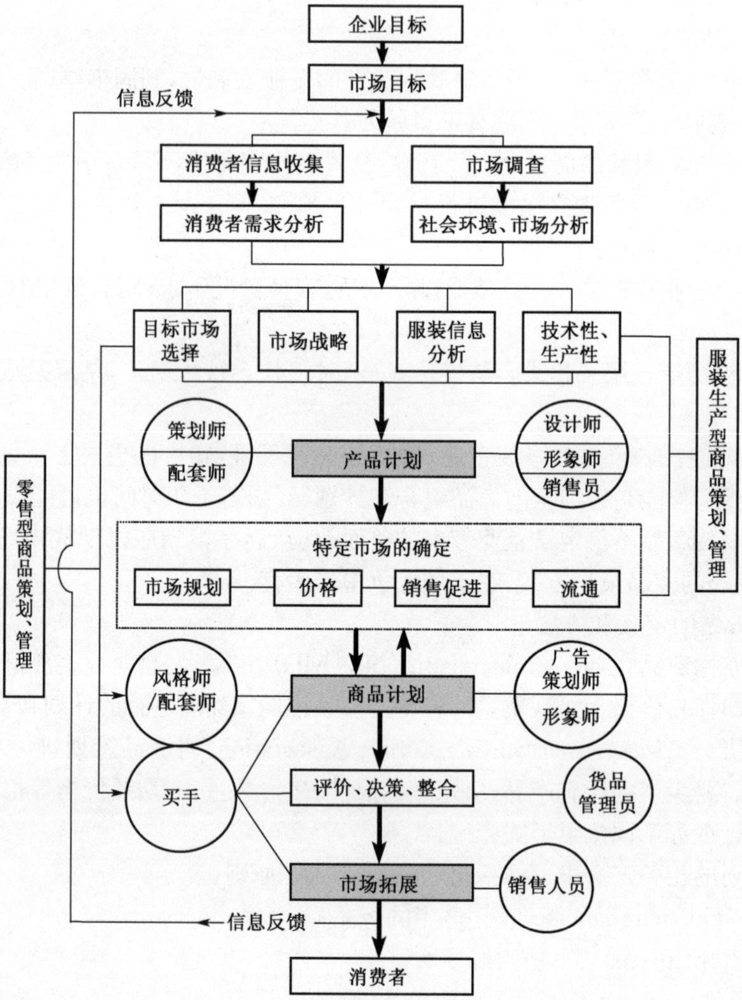

图 11-1　服装生产商和零售商商品策划涉及的范畴

宏观上商品策划又可分为质和量两个部分。商品策划时以市场研究获得的信息为依据，设定基本的商品策划方针（质的部分），然后再决定商品品类、品种、地点、时间、数量（量的部分）。通常，服装企业商品策划中质的部分由高层管理部门决定，量的部分由业务部门执行解决。关于各季节的商品策划，如图 11-2 所示，从组织活动的管理顺序出发，可分为三个阶段和七个具体步骤。

服装商品策划以服装商品流程为主线，将以往相对独立、各有体系的服装设计、服装材料、成衣工艺、生产管理、市场营销等环节贯穿起来，系统研究服装（或品牌）商品的策划、设

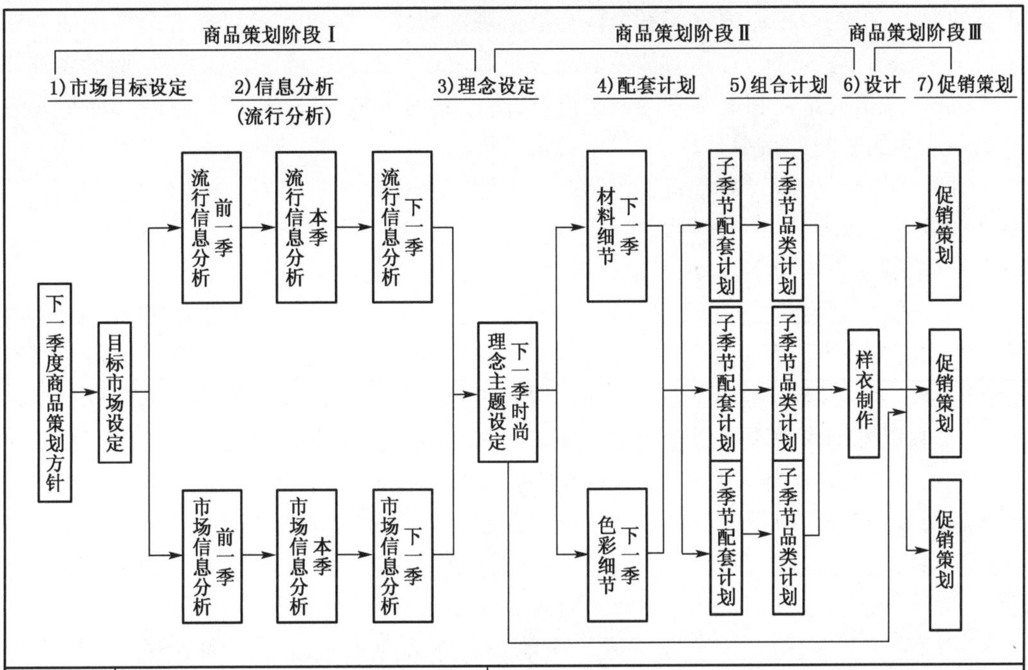

秋冬季	9月	10月	11月	12月	1月	2月	3月	4月	5月	6月	7月	8月
春夏季	3月	4月	5月	6月	7月	8月	9月	10月	11月	12月	1月	2月

图 11-2 商品策划流程

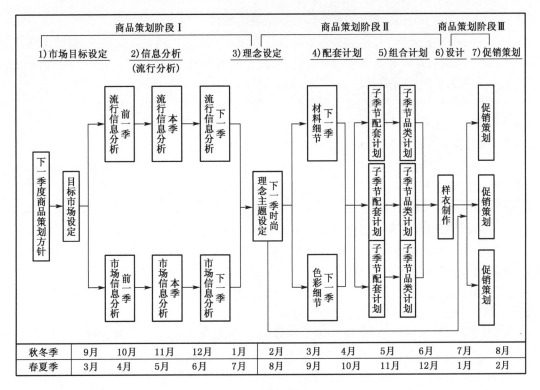

计、开发、运作管理规律。服装商品策划有助于科学有序地创设服装品牌，使服装商品策划过程可预测和调控，利用组织体系保证商品策划的顺畅运转，为消费者创造新的时尚和生活方式。

(3) 服装商品策划的原点

服装是自然性(物性价值)和社会性(意识价值)两方面属性的统一体。强调遮风挡雨、隔热保暖、舒适耐用等物性价值的往往是价格低廉、大批量生产的大众化商品，如风衣、保暖服装等。成本低廉、性价比合理、规模化经营是这类产品商品策划诉求的重点。另一方面，服装对于消费者来说是心理和社会特征的外在反映，具有向他人传达社会地位、职业、角色、自信心以及个性特征等形象的功能。服装商品具有超越使用价值的高附加价值。服装的精神价值(审美、装饰、标识、象征等)是服装商品高附加价值的源泉。从这一角度而言，服装商品是价值观的物化，具有很强的社会渗透作用，服装商品策划的关键是充分考虑服装商品的社会属性。因而服装商品策划是以所处时代为背景，将某种先进文化加以商品化的一个过程。

由于服装业具有劳动密集型和进入门槛低的特征，到目前为止我国服装业的高速发展主要基于国内劳动力成本低廉的优势，在全球服装商品链中主要承担缝制加工的任务。随着国内劳动力成本的上升，单纯的服装缝制加工业将转移至劳动力成本相对更低的地区或国家，未来我国服装业发展的重点将向服装商品策划、品牌设计经营方向发展，而服装商品策划能力的提高将逐渐成为服装商品高附加值的源泉，是服装企业重要的核心竞争力因素之一。

服装企业必须适应当前国内服装业发展变化的趋势。如前所述，服装不仅是一种具有使用价值的商品，更是一种体现着装者个性与价值观的载体。创建既能切合消费者生活方式又能张扬其个性与审美品味，有高附加值的品牌是服装业发展的关键。也就是说，服装企业要更加灵活、深入地把握市场和消费者的状况，进行新产品的策划开发和营销运作，从而把先进理念和信息融入到服装产品中，以实现更多的市场价值。

在日常生活中，消费者通常将服饰制品作为体现自我个性的道具，从这一观点出发，服装商品策划最终是以商品方式满足顾客的需求。因此，服装商品策划的原点是目标消费者的生活方式，以消费者志向为宗旨，满足消费者自我实现的欲求。

“消费者指向”是指企业站在目标顾客的立场上，构思以某种生活方式为背景的服装商品，以推进新品牌的开发，策划能使消费者满意的商品以及商品的销售和展示方式提供一种真正的顾客满足。要实现顾客满足，需要站在消费者的立场上进行商品的策划和生产，从而实现以生产为导向、以推销为手段的观念向以市场为导向、以营销为手段的观念转变。为了使这种服装商品策划观念能在实际营销过程中得以实施，应当建立一种相应的运营机制和战略，详细了解消费者的消费动机，引导消费者的消费行为。在市场营销中，不同的环境因素导致了消费者消费行为动机的差异性。管理者应当把握环境对服装消费的影响，进行不同的服装商品策划活动。

服装商品策划不是以物，而是以人——消费者作为原点加以发挥和展开的。服装商品策划是将消费者潜在的需要、欲求等抽象的要素，用具体的产品形式加以实现，产品中融入了针对消费者时尚生活的提案，从而为消费者提供自我实现的道具等与产品相关联的一系列活动。

11.2 服装商品策划战略

(1) 市场营销与商品策划的关联

市场营销有两个重点，分析市场机会和决定目标消费者。同时针对目标消费者的“4P”(Product、Price、Place、Promotion)要素即产品、价格、渠道(或分销)、促销进行合理组合、实施和控制。市场营销包括渗透市场、创造并维持围绕目标消费者或市场构想等进行的一系列活动，发挥着与商品流通有关的整体作用(the overall function of moving merchandise)。

商品策划具有围绕商品的构想进行规划设计，参与组织、实施和控制生产、销售活动的功能，因此，商品策划是市场营销核心内容之一。

(2) 关于个性化服装

① 服装业的个性化趋向

近年来，国内经济持续稳定增长，人们的物质生活开始丰富和多样化。在广州、北京、上海等经济发达的大城市，国民的消费观念日益成熟，已不再单纯讲究商品的功能和质量，开始追求商品的个性化。个性化潮流随之形成，越来越多的商品开始向个性化方向发展。

对于服装，过去人们重视的是功能是否合理、是否耐穿耐洗、面料是否货真价实、缝制加工是否精良等品质性能；而现在的消费者对服装的品牌形象、设计特征、卖场的氛围情调越来越关注，这表明人们在服饰方面开始接受和追求个性化消费。在商品种类丰富、多样的市场竞争中，为引起消费者的关注与兴趣，单纯诉求商品的物质价值已不够，更重要的是如何使商品具有反映时代特性的个性化特征。

② 个性化服装市场的形成和发展

目前，我国部分消费者已经超越了追求生活必需品的初级阶段，服饰消费观念已开始发展到希望得到社会认可、自我实现的需求阶段。消费者对服饰的需求不再是单纯地以外界流行为唯一根据，而是在生活中融入个性思想。

越来越多的个性化消费者从大众化商品消费者中分离出来，不再满足于普通的消费品，而是着眼于自己独特的要求。个性化服装品牌正是伴随市场上消费趋势的这种变化应运而生，并日渐兴盛。以个性化消费者为目标顾客的服装品牌策划、生产，更为适应当前这种对个性化要求高涨的时代，能够满足这类消费者的服装感性和个性需求。

我国服装市场存在向个性化方向发展的倾向，特别是在沿海地区和一些大城市，服装个性化市场已经孕育成形。相对于传统大众化服装领域而言，消费者对设计师品牌这样的个性化服装商品需求量正在逐渐增加。

③ 个性化服装市场的多极化倾向

与大众化服装商品相比，设计师、个性化服装品牌的市场占有率在我国还较低。我国个性化服装市场最初是由大量拥入国内市场的欧、美、日等服饰品牌孕育、催生形成的。在这些外来品牌风格影响下，形成了一种以休闲类服装为主的细分市场，加上时装杂志及其他传媒的渲染，休闲类服装逐渐成长为个性化市场中一个主要组成部分；在个性化市场中，另一个相对集中的细分市场是职业女装。这类服装将现代职业女性精练、时尚的形象融入到经典、优雅的风格中，同时吸取了一些休闲服装的要素，形成了另一服装风格。

随着国内的市场竞争走向多元化，少女装、淑女装、运动休闲装、商务休闲装等更多的个性化细分市场也相继出现。服装企业的生产营销策略和市场竞争战略也将呈多样化发展。

(3) 服装商品策划的品牌战略

① 服装商品策划的战略选择

服装商品策划要求具有对这种涉及多种感性因素工作进行合理管理的功能和体制。实施商品策划有多种战略选择，而为实现企业经营目标可采取如图 11-3 所示的战略。图中纵轴为销售方式选择，横轴是商品策划的运营方式。

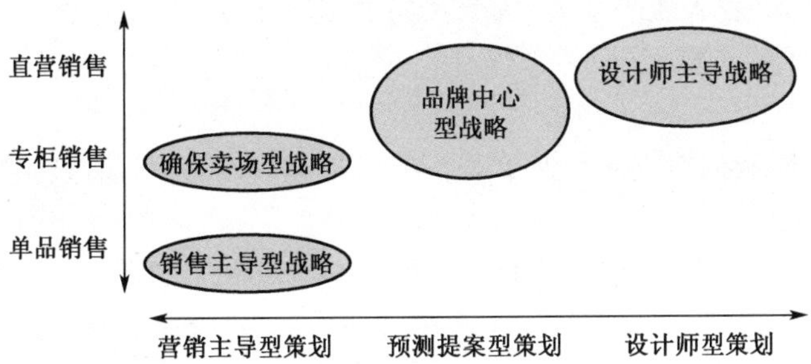

图 11-3 商品策划的战略

纵轴的三类销售方式的特征：直营销售——自营店、特许店以及百货店中的店中店；专柜销售——在百货店中设置品牌销售专柜；单品销售——在百货店或其他卖场，以单品形式与其他品类商品组合销售。

横轴的三类商品策划运作方式特征：设计师型策划——以设计师的感性为基点进行商品

策划;预测提案型策划——商品策划人员在设计师的协同下,针对下一季的时尚流行和商品销售进行预测提案型的商品策划;营销主导型策划——基于竞争企业、品牌、店铺以及本企业的营销特征进行商品策划。

上述市场营销组合方式中,营销主导型策划与单品销售相结合的销售主导型战略以及营销主导型策划与专柜销售结合的确保卖场型战略,是国内多数服装企业沿用的方式。这两种方式具有紧跟市场变化、企业活动围绕销售活动展开的特点,比较适合大众化服装商品的推广。但采用这两种方式的企业缺乏培育高感度品牌组织体制和机制的"土壤"。

在服装业有一种设计师主导型企业。企业在商品策划过程中理念明确、运营高效。这种企业具备了经常进行前瞻性策划的能力。但是,高成本以及高风险使这种采取以设计师主导战略的设计师型策划难以被大多数中、小型服装企业采纳。

另一方面,也有一些实施以品牌战略为中心的预测提案型策划管理的服装企业。这类企业把商品策划活动提升到企业决策层高度予以组织实施。依靠以品牌为中心,具有完备的预测提案型商品策划体制,能使策划人员、设计人员的策划、设计活动很好地融入组织活动之中。因此,以品牌战略为中心的预测提案型商品策划是一种基本策略。

② 预测提案型商品策划的市场营销组合策略

以品牌战略为中心的预测提案型商品策划,要求服装企业根据品牌设定的目标市场及品牌理念,采取相应的市场营销组合策略。

图 11-4 所示为目标市场的理念战略设定,以"3C"为前提,实现"4P"。"3C"是指了解消费者(Consumer)、本企业(Corporation)的方针和定位以及竞争对手(Competitor)的企业或品牌。以此为基础,设定品牌所针对的目标市场或消费者,掌握他们的生活方式和生活环境,确定品牌理念和风格形象。

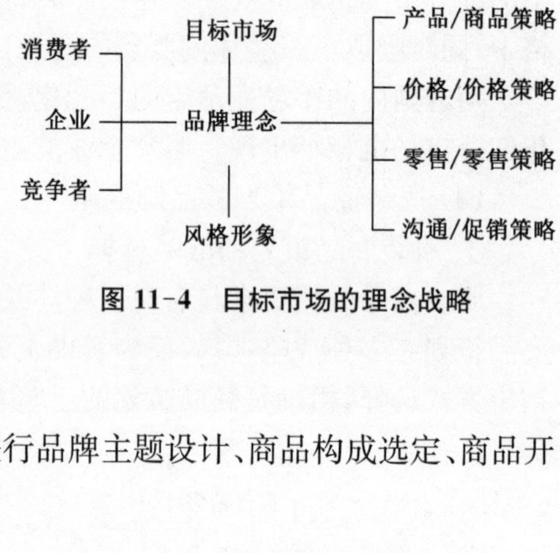

图 11-4　目标市场的理念战略

通过营销组合"4P"予以具体实施的主要内容如下:

a. 产品

基于消费者使用品牌服装的季节、场合及场景,进行品牌主题设计、商品构成选定、商品开发等;

b. 价格

基于顾客收入、服装消费支出以及着装搭配组合等,对各类服装进行合理的价格定位;

c. 渠道或分销

基于品牌在顾客心目中的地位,进行合适的营销区域和店铺设定,开发或者选择相应的分销渠道;

d. 促销

基于品牌目标顾客在生活中接收信息的方式以及对该品牌的感觉,确定最适当的促销方法和内容。

品牌营销组合在很大程度上还将受到品牌理念对商品特性的影响,商品策划时,可以根据相关内容,设定最佳市场营销组合方案。例如:品牌设定的目标消费群年龄、使用场合、风格、品质、规模等。

(4) 服装品牌的构成特征及商品策划要素

① 品牌的定义和内涵

最早的品牌发起者是美国专利药物的制造商，真正发展始于南北战争之后。品牌发展如此迅速，以至今日很少有产品不使用品牌。

美国市场协会 AMA 对品牌的定义是："品牌是指与其他企业的商品、服务明显相区别的名称、语言、设计或象征。品牌的法律用语为商标(Trade Mark)。品牌是关于卖主的一个商品、商品族甚至全部商品的独特性表示。"

从服装企业的角度看，"品牌是为识别某一企业或企业集团的商品或服务，体现与同行竞争者商品的区别而采用的名称、图案及其组合。"品牌不应单纯被看作是一个名称，服装企业应把它视作服装营销的核心，并努力将其培育成企业的象征。不论企业规模大小，品牌都是企业与最终消费者进行沟通和信息传递的有效工具。

从消费者认知角度来看，品牌是具有某种共性(如风格、理念、商品特征、背景等)的一类服装产品集合体的代称，包含了对某种价值和特征的认可以及对产品的评价。

② 品牌的架构

图 11-5 将品牌的内涵构造划分为三个层次。

创设、策划服装品牌，核心层是基础、中间层是桥梁、外壳是目标，三者逐层递进。核心层与中间层较易实现，但是形成外壳层——品牌形象则是创设品牌的关键。在一定程度上，外壳层的形成与否反映在品牌的附加值上。市场营销的目标之一是培育意识上具有价值的品牌。没有价值认知的品牌商品，仅是一件独立的物品。

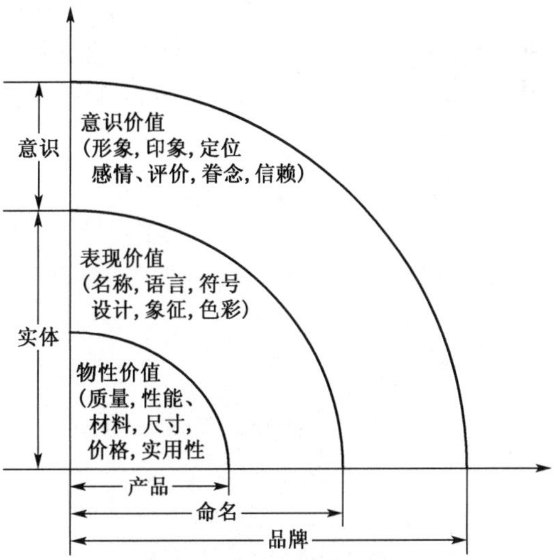

图 11-5 品牌的架构

③ 服装品牌的分类

服装品牌的分类，可从品牌不同属性出发，目前没有统一的标准。

在法国，综合服装的设计特征和生产特征，品牌分为：高级女装(haute couture)、高级成衣(prèt-á-porter)、成衣(ready-to-wear)等。

在日本，按照商品的流通状况及运作特征，服装品牌主要分为七种：

a. 国际品牌

具有国际声誉、在多国销售；

b. 特许品牌

通过与知名品牌签订契约，支付授权特许费，获得生产经营许可的品牌；

c. 设计师品牌

多以创牌时的设计师姓名为品牌名、由知名设计师领衔经营设计，强调设计师的声望；

d. 服装制造批发企业生产经营的商品群品牌销售范围及影响通常遍及全国；

e. 自家品牌

大型商场拥有且由特定零售渠道经营的品牌，也称自有品牌；

f. 店家品牌

通常是规模较小的零售商店品牌，其雏形是在成衣业发展前期的“前店后场”式服装店；

g. 个性品牌

商品个性特征明显，具有强烈差别化形象意识的品牌。个性品牌和设计师品牌共性颇多，常被结合起来称为D&C品牌(Designer & Character Brands，设计师兼个性品牌)。

总体上，按照商品的流通状况及特征可以将品牌分为两大类：制造商品牌和零售商品牌。

另外，从服装企业的经营角度而言，品牌有主次之分。主线品牌，又称主品牌、一线品牌，是企业推出的主要品牌，产品往往特征明显、特色突出，品位及价格档次高；副线品牌，又称副牌、二线品牌，是与主牌有关联的次要品牌，在产品的时尚形象品位、价格档次等方面都逊色于主线品牌。一个主线品牌，可附带多个副牌。例如：CALVIN KLEIN JEANS 是 CALVIN KLEIN 的二线品牌；KENZO ENFANT 是 KENZO 的二线品牌之一。

④ 服装品牌的构成要素

服装品牌的构成要素是指形成品牌特征、涵盖品牌特性的若干基本项目。把握品牌的构成要素，是认识和理解品牌的前提，也是服装品牌商品策划的基础。

结合国内的服装业市场，可以采用下述构成要素描述模式，分为国外品牌与国内品牌两类。

A 国外品牌

a. 品牌名称；b. 品牌类型；c. 注册地；d. 创始人、设计师；e. 商品品类；f. 目标消费群；g. 品牌理念与商品特征；h. 营销特征；i. 联系地址。

案例

a. 品牌名称：Yohji Yamamoto(山本耀司)

b. 品牌类型：高级女装、高级成衣

c. 注册地：日本东京(1972年)

d. 创始人、设计师：山本耀司

e. 商品品类：女装、男装

f. 目标消费群：讲究服饰个性的中等以上收入阶层

g. 品牌理念与商品特征：

山本耀司的设计植根于日本文化，自然流畅，高雅洒脱。结构设计别出心裁，重视材质肌理之美，色彩以黑色多见，外观造型以非对称居多。

h. 营销特征：以价格适中为策略；重视专卖店、展示会的营销功能

i. 联系地址：日本东京涩谷区东1-22-11，阳光大厦1号楼

San Shine Building 1, 1-22-11 Higashi Shibuya-Ku, Tokyo, Japan

B 国内品牌

a. 品牌名称；b. 注册地；c. 创始人、设计师；d. 目标消费群；e. 品牌理念与商品特征；f. 商品品类；g. 材质；h. 主导产品价格带；i. 营销特征；j. 联系地址。

案例

a. 品牌名称:EP YAYING

b. 注册地:浙江嘉兴

c. 创始人、设计师:意大利和国内设计师

d. 目标消费群:28～45 岁的都市女性

e. 品牌理念与商品特征:秉持对文化传统的坚持,以全球视角与中国匠心,与当代女性一起探索独立而自信之美。将当代中国女性的多元面貌,凝结为充满趣味与个性的服饰美学语言,通过创意、材质、工艺等多方面的探索与演绎,表达女性气质。

f. 商品品类:优雅职场、时尚日常、活力运动等系列

g. 材质:机织、针织面料

h. 主导产品价格带:春夏商品 500～1 500 元,秋冬商品 1 200～20 000 元

i. 营销特征:形成了覆盖中国大陆的以专卖店、购物中心(Shopping Mall)、百货店、时尚生活馆、线上零售为一体的自营网络和加盟网络结合的营销体系。

在服装品牌构成中,可以认识到商品策划应从品牌名称、目标消费群、商品理念与特征、品类、价格、营销特征等方面进行分析、研究和描述。

11.3 服装商品策划的组织工作

服装商品策划与过去由管理者管理一项工作,或由一人有始有终地负责一个品牌的管理方式不同,需要策划、设计、生产、销售、客户等方方面面的团队协作,是一种新颖的管理方法。

(1) 服装商品策划的工作架构

a. 市场开拓立案;

b. 服装商品策划的计划;

c. 编制计划日程;

d. 部门之间的协调;

e. 策划内容的进度控制与检查;

f. 产品开发和生产指标的确定;

g. 广告与促销的策划;

h. 销售价格和营销指标的确定;

i. 经济核算和盈利指标的确定。

如上所述,服装商品策划包括从立案、实施、直至经济核算和盈利,范围广,责任重大。

(2) 组织结构

企业应以市场为导向寻求运营的管理模式,组织结构应根据管理和组织活动的变化不断进行研究与改进。

在管理方面,主要是企业组织中商品策划部门的位置问题。商品策划相对生产、销售而言起先导作用,因此,商品策划时确定的方案在生产和销售阶段必须严格执行。企业决策者应给

予商品策划部门在工作、分配等方面充分的自由度和预算保证，使商品策划部门有足够的权力，这一点对新产品和新品牌的开发来说尤为重要。因此，作为商品策划的主管必须从上级领导那里争取与业务相关的权限。只有权限明确，才能把握市场机会，做好服装商品策划工作。

在组织活动方面，目的是把商品策划理念和技术融会贯通到服装商品生产中并实现销售。为此首先必须进行信息、计划、制造、销售各组织的协调，而且还必须充分了解与这些组织相关的设备、交易场地等事项；其次重要的是企业应考虑为各部门配备适合的人才。

美国、日本的品牌服装企业正在向“商品策划师兼企业副总经理，商品策划部门直属企业总部管理”的方向发展。

(3) 组织工作要点

首先有组织的商品策划活动，应明确商品策划的目的。因此要确认计划的构成、运行方法是否与企业的目标和方针一致。更重要的是要使经营管理部门及商品策划组织全体人员能清楚地理解这些明确的目标和计划。

其次，要尽可能与计划、生产、销售这些相关部门保持顺畅联系，使各部门的专家能相互理解、愉快合作。

另外，服装商品策划部门负责人必须由具有专业知识，通晓技术，能对企业和市场做出客观分析和有效管理的人员担任。

(4) 服装商品策划的会议活动计划

服装商品策划是一项团队工作，各项工作内容的通报和协调必须形成会议制度，即按照服装商品策划划分每个阶段，适时举行相关会议，制定有关商品策划内容。

a. 服装商品策划会。决定长期计划、目标、方针、利润，编制计划书，确定目标顾客及品牌理念；

b. 基本要素策划会。进行经营业绩分析，如分析上一季的营业额、季节变动指数，设定本季节营业额、利润目标，对社会生活环境进行调研，细化商品品牌的内容；

c. 流行趋势会议和基本构想会。进行流行趋势分析，提出基本构想，确定商品季节主题；

d. 商品构成会议和计划安排会。商品配套分析及按月份商品配套。编制月份商品类别销售计划表、月份生产计划表、面辅料购买计划表、月份商品配套计划书、决定商品采购计划、展示会内容、店铺广告及商品推广计划；

e. 策划内容说明会。编制策划内容说明书，向相关人员说明服装商品策划内容；

f. 样品定价会。向主要客户推销，确认主要客户意向，进行样衣评价，选择批量生产商品，预算生产成本，进行销售预测，编制预测计划书；

g. 内部发表会及订货展示会。通过对展示样衣进行评价，然后进行销售预测调整，决定生产数量；

h. 销售预测调整会。店铺销售、进货、促销、进行顾客满意度调查、研究商品销售动向、对产品生产量进行调整、统计顾客调查表、接受投诉及售后服务；

i. 商品动向报告会、策划报告会。对服装商品策划的过程进行评判，总结成绩，找出差距，反馈信息，进入下一个商品策划过程。

在商品策划的每一个步骤中都必须制定明确的日程表，编制明确的计划书。使每一项工作都具有可操作性，由此商品策划的工作才能有序开展。

(5) 专家型服装商品策划师

服装商品策划需要专业技能和管理知识，是一种特殊职业。所谓专家是指对服装商品的生产及工艺具备相关技术知识。

值得注意的是，服装商品策划的职能，它既不是纯专业性质的，也不是纯管理性质的。在现实的服装商品策划中必须形成一个小组去完成各种职能。因此，本质上讲，对服装商品策划小组进行专业指导是必要的，但对小组的管理指导更为重要。作为专家型的商品策划师必须具有下述能力：

a. 发现问题；

b. 提出解决问题的方法；

c. 解决具体问题；

d. 策划方案的解说；

e. 基本素质：积极性、协作性、责任性、严谨、耐性和自律性。

11.4 服装商品策划的实施要素

对应消费者的高感度要求和个性化需求，以品牌创设为核心进行新品牌的商品策划。新品牌的创设模式在总体上可以划分为七个要素，同时新品牌策划过程还可分为两个阶段，一是确定新品牌的商品策划方针——战略构成；二是确定具体的商品构成——价值构造。图 11-6 所示为新品牌创设商品策划体系的七个模块，其中，目标市场设定、环境分析和流行预测、服装总体设计和服装销售策略等模块的详细阐述可参阅有关章节。

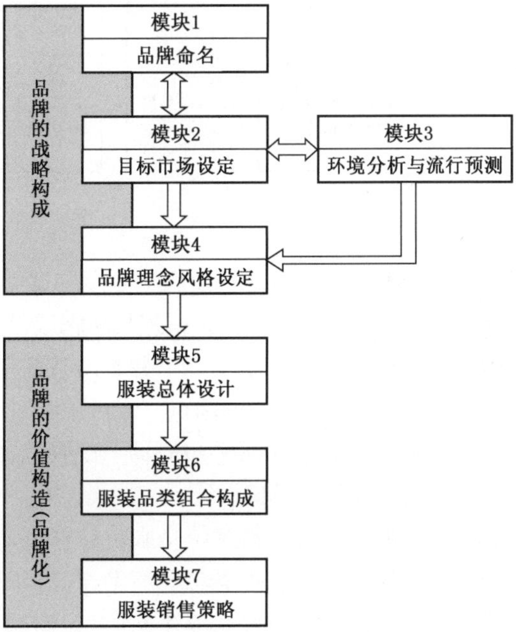

图 11-6 商品策划体系的七个模块

(1) 服装品牌的命名

在市场竞争中，成功的品牌名称是一面不倒的旗帜。品牌命名的工作是 BI（Brand Identity，品牌形象识别）计划的组成部分。

BI 计划即品牌形象识别设计，由 CI (Corporation Identity，企业形象识别）计划派生而来，是为了将品牌的核心理念准确有效地传递给消费者，塑造一种消费者能够看到、感觉到或体会到的品牌形象特征。BI 计划的根本目的是从形象上凝练和表征某一品牌存在的理由和理念，以便明确地贯彻到品牌设计、商品策划、促销等各方面。

品牌命名旨在让消费者产生购买联想，塑造意识价值，促成消费购买行为。品牌命名的核心内容有两点：a. 品牌名称必须具有个性化的特征；b. 品牌名称必须具有长久适用性。

(2) 目标市场的设定

在目标市场的设定中，通过市场细分研究，分析和把握市场状况，并根据企业自身及市场环境选择合适的目标市场，最后对品牌的市场定位做出决策。

目标市场设定过程可概括为三个步骤(图 11-7)：

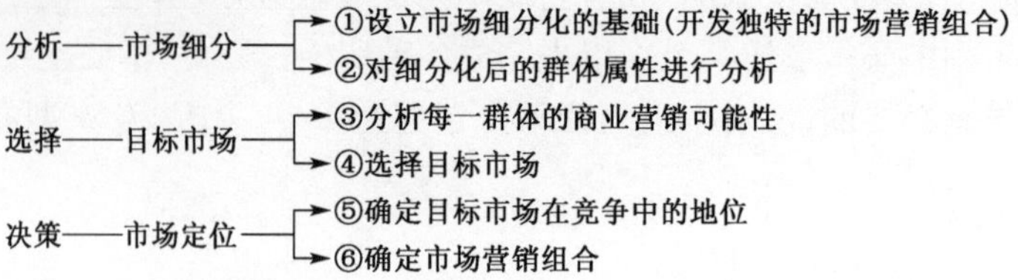

图 11-7　目标市场设定的步骤

a. 目标市场策划表,用以设定目标市场;

b. 目标市场分析表,用以对目标消费者群体的生活方式进行详细分析;

c. 目标市场战略表,用以针对目标市场消费者进行明确的实施战略策划(图 11-8)。

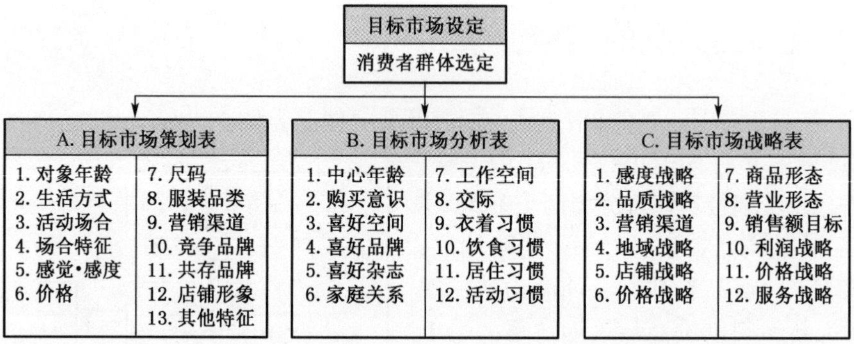

图 11-8　目标市场设定

(3) 环境分析和流行预测

环境分析时要求收集和整理与品牌运作环境相关的信息。根据环境分析得到的结论,可以确认和调整所设定的目标市场,并有助于制定正确的商品策划策略。在服装商品策划中,把握时尚消费市场是流行预测的起点。流行预测对某一时期商品款型风格的具体设定将产生直接的影响。同时流行趋势的预测,也有助于使服装总体设计和商品构成计划符合当前时期的时尚特征。

(4) 品牌理念风格设定

品牌的理念与风格定位是服装品牌策划的核心工作,服装商品策划是对品牌理念与风格的具体表现。理念是指概念或形象、风格,较为抽象,通常以设计师和商品策划人员的主观审美意识为基础。常指设计师在创作时的主观意识,包括设计的灵感来源、采用的花纹图案等,从色彩、面料、款式三方面予以表达。在高感度、个性化的服装商品策划中,这三个要素能否成功运用还取决于与品牌理念吻合的程度。

理念的设定决定了面料、款式、色彩设定的原则。同时,也决定了商品最终以怎样的形式在零售店中直面消费者,并成为视觉策划、促销策划时的重要指南。以品牌理念作为切入口已成为服装企业与同行业其他竞争对手品牌差别化的一个有效途径。品牌理念不仅对色彩、面料、款式的选择与设计有指导作用,而且在促销时也是一种具有说服力的沟通工具。

① 理念风格的评价

品牌的理念、风格、形象等都是事物对顾客形成印象冲击而在精神层面上产生的共鸣和反应。传达和交流服装“理念、风格、形象”的最常用方式是语言文字。如前卫的、民族的、民俗的、乡村的、自然的、浪漫的、女性化的、优雅的、经典的、洗练的、现代的、男性化的、活泼的、运动的等。

也可以利用坐标轴建立品牌理念细分评价体系(图 11-9),对品牌、服装或流行时尚形象进行定位,做出定性、定量的分析。

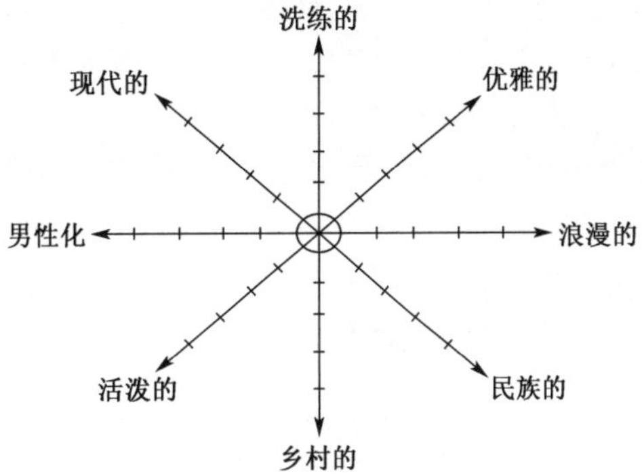

图 11-9 品牌理念细分评价体系

② 理念定位表达的步骤

a. 确定商品策划的理念

b. 确定设计形象和理念

c. 根据目标消费者的生活方式和活动场合进行调整

确定目标对象的生活场合并进行分类;确保产品的特性,适合目标对象顾客的实际生活与着装习惯。

d. 用文字及图片将品牌理念表现为图表形式

用图表形式表达理念应注意两点:掌握本品牌所处的环境,包括社会、市场、目标顾客的生活方式及活动场合、品牌在市场中所处的地位;掌握与产品性能相关的理念。

(5) 服装总体设计

服装总体设计模块是以品牌价值构造阶段为起点,通过策划和设计,将品牌战略构成付诸实施的重要步骤。因此“总体设计”侧重于确定所创设的服装品牌在款式(廓型及细部结构特征)、色彩、材料方面总的原则和特征。

① 廓型与细部结构设计

廓型与细部结构设计决定了服装整体造型与结构特征。习惯用“款式”来描述服装的廓型与细部结构组合产生的造型特征。在确定好服装的整体廓型后,再审视构筑细部结构。这种由整体到局部的操作适合品牌服装的策划工作步骤。

② 色彩策划

色彩是服装的核心因素之一,是塑造品牌风格形象的有效手段。对于市场营销而言,色彩的价值在于能吸引和满足消费者的需求和嗜好,促进服装商品销售。商品策划中的工作重点之一是色彩与色彩搭配。

色彩策划的管理流程如下:

a. 收集和分析信息

根据品牌理念收集有关流行色彩的各种信息资料。

b. 确定色彩风格并选色

在参考流行色信息和市场信息的基础上,根据品牌的理念、目标市场的特性、材料特色、商品的品类等因素,设定色彩风格、色彩主题及进行基本配色和图表化展现。

c. 推广色彩风格:

- 面料确定——以色彩主题为依据;
- 广告宣传——色彩主题的应用。

d. 色彩信息的记录和保存。

③ 材料策划

“服装是布帛的雕塑”，材料是服装总体设计的三大要素之一。服装市场的成熟化与高感度趋向，使材料在塑造服装风格形象与产品差别化方面的重要性日趋突出。

服装材料的策划是进行个性化品牌商品策划的重要环节。不同的面、辅料种类、织造工艺、组织结构、图案纹样、后整理方式等会导致服装的生产工序和进度控制的差异。

面、辅料的采购主要有两种方式：一种是与面、辅料供应商一起开发新型面料；另一种是从面、辅料批发商处直接进货。两者在时间周期上差异较大。面、辅料策划时首先要考虑面、辅料本身的风格、质地，同时还需从流通的角度出发，考虑供应商的交货期。材料策划步骤如下：

a. 确认理念

确认服装品牌的整体理念、产品理念和计划实施的可行性。

b. 收集面、辅料的信息

c. 确定面、辅料选用原则

根据面、辅料信息分析的结果，确定面、辅料的选用原则，与服装品牌的整体理念以及色彩策划的理念保持一致。

d. 确定面、辅料设计的内容（企业开发新面料时）。

以前述三点为基础，确定面、辅料策划设计的具体内容。

e. 试织、试染及面料采购

f. 质量检测

对决定采用的面、辅料进行质量检测。实践证明：服装生产经营过程中发生的质量问题或赔偿纠纷，由面、辅料引起的较多，由缝制不当引起的只占少部分，因此应对材料质量进行严格的检测。

g. 面、辅料采购

按服装商品生产量确定面、辅料的数量并进行采购。

h. 面、辅料信息的记录和保存

对面、辅料管理过程中的所有数据资料进行收集、分类、存档。

(6) 服装品类组合构成

策划品牌商品品类组合是将设计构想物化为商品的过程。重点在于确定每一品类款型的数量，同时设定衬衫、编织衫、针织衫、裙装等不同品类服装的构成比例。在设定不同品类构成时，首先应参考（竞争对手品牌或本品牌）上一年度销售额实绩，制定出季节、月份甚至每一周的销售额目标，在此基础上设定下一季各品类的销售数量和构成比例、各品类的款型数，再考虑色彩、材料、尺寸等要素，确定出不同的品种规格。

① 商品构成

商品构成的核心是考虑商品款型的构成比例，根据不同季节的各种影响因素综合决定。

a. 决定商品构成的比例

决定策划的商品整体中主题商品、畅销商品、经典商品所占的比例。

首先，根据商品策划的季节主题考虑商品款型构成。按照与季节主题吻合的程度，商品分为主题商品、畅销商品和经典商品三类。其中，主题商品表现季节的理念主题，突出体现时尚流行趋势，常作为展示的对象；畅销商品多为上一季畅销的商品，并融入一定的流行时尚特征，常作为大力促销的对象；经典商品是在各季都能稳定销售的商品，受流行影响小。

b. 确定“服装品类构成比例”

由于主题商品和畅销品要求在材料、色彩、设计上有新意，通常将上下装作为整体进行商品策划。

对于经典商品，以单品为主进行策划，上下装、外内衣之间的组合搭配性并不太严格。经典商品的策划更重视穿着舒适性、穿着场合及品质方面。

对于裤装、毛衫、裙装等各品类以单品形式生产、销售的服装企业，服装品类构成比例的决策比较容易。以配套组合策划为基础的服装品牌，涉及裤、针织品、裙装、套装、夹克、罩衫、连衣裙及大衣等所有品类。尤其是各品类的销售比例每月都会有所不同，还应按月度来确定适当的品类构成比例。

c. 决定各品类的构成比例及款型

具体策划设计不同品类的规格和款型时，不仅要参考时尚潮流，还应考虑与目标对象顾客群的生活场合以及购衣计划相吻合；准确预测规格和款型的销售趋势。

② 服装设计与生产

服装设计人员在策划人员的协助下，具体设计经过策划的每款服装，并用效果图或款式工艺图形式予以展现。完成设计效果图之后，样板师将效果图进行款式分析得到平面结构图，进行样板设计，再通过样衣试制，修改不利于成衣化生产的细部结构，修正样板，最后确定投入成衣化生产的样板。通过这一系列运作，确保提高成衣质量和生产效率，降低成本以及缩短生产周期。同时，协助制定生产计划、生产管理以及准备服装展销订货会等。

a. 生产计划

确定加工地点、生产数量、加工费和交货期的计划和任务。

b. 生产过程中的样衣工艺单和生产加工工艺单

c. 样衣制作

从材料策划阶段开始，就应着手准备样衣的制作。在缝制加工过程中，记录所需的面料、辅料、加工要点等。样衣完成以后，根据样衣工艺单对样衣进行缝制工艺检验或着装检验。

d. 展示订货会

在准备企业的展销会时，充分利用品牌建立的营销网络，对订货商品的交货期、价格等，按不同款型的服装进行确认与管理。

e. 计划调整和数量决定

展示订货会后，修正服装品类、规格、色彩和款式，并对数量做出适当调整，同时决定服装面料、辅料等采购数量以及加工厂的选择。

f. 生产管理

在服装生产越来越趋向于小批量、多品种、短交货期的状况下，可导入 QRS（Quick Response System 快速反应）管理体制。

g. 物流管理

将服装按交货期准时提供给销售商，管理与指导零售店的销售，特别是商品配送数量与品类，并了解商品物流状况。

(7) 服装销售策略

按照所策划品牌的理念和商品形象，对销售渠道、促销策略、零售店中的视觉陈列和展示方法进行规划、设计。重点是策划服装商品进入市场和在零售现场组织销售的策略。前者包括服装销售渠道及场所的选择、促销策略;后者包括 VMD——视觉商品策划、卖场设计和卖场导购服务三部分。

11.5 服装包装设计

包装是指将产品装于某容器或包装物之内,以便运输、陈列、销售、消费使用和保管。在现代商品经济活动中,产品的包装日益受到企业和消费者的重视,它是产品整体形象的重要组成部分。为了创立良好品牌形象,必须重视服装商品的包装策划。

(1) 包装方法

服装包装有两种方法,一种是折叠包装后装箱,这种方法能充分利用空间,但服装穿着时外观效果不佳;另一种方法是立体包装,如女套装、西服、大衣等,服装工厂整烫完毕后套上衣罩,挂在专用架上,入库、运输和进店铺都采用吊挂传送及挂架陈列方式。立体包装能很好地保持整烫整理后的服装外观,有良好的店铺陈列效果,但在保管和运输上要有专用挂架,成本较折叠包装高。

(2) 包装基本作用

① 保护商品,这是包装最原始、最基本的功能。它能保证产品在储存、运输和销售过程中不至于损坏、散失和变质,保证产品的清洁、卫生和使用方便;

② 促进销售。经过包装提高视觉感应,起到宣传广告作用。商品包装是“无形的推销员”,它能引起消费者的兴趣,产生购买欲望,从而促进产品销售。另外,产品的包装还应便于消费者携带和使用,使消费者乐于购买。早年,我国消费者购买食品、衣物或是自己携带包袋、或是商店用纸一包完事,谈不上精美包装。而现在,百货店、服装专卖店、超市不但注重商品包装,而且还有便于携带的手提袋免费供应;

③ 增加附加价值。如同服装设计能创造附加价值那样,精美、优良的包装可以提高商品的卖价,使消费者愿意以较高的价格购买。同时,合理的包装起到保护商品、减少损失及增加利润的作用;

④ 便于销售管理。经过包装的产品,便于运输、储存和点检,有利于仓储作业、货架排列、节约仓容、保护商品。当包装上印有条形码时,能迅速方便地计数商品价格、品种、销售时间等参数,有利于销售管理。

(3) 包装装潢设计

① 包装的形状和大小。服装既不是刚性固体、也不是液体,因此包装外形和大小设计伸缩余地较大。形状与大小设计要起到美化商品的作用,对消费者有吸引力,方便运输、搬运和携带等。例如有的企业把内衣裤用抽真空紧压方式做成扁形蛋糕、肥皂状,很有吸引力。

② 包装构造。要突出产品的特点,同时也要具有鲜明的包装特色,使包装美和内在的性能统一起来,给消费者留下深刻的印象。

③ 包装材料。服装产品主要采用透明度高的塑料纸包装,这种方式对陈列、选购和储存都很方便。

④ 装潢。指对产品的包装进行装饰和艺术造型。由于服装产品呈现多样化,消费者不仅

讲究质量，还注意包装造型和装潢。现代服装商品不仅仅是遮羞保暖，更主要的是表现个人的品格、爱好及思维意识。服装商品的包装装潢应重视美学法则的设计和应用。

当然，包装装潢应与产品内在质量特征相符，若“金玉其外，败絮其中”，势必损害企业的形象和信誉，更谈不上创立良好品牌形象。

11.6 商品策划的主题确定

流行并不仅仅指鲜明的配色或突兀的设计，所谓流行，必须在色彩、款式、素材配套等各方面都能符合消费者的感觉和品位，让人产生好感。服装商品策划师或设计师应将各种设计要素经科学整理之后，创造出属于自己的独特风格。为此，在进行服装商品策划时首先要明确服装商品的主题。只有明确了主题，才能体现出服装的品牌风格和每一期商品策划的中心。

服装商品主题是对消费者和流行趋势进行充分调查分析之后，根据不同的消费者层次而设定的。对服装商品策划而言，必须遵循品牌理念和风格确定服装主题。

设定主题是在充分调查消费者的生活习惯、需求和欲望的基础上进行的，而主题概念可以用具有联想性的名词来表达。主题既可以用地名、生活方式、某一事件来表达，也可以用抽象性的浪漫名词来表达，如梦之裳、星云等，但一般来说都可以从主题名称联想到商品的内容。季节主题与月次主题大多以时间为主线进行设定。确定主题的步骤如下：

步骤 1——调查消费者需求、欲望。

如：休假长期化

度假市场成熟化

小康生活

休闲旅游

四十岁的充实生活

度假旅行

注重生活品质

步骤 2——对消费者欲望、需求提出诉求重点。

步骤 3——提出流行主题词，并翻成外文，进行流行动向分析，如流行概念、主题的形象来源、色彩概念、素材及款式、配合主题译成适当的外文。

步骤 4——进行目标顾客生活经历预测，提出关键词。

步骤 5——以步骤 2 和步骤 4 的重点为基础，发挥创造力、设定季节主题。

11.7 案例：Z＋品牌策划方案

(1) 标杆品牌

以年轻时尚的女装市场为切入点，选取 W. DoubleDot 品牌(图 11-10)作为标杆品牌，对位于上海地区的专卖店进行市场调查。W. DoubleDot 为韩国服可利行销商贸有限公司下属品牌之一，创立于 2004 年，并于同年同时登陆韩国和中国市场。

图 11-10　W. DoubleDot 品牌标志

① 品牌理念：感知时尚，品质上乘。

② 目标顾客：对时尚流行敏感、主要年龄为 20～25 岁的年轻女性。

③ 产品特色：更多华贵，更多个性，更多别致。

该品牌网站信息完整全面，韩国市场方面建立了完善的网上销售体系。积极参与公益活动，提高品牌形象。邀请韩国知名歌手代言，体现青春时尚的气息。广告、店铺陈列、宣传等贴合品牌定位。店面以草绿色和白色装饰，洁净的白色墙面饰以草绿色 W. 品牌标志（图 11-11）。显示出品牌年轻自由的随意气息。

W. DoubleDot 的商品以服装为主，腰带、鞋、包等配饰品种丰富。品质良好，有较好的设计感，充分体现了品牌"更多华贵，更多个性，更多别致"的产品特点。商品中心价位带 1 400～1 600 元。

图 11-11　W. DoubleDot 品牌专柜

图 11-12　Z+品牌春夏和秋冬的形象 Logo

（2）Z+品牌策划

根据对 W. DoubleDot 品牌的调查和 SWOT 分析，针对中国消费者市场，策划推出 Z+品牌。

① 品牌概况

a. 品牌名称：Z+（Zephyr）

Zephyr 是古希腊神话中的"西风之神"，象征着柔和、典雅和自由，给人轻柔舒心容易接近的感觉。

用符号"+"简写单词，让人容易记住，又可理解为超越自我，不断突破。在形象上，选择飘扬的蒲公英将西风具象化。图 11-12 为 Z+品牌春夏和秋冬的形象 Logo。

b. 品牌理念

时尚但不繁复，自由又不失格调。提倡有品位、有格调的休闲生活，崇尚自由与时尚。整体介于享受型和高品位型之间。重点在于时尚、审美、休闲方面的感性。Z+品牌风格中心定位为"摩登、优雅"。关键词：时尚、格调、自由。

c. 消费者定位

有一定经济基础，注重生活品质的 20～30 岁女性，她们在穿着打扮上有较多花费，有时尚感，有自主意识。愿意为自己，也愿意为家人购置服饰。

竞争品牌：ZARA、W. DoubleDot。

d. 产品定位

休闲服装为主，在娱乐、约会、休闲等多种场合穿着。

产品品类：女装、配饰。

e. 商圈/商场定位

综合考量各商圈/商场的定位，选择港汇广场、正大广场、淮海路街边店等场所设置专卖店。

f. 风格主题形象(图 11-13)

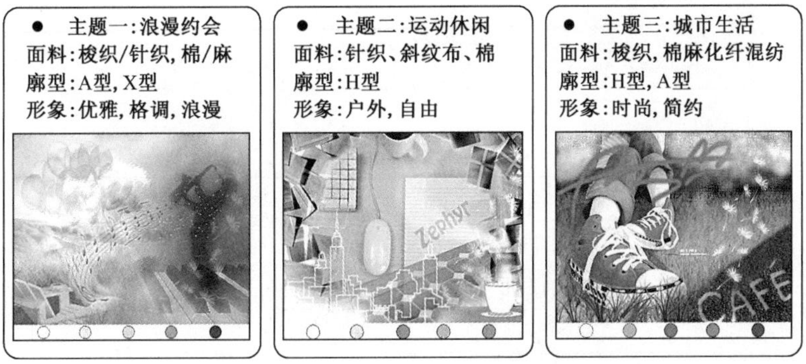

图 11-13 Z十品牌风格主题形象

② 产品企划

a. 年度商品构成(表 11-1)

表 11-1 Z十品牌年度商品构成表

	经典款							基本款	
月 份	小西装	连衣裙	半身裙	裤装	衬衫	针织衫	T 恤	针织衫	合计型数
2 月	3	3	4	2	2	4		4	22
3 月	2	1	1		2	4			10
4 月	1	3	3	2	3	4		4	20
5 月		1	1		2	4			8
6 月		3	4	2	3	4		4	20
7 月		1	1	1	1		5		9
8 月		2	1	1	2		5	4	15
9 月	2	2	3	1	3	4			15
10 月	4	1	1		1			4	11
11 月	2		1	2	1	4		4	14
12 月	2	1	2	1	2	4	6		18
1 月	2		2	1	2		6	4	17
合计型数	20	18	24	13	24	32	22	28	179

b. 商品品类构成及价格定位(表 11-2)

表 11-2 Z+品牌商品品类构成及价格定位表

品　类	名　称	价格范围(元)	组成(%)
上装 30%	吊　带	398	2
	无袖与短袖	450～800	5
	长袖上衣,衬衫	500～1200	13
	小西装	600～1500	10
大衣 8%	风　衣	1 000～1 600	5
	大　衣	1 000～1 800	3
针织衫 28%	针织衫	650～1 000	28
裙装 18%	半身裙	500～1 000	8
	连衣裙	800～1 500	10
裤装 6%	休闲裤	800～1 500	4
	牛仔裤	800～1 500	2
配饰 6%	披肩围巾	600	10
	手　套	300	
	首饰(腰带,项链,耳环,胸针,戒指,发饰)	200～800	
	小饰物	50～800	
包袋 4%	钱　包	500～1 000	
	包	800～1 500	

③ 销售终端策划

a. 卖场设置

根据品牌商场/商圈定位,选择入驻客流量较大且感度较高的商场/商圈。最终选择港汇广场、正大广场、淮海路街边店三地设置专卖店。

b. 店铺空间设计策略(图 11-14)

店铺全部为直营店,以保证品牌形象和管理等方面的统一。为顾客提供具有品牌特色的购物环境,店铺面积在 60～100 m^2。内部装潢采用订做的家具,店铺视觉效果统一,店铺装潢采用品牌的代表颜色。

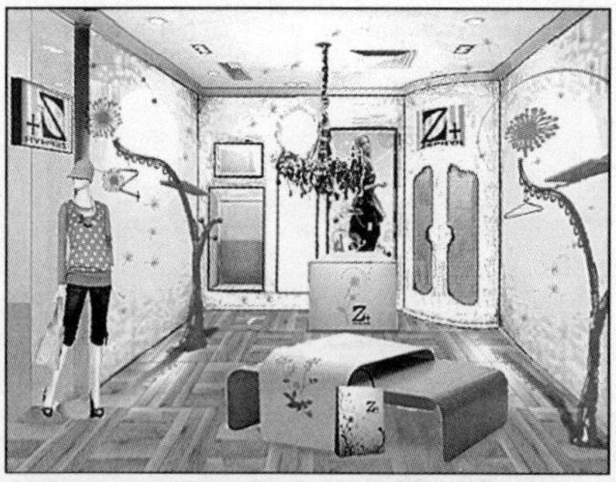

图 11-14 Z+品牌店铺空间设计

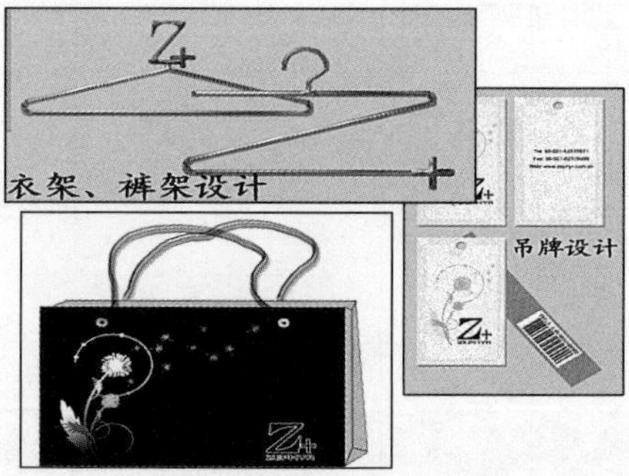

图 11-15 Z+品牌包装设计

c. 包装设计(图 11-15)

将蒲公英形象和 Z+品牌的 Logo 形象融入到包装、吊牌以及衣架、裤架设计中，使品牌形象无处不在，力求令消费者印象深刻，形成鲜明的品牌特色形象风格。

d. 品牌宣传推广策略

· 店铺海报设计(图 11-16)

· 报纸杂志广告企划在发行量大的时尚类报纸上刊登广告，此类广告致力于突出品牌个性、扩大品牌知名度。此类广告致力于将具体的每一季产品形象推广至目标消费者，促使潜在消费者产生购买欲望。

· 网站设计(图 11-17)

在网站上体现完备的品牌、产品、销售网点信息。并且开设网上购物服务。在网上充分展现企业文化，品牌风采。

定期面向注册会员发送优惠促销信息或活动。

图 11-16 Z+品牌店铺海报设计

④ 年度产品设计案例

以春夏季为例，进行具体的服装产品设计开发。

a. 宣传推广形象策划(图 11-18)

图 11-17 Z+品牌网站设计

图 11-18 春夏 Z+品牌宣传推广形象策划

b. 春夏 Collection

图 11-19～20 所示为 Z+品牌服装产品设计、代表作品及配饰实物。

图 11-19 春夏 Z+品牌服装产品设计

图 11-20 春夏 Z+品牌产品及配饰实物

思 考 题

1. 试述服装商品策划的定义。
2. 服装商品策划遵循原则有哪些?
3. 说明品牌种类、商标的定义及区别。
4. 服装商品策划的品牌战略有哪些?如何选择品牌战略?
5. 试述服装商品策划的实施要素及策划的过程。

12 服装价格定位

导　读

在服装营销策略中，价格定位的成功与否直接关系到产品销售业绩。但是由于服装价值具有多重取向，相对其他商品，服装价格定位需要考虑的因素复杂而多变。在影响服装价格定位的众多因素中，市场需求、成本费用以及竞争产品价格三者尤为重要。

服装定价法主要包括成本导向定价法、需求导向定价法、竞争导向定价法以及特殊定价法；服装定价策略包括渗透定价、取脂定价、调整商品供给量策略等。服装企业应以长远发展为目标，根据市场与企业实际情况，参考各种内部和外部因素，谨慎制定价格策略及产品价格。同时，管理者还应根据服装产品生命周期的变化做出相应的价格变动策略。

我国改革开放后，市场价格放开，但政府也制定了相应的法律法规，通过政策调整和执法监督等措施，力图保护企业和消费者合法权益，稳定市场价格。与此同时，行业组织也应发挥服务、咨询、沟通、监督、公正、自律、协调的中介作用，协调企业之间以及企业与政府之间的沟通，监督价格定位和管理工作顺利展开。

12.1　价格理论

价格是市场营销组合的重要变量，价格定位是企业市场营销组合的关键活动之一，价格决策正确与否，与企业活动的成败息息相关。服装价格是服装价值的货币表现，而服装价值具有多重价值取向。不仅具有有形价值，还具有无形价值，如艺术价值、名誉价值、权力价值、时效价值等，使得服装价格决策变得复杂。因此服装价格定位和决策既是一门科学又是一门艺术。

（1）价格制定的基本要素和步骤

价格理论的主要贡献在于明确价格与需求、成本之间的关系。

市场营销理论认为，在市场经济条件下，产品的最高价格取决于产品的市场需求，最低价格取决于产品的成本费用。在最高价格和最低价格的幅度内，企业能把这种产品价格定为多高，则取决于竞争者同种产品的价格水平。可见，市场需求、成本费用、竞争产品价格对企业定价有着重要影响。

一般来讲，当企业计划将新产品投入市场时，或者将某些产品投入新市场时都必须对产品制定适当的价格。为了有效地开展营销活动，促进销售收入的增加和利润的提高，在销售活动过程中，需要对企业原定的基本价格进行调整。此外，为适应市场竞争的需要，企业还必须因地制宜、因时制宜、灵活机动地主动提价或降价，并对竞争者价格的变动及时明智地做出反应。

服装价格定位步骤：选择定价目标、确定需求、估计成本、分析竞争对手、制定定价方案、拟订基本价格、试销、确定最终价格。

(2) 需求价格弹性理论

需求受价格和收入变动的影响，因价格与收入等因素引起的需求相应变动率，称为需求弹性。需求弹性分为需求的收入弹性、价格弹性和交叉弹性。

① 需求收入弹性

需求的收入弹性是指因收入变动而引起的需求相应的变动率。有些产品的需求收入弹性大，意味着消费者货币收入的增加导致该产品的需求量有更大幅度的增加。一般来说，高档食品、耐用消费品、娱乐支出这一特征比较明显；有些产品的需求收入弹性较小，这意味着消费者货币收入的增加导致该产品需求量的增加较小，一般说来，生活必需品有这一特征；也有的产品需求收入弹性是负值，这意味着消费者货币收入的增加将导致该产品需求量下降，例如，某些低档食品、低档服装就有负的收入弹性，因为消费者收入增加后，对这类产品的需求量将减少，甚至不再购买这类产品，而转向购买中高档产品。

通常，服装消费在可自由支配的收入中所占的比例类似于恩格尔第二定律(饮食消费占可支配收入的百分比)——即随着收入的增加，服装消费在可自由支配的收入中所占的百分比逐步下降(但绝对值上升)。例如：高收入阶层随着收入的增加，更倾向购买高品位高价位的服装商品，消费支出虽然绝对额增加，但服装消费支出比例占总收入的百分比呈明显递减趋势。

在发达国家市场，服饰购买和消费正在发生变化，呈现出显著的个性需求，奢侈消费往往不合时宜。

在发展中国家市场，消费范围不断扩大，服饰消费不断增长，消费者品牌意识增强，但同时也会顾及价格和购买力。

② 需求价格弹性

由于行业特殊，服装市场供需曲线非常抽象复杂，但它对于服装生产者和营销者却有着实际的利益关系。在正常情况下，市场需求会按价格相反的方向变动。价格提高市场需求减少；价格降低市场需求增加。需求价格弹性又称价格需求弹性系数，是指在一定时期内，某种商品价格与需求变动的比值，用 e 表示，公式如下：

$$e=\frac{\dfrac{|Q_1-Q_0|}{Q_0}}{\dfrac{|P_1-P_0|}{P_0}}$$

式中：Q_0——价格改变前的需求量；

Q_1——价格改变后的需求量；

P_0——原价；

P_1——改变后的价格。

注：通常，销售收入 $ER = P \times Q$，其中 $Q =$ 数量，$P =$ 价格。

当 $e > 1$ 时，需求富有弹性，即某种商品的需求量变化幅度大于价格变化幅度。在服装销售上，表明需求相对价格变化较为敏感，大众服装，如男式衬衫、内衣等属于这一范畴。企业可采取降低成本，低价销售的策略赢得市场份额，适度降价策略的运用既能吸引新顾客，又能促成原有顾客的重复购买与冲动购买；

当 $e \approx 1$ 时，应用于量大面广的中高档服装，如男式西服、牛仔裤等。

当 $e < 1$ 时，需求缺乏弹性，表明某种商品的需求相对价格反映迟钝，批量小、档次高的服装及流行时装属于这一范畴。这时若采用降低价格的策略，效果不显著，而应依靠非价格竞争策略作为营销手段。下述情况需求可能缺乏弹性：

a. 市场上没有替代品或没有竞争者；

b. 购买者对较高的价格不在意。

不同层次服装商品价格弹性特征：

· 大众成衣或大众时装——这一类服装属于基本型产品，占据服装商品比例大，需求富有弹性。企业可采取适时降价的策略，充分运用价格竞争手段占领市场；

· 经典服装——目标顾客群及潜在目标顾客群需求有一定弹性。有计划的降价能争取更多的潜在顾客。但折扣比例应相对较大，才能反应出价格的需求弹性。

· 新潮时装——目标顾客群需求弹性较小。一旦确定价格定位后，应将其作为不变因素。这时若采用降低价格的策略，效果不大，而应依靠非价格竞争策略作为营销手段。

· 高级成衣——需求缺乏价格弹性。应该注意，降价不仅对扩大销售作用不大，还有可能失去原有忠诚顾客。因为这一层次的顾客追求高品质、高品位的认知价值。

· 高级女装——众所周知，高价是高级女装的一种标志，价格是一种壁垒，而价格折扣仅仅是 VIP 顾客的一种特权。高级女装价格是名誉价值、艺术价值的一种表现，是一种品牌资产无形价值的体现。正如菲利普·科特勒指出的那样：显示消费者身份和地位的商品需求曲线有时是向上倾斜的，例如：限量销售的高档服装提价后，销量有可能增加。

③ 需求交叉弹性

在为服装产品线定价时，还必须考虑各产品项目之间相互影响的程度，服装产品线中的某一个产品很可能是其他产品的替代品或互补品。这样，一项产品的价格变动往往会影响其他产品项目销售量的变动。两者之间存在着需求的交叉价格弹性。所谓替代性需求关系是指在购买者实际收入不变的情况下，某项产品价格的小幅度变动会使关联产品的需求量出现大幅度变动；而互补性需求关系是指在购买者实际收入不变的情况下，虽然某项产品的价格大幅度变动，但其关联产品的需求量并不发生太大变化。服装产品的配套销售和定价是一门独特的艺术，可以通过价格定位策略研究寻找需求交叉弹性规律。

12.2 影响服装价格定位的因素

服装商品价值构成因素相对复杂，主要特点表现为具有经济有形价值的同时还具有声誉、艺术等无形价值。另外，信息含量与时效亦是服装商品的重要特征。

(1) 与供给有关的影响因素

① 成本

当其他因素一定时，商品成本与价格呈现为正相关关系。通常，服装最低价不应低于成本价。这种相关性决定了成本是制定服装商品价格的基本依据。服装企业在价格定位时，需求导向定价法、成本加成定价法和倍积定价法已形成商业惯例，往往并不考虑商品的价格需求弹性，直接以成本为依据，进行成本加成和倍积定价。

以名牌西服为例，零售价通常为出厂成本的 4～8 倍。这种定价方法简便实用，一直为大多数服装企业所运用。

② 利润期望值

利润期望值与品牌的市场运营策略有关。

当品牌处于市场培育期时，公司往往采取零利润期望值甚至负利润期望值策略。例如：设法提高面辅料档次，加强售前、售中和售后服务，使服装商品物超其值，以此树立良好的品牌和市场形象。此时，商品价值构成中的利润空间相对较小，产品以较低价格入市以争取销量，扩大、渗透市场，建立品牌形象。也有的服装以相对较高的价格入市，以高品质、高价格吸引消费者。

③ 竞争者因素

当服装目标市场确定以后，基本价格带定位通常比较清晰，但相同市场定位的其他竞争品牌或同类产品的价格将对商品的销售产生微妙影响。

当以与竞争者商品相同的价格进入市场时，品牌应采取非价格竞争策略，以产品品质、服务等优势争取市场份额。

当以高于竞争者同类产品的价格进入市场时，必须让消费者认识到所购产品的独特性能，如充分诠释服装的品牌理念和服用性能，并让消费者相信他们的选择是正确的。

当以低于竞争者同类产品的价格进入市场时，品牌采取的是价格竞争策略。此时应尽可能降低产品与服务成本，体现商品的成本竞争优势。

④ 未来可能的减价

服装是时效商品，许多流行款式过季后不再受市场欢迎，几乎所有的服装企业都会出现剩货。表 12-1 所示为 100 家服装企业剩货的调查结果。

表 12-1　服装企业剩货调查

企业数(%)	剩货率(%)	企业数(%)	剩货率(%)
50	10 以下	15	31～38
30	20～30	5	38 以上

剩货处置是服装企业必须面对的客观问题，因而预计未来可能的减价而将一部分损益在初期定价时纳入其中已成为一种商业惯例。当企业产品大量积压时，为收回资金以及把握有利的销售时机，跌价产品极有可能低于成本。这种减价损失必须在服装初始制定价格时予以谋划，即在初期服装商品定价中应包含未来可能出现的减价损失部分。因此，服装销售季节早期上市的商品价格通常定得较高，这种价格时效性强，一旦过季或滞销就开始跌价促销。

（2）与需求有关的影响因素

消费者对服装最基本的需求与舒适、经济、审美及自我实现有关。这些需求贯穿于不同的教育背景、经济地位或其他不同环境因素之中，从而对服装价格定位产生影响。

① 收入

约翰·梅纳德·凯恩斯（John Maynard Keynes）在《就业、利息和货币通论》（1936）一书中提出：总消费是总收入的正函数：即一个人收入越多，消费也越多。但是，凯恩斯还指出第二点，高收入家庭在他们收入中消费所占的比重要低于低收入家庭。不过，一般而言，高收入者更倾向购买高价物品，而低收入者有着比高收入者更强烈的潜在购买欲望。低档服装消费者当收入增加后，会转向消费高档服装。

② 消费者对价格与价值的理解

消费者是产品价格合理与否的最终评判者。因此，企业在定价时必须考虑消费者对价格的理解及这种理解对购买决策的影响。产品的实际价值与消费者所理解的价值往往并不一致。在服装商品上这一点表现最为明显。服装具有外显价值以反映消费者价值取向与价值模式，主要特征如下：

a. 遵从一般群体服饰规范的从众愿望。这种消费者认为穿着符合时宜是最重要的。要选择这种符合时宜的服装，他们往往会货比三家以确定服装的外显价值。

b. 标新立异、自我表现的愿望。这类消费者具有个性化需求，它反映的是无形价值，外显价值与实际价值的标识往往比较明显。

c. 靓丽和适宜的美学价值意愿。经典服装最能满足这类消费者的需求，外显价值与实际价值的标识也比较明显。

d. 重视服装声望价值的愿望。有些研究中把此类价值称为政治价值，认为在这一意义上的服装是获得威信、领导能力和影响力的媒介。品牌时装与高级成衣反映了这种价值模式的取向。

e. 以关注他人意见为取向的社会价值模式。这种态度着重于社会参与和异性吸引。相关群体的价值观对主体消费者的价值观会产生较大影响。

f. 以经济价值与舒适性为愿望的价值模式。追求价廉物美，物超所值。

③ 需求价格弹性

需求价格弹性主要分为缺乏弹性与富有弹性两种情况，影响需求价格弹性的因素如下：

a. 产品与生活之间关系的密切程度。凡与基本生活关系密切的必需品，需求价格弹性大，反之，弹性小；

b. 替代品和竞争产品种类的多少和效果的好坏。凡替代品少且效果不好、竞争者也少的产品，需求弹性小，反之，弹性大；

c. 在消费支出中所占比重的大小。凡占支出比重小的，消费者对价格不十分在意的产品，需求弹性小，反之，弹性大。

d. 与产品质量的关系。凡消费者认为价格变动是产品质量变动的必然结果时，需求弹性小，反之，弹性大。

（3）与商品流通方式有关的影响因素

① 价格决定权

一般而言，按照交易惯例，承担风险的一方应拥有价格决定权。在这一点上，世界各国各地区价格决定权表现不一：美国服装价格决定权通常由零售商掌控；在日本则由批发商控制。

我国大型品牌服装企业通常拥有渠道和价格决定权，而一些与商场联销的小品牌服装企业通常与零售企业共同协商确定服装价格以及决定何时降价促销。拥有价格决定权的品牌通常更倾向于保持价格稳定，降价促销策略规范而且有序。中国香港由于是转口贸易集散地，价格决定权由转口贸易商决定。

② 交易方式

服装商品的主要交易方式分为买断与代销，两者的区别在于价格决定权和经营风险的承担。

买断(distributorship)亦称经销。中间商(如商店)从卖主(如供应商)手中买断商品的所有权，再销售给买方，由中间商承担剩货风险。通常，服装商品有特色而缺少零售渠道的服装供应商采用买断方式，将商品所有权转移给中间商，风险由中间商承担，但服装供应商将失去价格决定权。美国服装定价主要采用这一方式。

代销(on consignment)是指卖主(如供应商)将自己拥有的商品提供给中间商，中间商把商品销售给顾客(买主)后，收取一定的费用作为销售活动的补偿代价。代销的特点是商品的所有权属于卖主，剩货风险由卖主承担。服装品牌企业若有较强的营销能力，能承担较大的剩货风险时，可采用代销经营方式，有利点是能掌控价格决定权，并及时把握市场信息。例如，我国品牌服装企业进入百货店时的“引厂进店”或“厂店联销”主要采用这种交易方式。

③ 影响出厂价的因素

面辅料成本、工艺制作难易(如对条对格)、批量大小、交货期长短、设备与厂房折旧费、职工工资福利、运输费、企业信誉、税利等。

④ 影响批发价、零售价的因素

销售渠道的形式、销售风险、品牌知名度、品种配套、档次、流行性、零售市口位置、店铺装潢与橱窗陈列、广告、场地租金(租赁费)、管理费用、交易方式(如代销、买断、联销等)、人员费用、税利等。

(4) 案例：男式西服定价

① 出厂价

a. 面料成本：普通毛料价格 50～100 元/米，羊绒毛料 500 元/米以上；

b. 辅料成本：普通西服 30～40 元/套，高档进口毛型胸衬及其他辅料 150～200 元/套；

c. 加工费：中、低档西服生产工序 200 道左右，50～100 元/套，高档西服生产工序 350 道左右，200～350 元/套；

d. 以上费用在形成出厂价时，还要考虑批量大小、交货期长短、对条对格、加工复杂性等因素。通常国内不同材质和工艺的西服出厂价为 300～800 元/套。

② 批发价、零售价

在上述各种要素制约下，有不同的定价方法：

a. 量大面广的普通西服(两件套)

工序 200 道，面料 200 元/套(2.5 米×80 元/米)，辅料 40 元/套，加工费 80 元/套，出厂价定为 320 元/套，批发价定为 416 元/套(出厂价×1.3 倍)，零售价定为 540 元/套(批发价×

1.3 倍)。这类西服在大卖场或廉价服装连锁店出售。

b. 高档名牌西服

小批量,工序 250 道,面料 500 元/套(2.5 米×200 元/米),辅料 150 元/套,加工费 150 元/套,出厂价 800 元/套,批发价(含剩货风险、品牌附加值、销售费用、毛利)800×2=1 600 元/套,零售价(含剩货风险、品牌附加值、销售费用、毛利)1 600×2=3 200 元/套。

(5) 服装商品的生命周期与售价

服装商品最能体现产品生命周期特点,即服装的流行性(表 12-2)。

表 12-2 服装流行与价格的关系

	流行周期	社会影响面	消费类型	价 格
快潮服装	极短。前期增长很快,后期下降亦快。	较小。但在某些团体或组织中影响又极大。	追求流行的女士或青少年,国外的嬉皮士等。	初期价格高,中期价格不稳,后期价格暴跌。
一般服装	较长。演变周期基本遵循产品生命周期模式。	较大。按产品生命周期模式由小变大或由大变小。	社会各阶层,基本按产品生命周期的消费类型划分。	随着基本产品生命周期的演变而由高到低。
经典服装	极长。前期同一般时装,后期无明显衰落和消亡现象。	极大。前期同一般时装,后期相对趋于稳定。	社会大众。前期消费者按产品生命周期模式划分。	前期价格较高,后期价格趋于稳定。

此外,还有许多其他因素影响服装定价,有些难以定量描述。这主要是因为服装在很大程度上属于社会文化范畴,与其他一般商品相比,有明显的人文特征,与社会文化、消费心理、时代潮流、大众需求等方面有着千丝万缕的联系,反映了人们的价值观念和生活方式。在时装与高档服装方面,有些因素,如设计思想的独特性、品牌知名度等无形资产,往往超过服装面辅料成本等有形资产对服装定价的影响。

12.3 服装定价策略

服装产品成本为价格规定了最低限度,消费者对产品价值的认知和需求期望为价格规定了最高限度。因此,价格定位时必须考虑产品成本和消费者需求这两方面因素。此外还必须考虑竞争者的价格以及其他各种内外部因素,并根据不同情况,制定出对企业长远发展最为有利、合理的定价策略和价格。

(1) 成本导向定价法

① 成本加成定价法(亦称成本加法)

在产品成本上加一个标准的加成率,即价格=成本+加成率。对服装而言,按照服装材料成本和加工费(工缴费),再加一定的利润率进行定价。适用于同行业协商定价、生产企业定价、量大面广的服装定价。特点为:

a. 卖方对于自己的成本比对市场需求更有把握,把成本与价格直接挂钩,简化了定价程序;

b. 竞争对手企业如果采用此法,则价格具有可比性,可缓和价格无序竞争;

c. 一般认为成本加成定价法对买卖双方都公平合理，卖方“以本求利”可保证合理收益，买方也不致因需求强烈而付出高价。

但这种定价法只有在达到一定销量时才适用。计划经济时代，服装定价基本采用这种方式；而在市场经济中，当服装商品出现过剩和竞争激烈时，成本加成定价已不适用，企业更多采用的是竞争导向定价法。

② 成本倍积法

$$价格 = 成本系数 \times 成本$$

这种方法亦称经验定价法，常用于时装与高档品牌服装的定价。定价的关键是选择成本系数。上述成本概念是指面辅料和加工费成本，不包括流通领域的成本费用。一般大众服装成本系数取 4；新潮时装成本系数取 5；中高档品牌服装成本系数取 6 甚至更高。

成本倍积法

目前国内中高档服装品牌成本定价法倍率一般在 6～10 倍，如倍率为 6 的价格组成如下：

100 元(零售价)
－10 元(10% 商场贵宾折扣率)
－90 元 × 30% ＝ 27 元(30% 商场扣率)
－100 元 ÷ 6 ＝ 17 元(面辅料和加工成本，按零售价 6 倍定价计算)
－46 元 × 17% ＝ 8 元(增值税)
———————————————
38 元(毛利润)

38 元毛利润为不参加季末折扣等商场打折活动情况下的利润额，此外还要扣除库存(一般为 25%)、固定人员成本、固定资产折旧等。因此内销品牌定价一般都要在面辅料和加工成本的 8 倍左右才能保证企业比较良好的经济效益。

图 12-1 是上海地区不同品牌的西服价格，根据此图可推算面料采购价格的控制范围。

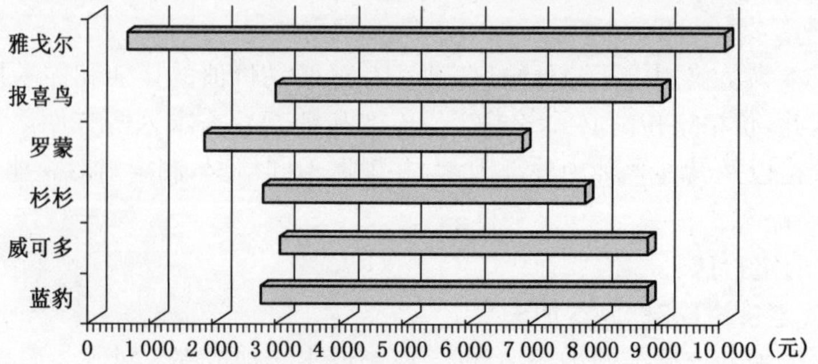

图 12-1 不同品牌西服价格带比较

数据来源：上海地区品牌西服实地调研

(2) 需求导向定价法

需求导向定价法依据消费者对产品价值的认知和价格期望量度进行定价。所谓“认知价值”是指买方在观念上所理解的价值而不是产品的实际价值。因此，卖方可运用各种营销手段影响买方对产品的认知，使之形成对卖方有利的价值观念，然后根据产品在买方心目中的价值进行定价。

企业必须事先对具体目标市场新产品从质量、服务和价格等各个方面进行定位，树立良好的市场形象。需求导向定价法的关键在于企业要对产品能否得到顾客认知的价值有一个正确的估计和判断。估计过高，影响产品销售，估计过低，失去利润空间。

评价服装的认知价值可以通过前期价格市场调查、核心消费层抽样调查评估后，进行市场试销，根据试销结果最终确定“认知价值”和价格。

(3) 竞争导向定价法

竞争导向定价法主要依据竞争者或市场价格进行定价，或与主要竞争者相同，或高于、低于竞争者的价格，这要视产品和需求情况而定。如果竞争者价格不变动，即使本企业产品成本或需求发生异动，定价也应保持稳定；反之亦然。

产品差异化使购买者对价格差异不甚敏感。企业可以相对于竞争者灵活确定自己的价格定位。时装属于异质产品，在异质产品定价方面，企业有较大的自由度决定价格。

当服装商品以同等于竞争者价格进入市场时，可采取品牌等非价格竞争策略，使企业与竞争者共享市场。

当服装商品以高于竞争者同类产品的价格进入市场时，企业与竞争者市场互补。但应注意必须让消费者感到物有所值，否则，成熟消费市场质价不符的高价服装将无人问津。

当服装商品以低于竞争者同类产品价格进入市场时，品牌声誉和影响力在价格竞争中是获胜的重要因素。同时，应尽可能降低产品与服务成本，体现服装商品的成本竞争优势。但要注意，当服装商品以低于成本定价时，往往会受到反倾销法的限制。

竞争导向定价法中常用以下两种方法：

① 随行就市定价法

企业产品价格与本行业同类产品的售价保持一致的定价方法。市场经济条件下，这种方法使用比较普遍，另外，采用一致的价格能给消费者“价格合理”的感觉。基本型服装属于同质产品，随行就市定价法是同质产品市场的常用定价方法。

② 成本竞争定价法

亦称成本减法或竞争定价法或成本倒扣法。以市场价格或竞争对手类似产品价格作为本企业产品定价参照系的定价方法。在市场品种丰富，市场价格已定的情况下，企业只有采取降低成本的方法，才能获得市场份额和利润，即企业利润＝市场价－成本价，当服装市场价格已定或商品竞争激烈时，企业只有降低服装产品成本才能获取更多的利润。服装企业可根据自己的产品与竞争者产品的差别来确定一个略高于、略低于或相似于竞争者产品的价格。

案例

网购男衬衫成本计算

以某网购男衬衫品牌进行成本剖析。1 件售价 99 元，2 件 168 元，3 件 238 元。以大多数消费者单次购买 2 件为例。

a. 运费及代收货款手续费：目前主流网购衬衫品牌均委托第三方物流(快递)代为发货，因此会涉及到代收货款的手续费。快递公司按 1 kg 起重计算，综合计算单笔订单的物流费用 12 元。若免费退换货，承担二次快递费用。单笔订单的物流配送成本会达到 15 元。

b. 包装材料及相关辅料：外包装纸箱以 2 元/个计算，单件衬衫的商标、吊牌、洗水唛等辅料以 1 元计算，合计单笔订单的此项成本为 4 元。

c. 税收：按最低的税赋 5%(营业税)计算，不考虑附加税等其他税种，单笔订单的税收约为 8.4 元。

d. 库存损失：生产全部委托专业工厂以 OEM 形式提供，库存率不低于 20%。库存的折价损失一般以成本金额的 50%计提，如单件衬衫的生产成本以 30 元计算的话，单笔订单对应的应计提的库存折价损失＝30×2×20%×50%＝6 元。

e. 仓储、办公室租金及固定投入折旧：B2C 销售量大，在仓储物流方面需要较多投入，此外庞大的呼叫中心也是一笔不菲的开支。比照传统的线下服装品牌，此项费用按 5%计算，则单笔订单的此项成本为 8.4 元。

f. 人员工资及管理费用：B2C 服装销售发展速度快，员工数量扩张，团队成员大部分由 IT 行业转型而来，人力资源成本相对传统服装企业来说会高出很多。比照传统的线下服装品牌，此项费用按 10%计算，则单笔订单的此项成本为 16.8 元。

g. 广告宣传推广费用：此项费用是 B2C 业务最大的成本支出项目，包括：门户网站的包时广告、搜索引擎 CPC 广告、比较购物网站及联盟网站的 CPS 广告、线下的传统媒体广告以及产品 DM 图册的费用。目前品牌给予很多联盟网站的返利比例高达 16%～20%，再加上自己门户的广告投放。由此估算，总体广告投放的比例不会低于零售价的 30%，单笔订单的广告成本为 168×30%＝50.4 元。

综合以上七项主要的成本支出，单笔订单的总成本＝15＋4＋8.4＋6＋8.4＋16.8＋50.4＝109 元。显而易见，要保持盈亏平衡，B2C 品牌衬衫的单件生产成本不能高于 (168－109)/2＝29.5 元。若要保证收支平衡，只能依靠一再的压缩采购成本，在面料以及 OEM 方面下功夫。

(4) 特殊定价法

① 尾数定价法

例如，服装以 98、198 元价格出售，而不是标价 100 元或 200 元，以达到“比较便宜”的效果。

② 整数定价法

整数定价法可以达到“价高质优”的效果。

③ 分档定价法

根据服装档次分类定价，以免价格混乱。利用顾客对系列产品价格形成的理解制定价格。例如：女式风衣服装品牌将价格按档次分别定为：298 元、498 元、980 元、1 380 元等，由此满足顾客对各个价格档次层面的偏好。

(5) 渗透定价

利用顾客求廉心理,在产品价格的可行范围内采取保本微利、薄利多销的定价策略。廉价销售可迅速打开销路,扩大销量和市场占有份额。

企业若想扩大市场占有率,应采取渗透定价策略,即针对需求价格弹性系数大的服装商品采用薄利多销的策略。采用市场渗透定价法的条件是:

a. 目标市场对价格敏感;

b. 生产和分销成本随销售量扩大而降低。

(6) 取脂定价

亦称撇脂定价。企业以利润最大化为目标,对商品采取高价厚利的定价方法。企业推出新产品时,利用消费者求新心理,在产品价格的可行范围内尽可能制定高价,在产品生命周期的早期阶段迅速回收投资并获取丰厚利润。名牌、高档服装、时装通常采用这一定价方法。

取脂定价的条件:

a. 产品质量与高价相符;

b. 要有足够的理由使顾客接受这种高价并愿意购买;

c. 竞争者在短期内不易打入该产品市场。

(7) 调整商品供给量策略

服装价格受商品需求量变动的影响较大。当某一类服装商品供不应求时,企业制定的价格容易被消费者接受,利润有保证。但目前服装市场商品供应数量趋于饱和,价格受市场需求关系的制约,因此企业可通过产品供给量的调节,维持服装价格的稳定。

案例

YSL 调整供给量策略

"使一个产品稀缺难求,你就可以卖出天价"是 GUCCI 的格言。1999 年,GUCCI 收购 YSL 高级成衣品牌。时任 CEO 德·索勒(Domenico De Sole)首先关闭了大部分已有的 YSL 店铺,调整该品牌产品的供给量。德·索勒向世人证明了高价位和相对较少的供应量才会使奢侈品牌利润增长。尽管 YSL 当年销售额有所下降,但 YSL 的利润却在一年之内从 5.6%增长到了 8%。

(8) 剩货商品的处置策略

服装企业掌握了价格决定权后,为避免剩货风险,平衡因剩货商品跌价引起的损失,在销售初期,可制定稍高的价格。但要注意竞争者对高价格的反应,同时还应考虑价格定得过高,消费者购买欲望受到抑制,结果可能造成更多的剩货。因此,初期价格的制定要慎重。

降价策略如下:

a. 降价幅度与时间

早期降价处理时,降价幅度较小,而到了销售尾季时,降价幅度较大。因此,何时降价、降幅多少,企业应事先制定计划,或根据销售数据分析,以保持合理的价格水准;

b. 降价方式

一般服装特别是时装商品的降价方式,消费者已适应。但高档、名牌服装若采用大幅度降价会使消费者产生价格混乱或欺诈的感觉，造成声誉损失。为此，可采取下列处置方法：

· 向公司内部职工或关系户进行特价销售，如蜜雪儿品牌在销售尾季，公司职工每人可得到十张优惠券，凭此券可享受 3～7 折的优惠，数量不限；

· 向国外推销或降价处理，这一方法发达国家采用较多；

· 拆除商标，特价处理。

果断进行剩货商品处置，能减少服装商品不必要的库存压力，及时回笼资金，保证企业进行正常的经营活动并获取合理的销售额和利润。

(9) 承担风险的企业具有价格决定权

目前国内服装企业采用厂店联销形式较多，但实际上，销售风险（即商品剩货风险）往往由服装品牌企业（供应商）承担。按照商业惯例，承担风险的企业具有价格决定权。当商品进入市场后，服装品牌企业可根据商品的生产成本和经营方针，销售的淡季、旺季，流行周期的各个阶段，品牌知名度及商品剩货量大小等决定服装价格，满足消费者需求，同时保证企业的经济效益。当服装供货商将服装产品买断给批发和零售企业时，剩货风险由批发和零售企业承担，而服装企业将失去零售价格的决定权。

奥特莱斯(Outlets)

又称品牌直销购物中心。由销售服装名牌过季、下架、断码商品店铺组成的品牌购物中心。起源于美国制造厂商直接经营的廉价直销店形态，并逐渐发展成为一种独立的零售业态。特点：荟萃世界著名或知名品牌，品牌纯正，质量上乘；一般以低至 1～6 折的价格销售，物美价廉；远离市区，交通方便，停车场大，货场简洁、舒适。主要形式：制造商直售，包括工厂直销、成衣仓库直销等；零售商直销，用于处理名品尾货销售。

■案例

Lefties——Inditex 集团旗下折扣品牌

西班牙 Inditex 集团旗下共有 ZARA、Pull and Bear、Massimo Dutti 等 8 个服装品牌，由于 Inditex 公司强大的供应链系统和管理策略，使其成为快时尚的领军企业。不过各个品牌剩余的库存成为增加公司成本的一大因素，为了解决这一问题，Inditex 开出折扣店 Lefties，将这些库存变成了新的销售增长点。Lefties 有自己独立的红白 Logo 标志，店内的装修和招牌也都自成一体。店面就开在市中心，有的位于购物中心内。出售的过季产品不剪标，但是将被挂上带有 Lefties 字样的吊牌。产品价格相当便宜，T-shirt 只有 7 欧元一件，连衣裙售价 19.99 欧元。自 1995 年在西班牙开出第一家店以来，现在葡萄牙、墨西哥都能见到 Lefties 的门店。金融危机后，Lefties 顺利入住法国。全球经济衰退使得人们对于消费采取了更保守和谨慎的态度，Lefties 这类折扣店的销售情况也比之前有所提高。

■案例

快时尚品牌的定价策略

(1) 相对低价

国际市场对快时尚品牌的评价是“一流的设计、二流的面料、三流的价格”，可见低价是快时尚品牌成功的重要因素之一。低价是快时尚品牌产品价格相对于同样销售时尚服饰的国际品牌价格而言的。

C&A 商业发展总监邓蓓珊博士(Dr. Sandra Dembeck)说:“时装业的高端和低端正向中间汇合，奢侈品牌做出大众化的让步，低端零售商觉得毛利太低，又想提高产品档次。时尚的设计加上合理的价格才是消费者最需要的。”①

以 ZARA 为例，一条裙子 700～800 元、一双高跟鞋 800～900 元、女包千元左右，对消费者来说还不能算真正意义上的低价，由于 ZARA 采用紧邻奢侈品牌开店的方式，易使消费者直接将 ZARA 与奢侈品牌进行对比，相对奢侈品牌一条裙子几千甚至上万的价格，ZARA 的价格确实很低。不过，ZARA 已是调研的品牌中价格定位最高的快时尚品牌，其他的品牌几乎都一致奉行低价策略。快时尚品牌相对较低的价格和时尚感强的设计提高了顾客的感知价值，从而吸引了时装顾客的购买。

(2) 实现低价的途径

① 缩短前导时间，即缩短商品策划开始至上市时间。可以对市场信息做出快速反应，从而降低原材料的库存，减少市场预测的失误带来大量存货和折扣损失；同时，还能加快资金的流动，提高资本运作效率。图 12-2 分析了缩短前导时间实现相对低价的路径。

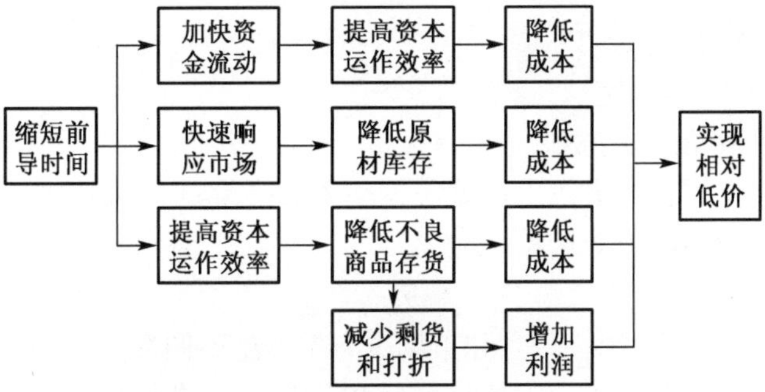

图 12-2 缩短前导时间实现相对低价

注：根据郎咸平《你想到的都是错的》一书中图 3-8 修改。

② 节约成本。快时尚品牌不是为了便宜而便宜，而是充分考虑消费者利益，在经营管理中节省各种要素成本，由此提供价格适宜的服装。快时尚品牌采取了多种方法对成本进行控制，其中表现比较突出、能有效控制的成本包括劳动力成本、采购成本、库存成本、促销成本、开店成本等(表 12-3)。

① Laura Wang. 平价时装贵族快跑中国[J]. 福布斯中文版，2007.7:20.

表 12-3 快时尚品牌成本控制的内容和方法

内容	方法
劳动力成本	生产：外包到低成本地区，并聘用非正式工人；店铺：根据客流情况制定灵活弹性的时段工作表。
采购成本	规模经济带来大量原材料需求，利于实现低价采购；染色和裁剪在较早阶段，更加灵活地控制成本。
库存成本	首批下单数量不多，大部分直接陈列到店铺中；追加订单货品由于是畅销款，可以快速销售出去。
促销成本	很少做广告，宣传成本占销售额的比例小(H&M 除外)；以店铺做宣传工具，直接高效。
开店成本	缩短开店筹备时间；直接购买店铺，降低店铺租金费用带来的风险成本。
其他成本	购买低成本软件；本地化操作模式，减免关税。

(3) 货品管理

快时尚品牌在经营过程中，货品一般不会转运，降低了因转货带来的人力、运输和管理成本；及时处理滞销款式也是降低成本的有效途径。对于滞销款式或畅销但货量多的款式，店铺会以折扣方式进行处理，提高货品销售率。为此，快时尚品牌的店铺中总有一部分是折扣区域。ZARA 的剩货产品占比非常小，通常 ZARA 采用 2～3 周后没有销售出去货品就下架的策略，然后集中起来在专门的店铺进行特价甩卖。

12.4 服装定价决策模型

在研究服装定价决策时，需要综合考虑成本、需求、市场竞争对手、定价方法等各种要素，选择定价目标并制定不同价格方案。这是一种动态的决策过程，必须跟随服装产品生命周期的变化做出不同市场价格的应对策略。

(1) 选择定价目标

不同定价策略会对利润、销售收入和市场占有率产生不同影响，价格高低也会影响消费者心目中的品牌形象。如果企业决定为高收入顾客设计、生产和销售高档服装，于是便决定了这类服装的高价格水准。但也有些品牌在早期进入市场时，为了建立服装物超所值的形象，以高品质中低价格出售，这样既能较快地渗透市场又能让消费者了解服装的卓越性能。由此可知，企业必须对质量和价格两方面做出决策。表 12-4 所示为不同质量的定价组合方案。

表 12-4 九种不同定价组合方案

高质高价	高质中价	高质低价
中质高价	中质中价	中质低价
低质高价	低质中价	低质低价

① 市场掠取目标

有些服装企业利用部分消费者准备支付较高价格的心理，对那些被认为有较高价值的服装商品进行“取脂定价”，定价目的在于从这些购买者钱袋中取得溢价，只是出于考虑吸引市场中有较高价格弹性的细分目标市场时，才逐渐降价。出现下列情况时，“取脂定价”才具有意义：

a. 具有足够多的缺乏弹性需求的购买者；

b. 小批量生产的单位成本并不高，可以抵消大批量生产带来的诱惑和好处；

c. 不必顾虑高价会刺激竞争品牌的警觉和对抗；

d. 高价产生高品味的印象。

② 早期现金回收目标

有些服装企业认为未来不太确定，或为加快资金周转，以尽快回收现金为目标定价。但这类行为往往导致企业丢弃市场培育的机会。

③ 产品线促销目标

某些品牌的定价目的是增加整个产品线的销售额，而不是某种款式的利润。例如，将产品中20%的品种制定较低的价位，即利用二八法则，通过部分品种的促销价吸引消费者光顾，以此促进他们购买服装品牌的其他商品品种。

④ 满足投资回报目标

这种情况下企业的定价目标是为了达到一个满意的经济回报率，即一定风险与投资水准下的资本回报率。

(2) 企业发动价格变动

企业发动价格变动有两种情况：削价或提价。

① 企业削价的原因

a. 投产批量过大，企业不可能通过加强促销活动扩大销售额；

b. 在竞争者压迫下，企业市场占有率下降；

c. 企业的成本费用比竞争者低，通过削价可提高市场占有率，从而扩大生产和销售量；

d. 服装在产品生命周期的衰落期必须降价处理，以售出剩货；

e. 过于前卫时装款式，到了销售尾季，要么季末打折销售，要么来年再推向市场，一般而言，为加快资金周转，多采取当季折价销售；

f. 过于落伍的款式，常常以成本价或低于成本价进行甩卖。

菲利浦·科特勒(Philip Kotler)在《营销管理》一书中指出：削价两文钱没有克服不了的品牌忠诚。由此可以看出，降价对消费者具有何等吸引力。如果能通过降低成本，扩大销量，进而合理降价，由此提高服装品牌的市场竞争力，否则将形成恶性价格竞争，扰乱市场秩序。

② 企业提价的原因

a. 企业产品供不应求，不能满足目标顾客的数量需求；

b. 某种垄断面料或配件数量有限，因而采取限量以较高的价格供应；

c. 由于原材料价格上涨而导致成本费用提高，服装企业必须提高产品价格。

提价时应注意，为了减少顾客不满，企业应向顾客说明提价原因，争取顾客谅解。

案例

金融危机下奢侈品牌价格变动

奢侈品曾被认为是受经济波动影响较小的行业之一，但是事实却并非如此。金融危机以来，各奢侈品牌都对产品价格采取调整。

Emanuel Ungaro 的 2009 早秋系列比 2008 年降价 15%，Chanel、Versace、Christian Louboutin、Chloé 等品牌的降价幅度都在 8%～10%之间。这些企业认为，通过降价可以引起消费者的购买欲。在经济疲软的情况下，奢侈品牌应该理性定价。

而也有一部分奢侈品牌价格依然上升，只是幅度较往年稍缓而已。2009 年一季度，Hermès 价格增长 8%、VH 增长 7.4%、Gucci 增长 6%。这些品牌认为降价会影响消费者对品牌价值的感觉，奢侈品牌所一直营造的神秘感也将被打破。如此衰退过后，消费者就未必再愿意全价购买奢侈品。

(3) 顾客对价格变动的反应

消费者对服装商品的提价或削价，即价格变动有不同的反应。

① 对于企业某种服装产品的削价，顾客会认为：

a. 服装式样陈旧，将被新款取代；

b. 服装产品有质量缺陷；

c. 服装产品过时；

d. 价格还要进一步下降。

② 消费者对某种款式的提价可能会产生这样的理解：

a. 产品物超所值；

b. 这种款式畅销，不赶快购买可能会脱销。

一般而言，顾客对于基本型高价的服装产品价格变动较为敏感，而对于不经常购买的商品价格变动不太在意。

(4) 对竞争者发动价格变动的反应

作为异质商品的时装，当竞争者发动价格变动时，企业有更多的自由选择权。因为消费者不仅考虑价格，还会注意款式、质量等其他因素，所以在这类商品市场上，消费者对较小的价格差异反映不敏感。

面对竞争者的价格变动，服装企业应研究以下问题：

a. 竞争者价格变动的主要原因是什么？

b. 价格变动是暂时的还是永久的？

c. 如果对竞争者的价格变动置之不理，将对本企业的市场占有率产生什么影响？

当企业处于市场领导者地位时，常常会碰到其他服装品牌同类产品的价格竞争，在这种情况下，可以有以下几种选择：

① 维持价格稳定

给消费者高价高品位的感觉，让消费者了解本企业品牌价格定位合理而且严谨，不随意降低价格；

② 非价格竞争

通过改进服装商品性能、服务方式等非价格竞争手段争取市场和消费者青睐，这是比削价和低价经营更有效的经营方式。

③ 降价

当企业采取降价策略时，意味着要与竞争者进行全面的价格竞争以维持市场占有率，同时尽力保持产品质量和服务水平。

④ 研发创新

推出高价位新品牌或新款，以清晰的细分市场抗衡竞争对手。

12.5 服装价格管理和调控

改革开放后，我国服装最早实行价格放开，这是市场经济发展的必然结果。但市场经济并不是自由经济，价格放开也不等于价格放任自流。市场决定价格更不意味着国家对价格控制撒手不管。从发达国家市场经济的实践经验和我国的具体国情来看，在以市场经济为导向的价格改革中，政府对经济活动中出现的不正当竞争和价格欺诈、牟取暴利等行为必须进行依法干预。如果价格放开之后，政府及相关部门淡化或退出对价格的管理，容易造成市场价格混乱，这不仅会使广大消费者和合法经营的服装企业受到损害，而且会阻碍整个改革开放和经济建设的健康发展。

事实上，我国服装价格放开后，确实出现了假冒伪劣、质价不符、不明码标价、哄抬价格等不正常现象。因此，需要政府、企业、行业协会做出不懈努力，加强市场价格的研究和管理，建立完善的社会主义市场经济价格体系。

当然，政府对市场经济的调控和干预，有别于计划经济时期的行政控制手段，主要是通过立法、执法、监督和行业协会的协调，用市场规范和积极引导的方式实现国家对市场价格的宏观、有序的调控作用，同时通过企业经营机制的改革和转变，对市场价格做到放而有度，活而有序。

(1) 立法、执法、监督

我国政府为了规范市场经济运营体制，陆续出台和修订了一系列与消费商品有关的法律、法规，如《商标法》《产品质量法》《反不正当竞争法》《消费者权益保护法》《关于商品和服务实行明码标价的规定》《关于反价格欺诈和牟取暴利的规定》和《反垄断法》等，这些法律法规的出台对理顺市场次序，保护企业的合法经营活动和消费者权益起到了积极的作用。

当然，由于服装商品流行性强、种类多、可比性及定量控制困难，在法律法规的实施细则中有一个不断完善的过程。例如，上海市制定的“反暴利法”实施细则中，初期仅对服装中的西装、男式衬衫以及沪产皮鞋有约束(定为第一批实施规定品种)，其他服装商品只能在随后的实践中进一步修订和完善。

立法之后，更重要的是执法和监督。为此，应通过法律、法规的学习和宣传，使经营者明确合法经营和合理价格定位是企业经济持久发展的重要原则。同时通过普法教育，使消费者了解立法的内容，用法律武器保护自己的正当权益。工商、财政、税务、审计和物价部门应分层次、分区域进行监督检查，如定期进行物价检查，对违法经营、牟取暴利、坑害消费者的行为进行教育和处罚。同时，新闻媒介也要配合相关职能部门，对不法行为进行曝光，充分发挥新闻媒介的社会监督作用。

(2) 引导方式

通过政府职能部门的有效管理，逐步建立、健全价格管理体制，促使企业进行市场调研，预测消费趋向，确定目标市场，根据不同的消费层次需求，制定相应的服装商品计划、促销手段并确定合理的价格定位。

目前服装市场的重大问题是一方面供给过剩，另一方面有效供给不足。在市场发展和调整过程中，可以通过产学研相结合，进行理论研讨和实践论证，对产业发展和决策进行引导。例如，北京、大连、上海、宁波等城市每年举行的服装节和服饰研讨会，对丰富国民衣生活文化、服装业的发展和结构调整起到了积极引导和促进的作用。

(3) 发挥行业协会的作用

服装行业协会应进一步发挥信息沟通、市场协调、技术服务、培训、指导及研究等功能。例如，在价格定位和管理方面，行业协会有以下作用和特长：

① 专业性强

对服装市场及服装商品有深入全面的认识和了解，在协助政府制定法律法规或建立行业市场规范和准则等方面具有权威性。

② 信息量大

因为有专业部门和渠道，对服装信息掌握全面，能及时准确地向企业传播和沟通信息，引导企业合理地进行生产和经营活动，制定合理的服装价位。

③ 检测功能

能对商品质量进行定量分析和评判，起到协助政府职能部门对市场质量和价格的监督作用。

④ 处理投诉

在接受企业或消费者价格等投诉方面具有协调、沟通和处置的权威性。

总之，通过企业机制转变和科学生产与经营管理，包括合理制定服装价格定位，将促进我国服装业不仅在生产上，而且在包括服装市场营销等方面成为世界大国和强国。

思 考 题

1. 服装价格定位步骤?
2. 需求价格弹性分析。
3. 试述服装市场价格确定的方法和策略。
4. 举例说明市场价格变动时的应对策略。
5. 服装价格管理和调控的方法。

13 服装促销策略

导　读

服装商品的特殊性决定了服装促销手段需要通过视觉传媒向消费者传达企业形象及品牌理念，而且也是提高品牌知名度和忠诚度的重要方式之一。服装销售以季节划分，因此促销也应以季节为重点制定计划。

形象广告在服装业中广泛应用，是服装促销的主要手段之一。企业根据每季的主题概念和具体产品特点进行广告设计与制作，达到预期的促销策略。除此之外，公共宣传如能够抓住适时的机会，将会取得比有价广告更好的促销效果。

人员推销在众多促销方式中是最直接，并且具有双向信息传递功能的一种，其中对推销人员的培训至关重要。

在零售业的实际促销过程中，商品采购负责人须根据促销计划，完成准确订货、及时补货以及其他促销内容，使促销活动达到预期效果。

合理的销售推广方式能促进产品销售，吸引并激励消费群体，但要适度控制。

POP(售点)促销可以直接提高销售额，其中 POP 广告设置在购买现场，吸引顾客并且给他们以直接的强烈感观，能起到一定的引导消费作用。但必须针对不同类型的服装和顾客，使用不同的 POP 广告。

时装表演已被许多消费者接受，是一种具有审美艺术的促销手段，但市场运作还需发展和规范。

13.1　服装促销的特点

服装商品具有流行周期短，款式变化快，市场定位严格、细致的特点，同时也是一种具有特殊功能和高附加值(如社会价值、文化价值、美学价值、象征价值等)的商品，感知手段主要依靠视觉，其次为触觉，这些特征决定了服装营销需要各种有别于其他行业的促销手段。

(1) 促销的基本概念

企业经营损益表的第一行是销售额，最后一行是利润，即提高销售额是获取利润的先决条件，而促销则是提高销售额的重要手段之一。

促销是指通过人员或非人员的方法传播商品信息，帮助和促进购买者熟悉某种商品或劳务，并促使购买者对商品产生好感和信任，继而踊跃购买的活动。促销的方式分为人员促销和非人员促销，主要采用人员推销、营业推广、广告、公共关系等方法。服装促销的主要作用是沟通和传递信息、诱导需求、扩大销售、强调优势、提高声誉、巩固市场；服装促销的目标是吸引购买者对企业和商品的注意或兴趣，提高购买欲望或行动。这里所说的购买者包括制造商、研究机构和政府的采购部门、批发商、零售商及为家庭和个人消费而进行购买的最终消费者等。

在对待促销策略方面，存在两种不同观点：

一种观点认为只要大力推销，劣质产品也能卖出好价钱。实际上，促销必须是一种有责任的行为，仅靠商业噱头推销只能一时赚钱，最终将被市场和购买者抛弃。对于服装类商品，购买者重视产品质量和企业品牌形象，这些质量和形象必须靠言行一致的长期努力才能建立；

另一种观点认为促销将增加运营成本，最终这笔成本将转嫁给购买者，损害顾客利益，或者认为“酒香不怕巷子深”，好产品不用促销也卖得出去。然而，现代市场营销活动非常广泛和复杂，不借助于传播媒介或其他沟通手段，购买者无法得知有关商品的准确信息，或者购买者要付出很大代价才能得到所需信息。反之，当企业通过促销提高销售量从而降低单位产品生产和销售成本时，购买者也将从中得益。更重要的是，对于服装这一类文化和社会价值高的商品，促销能快速提高服装品牌形象，提高购买者购买时的自信和穿着时的满意程度。这是服装商品的一项重要特性，它影响着服装企业的促销决策。

(2) 促销偏重于建立形象或理念定位

现代社会生活中，服装的穿着意义已不在于注重保暖、遮羞或挡风避寒等生理功能性特征，着装者更注重服装的社会认知、表达自我价值或实现理想和追求的象征。这种象征固然需要用色彩、款式和面料等要素来表达，但更需要准确的形象、理念定位诠释，并运用适当媒介将有关信息准确及时地传递给目标顾客。

(3) 提高品牌知名度和忠诚度是服装促销贯彻始终的目标

流行的快速演变，使得服装促销不能专注于一款一式，这样做成本大而效率低。服装品牌知名度需要长期的营销努力，而一旦在市场上站稳脚跟，才能形成忠诚顾客群，稳定或扩大销售额，有利于新款服装的拓展，持续和累积的促销努力将成为服装企业和品牌的重要无形资产。

(4) 促销规划以季节为主线

通常，服装销售一年可分为二～六个季节，促销活动应以季节为主线进行策划，做到张弛有度、富有韵律。一般而言，服装品牌企业针对市场的促销活动在销售季节开始前半年进行，如秋冬季服装发布(订货会)安排在4～5月份，春夏季服装发布则在上一年的10～11月份进行；而零售商的促销则滞后些。以季节为主线进行促销既可保证定位的一致性，也突出了服装的流行和主题。服装的面料、色彩、款式和品牌、理念的视觉传播是季节主线促销的重要因素。

(5) 促销媒介——视觉传播

服装的美学意义主要在于视觉传递，是现代消费者追求的重要因素之一。为了表达服装动态的艺术美感，最理想的方法是通过视觉传播媒介如出版物、电视、互联网、微信、微博、广告牌、POP促销设计等手段予以实现。其中，杂志彩印画页、电视、互联网和时装表演最能传达服装风格和表现服装的内在感染力。另外，服装摄影也是商业摄影业中的重要分支。

■案例

美国服装零售协调师——RC(Retail Coordinator)

美国服装制造商或品牌供应商以买断方式将服装商品供给零售店后，根据不同的销售区域设置若干名服装零售协调师RC，对区域内的服装零售网点进行循环促销指导和销售协调。同时，RC必须十分了解自己公司的服装商品，当服装进到店铺后，RC要对店员或买家进行服装商品的特色说明，并要求服装零售店向RC传递顾客及销售信息。而服装进入柜台销售后，若销售状况不佳，RC可以向专卖店或百货店提出调整价格的建议。例如BD百货店的价格调整方案是：一般情况下，服装进入店铺2～3个月内，若销售不畅，将降价处理；开始打6.5折，然后打6折，最后打4折。但若第一周只销售了不到总量的1%时，往往从第四、第五周开始跌价销售。过去，美国服装商品旺销年代初始价格的销售率可达65%，而现在能达到50%已经很不错了。

13.2 服装广告

广告利用电视、广播、互联网、报刊、户外广告牌和招贴等多种宣传媒介展现商品魅力和价值的营业推广手段，是通过有偿付费实施的一种非人员促销的沟通方式。目的在于刺激消费者购买欲望，提高企业和品牌的形象。

服装广告是服装企业促销的主要手段，服装广告预算通常占销售额的1%～3%。服装广告按促销方式分为形象广告和商品促销广告。前者主要是吸引消费者对品牌或企业(如商店)的关注，以建立形象为目的，而不是具体针对某一款服装，而后者的目标则是促进特定服装产品的销售。通常，形象广告在服装业中用得较多。

(1) 服装广告计划

服装广告一般在销售季节之前开始。应根据以往的经验或数据、现状和对将来的期望制定计划，首先要依据目标市场的趋势和季节特点确定主题，策划达到企业营销目标及渲染季节主题应实施的活动内容，即设计合适的载体和选择恰当的媒介，并进行预算规划。

(2) 广告媒介

服装企业常用的广告媒介有报纸、杂志、广播、电视、互联网、户外广告牌和宣传手册等。媒介选择既要考虑成本更要考虑有效性。依据广告对象和广告目标确定媒介类型后，还需具体确定媒介机构。同样是报刊媒介，《服装时报》可能比其他报纸传播服装信息的范围更广，而《服装时报》杂志更具有服装信息传播的针对性。恰当的广告发布时机和频率也是保证取得预期服装促销效果的重要因素。

① 报纸——是一种传播面广的大众媒介。虽然视觉效果较差，但以其成本低廉、制作和播发快速及时、影响面大而被广泛采用。国外享有盛名的《女性时尚日报》(*WWD*)以其格调

高雅、分析精辟、可读性强、有权威性、信息传播及时准确而著称，而国内的《中国服饰报》《中国经济报》等在沟通服装市场信息，促进服装消费方面发挥着积极作用。但由于手机移动互联传播的发展，股饰类报刊纸媒的数量逐年减少。

② 杂志——是服装广告的重要传播手段。特别是各种类型的时装杂志，构成了各具特色的衣着文化风景线。时装杂志以其图文并茂、视觉效果好而著称，且便于保存、重复传播，适合时装外在美的鉴赏和内涵的表达。虽然，杂志广告成本较高、出版周期长且广告制作难度大，但对树立企业或品牌形象、传达时装季节主题和理念意义重大，因此资金雄厚的服装大企业或设计大师品牌理所当然地钟情于著名杂志广告。《中国服装》图文并茂，格调不俗，拥有一大批读者；而《世界时装之苑》(*ELLE*)更以印刷精良、品味高雅，受到知识阶层和"白领"青睐。

③ 广播与电视——属于电子媒介。前者成本低但表达的手段仅限于语言和声音，后者能动态地展示服装魅力，但制作和播映费用昂贵，且制作周期较长，因此只有大企业才有实力做电视广告。广播与电视传播面宽广，国内外著名时装发布会通常以电视传播形式发布流行趋势和时尚信息。

④ 邮寄广告——目前，国内城市邮寄广告已开始进入家庭，如大型超市(大买场)的商品广告(包括服装目录广告)或邮购企业的服装广告等。但由于国内销售商缺少消费者准确的个人档案而往往无的放矢。因此，国内服装企业的邮购广告有时也通过服装杂志发布。

⑤ 互联网广告

近年来，随着互联网的快速普及，服装网络广告媒体发挥着越来越重要的作用。互联网不仅传播信息量大面广，而且成本低，速度快，目标对象主要是年轻消费者。网络广告和虚拟商场相结合是企业或个人创业发展的良机。

微信营销

2012年8月18日微信公众平台上线，首次允许媒体、品牌商及名人进行账户认证，并给认证用户更多的手段向粉丝们推送信息。于是，众品牌纷纷抢滩登陆，微博上代理公司也正式挂起了"微信营销"这块招牌。一时间，微信成了品牌除官方微博外的另一大互联网营销热地。

微信营销是网络经济时代企业营销模式的一种创新，是伴随着微信的火热而兴起的一种网络营销方式。微信不存在距离的限制，用户注册微信后，可与周围同样注册的"朋友"形成一种联系，用户订阅自己所需的信息，商家通过提供用户需要的信息，推广自己的产品，从而实现点对点的营销。互动及时的微信营销，包括微信平台基础内容搭建、微官网开发、营销功能扩展；另外还有微信会员卡以及针对不同行业的微信营销方式，如：微餐饮、微外卖、微房产、微汽车、微电商、微婚庆、微酒店、微服务等个性化功能开发。

微信营销中最有效的六种营销模式分别为：①互动式微信——漂流瓶；②互动式推送微信；③陪聊式对话微信；④O2O模式——二维码；⑤社交分享——第三方应用；⑥地理位置推送——LBS。通过对微信公众平台的二次开发，展示商家微官网、微会员、微推送、微支付、微活动，微报名、微分享、微名片等，形成一种线上线下微信互动营销方式。微信营销已成为继搜索引擎营销、微博营销后的又一热门网络营销方式。

FTD观潮网(www. fashiontrenddigest. com)

FTD是Fashion Trend Digest的缩写,可译为时尚趋势文摘。网站关注国际流行趋势,支持本土原创设计,通过"FTD观潮网"和"FTD趋势咨询"为消费者和企业提供流行趋势资讯和信息服务。

作为一个开放的网络平台,观潮网上有最新时尚潮流信息、品牌资讯以及行业动态分析。网站设5个栏目:

品牌Brand——收录奢侈品、设计师品牌、各类风格时尚品牌数百个,附有品牌详细介绍、产品系列以及店铺等信息;

街拍Foto——用独特的视角拍摄国内外各时尚聚集地、街头行人、精品店、秀场、展览、派对等潮流趋势图片;

文摘Digest——摘录国内外时尚资讯;

观点View——推出时尚趋势专家、品牌经理、买手、时装编辑等专业人士的原创观点,内容覆盖流行趋势分析、时尚产业观察和时尚消费引导等;

图片Image——收录品牌历年来的精美广告、秀场和产品等图片,可以完整了解相关品牌的形象。

(3) 广告机构

由于服装广告必须随季节或流行而变换,大型服装企业通常拥有自己的广告部,因此,广告往往成为服装企业特别是服装零售企业的日常工作。另外,服装企业和服装设计师通常对服装有自己独特的理解,也需要通过广告部门传达品牌和创意设计理念。服装企业广告部一般可分为:艺术组——主管总体结构和效果设计以及摄影和制作广告图片,其中摄影以真实感人而最为常用;文稿组——筹划广告语以及广告中的文字说明,服装销售广告文稿强调的是商品价值,而时装广告强调的是流行魅力;广告制作组——根据总体策划布局将各部分设计稿件有机地组合在一起,同时承担摄影、印刷、现场广告、电视台、出版商等广告媒体之间的协调工作。服装企业大型广告策划和制作需要专业化的知识和设施,必要时,可借助于商业广告机构。

■案例

S品牌媒介宣传策划案

S品牌系意大利国际知名品牌,但在上海开设的几家销售专柜因为营销管理不到位,无上乘表现。为了重塑S品牌形象,吸引消费者的关注和购买,需要对S品牌再创知名度进行广告策划。只有嫁接、利用好原有品牌的知名度,才能事半功倍地再现S品牌形象和声誉,使目标消费者迅速认知、了解S品牌的丰富内涵。

S品牌目标消费者定位——现代成功男士,高品位、高价位。

S品牌在国内市场处于导入期、广告目的是重塑S品牌形象,广告对象是早期使用者,广告诉求重点是认知。

① 广告目的

S品牌初期广告目的——促进城市高端消费者认知这一国际品牌的理念,了解品牌的发展过程、服饰风格及品牌内涵，从而对S品牌产生信任、尊重和向往。

成功男士在购买贵重服装等物品时，理性色彩浓厚。因此，初期的广告宣传，要充分表达S品牌的高品质、高品位，使成功男士以拥有它为荣耀，使潜在购买者向往它，渴望得到它。

② 广告方式及媒介选择

广告需要详细、理性、富有诱惑力地向人们介绍S品牌，初期应选择报刊媒介为主。利用报刊可以详细说明S品牌的历史和内涵，时效性强，也便于媒介传播S品牌登陆上海的信息。在目标消费者对S品牌有了基本认知后，可适当地选择电视、杂志等媒介进行传播，提高品牌知名度和品牌形象。

③ 报刊广告策略

a. 宣布S品牌登陆上海，做S品牌的全面广告介绍，可整版刊登。

b. 在报纸上刊登系列小文章，介绍S品牌服饰的各种特色；在这类小文章中，要将知识性和信息传播恰当地结合起来，通过服饰知识介绍，传播S品牌的理念和信息；这类文章，要注重对消费者的渗透性影响；应保证在某一报刊媒介上的完整性，首先选择一家报刊连续刊登，全部刊登完之后，再选择其他报纸；此时不宜做太大的报纸广告版面，应以通栏广告为主。关键要靠广告内容、广告创意、广告设计的独特性和高品位吸引高端消费者。

④ 服装博览会

在重塑S品牌形象，使目标消费者认知、了解S品牌之后，公司可通过参加国内服装博览会(如上海国际服装博览会)，做好参展策划，提高S品牌在上海服饰商圈的知名度。

⑤ 商务杂志广告

适当地选择在商务杂志上做全幅广告，虽然花费较高，但能收到立竿见影的效果。例如：针对经常乘飞机做商务旅行且经常来往于城市之间的白领阶层，可在东航杂志刊登全幅S品牌服装广告；也可在面向全国发行的“环球经理人”等杂志上做广告宣传。

⑥ 特许加盟招商广告

随着品牌知名度的提高和业务发展，公司将进一步向上海周边地区及全国发展特许加盟商，这时的广告策划应做出相应的调整，可通过实体媒介或互联网推出特许加盟招商广告。

13.3 公共宣传

通过在公众媒介上传播有关人物、事件、新闻热点等非商业性报道而达到企业经营目标的促销手段。由于公共宣传的客观性、公共性和广泛性，传播效果有时胜于有价广告。

公共宣传是不付费的，正因为如此，获得这种机会非常困难。只有当大众媒介的记者或编辑认识到某项新闻报道对公众有价值时，才愿意采用。服装在社会生活中是人们兴趣爱好的一项主题，时装、色彩、流行、新闻人物的着装等话题在媒介上几乎是常年话题。这也是公共宣传在服装界应用广泛的主要原因。

(1) 公共宣传的机会

公共宣传机会的获得必须依靠对社会热点或公众倾向的敏锐感知，或者适时地创造出一种机会，设法引起新闻媒介的注意与重视，如有影响的时装发布会；新材料、新技术、新工艺在服装上的应用；先进的企业经营和管理方法等。这类素材可由公关部或时装部送达新闻媒体，但整个工作应由公关部策划与实施。运用这一策略时，应注意付费新闻报道是违反国家法律的，提供的素材应具有新闻价值或公益性，争取新闻媒介的支持，提高服装品牌在社会公众中的影响力和自身价值。

(2) 公共宣传的媒介

为了达到理想宣传效果，应该选择拥有对宣传题材感兴趣的受众(听众或读者)的媒介。如家居布置的最新流行色彩或新材料的发明可以在电视台的"生活广角"栏目中播出；有新闻价值的服装照片和信息则可以提供给杂志或报纸等刊登。

案例

意大利FORALL——缔造品质与品位

Marco Azzali (玛珂·爱萨尼)是意大利法拉奥集团(FORALL CONFEZIONI S. P. A)旗下的著名男装品牌之一，1986年1月在佛罗伦萨服装博览会上首次亮相。2002年5月，由FORALL集团和中国杉杉股份、日本伊藤忠商事株式会社强势合作，Marco Azzali在中国登陆，相继在国内大型知名商场，如上海梅龙镇伊势丹、北京赛特等开出七家专卖店(专柜)。Marco Azzali力求在正装、休闲装以及其他如衬衫、针织衫、运动装、皮鞋、饰品等各类产品中，保持其一贯的国际化形象和广为称道的精湛工艺，令国内时尚男士得以享受真正纯正的意大利风味和品质。

① 传统与创新的完美结合

1970年，几位有着纺织服装从业背景的意大利人合伙创立了法拉奥股份有限公司。当时，他们希望能够在成衣流水线上再现传统手工缝制服装的精湛品质。

服装上市后，市场反映积极、热烈，这为公司的稳步发展并快速地确立法拉奥品牌在男装市场中的主导地位奠定了坚实的基础。同时，法拉奥通过实施全面的质量控制，对传统手工缝制工艺进行大胆革新，使之适合于工业化成衣生产，实现了它创立之初的目标。

此后，公司统一并建立了内部专用的工序和技术标准，实行标准化和规范化管理，保证了公司各个部门决策时的连贯统一。

法拉奥集团的日产能力为正装1 100件；裤子1 600条；休闲服、运动装，衬衫和服饰配件1 400件。这种实力使公司成为全球范围内符合成衣化缝制技术标准生产的佼佼者。

1981年至2002年，法拉奥集团共拥有三个生产基地，1 000多名国内员工，300多名国外员工。销售额从1980年的7千亿里拉上升到2002年的2万亿里拉。

服装出口的百分比也从1988年的20%上升到20世纪90年代后半期的54%，目前这个数字仍在继续增长。法拉奥集团的服装最初主要出口到欧洲和北美市场，现在已经分布到世界上所有的工业化国家。

② 确保品质

法拉奥集团所以能取得这样的成功，完全取决于对质量的不懈追求。无论是面料的选择还是展示会上新品的制作，他们都做了大量的基础准备工作。法拉奥成功的一个关键因素是正装上衣的全部手工艺制作都在现场完成。对法拉奥而言，质量的范畴不仅仅指产品，而是一个全面的理念，甚至可以追溯到与公司员工和生意伙伴的关系，公司注重创建健康的工作氛围和良好的工作环境，包括各个环节，如公司食堂、为员工子女办幼儿园等。

在遵循成衣化标准的同时，法拉奥仍然坚持原有的制造工艺以确保服装的高品质。为了保证质量，他们从原料开始进行严格的质量检验和控制，如面料的品质、缝纫线等级、员工主观因素对工艺的影响以及服装的风格等，法拉奥非常重视每一款服装与其他品牌服装的细节差异。法拉奥公司使用的面料由世界上最有声望的意大利面料公司提供，如 Cerruti、Zegna、Fila、Loro Piana、Reda、Tallia di Delfino、Torello Viera、Bocchese、Barbera 等。

③ 多品牌大家族

法拉奥集团 PAL ZILERI 已成为世界著名品牌。PAL ZILERI 代表了法拉奥成衣化生产的最高品质，也是技术标准和市场需求不断提高的集中体现。PAL ZILERI 具有完整的产品组合，包括衬衫、针织类和服饰配件生产线。PULL PAL ZILERI 品牌相对于 PAL ZILERI 而言较为休闲，能够满足顾客在非正式场合的更多需求。SARTORIALE 品牌因优质的面料和合体的剪裁而闻名，令人穿着更为优雅。这三个品牌的系列每年产量达到 25 万(件/套)，占集团总销售额的 80%。

近年来，又有一些新的品牌入盟，这些新品牌定位于前卫的、情感丰富多彩的顾客。如 HIGH GENERATION 以超前的设计为特征，而 ABITO PRIVATO 则为顾客提供完全个性化的定做服务，MARCO AZZALI，NOVECENTO 品牌也属于这一系列。如今，法拉奥集团的各个品牌、各种产品已分销到世界各地。

通过 PAL ZILERI 的专卖店网络、设置在各个国家主要城市的展示厅以及主题明确的品牌理念，法拉奥集团已成功地把“意大利制造”的高品质形象推向世界。

④ 登陆中国

JIC 服装有限公司分别由中国杉杉股份、日本伊藤忠商社、意大利法拉奥集团共同出资创建。JIC 公司已获得法拉奥集团的商标、专利及工艺授权，全部采用意大利的工艺技术和样板，在除欧洲市场外生产和推广 Marco Azzali 品牌，西服套装的价格 3 500～5 000 元，衬衫和 T 恤 1 000 元左右。

JIC 公司的管理体系中的产品设计和质量要求由意大利法拉奥负责，市场的发展规划和形象推广由日本伊藤忠负责，成衣生产线和内部管理由杉杉股份负责，从而保证了合作各方各取所长，使公司协调发展。

鉴于 Marco Azzali 品牌的鲜明理念、追求目标群体对品牌内涵的诉求以及明确的消费层次，JIC 公司在市场策略中更注重品牌形象的推广和品牌文化内涵的宣传，销售方式以进入知名大型商场和开设直营专卖店为主。利用日本伊藤忠商社在高档品牌推广方面的丰富经验，Marco Azzali 的市场不断拓展，创业伊始的 2002 年 5 月至 12 月，国内销售额达到 3 000 万元。截止 2017 年 2 月 Marco Azzali 专卖店增至 70 余家。

13.4 人员推销

这是一种通过人与人之间直接沟通达到销售目标的促销手段。店铺中的售货员、团体和政府采购中的服装推销是人员推销的主体。

(1) 人员推销的特点

- 有针对性地说明每款服装的特色；
- 提高顾客潜在的购买欲望，促使顾客购买服装商品；
- 回答顾客的询问；
- 建议顾客购买其他商品；
- 及时得到销售和顾客的信息反馈。

人员推销是一种双向的信息传递过程，因此能比其他促销方式更有针对性，更能随机应变、快速获得信息反馈以便及时对整体营销策略做调整。人员推销的绝对成本较低，因此也是小企业起步时常用的促销手段，但人员推销的相对成本较高，即单位动销率的代价较高。

(2) 推销人员的培训

人员推销成功的关键是培训一支懂得服装内涵、有较高服饰美学素养和了解面料、加工技术等业务知识，反应快、表达能力强的销售员队伍。同时，他(她)们还必须理解公司的宗旨和营销策略，并能将之贯穿于整个推销活动过程之中。

推销人员的培训要点：

- 明确营销目标；
- 达到上述目标的营销策略；
- 职责和任务；
- 产品线的概念或季节主题；
- 产品线的展示技能；
- 销售技术；
- 商品的知识如面料成分，穿着搭配等，商品的潜在价值；
- 绩效考核与评价；
- 潜在问题的预防。

零售点(POP)员工的外观气质和内在素质应与所售服饰产品和目标顾客相适应。

案例

R 品牌的店员培训计划

① 服务标准和规范

主要内容：售前服务、现场服务、售后服务的标准和规范；对顾客的保证等。

表 13-1 所示为对待不同顾客类型的店员接待技巧。

表 13-1 顾客类型及接待技巧

顾客类型	特　征	接待方式
理智型	细心、理智、目的明确	耐心导购
习惯型	常客、熟悉商品	熟记购买过的商品
经济型	注重价格	挑选合适商品
冲动型	性急、易受影响	快速服务
活泼型	随意性、强调个性	适时讲解
犹豫型	犹豫不决、难以决定	帮助选购

a. 售前服务

服务意识："三米问候"原则、感染顾客、良好的购物环境、礼让、一视同仁、提供帮助、防止混乱、处理投诉、感谢顾客、保证满意、超越顾客期望。

b. 售中服务

i. 顾客购物心理过程：

店貌感受→知晓商品→观察了解→引起兴趣→产生联想→激发欲望→比较判断→决定购买→采取行动→购后体验。

ii. 营业员接待顾客：

等待时机→接触交流→展示商品→商品推荐→参谋推荐→促进信任→收取货款→结束销售。

c. 售后服务

i. 回答顾客关于商品维护保养等方面的咨询；

ii. 提供维护保养商品的方法和服务；

iii. 提供成衣修改服务：只要凭借 R 品牌商标，顾客就可以到任何一家 R 品牌女装专卖店享受修改衣服大小、长短的服务，而且这一服务不受时间的限定；

iv. 商品的质量跟踪和问题商品的投诉接收和处理。

d. 处理顾客投诉

i. 第一种情况

投诉原因：商品本身无质量问题，但颜色、尺码、款式等不符合顾客意愿；

处理程序：询问→检查票据与商品→提供参考意见→现场服装挑选换货；

备注：一般不实行退货只能换货，对超过规定时限（按《消费者权益保障法》界定）的商品，若确实没使用过，应给予换货，但提醒顾客有时间限定。

ii. 第二种情况

投诉原因：明显质量问题商品；

处理程序：询问事由→检查票据和商品→完成质量投诉纪录→退货或折扣处理；

内部流程：由店长开发货单将问题商品退回公司。

iii. 第三种情况

投诉原因：质量损坏但原因不详；

处理程序：询问事由→检查票据与服饰→完成质量投诉纪录→售后服务中心→质检部门→返修→返还给顾客。
└→退货或折扣处理

② 员工培训计划

a. 职前培训

对新员工，公司应进行集中培训，时间一般为两天，主要培训内容：

- 了解公司的基本运作流程，包括：企业文化、品牌形象、品牌销售运作规程、公司对连锁店员工的基本要求等；
- 了解营业员服务规范，掌握基本的销售方法。

b. 在职培训

在进入R品牌连锁店、成为专业营业员后，主要由各店长负责本店内所有员工的培训，但培训计划由总部统一安排，培训要领：

- 各种不同的销售技巧；
- 商品的管理；
- 陈列的基本原则、方法；
- 突发事件的应急处置方法。

这一期间公司同时也会组织集中培训，一是检验店铺培训的成果；二是促进员工知识系统化；三是保持员工与总部的密切联系。

公司培训的最终目的是培养店员成为多面手。虽然连锁店员工的岗位职责有明确的规定，但通过系统培训，每位员工都能做到一专多能，能为新店铺开设奠定优良的后备人才。

13.5 服装零售店促销的特殊问题

由于零售店促销注重实际销售业绩，而每个服装季节的销售时间往往是短暂的，这就使得促销活动必须与采供活动紧密联系，包括季节前的采供和季节中的补货订购，这样才能抓住稍纵即逝的机会，既不会供货不足导致缺货机会损失，也不会积压过多导致削价剩货损失。

服装零售店的促销重点如下：

- 促销目标；
- 形式或道具（如标识物、艺术装饰、布置陈列等）；
- 预算（通常按销售比例确定）；
- 媒介；
- 职责；
- 促销的日程安排。

大型服装企业、百货店通常有促销部，上述活动主要由促销部策划和负责实施。

（1）服装商品采购经理的作用

在每次促销活动（如季节促销）之前，销售总监应首先制定公司整体促销计划，然后分解到各个部门，各大类商品的部门经理根据总体促销计划，做出明确的时间、空间、目的和促销分计划。其中，商品采购经理的工作内容如下：

- 货源；
- 商品品种；
- 潜在销售；
- 补货订购的概率；
- 销售终止时间；
- 销售毛利；
- 零售价格；
- 产品要求；
- 促销时间表。

(2) 促销与采供

为了使服装季节的促销顺利进行，必须保证：

- 采购货品应在促销日之前到货；
- 促销费用进入预算。

同时，采购经理需要向货品供应商确认：

- 服装的款式、质量、颜色、价格等与订单要求一致；
- 补货的可能性。

(3) 采购经理的审核事项

促销部门确定促销文稿、艺术制作、设置与陈列方案，由采购经理修正后实施。采购经理负责审核、确认的相关事项：

- 服装商品和供货必须与企业品牌或店铺形象一致；
- 商品价值与促销内容必须相符，不实促销会导致退货或损害企业声誉；
- 必须有与促销目标一致的充足货源和库存；
- 重点检验服装规格与质量，随访生产过程；
- 采购经理应了解广告和促销活动的目的；
- 恰当的橱窗陈列及店员有分寸的解释与介绍有利于增强促销效果；
- 无效的广告不应重复；
- 初次接触的供应商应加强管理和慎重使用，以避免供货质量不稳定；
- 低价促销不应在时装季节之初进行；
- 订单应具体注明数量、款式、颜色及规格等；
- 随访检查库存商品；
- 促销与服装生产企业和商店利益相关，应及时与生产厂家沟通促销计划；
- 所有的订单应有明确的书面说明，如具体交货期、特别要求或注意事项。

总之，促销代表了企业、商店、品牌的形象和宗旨，必须是诚实、始终一致的。周详的销售计划可以保持均衡的库存，而有效的促销能增加利润。

案例

美国商品采购经理——GMM(General Merchandising Manager)

每年，美国秋冬季服装洽谈会在二月第一周的"Marketing Week"拉开帷幕。通常由专卖店或百货店的综合商品采购经理 GMM 到各个服装供应商的展示室(有样衣)进行定货和采购洽谈。GMM 根据公司的预算,在自己的权限范围内决定订购服装的数量和价格。商店进货价格一般是零售价格的 50%,但为了保证零售业的销售额及利润,这一比例是变动的。美国服装商品虽然采取买断方式,但服装交易也有商业惯例,即商场月底结账,如在下一个月 10 号之前付款时,服装供应商可以给零售商 8%的优惠。

13.6 销售推广

销售推广又称销售促进,是指鼓励和促使用户光顾某一特定零售商店或者试用和购买某一商品的营业推广类型,包括各种短期激励购买的促销手段。主要有两种形式:消费者推广和贸易推广。

(1) 消费者推广

又称消费者销售促进。方式有:样衣试穿、优惠券、价格减让、赠品、有奖销售、降价销售、消费信贷、推销竞赛等。通过这些活动,起到介绍新产品或促销传统产品的作用,并可作为广告和人员推销的补充。

一般情况下,中低层次的服装店使用直露和密集的销售推广方式,而高层次的服装零售店为了形象和品位,销售推广使用频率有限且谨慎。因为过多地强调优惠或用其他小利吸引消费者,会降低品牌服装的身价和形象,破坏原有的品牌理念和定位。为此,一些高档时装店和高档品牌采用贵宾卡作为销售推广的办法,这样既可形成忠诚顾客群,吸引潜在消费群体,有利于品牌和企业形象的一致性,又能以较高雅的可接受方式给顾客以优惠激励。

案例

男装零售促销的调研(2008 年 11 月)

近年来,折扣手段花样繁多,如节假日折扣、换季折扣等,有的商家几乎天天打折。一些品牌知名度高、形象好的品牌对商场的促销活动会有选择地参加,而大部分品牌有统一的促销活动时都会参加。

在商场,打折、商场会员制是男装的主要促销手段(表 13-2)。促销活动往往由商场提出,不同档次品牌参与的力度不同。档次越高,促销决定权越偏向品牌服装企业,而一般档次的服装促销决定权偏向商场。

表 13-2 男装品牌零售促销形式和促销内容

品　牌	Armani	Autason	Zegna	Pink	Hugo Boss
促销形式	会员制,打折	会员制,打折	返券,会员制,打折	打折	打折,会员制,满就减
促销内容	7 折	周年庆 7.5 折	满 3 千返 5 百,特卖会打折	5 折	7 折,商场活动满就减

（续 表）

品牌	Callisto	Tommy	Arrow	Pierre Cardia	Choya
促销形式	打折，积分积点，会员制，返券	打折，会员制	特价，打折	打折	打折，满就减
促销内容	6/7/8 折，满 99 送 10，会员制	7/8 折，	特价 99/139	6/9 折	打折，满就减
品牌	Tony Wear	雅戈尔	杉杉	U. S. Polo	海螺
促销形式	打折，返券，赠品，会员制	会员制，打折，特价	打折，特价，会员制，积分积点	特价，打折，满就减	特价，打折，会员制，赠品
促销内容	8/8.5 折，满 99 减 30	西装 8 折，衬衫 6.8、8 折	5/8 折	6/8/8.5 折	7/8 折，白金卡，黄金卡，满 300 减 100
品牌	JACK & JONES	开开	罗蒙	G2000	七匹狼
促销形式	赠品	打折，特价	打折，特价，满就减，会员制	打折，满就减，会员制，特价	打折，特价，满就减，会员制，赠品
促销内容	满 888 送钱包	5/7 折，特价 70	4/5/6.5/7/8 折	7 折后，满 380 减 100	3.5/6.8/9 折，满 998 送券

（2）贸易推广

又称贸易促销。销售推广中供应商面向中间商的促销手段。包括：购货折让，即在一定期间内给予购买的产品减价优惠，目的在于鼓励采购商增加购买的产品或数量；采购津贴，为鼓励采购商积极购买产品给予的津贴；广告津贴或合作广告，用来补偿采购商或零售商进行产品广告活动的支出；陈列津贴，给零售商陈列产品或举办特殊展示的补贴；免费商品，由于中间商购买了一定数量产品而赠予的奖励商品；推销奖金，采购商及推销人员业绩优秀者给予的奖金或奖品；广告特赠品，赠予相关人员印有公司名称的小礼品，如钢笔、包、日历、纪念册、记录本等。

13.7 POP 促销

服装在大众媒介上的广告主要用于品牌树立形象与传达理念，而 POP（售点）促销则是能直接提高服装销售业绩的重要工具。POP 促销主要包括 POP 广告、POP 零售氛围的营造、POP 服装表演和展示等。

POP 广告（Point-of-purchase advertising）亦称售点广告，指在购买现场设置的吸引顾客、提请关注或促进销售的各类广告，包括广告招贴、促销告示、广告牌、灯箱广告、霓虹灯等，通常由供应商提供一定比例的费用给零售商。

POP 广告处于购物现场，能提供直观印象，便于顾客自我服务和理解。如对不宜试穿的泳装或内衣等服饰，通过模特灯箱广告，既能起到指导消费的作用，也渲染了购买现场气氛；又如，运动装的户外运动招贴，会引起人们对新生活方式的遐想与追求。

POP广告本身具有浓重的现代都市商业气氛，因此应适当和适度，对不同类型的服装和不同类型的顾客应选择不同类型的POP广告，过多的霓虹灯色彩和纷杂的招贴旗帜对迪斯科舞厅或廉价服装商场也许合适，但与高雅服装则显得格格不入。灯箱广告可以逼真地渲染性感魅力，而对于较保守的套装或追求返朴归真的消费者来说，可能属于多余。通常用"适度"表示选择不同强度或频数的POP广告，目的是适应不同类型服装目标市场的选择。一般来说，廉价服装店的POP广告强度往往较高，而高档服装店的POP广告使用频率较低。

13.8 时装表演

时装表演是服装营销中最令公众兴奋，最能影响顾客购买欲望的促销方法。时装表演不仅展示了服装设计师的才能与创造力，也反映了服装流行趋势；在展示面料、色彩、款式、设计和做工的同时，也能体现品牌理念、时尚风格、民族文化、价值观与生活方式。充满魅力的时装模特儿、美好的音乐、热闹的场景和高雅的气氛，使时装表演成为一种为数不多，具有审美价值且令众多消费者喜闻乐见的促销手段。

(1) 时装表演的归类

按照定义，时装表演很难归类到属于哪一类促销组合。POP时装演示被认为是消费者推广；针对零售采购经理的时装发布则可以算作贸易推广；而面向传播媒介和社会名流的著名设计师专场时装表演常常会成为引起社会轰动的新闻事件。如Pierre Cardia 20世纪70年代末第一次在中国的时装表演，政治性的象征意义(中国改革开放拉开序幕)胜过商业公关，这是一次成功的国际服装名师、名牌的公共宣传。

(2) 时装表演的视觉传达

① 设计师理念和风格的时装秀。时装展示与现实生活距离甚远，夸张的造型、刺激的色彩、惊艳的表演、奇特的织物与材料以及充满性感诱惑的语言与画面，往往成为引起轰动效应的新闻报道和电视传播的极佳素材。通过媒介渲染，时装表演引起大众共鸣，感知设计师的魅力、品位和特征。这类时装表演的时间并不严格地与服装季节同步。

② 订货会的时装发布。这类时装秀与市场贴近，T型台上的服装大部分(部分稍作修改后)可以作为展示间的样衣，并可接受客户订单批量生产。这类时装既要表现设计师或服装品牌的风格与理念，更要符合目标市场的定位，不仅耐看而且应该有商业价值。订货会的时装秀主要针对各种中间商(主要是加盟商)，因此时装表演不仅要诠释品牌理念、主题、市场定位、当季流行的面料、色彩和款式的内涵，同时也要力图突出企业或个人的风格或品牌的特色，以期引起顾客的喜爱和偏好。当然，企业和设计师也会尽量利用这种机会创造新闻，吸引公众的注意力和购买者的欲望。

③ 当令时装商品展示，为具体的消费者服务。这是一种意在指导穿着消费、从而促进服装销售的时装表演，如购物中心和健美中心联袂在商场举行为期一周的时装表演，往往能收到意想不到的效果，不仅提高了服装销售额，也提高了商场其他商品的销量，更能扩大企业和商场的知名度。

(3) 时装表演理念与市场的对立统一

人们对时装表演，特别是对理念与市场如何统一存在分歧和争论。

多数商业人士认为应缩短从T型台到展示间的距离，即主张表演与销售的服装应比较接近，他们认为：若T型台上展示服装仅仅为了吸引新闻媒体的眼球，则把T型台上的服装直接推向消费者，似乎不太实际；而绝大多数设计师认为，T型台上的戏剧性效果对于赢得新闻媒体的评论关注十分重要，但服装样品展示间的服装则是以现实冷静的商业头脑取胜的地方。美国设计师Tood oldham认为：时装表演应该具有震撼人心的冲击力，不应让观众感到枯燥，台上的成功本身是一种促销，而台下展示间的样衣复本，则冷静得多，买家可各取所需。服装是市场商品，只有得到消费者的认可和购买，服装才有生命力。因此，当今的设计师对T型台和市场的态度越来越现实。Donne Karan出售的服装就是T型台上的服装，很少改动，她在遍布世界各地专卖店里的服装必须是T型台上展示过的；意大利设计师Giorgio Armani T型台上和台下展示间以及商店里的服装都是一脉相传的；而Isaac Mizrahi则认为设计师表现的是创造力，而营销人员实现的是销售业绩。

时装表演是服装企业有效的促销工具，但这一活动组织工作复杂，风险较大，成本高，准备时间也较长。国内时装表演领域的运作机制已经市场化，但还缺乏规范有序的运营，促进经纪人和时装表演规范化、职业化是这一领域今后发展的主要方向。

■案例

圣罗兰，古驰再造

2002年2～3月份，YSL品牌的销售增长3倍。但仍有很多人怀疑，YSL能否像Gucci品牌那样取得成功。Gucci的CEO多米尼哥·迪梭一点也不担心，他认为：圣罗兰能成为另一个Gucci。

① Gucci收购YSL

意大利Gucci集团于1999年用10亿美元收购了YSL品牌，把它作为自己多元品牌战略的基础。

2001年秋天，当纽约一位客户要求定购60只YSL新款蒙巴萨手袋时，耐曼·玛卡斯(Neiman Marcus)百货公司的经理罗纳尔多·弗兰茨想当然地认为这很容易办到。但让他感到惊讶的是，这种要价700美元，有着弯曲鹿状手柄、很轻且呈牡蛎形状的皮革手袋，在两个星期内销售一空。

弗兰茨说："我们竭尽所能到处订购，但也只订到600件，尽管我认为我们的订单已经很有竞争力。现在你已经完全不能掌握这种手袋的销售了。"但对于这种昂贵手袋的需求在"9·11"之后很快消失，弗兰茨度过了近年来记忆中最令人沮丧的圣诞节。

对YSL品牌来说，蒙巴萨手袋是它再次成功的最初证据，这个曾经辉煌的法国时装品牌一度陷入困境，当20世纪90年代众多设计师作品复苏时，YSL品牌已经几乎被淘汰出局。

与此同时，业内人士一直都在关注，Gucci的首席设计师汤姆·福特将给YSL带来怎样的彻底革命，而YSL品牌原先的风格为YSL带来了全世界最伟大设计师的称号。YSL的股东们也在渴望，汤姆·福特和Gucci的首席执行官多米尼哥·迪梭，能够把这个已经失去原有光泽的品牌变成盈利的机器，生产5 000美元的衣服和700美元的皮包。

② YSL 的辉煌和无奈

Gucci 收购 YSL 品牌并由此得到了一些零碎的历史时尚。当 YSL 在 1962 年创立自己品牌的时候，只有 26 岁，那时他已经非常出名。他的天分让当时法国首席女设计师 Coco Chanel 把他当成自己的继承人。

YSL 重新诠释了现代时尚的理念。在经营方面，他是第一个把成衣设计当作严肃商业经营的人，也是第一批通过品牌注册促进销售增长的人。

YSL 品牌旗下生产各种产品，从 YSL 香烟到在东京地铁里卖 125 美元的 YSL 塑胶鞋，这种战略最终毁掉了 YSL 品牌。世界各地九种不同的店铺设计，大量生产的一系列廉价商品的各种商标缺乏协调，这进一步打碎了品牌的统一形象。

20 世纪 90 年代，一些高级百货公司将这一品牌商品大幅降价，使它很快被 Armani、Chanel 以及后来复苏的 Gucci 等品牌赶超。

被 Gucci 集团收购后，YSL 继续为社会名流和名人设计一些手工缝制、一种款式只有一件的高级女装。但在 2003 年 1 月，他结束了时装生涯，并宣布退出时装界。

③ YSL 再攀高峰

Gucci 自己也曾遭受过 YSL 类似的命运，在 20 世纪 90 年代初最低潮时，Gucci 集团也有数以千计的品牌。收购 YSL 品牌以后，Gucci 集团很快就确立了新的方案。"这是我职业生涯中最具挑战性的事情，"汤姆·福特说，"167 只商标没有统一标识，女装和男装的设计团队缺乏沟通，根本没有办法控制生产。"

在 YSL 新的首席执行官马克·李领导下，将 YSL 品牌大刀阔斧地削减到 15 个。这样，特许费在 2001 年只占到 YSL 收入的 21%，而在 1999 年，这个比例是 65%。YSL 将直属店扩张了三倍达 43 家，这是它占领高利润奢华商品必须迈出的关键一步，并计划在 18 个月内扩大到至少 69 家。

2000 年 8 月，汤姆·福特在巴黎的洛丁博物馆举行首场时装发布会，YSL 重新开始以时尚先导者的形象出现。三场备受称赞的时装秀推出的设计，很快成为主要时尚杂志的封面。2001 年 3 月，该品牌的第一件价值 2 500 美元的紫色丝质宽松上衣，成为世界各大零售商竞相模仿的对象。

一些名人为 YSL 洒上星光般的梦幻色彩。尼可·基德曼参加 2001 年戛纳电影节时，穿的是 YSL 的一件黑色无带丝质长裙。格温尼丝在 2002 年 1 月的巴黎时装秀上展示了一款蒙巴萨手袋。

巨额的广告投入使 YSL 新形象传遍世界。"只要你观看它的时装表演，你会觉得它的设计就是你真正想要的。"英国 POP 杂志编辑凯蒂·格兰德说，他也是 YSL 竞争对手的设计师。"汤姆把 YSL 介绍给了一个全新的人群，他们认为 YSL 几乎又是一个时装王国。"

一只流行手袋的利润超过 40%。饰品已经占了 YSL 销售额的 26%，对一个在皮革制品方面没有多长历史的品牌来说，这是一个显著的飞跃。YSL 的目标是近年内让饰品销售额达到总销售额的 40%。

当然，很多人仍然怀疑，YSL 是否能像 Gucci 品牌那样成功，后者在 2001 年的销售额是 15 亿美元，在意大利品牌渐渐失去活力的时候，Gucci 弥补了市场的萧条。

YSL的成衣和饰品业务规模不大，价格定位相对较高，它的对手是另一个法国品牌——Chanel，2001年的销售额是9 000万美元。YSL化妆品业务的增长要快得多，达4.26亿美元，但它的增长被认为是由成衣线推动的。

多米尼哥·迪梭很有信心，“没有几个品牌像YSL那样有着世界性的影响力。YSL毫无疑问能成为另一个Gucci。”

来源：根据国际金融报资料整理

思考题

1. 服装促销策略分析（四种主要方式）。
2. 店面与购物点（POP）的促销策略。
3. 网络营销的现状与发展趋势。
4. 服装促销与采供的关系。
5. 时装表演理念与市场的对立统一。
6. 寻找服装企业促销案例并提出分析和改进建议。

14 服装营销渠道

导　读

从新中国成立至1978年，我国消费品流通系统是以统购统销(政府实行统一购买、统一销售)为中心的计划经济流通体系。为了顺利实行“统购统销”，政府从1956年开始建立“三固定”(固定供应对象、固定供应范围、固定调拨倒扣)和“三等级”(一级批发商，二级批发商，三级批发商)制约批发商交易行为的批发体系。在这种体系下，交易关系、价格、流通渠道及财务营运全部在政府部门的计划下实行，从业者之间不能进行跨行业经营。1979年实行改革开放后，“统购统销”逐渐被废除，国家开始提倡流通渠道的自由化与多样化。改革开放40多年来，我国服装营销渠道发生了巨大变化，从原来单一的营销渠道形成了直营店、百货店、超市以及利用中间商(批发商或代理商)等线上线下销售的多种营销渠道。

丰富而合理的营销渠道不仅可以满足服装消费者的各种需求，增加产品销售的可能性，而且渠道运作的服务功能也能提高商品附加值，为企业带来更多利润。

本章着重讨论服装营销渠道的作用、组织结构和分类以及如何进行服装渠道决策等内容，了解服装营销渠道中的不同渠道经营模式，掌握服装营销渠道管理的相关知识。

14.1　服装营销渠道及作用

在社会经济生活中，大多数制造企业都不会将产品直接出售给消费者。在制造企业与最终消费者之间有大量不同功能和具有不同名称的营销中介机构，通常称中间商。大多数服装制造企业和其他生产企业一样需要与营销中介机构打交道以便将产品提供给最终消费者，由此组成了营销渠道。

营销渠道(marketing channel)亦称分销渠道或流通渠道，是执行将产品及所有权从生产者转移到消费者的所有活动的一系列组织机构，由生产者与最终用户之间执行不同功能的营销中介机构组织构成。在服装流通领域中，最大量的是零售商，此外还有批发商、代理商和担负类似转售职能的商贸公司等中介组织。由于服装业的运营涉及从纺织业到零售业的漫长过程，故而广义的渠道还包括整个过程的流通组织。

商品流通渠道

商品流通渠道从全球范围内来看，有两种表达方式：一是从宏观商业的角度表述，即商品流通渠道是指商品从生产领域向消费领域转移过程中，所经过的流转线路和经过的经济组织；二是从微观商业的角度表述，亦即从市场营销的角度来看，商品流通渠道是指具体企业的销售手段或渠道。

(1) 利用中间商的目的

中间商(middleman)——在营销渠道中协助企业实现最终销售而进行的批发或促进制造企业和零售企业发生间接买卖关系的商业组织或个人。

中间商在渠道中的主要功能：加快资金流动，有效推动商品广泛地进入目标市场，减少生产和零售企业工作量；有利于产业链上的企业将有限的财力、物力、人力资源用于专业化工作；通过中间商可分散市场营销经营的风险；进行实体分配，如服装商品的组合、配套、包装、运输等，能提高产品附加值；实现所有权的转移。大多数服装企业依赖于各种类型的中间商，如代理商、批发商、零售商等，中间商通过各种服务或直接参与批发和零售，按成交金额收取一定比例的佣金或买断产品，自负盈亏进行商业运作。

利用营销中介机构或中间商的目的：

① 利用中间商的目的在于能够更加有效地推动商品广泛地进入目标市场。图 14-1 显示了利用中间商实现经济效益运作的过程。(a) 显示三家生产企业，利用直接营销方式分别接触三位顾客，这一系统要求九次交易联系(M×C=9)；(b) 显示三家生产企业通过与一个中间商和三位顾客发生联系，这一系统对生产企业和顾客而言只进行六次交易联系(M+C=3+3=6)。由此可知，利用中间商起到了减少生产企业或顾客(零售企业)繁琐工作量的作用。

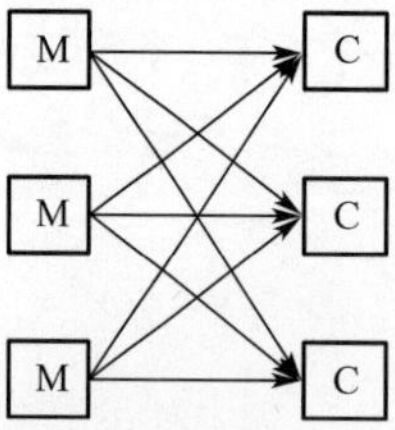

(a) 联系次数 M×C=3×3=9

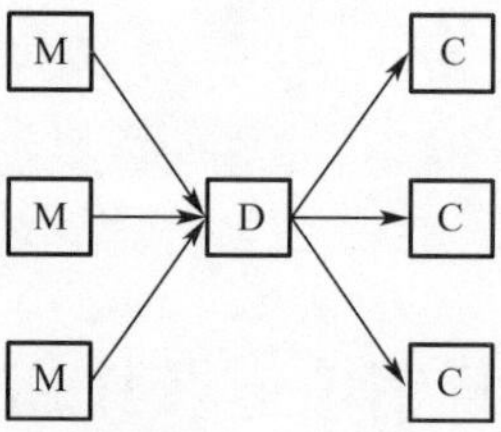

(b) 联系次数 M+C=3+3=6

图 14-1 利用中间商实现经济效益运作过程

M=制造商 C=顾客 D=分销商

② 产品销售需要专门的技术和知识，服装销售更为复杂，一般生产企业缺乏这方面的技能和知识，缺乏对市场复杂性的洞察和理解。鉴于企业资源的局限性，有效的做法是将有限的

财力、物力、人力用于专业化工作。因此有的企业专门从事服装生产，有的则集中搞服装流通。另外，企业生产或经营的品种往往有限，只有通过中间流通媒介，将有限产品集中销售，才能经济地满足消费者各种需求。

③ 利用中间商不仅便于进行实体分配，更重要的是通过所有权的转移，最终实现产品增值。在传统的社会经济中，销售流通工作往往由生产者本身完成，然而随着现代社会经济的发展，特别是全球化分工协作的环境，这种方式实施困难，至少是低效率的。大多数企业依赖于众多中间商，如加盟商、代理商、批发商、零售商、经纪人等。营销渠道的这些功能对服装业尤为重要。因为服装市场往往呈现多品种、小批量、范围广、周期短、更新快等特点，要求流通渠道通达顺畅，结构层次多样，以适应市场不同的需要。同时，服装销售成功与否能直接或间接反映服装的内涵价值和消费质量。因此服装流通渠道的变化与革新十分引人注目，而它也是衣食住行中最充满活力和创造力的组织结构。

（2）营销渠道的主要作用

① 商品转售。将商品从生产者手中转售给最终用户或消费者。这中间至少发生一次所有权转移，因此也称所有权效用。

② 信息传递与反馈。中间商将有关产品的信息传递给用户或消费者，其中很大一部分是促销信息，即中间商承担了部分促销工作，同时也将消费者和市场的信息反馈给制造商，即中间商承担了流通领域的信息传递与反馈效用。

③ 实体分配。在流通过程中，商品的储存和运输等构成了流通成本的主体，直接影响流通速度和质量。同时贮存流通过程也起到协调生产与消费节奏一致性的作用。例如，服装一般是按季节生产的，而生产却是连续的，中间商在商品流通过程中起到了缓冲的作用，这就是空间与时间效用。

④ 增加产品的价值与效用。在流通过程中，中间商为了提高产品附加值，要对产品进行包装、钉装服装标识、整理甚至再加工，由此提高产品的适用性，即具有商品增值效用。

⑤ 有利于企业资金周转。由于中间商分担了营销费用，因此有利于生产企业资金回笼和周转，有些中间商还提供商业贷款或担保扶持企业生产。同时，中间商对降低企业经营风险也起到一定的积极作用，即具有风险分散效用。

此外，由于中间商具备专业化的营销技能，通晓市场信息，有助于制造企业开拓新的分销市场。

14.2 服装营销渠道的组织结构与分类

（1）渠道级数

营销渠道可以按渠道级数进行划分。每个中间商只要在推动产品及其所有权向最终买主转移的过程中承担了若干工作，就至少属于一个渠道级数。通常用级数表示中介机构渠道的长度。

① 零级渠道

亦称直接营销渠道。生产企业将产品直接销售给用户或消费者的渠道方式。包括：以上门推销、家庭销售会为主的直接销售（Direct selling）；以寄发商品目录或利用互联网、电视电台、报纸杂志等为广告媒体的直复营销（Direct marketing）；制造商设直营店的营销方式等。

服装零级渠道可节省利用营销中介机构的费用和时间，消费信息传递准确、快速。但由于主要采用一对一销售方式，工作量大，若计算机客户管理系统应用跟不上，渠道和经营效率将会受影响。另外，直营店投资不菲，企业管理系统难度增大，综合管理水平要求高。

雅芳公司上门向妇女推销化妆品；美国邮购公司 The Swiss Colony 通过网购和邮购方式出售服装；雅戈尔主渠道的品牌直营店等属于零级渠道营销方式。

② 一级渠道

在生产企业与最终消费者或用户之间含有一个销售中介机构。通常，生产企业以出厂价将产品售予零售商，再由零售商售给消费者。大卖场和超市主要采用这一渠道方式。

③ 二级渠道

在生产企业与最终消费者之间含有两个销售中介机构。生产企业以出厂价售予批发商，由批发商以批发价售予零售商，再由零售商以零售价售给消费者。长渠道服装销售采用这一方式。

层次更多的渠道常见于进出口贸易。因此，进出口贸易公司或转包商等也可作为渠道级数的一部分。在各级渠道级数的交易中，商品所有权的转移又可分为买断（经销）和代销等方式，有关这方面的内容将在后文叙述。

(2) 服装营销组织

图 14-2 所示为我国纺织服装商品流通结构图。图中外发加工的服装企业，如服装品牌设计公司，往往把经营重点放在品牌、策划和产品的开发设计方面。

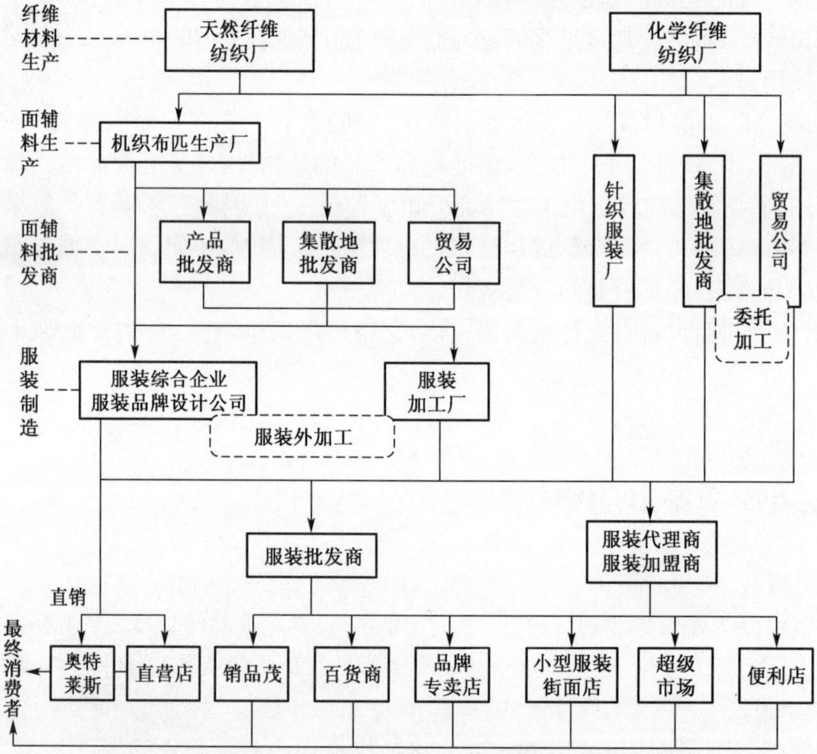

图 14-2　我国纺织服装流通结构图

在产品的流通过程中，中间商按服务对象特征，可以分为零售商、批发商和代理商或加盟商。

① 零售商

将服装等产品销售给最终消费者的渠道组织。零售商是流通领域中分布广、数量多、与人民生活密切的销售组织。按所出售的产品线组织形式可分为百货店、专卖店、小型服装店、超级市场、销品茂(shopping mall)和便利店等。按销售经营形式可分为连锁、特许、代理、无店铺销售等种类。

a. 百货店。零售商业组织形式之一，具有经营规模大，销售品种广泛，组织系统分工明确，产品线宽且深的特点。一家百货店要经营几条产品线，一般按相关商品大类划分为不同经营部门或事业部。每个部门独立核算、自负盈亏，并具有产品决策和进货自主权。服装部是百货店重要的产品线，通常服饰销售额占百货店总销售额40%左右。

百货商店的产生与发展一方面反映了零售业已进入了规范化、集约化经营，另一方面也反映了消费者在质与量方面的提高——流行开始成为支配消费的主导力量，而商店也开始将价格标准化、商品配套、形象定位及规范服务等作为迎合时尚的一部分。随着城市化进程的发展，百货店逐渐成为城市商业区的重要零售机构。大型百货商店坐落于城市的商业中心区，店面装修各具风格，购物环境舒适优雅，呈现一种购物享受型环境氛围。但是随着市场经济竞争日益加剧，人员、土地费用上涨以及来自其它零售组织，特别是大卖场(销品茂 shopping mall)、超市、便利店、折扣商店等的激烈竞争，百货商店面临的经营环境将越来越严峻。另外，城市中心区域交通拥挤、停车场不足等现象日益严重，致使商业区购物的吸引力减弱，零售业开始出现中心区商业分流，由城区向郊外发展的新局面，在具有良好停车场和购物环境的郊区开设商场必将更具吸引力。

b. 服装专卖店。针对某一细分种类品牌或某一公司产品经营的服装零售店。服装专卖店在市场细分、目标市场的制定和产品专业化方面风格定位明确，往往采用连锁形式且有良好的购物环境，以迎合顾客品牌和个性消费的需求。专卖店按产品线的宽窄可进一步分类：一家男子服装店可能是一家产品线较宽的男子服装综合商店；而一家男子订制衬衣商店则是一家产品线窄的特色商店。

c. 品牌专卖店。适应消费者品牌心理需求，目标市场定位明确，专卖某一品牌商品的专卖店。通常以连锁或特许方式经营，产品线窄，但服务、经营方式包括装潢、商品展示、定价、服务模式等标准规范，有明确的目标市场和市场定位。品牌服装常采用品牌专卖店方式进行销售，如贝纳通、伊夫·圣·洛朗、鳄鱼、蜜雪儿、杉杉、顺美等。

d. 小型服装店。这类服装零售店量大面广，一般店面较小，服装品种混杂，产品线组合不深，价格较低，符合青年学生和一般大众需求。

e. 超级市场。相对规模大、低成本、低毛利，能满足消费者对食品、衣着和家庭日常用品等各种需求的自助服务式零售组织。通常采用连锁经营方式，规模和销售量有超过百货商店的趋势。20世纪90年代后期，我国超级市场开始经营服装商品，如休闲装、内衣、袜子、手帕、针织品等。随着超市的发展，服装品种也越来越丰富，如衬衫、西装、时装也开始进入商场销售。

② 批发商

亦称转售商。将商品转售或提供其他商业用途并进行交易的中间商。批发商的主要作用是：组织货源；储存商品；进行商品分类、选配运送；加快资金流转；为零售商和制造商提供市场信息，协助他们改善经营管理，提高服务质量。传统的批发商较少关注促销、卖场气氛和店址选择，因为他们交易的对象是商业顾客而不是最终消费者。随着市场竞争的日益激烈，服装批发商开始重视产品的设计与开发，原来属于生产企业的一些功能转移到批发商身上，如商品策划、流行趋势分析、品牌和款式设计、渠道选择、信息传递及反馈等系列活动。

③ 代理商

接受企业委托从事销售活动，不拥有商品所有权的中间商，主要功能是促进买卖成功，并从中获取佣金。代理商不是代表买方（零售商）就是代表卖方（制造商），服装业中的代理商常常代表卖方。

a. 制造代理商。受生产者委托，在一定区域负责代理推销两家或两家以上产品线相互补充的产品。代理商与制造商在价格、地区、订单处理程序、送货服务、商品担保及佣金标准等方面，订有代理契约。他们熟悉每个制造商的产品线，并用自己广泛的接触面推销制造商产品。没有自己推销队伍的小型服装企业或者计划开辟新市场的大型服装制造商愿意采用这种代理方式。

b. 销售代理商。接受企业委托，负责代理包销生产企业的全部产品，制造商在契约上授予代理商销售其产品的权利，一般没有地区限制。在这种情况下销售代理商尤如企业的一个销售部门，对产品价格、交易条件等有很大影响力。

c. 采购代理商。与买主拥有长期的业务关系，为其采购商品，或为买主收货、验货、存货和送货。大型服装交易市场上的采购代理商，专门物色中、小城镇零售商经营的服装，他们知识丰富，可以为买主（委托方）提供有益的市场信息，并为其采购价格适宜、品质有保证的服装。

（3）垂直销售系统的发展

在多级销售渠道中，存在着如何协调各中间商行为和有效组织以发挥最大效率的问题。传统销售渠道分别由独立的制造商、批发商和零售商组成。每个成员都从自己的利益出发，追求各自利润最大化，相互之间各自为政，各行其是，相互激烈竞争的结果往往是两败俱伤。与传统营销渠道相反，垂直销售系统由生产商、批发商和零售商组成一个统一的联合体。垂直营销系统可以由生产商支配，也可以由批发商或零售商支配，即某个渠道成员拥有产品权，或者是一种特许经营关系，或者是某个渠道成员拥有相当实力，其它成员愿意合作。在服装界，以服装制造或零售形成的一条龙协作以及服装工业与外贸的联合体是垂直销售系统优势互补的体现。

垂直销售系统的三种主要形式：

① 公司式系统

一家公司拥有并统一管理若干工厂、批发机构和零售机构，综合经营生产、批发、零售业务。我国大型服装企业，如雅戈尔、海螺等采用这一方式。这类企业实力雄厚，对销售流通渠道有较强的控制力和竞争力，但对多品种小批量服装市场变化较难适应。如果宏观管理控制不当，易形成官僚化的垄断。

② 管理式系统

有些行业缺乏规模经济效应，或者企业无力耗费巨资建立大集团以及全流通机构。在这种情况下，制造商与中间商在相互信任和依靠的基础上，以信息共享、利益共享为纽带，建立供应链式的协同关系和组织形式，规定各自企业承担的义务与责任。这一组织无严格的法律约束，但维系紧密；控制虽较弱，但运转灵活；各自实力虽然不强，但对市场反应迅速，有较强的市场竞争力。国内外纺织服装业近年来发展的供应链管理和快速反应系统，应用这种组织形式较多。

③ 契约式系统

通过某种具有法律约束的合同契约联系垂直渠道中的各个组织结构。契约式系统中最常见的是特许经营、契约连锁和零售合作联营等。契约联营是独立的中小零售商为了与大零售商竞争而组成的联营机构，这种机构常常由某一批发商倡导并以其为核心，发挥共同采购中心的作用，以提高效率、降低成本、加强信息沟通。而零售商合作组织则是一群独立的零售商合伙投资组建的批发机构，负责采购货源甚至自行组织部分生产。服装业中的特许经营，如著名服装设计师品牌与零售商签订合同，授许经营名牌服装；或授许著名品牌商标进行服装生产与销售（授权品牌）也属于契约经营方式。

供应链管理（supply chain management，SCM）

在满足一定客户服务水平条件下，为使整个供应链系统成本达到最小而将供应商、制造商、仓库、配送中心和渠道商等有效地组织在一起进行的产品制造、转运、分销及销售的管理方法。主要内容：对供应链的物流、信息流、资金流以及业务流进行计划、组织、协调和控制，通过贸易伙伴（即供应链上的每个链节）的密切合作实现最佳的配合与协调，以最小的成本为客户提供最大附加值的商品和最佳的服务。服装业是综合性产业，建立完整高效的包括从纤维供应、面料生产、成衣制造、批发及零售的供应链伙伴之间信息和利益共享的管理系统，是实现产业链增值、进行快速反应的有效工具。

14.3 营销渠道决策

（1）树立渠道目标

有效的渠道设计首先要决定达到什么目标，进入什么市场，同时要考虑企业的形象和宗旨，而不只是为了销售产品而全面出击。对品牌服装而言，必须慎重选择渠道模式，以免损害产品信誉、企业形象。渠道设计的目标包括预期要达到的顾客服务水平，中介机构应该发挥的功能等。

（2）营销渠道的选择

① 选择营销渠道的级数

选择多级渠道，如代理商—批发商—零售商，还是选择短渠道，或直接销售给顾客。

② 选择中间商的类型和数量

a. 密集型。分销点分布广泛，适合一般日用服装，如内衣、袜子等，也适用于大众流行服装。

b. 指定渠道。分销点覆盖面有限，以控制产品的分销面和价格，维持服装商品的形象和定位，适用于一定批量的品牌服装或时装销售。

c. 独家经销。分销点有限，授予销售商特许权，并按合同对价格、促销方式、销售范围及服务质量进行监控。进口服装、高档名牌服装以及设计师品牌服装常采用这一方式。独家经销有利于提高服装商品和品牌形象，通常采用取脂定价策略。

（3）影响渠道决策的因素

营销渠道目标决策、渠道长短的选择、中间商数量和类型的决定受以下因素制约：

① 消费者特征

通常，消费者人数多、分布广或单项购买数量少，但重复购买次数多，则相应的渠道级数多，销售网点也应密集分布。如三枪内衣根据消费者的特点选择多级层次渠道、密集分布营销方式。

② 产品特征

包括产品的档次、定位、季节性和流行周期。季节性强，流行周期短的时装可选择短渠道，而名牌服装一般在高档百货商店或品牌专卖店出售。

③ 企业特征

企业的规模、经济实力、产品组合及营销战略都将影响渠道的选择。例如，产品线单一但需求面广的中小型服装企业一般很少直接销售。名牌服装企业希望对销售点分布、价格、质量及服务等加以控制，一般采用指定渠道或独家经销。产品组合丰富的百货公司直接向顾客出售服装具有优势，而产品组合深的名牌服装，采用独家经营或少量选择中间商将获得稳固的市场占有率。

④ 中间商特征

选择销售渠道，需要评估中间商在促销、仓储、信贷、信息和服务等方面的能力，并通过渠道设计反映不同中介机构在执行各种任务时的特色。

⑤ 应对竞争者策略

当生产者或中间商预期将要进入或经营与竞争者同样服装产品的渠道时，应熟知竞争对手的渠道选择策略，由此制定与之抗衡的对策。

14.4 无店铺销售

（1）无店铺销售的相关定义

① 无店铺销售。企业供给的产品在向消费者转移过程中不需要经过中介环节的批发和零售店铺或其他场所的直接销售或直复营销（自动售货机可归属于零级渠道中的无店铺销售）。

② 直接销售。企业不通过中间商销售产品，而依靠自身力量自己销售，方式有企业门市部直接向消费者销售服装及利用推销员上门游说消费者购买等。

③ 直复营销。利用传播媒体，以非店铺方式进行交易的交互营销系统。在现代社会，直复营销已成为重要的促销方式。一般采用售货目录营销、邮购、网购、电话、电视、电台、杂志及报纸等直复营销。由于直复营销运用多种现代化媒体和手段，比以串门推销、家庭销售会为主的直接销售应用面更广泛。

(2) 邮购的起源和发展

邮购是问世最早、影响最大的无店铺销售形式。邮购起源于19世纪70年代的美国，在发达国家发展较快，主要是由于职业妇女增加，老年人增加，上街购物的人数和时间相对减少，而可支配收入上升；同时国外的邮购商品价格往往较一般零售店低10%左右，还可分期付款，送货上门；技术和邮政的发展进步，使邮购的订、送、退货越来越快捷，符合现代顾客的消费价值观。邮购的工具和方法正在日益拓展，借助互联网、各种电子信息技术和分析手段的电子邮购，有成为21世纪营销先锋之势。

亚太地区 Visa 网上消费

根据Visa电子商务消费者调查显示，尽管经济不景气，但亚太地区网上消费支出依然保持稳定。截至2008年12月，该地区的网络消费者年均消费金额达3 109美元。

Visa亚太地区电子商务负责人Mohamad Hafidz称："调查显示，网上购物在目前动荡的经济活动下表现活跃。由于消费者比以往任何时候更关注自己的财务状况，而网上购物能够让消费者浏览更广泛的产品来选择比较便宜的价格，因此受到精打细算的消费者们喜爱。"虽然，网上购物要承担运费，但是网络消费者认为在网上能够找到更低价的产品。

本次调查采访了9 142名网上购物者，年龄分布于18～49岁，分别来自澳大利亚、中国、印度、日本、新加坡、韩国、阿拉伯、南非和泰国。调查结果显示，新加坡是亚太区网上消费能力最强的地区。2008年，该国个人网上消费均额为4 018美元，这个数字几乎高于亚太地区人均网上消费25%。

Visa新加坡和文莱地区经理Meranda Chan认为："网上购物在经济不稳定的地区发展势头很好。广泛的产品，便宜的价格，使得消费者喜爱网上购物。"

我国服装零售中，由于大中城市竞争日益激烈，而辽阔的内陆腹地商品经济尚不发达，为邮购业的发展提供了市场。

① 我国邮购业发展动因分析

a. 市场的存在

我国人多地广，各地区自然、经济状况差异较大，特别是东部沿海与西部内陆之间的差距，为邮购业的开展提供了广阔的市场。一些经济条件较好，收入较高，又注重自身着装打扮的消费者，在本地区服装市场不够丰富、难以满足购衣需要的情况下，可以通过邮购方式，购买到价格并不昂贵而同步于都市时尚或自己喜爱的服装款式。这种选择既可以省去专程跑到大城市购物的时间和费用，又可以满足作为本地时尚引导者的心理和地位。

b. 邮购企业的优势

首先，由于邮购方式不经过其他中间商，流通费用低，企业创利可观。而国内服装渠道的厂店联销方式中，企业既承担供货任务又负责店面销售，相当一部分利润由商店获得，经营难度大。通过无店铺邮购的方式，企业自身可取得接近全额的利润，对经营者具有很大吸引力；

其次，邮购的方式使企业控制权得到加强。在对顾客的把握、价格的制定、利润的分配及产量的安排等方面，不必听命于其他中间商；

最后，邮购方式可以帮助企业扩大市场销售。由于大中城市服装供应趋于饱和，销售状况难有突破，而跨越城市范围，以店面形式开业，必然投资大，资金回收周期较长，需要面对较多中间环节，如运输、仓储、店址选择等。邮购则借助邮政网络，传送到全国各个角落，企业本身不需要涉及店铺投资和管理等业务，能方便灵活地开拓市场。

此外，由于服装属非易腐蚀品、非危险品，可折叠压缩，压折后的折皱一般也可通过熨烫得到回复；同时在运输过程中不怕摔打，便于传送。服装的这些特性使它成为一种便于邮寄的商品。

② 影响我国服装邮购消费的主要因素

经济条件——只有在可支配收入相对充裕的条件下，才可能通过邮购方式购买服装，因此邮购消费者的收入在当地应属较高。

文化水平——由于邮购信息通过互联网、杂志、报刊等广告媒体发散，消费者一般应具有较高的文化层次、喜欢阅读且有较强读解能力。

个性因素——在我国邮购调查中发现，具有邮购经验的人并不多，而邮购服装的消费者更少。因此，邮购消费者的个性可表述为比较注重自我、喜欢变化、勇于尝试、追新求异，希望以时尚先导者的形象出现。

品牌因素——在国内服装邮购调查中发现，大多数消费者认为企业品牌声誉十分重要，良好的品牌形象往往是质量和信心的保证。同时，原产地因素也起关键作用，大多数被访者偏向选择上海、广州这一类在全国有一定时尚引导地位的大都市服装品牌企业进行邮购。

参考群体——由于人们总是不断受到周围其他人的影响。特别是在产品生命周期的导入阶段，消费者的购买决策受他人影响大。在邮购调查中发现，有部分消费者受参考群体的影响而成为邮购族一员。

③ 服装邮购存在的问题

邮购服装虽然具有许多优越性，但也有一定的局限性。

消费者方面——服装就款式、色彩、材料、做工等因素错综复杂，只通过观看广告而不经试穿就做选择，必然会使消费者犹豫踌躇；由于买卖双方不能直接碰面，邮购过程中的意见与错误无法及时提出或更改；同时邮购广告只有商业信用而无法律保障，消费者有时不得不承担企业不守信用的风险；另外，服装本身是一种带有较强时效性的商品，目前我国的邮购从汇款到收货往往要经历较长时间，使消费价值受到影响。

企业方面——a. 由于顾客数量难以预测，对正确制定生产计划带来很大困扰。例如，某一时期订单猛增，企业只能通过加班或外派加工的方法进行补救，即便如此，仍会发生交货期延迟的现象，引起消费者的不满，给企业造成负面影响。b. 邮购企业也有投入产出的风险。由于邮购企业在广告上投入较大，当市场反应冷淡时，广告费用不能回收。此外，工厂开工不足，面料或成衣积压，将造成很大资金损失。c. 邮购业务操作十分繁琐复杂是邮购企业面临的最大问题。由于要和每个顾客联系，收单、登记、核对、包装、送寄、查询等每一步都要花很多精力，其中还有很多意外情况，如消费者地址由于字迹模糊或简化造成邮寄失误。d. 货源不足时给消费者逐个退款，发生错邮要查核、换货等。因此，虽然邮购企业渠道竞争环境有利可图，但在管理工作量以及难度方面要超过一般渠道模式。

英国邮购公司 Littlewoods Shop Direct Group

公司成立于2005年，是一家多品类网上商城，也是英国最大的家庭用品邮购公司。公司经营范围广泛，包括服装、家纺、家具、家电及厨房用品等，品牌和品类众多。顾客可以通过登录公司主页 www.littlewoodsdirect.com 或者拨打电话专线进行商品的选择和订购。出售的商品走平民化路线，价格实惠。尽管英国零售业深受2007年金融危机的困扰，但公司的网购业务却蒸蒸日上。公司的业务已拓展至西班牙、荷兰等国家，年销售额达21亿欧元。Littlewoods Direct 的主要竞争对手是 Marks & Spencer 和 NEXT。价格策略是 Littlewoods Direct 的一大竞争优势，公司在中国香港、上海设有采购中心，控制运营成本。对于邮购公司而言，降低退货率相当重要，可以提高公司的盈利水平。降低退货率，除了严格控制产品质量之外，还要时时关注消费者，使产品符合目标顾客的需求。

(3) 电子商务与网络购物

电子商务(Electronic Commerce)是基于互联网技术的一种商业模式，通常指在全球范围内的广泛商业贸易活动中，在开放的网络环境之下基于浏览器/服务器应用，买卖双方不谋面进行各种商贸活动，实现消费者的网上购物，商户之间的网上交易和在线电子支付以及各种商务交易、金融活动和相关的综合服务活动的商业运营模式。

随着信息化程度和数字技术的飞速提升，网络购物消费模式也以极快的速度获得社会和市场的广泛接受与应用。网络购物的产生和发展主要是由商品的吸引力、消费者自身的推动力和外界环境的影响力三方面造成。由于网络销售的商品与线下购买相较具有操作便利、节约时间、不受空间限制等特点，极大地增强了商品的感染力并且刺激了消费者的购买欲；而消费者本身也会因为追求个性化、身份认同、获取全面信息等动机选择网络购物。

处于信息时代，网络的便利和快捷程度是其他传统媒介所无法比拟的，而时尚流行的传播借助于网络在全球范围的扩散，消费者坐在互联网终端即可轻松获取各类流行服装款式、时尚生活方式、热门电影音乐、设计师和时尚品牌的最新动向，各类时尚产品的销售信息尽收眼底。与时尚产品相关的电商平台、传播途径和工具随着信息技术、时尚产业链的完善也呈现出多样化的特点，为消费者提供了体验时尚生活、轻松购买时尚产品的便利途径。

■案例

上海、首尔女大学生网络消费比较分析

中、韩在利用网络服装营销方面，发展迅速，但是计算机使用者爆炸性的增加和信息化的迅速普及使得市场具有巨大潜力。通过上海、首尔两地20～29岁女性大学生(包括本科一至四年级、硕士一至三年级及博士研究生，以下简称女大学生)的网络使用和网络服装购物等一手资料调研，结合二手资料分析两地女大学生在服装网购方面的购物倾向和购买行为。

(1) 调研时间和问卷内容

调研时间：2007年4月至6月。问卷分四部分：第一部分将消费者分为有网购经验者和无网购经验者两类；第二部分针对前者，调查在网络商场中的购买行为以及在购买服装类商品时，在线和离线的购买行为等；第三部分针对后者，调查不选择网购的原因及今后可能网购的商品；最后一部分为人口统计特性。

(2) 被调查者的人口统计学特性

调查共涉及851位学生，其中韩国463位，上海388位。首尔的问卷调研对象主要在韩国汉阳女子大学，发放500份问卷，回收率92.6%；上海的调研在东华大学、复旦大学、交通大学等6所学校展开，涉及艺术、服装、管理、计算机等专业，发放420份问卷，回收率92.4%。

由表14-1可知，在20～29岁的女大学生的月平均收入中，上海低于1 000元所占的样本数超过了2/3，而韩国有超过2/3的样本月平均收入在1 000～5 000元。

表14-1　两地女大学生月平均个人收入(单位:元)

	1 000以下	1 000～2 000	2 000～5 000	5 000以上	无效数据
首尔	20.5%	37.4%	33.5%	7.6%	1.0%
上海	70.4%	11.9%	8.7%	0.8%	8.2%

(3) 网购比较分析

如图14-3所示，首尔近95%的被调查者具有网购经验，高于上海的51%，两地女大学生的网络购物经验随年龄增加而逐渐降低。此外，由于部分上海大学一年级学生不能在宿舍上网，故上海20、21岁女大学生中无网购经验者较多。是否有服装网购经验的差异更大：首尔无服装网购经验者不足10%，而上海超过80%。

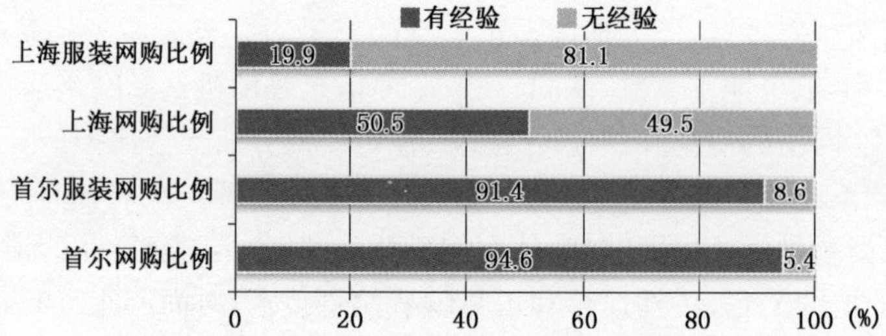

图14-3　上海、首尔女大学生网络购物情况

差异在于国情不同，虽然中国网民数量即将超越美国成为全球第一①，但无论是从宽带普及率、上网速度，还是网民占比来看，韩国远高于中国。首尔作为韩国首都，加之较高的宽带普及率，网络购物已成为当地女大学生主要购物方式之一；中国仍属于发展中国家，尽管上海女大学生上网人数高出全国均值4～5倍，但与首尔相比仍有较大差距。

(4) 网络利用情况

互联网的发展极大地改变了大学生的学习和生活。利用网络，首尔女大学生主要进行信息搜索(23%)、购物(19%)和博客管理(18%)，而上海女大学生主要进行收发电子

① 2007年调研时的情形，2008年我国网民数超越美国，成为全球第一。

邮件(20%)、信息搜索(20%)和聊天(18%)。首尔女大学生网络购物比例高,并占据重要位置,说明网上购物已融入当代韩国女大学生的日常消费生活中;个人博客的普及从侧面显示出韩国的网络文化已进入一个新的较发达互联网时代;而与之相比,无论是在网络利用方面还是在网络购物方面,上海女大学生处于起步阶段。

(5) 网购需求

如图 14-4 所示,首尔女大学生比较青睐的网购对象为服装类(90%)、书籍(51%)、化妆品类(44%)及各种服务类(32%);而上海女大学生则主要为书籍(51%)、化妆品类(34%)、服装类(29%)及音像制品(27%)。

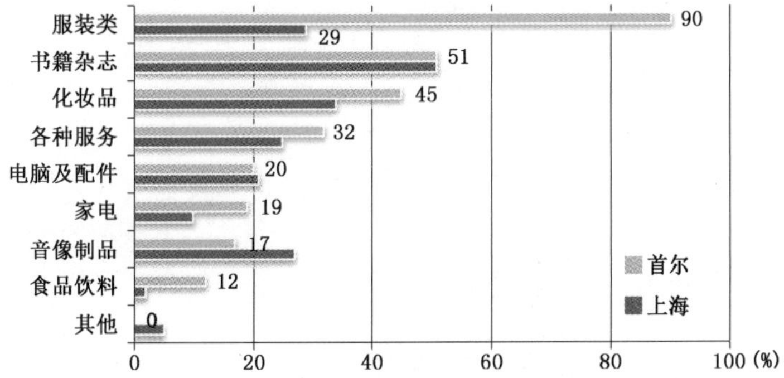

图 14-4 网上购物种类分布百分比(多选题)

网络本身是一种信息社会的消费形式,就消费内容而言与传统消费购买的形态不同。在网络消费初期,消费者侧重于精神产品的消费,如书籍和音像制品等;只有到了成熟阶段,消费者在完全掌握了网络消费的规律和操作,并对网络购物有了一定的信任感后,才会从侧重精神消费转向日用消费,如服饰等,这与日常生活中人们的消费行为恰好相反。因此通过分析可以看到,韩国女大学生比上海女大学生更早进入网络消费的成熟阶段。

(6) 支付方式

图 14-5 是中韩网购者对支付方式的不同表现。首尔超过九成的网购消费者选择在线支付(选择信用卡和银行预付两种方式均超过 50%,而选择货到付款的不足 5%),体现了较完善的网络营销信用机制,并充分发挥了电子商务高效率、低成本的特点;而上海网购者更倾向于货到付款的方式,这一比例超过 60%,远高于信用卡(33%)和银行支付(29%),由此反映出上海网购者期待网络安全和支付便利的提高。

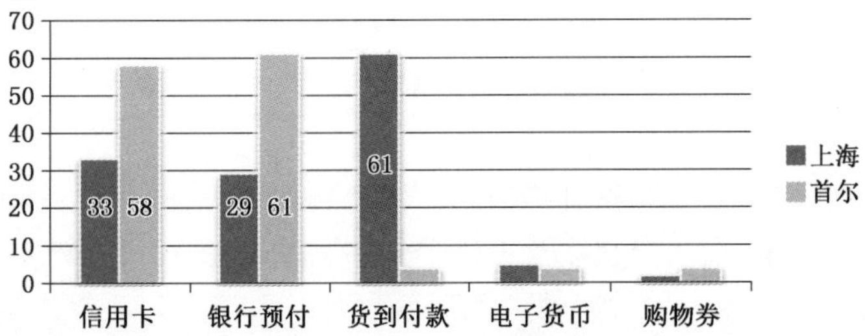

图 14-5 网购支付方式分布百分比(多选题)

(7) 网购理由

上海和首尔女性大学生网上购物的理由并不一致:56%的韩国学生认为网上购物价格低廉是吸引她们最重要的理由,而上海这一比例虽然最高,但仅占35%;另一个重要原因是可以进行多品牌或商品的比较:购物网站设置了商品比较栏,消费者把选中的不同品牌或商品点击放入比较栏中,就可以从价格、性能、外观等不同方面进行比较,以便选购;此外两地女大学生均认为网络购物可以节约时间、精力及等待成本。相比首尔,上海在网购方面还有很大的发展空间,网络商品的定价策略还可以进一步合理化,以吸引更多的人群加入网购行列。

(8) 服装网购存在的问题

由于服装商品的特殊性,顾客在网上购物不能进行试穿,单凭虚拟商场的文字说明很难满足每个消费者的具体需求(见图14-6)。在两地的服装网购者中,尺寸问题是消费者最不满意的要素,首尔的比率达41%,上海更占到45%。另外两个重要因素是颜色和款式方面,由于虚拟商场展示的视频图片会与实物存在色差,不能完全反映服装本身的色彩;款式设计也受到图片平面展示的限制,不能立体展现服装和设计细节,因而单凭图片很可能造成视觉偏差。这些信息描述的不准确是造成服装网购者顾虑的主要因素。

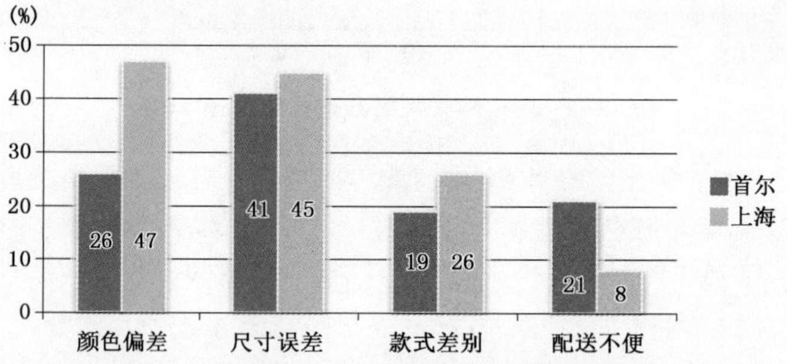

图14-6 网络购买服装不满意的方面(多选题)

在网络购物中,时空的阻隔使得消费者和虚拟商场之间的信息交换、资金结算主要借助网络完成,商品配送甚至要通过第三方物流公司实现。这些原因使得消费者对整个购物过程缺少监控力度,无法通过面对面的交流判断购买商品的各种特征,这也是网络购物的最大障碍。

摘自:金智苑.互联网服装营销沟通与市场研究[D].东华大学,2007.

14.5 连锁经营

随着社会经济的发展,商业竞争日趋激烈,大型化、集约化、专业化、国际化的零售业趋势促使各类零售商联合起来,在资金和经营上集中分散资源,取得竞争优势。

(1) 连锁店

在核心企业或集团公司的领导或控制下,由分散经营同类商品或服务的零售企业,通过规范经营，实现规模效益的经济联合体组织形式。其中：连锁店的核心企业称为总部、总店或本部，各分散经营的企业称为分店、分支店或成员店等；经营方式可分为自愿连锁、加盟连锁（特许连锁）和直营连锁。

商业组织经过优化组合能显示出强大的生命力。零售业中专卖店、百货店、超级市场、便利店、折扣商店等都可进行连锁经营。国外的连锁店在各类零售业中均已占主要地位，世界排名前十位的零售商无一不是连锁企业。美国市场零售额的60%是连锁企业创造的。

（2）连锁店的特点

连锁店由多个店面联合而成。小型连锁店只有两个分店，大型连锁店可以有上万个分店，归属中央总部或地方总部，有的还是跨国企业。

连锁店具有四个鲜明一致性，即：

① 规范化经营理念、规范化企业识别系统CIS（Corporate Identity System）、规范化商品服务、规范化经营管理；

② 有统一店名、店标、店铺装潢、陈列、广告宣传、营业员服饰等规范化视觉形象VI（Visual Identity）；

③ 各分店经营同类商品，服务水平和方式一致，便于总部根据消费者需求进货、建立信息反馈系统；

④ 连锁店实行集中管理和分散经营体制。总部负责经营业务决策，如计划、管理制度、分店选择、人事安排、人员培训、商品采购、保管和广告等。分店负责执行销售计划、为顾客服务等，分店与总部联系紧密，如果脱离总部，分店将无法经营。

（3）连锁店的经营形态

① 正规连锁店

亦称直营连锁，各分店的经营权完全由总公司掌握、集中管理、统一行动的连锁组织。直营店前期投入大，需要企业集团拥有雄厚的资金、技术和人才，各分店经理遵循总部决策进行经营活动。这种连锁方式有利于对市场的快速反应和一致性。大型服装企业开拓市场时，常采用这种方式。

② 自愿连锁店

亦称自由连锁或契约连锁，由若干中小零售商为了与大型商业集团竞争，自愿组成的联合组织。一般由当地知名的零售商和批发商牵头，联合若干小型商店组成连锁组织，负责统一进货、分销，为各成员提供各种服务，降低整体运营成本，同时各成员店实现信息共享，利用众多销售网点合作销售，获得规模效益。自愿连锁店的各分店在资金和经营上独立，不需要大量资金投入建立新店，市场拓展迅速，各分店经营弹性也较大，便于应付地区性竞争，满足地区性顾客需求。

③ 特许连锁店

亦称加盟连锁店、合同连锁店，以契约为基础采取特许授权经营方式的零售组织。加盟店根据契约有偿使用特许方商标、店名、广告、外观设计等营业象征的标志，自负盈亏，自主管理，并接受特许方的监督。加盟店借助于特许方的品牌和商业有形或无形价值，对消费者极具吸引力。加盟连锁能获得与直营店同样的效果，同时又避免了自愿连锁过分分散的弊端，是连锁店中最发达的形式。我国市场上的服装品牌，如Esprit、太平鸟等主要采用特许连锁店的经营方式。

（4）连锁经营的利弊分析

① 连锁经营总部竞争优势

a. 进货量大，大批量有数量折扣，有利于降低成本；

b. 有完整的物流体系，商品由总部配送、补给，分店供货有保障；

c. 整体广告宣传带来规模经济效益，分店分摊费用，收益共享；

d. 用规模效益降低经营成本，商品价格低于非连锁商店，竞争力强；

e. 管理标准化，手续简化，管理效率较高；

f. 因知名度高、规模大、信誉好，故而易获得银行贷款，融资方便；

g. 与制造商联系紧密，能适时调整产品价格幅度，具有价格竞争优势；

h. 分店数量众多，市场涵盖面广；

i. 信息传输迅速，分店定期通过 POS 等计算机网络反馈各店销售信息，依据数据分析，能及时寻找市场畅销点，调整经营策略。

② 各分店可共享整个体系带来的利益

a. 采购成本低，货源充足，由配送中心负责物流，送货方便，分店无需很多存货；

b. 分店借助总部良好的企业形象，一开张就能迅速发展；

c. 避免企业风险，据国际连锁加盟协会（IFA）统计，连锁店头一年的破产率为 4%～6%，五年后为 12%，远比其他类型的企业组织破产率低；

d. 分店由总部提供技术指导；

e. 分享总部技术开发成果，分店本身不用设立技术研发部门；

f. 由总部负责信息汇总，及时做出市场分析，可为各分店提出指导对策；

g. 资金方面获得总部的支持；

h. 招募员工容易，借助总部良好的企业形象，员工流动率低等。

③ 连锁经营的风险

a. 需要有敏捷的组织机构。管理不善时，容易出现组织机构庞大、管理费用高、总部与分店脱节等现象；

b. 如果未能很好地运用计算机信息系统时，对生命周期短的服装产品而言将缺乏市场应变能力；

c. 各店负担不一，经营业绩难以体现。

总之，由于连锁店在经营上占有较大竞争优势，在市场运作中容易产生排挤、吞并小企业。因此，各国政府在制定政策时，会进行必要的调控，以免连锁业过于发达，走上垄断道路，破坏公平竞争。

（5）我国服装连锁经营的启示

① 21 世纪的服装商品将向低成本、高品质、多品种、小批量、短周期方向发展，采用何种渠道模式对服装企业获得销售成功十分重要。连锁经营能紧密跟踪市场需求变化，信息收集反馈敏捷，便于组织和合理配货；通过 POS 系统和条形码货品管理，能迅速确定服装品种的市场需求量，指导生产和调整进货。

② 连锁店分店数目众多，分布广泛，整体规模大，能使服装产品在成长期和成熟期迅速上市，获得较高市场占有率和利润最大化。

③ 服装销售的重要因素之一是品牌形象，品牌是公司的无形资产，也是服装品质和风格

的象征。连锁店统一管理、统一企业形象、分店作为独立的户外广告以及大规模的广告投入，能迅速在消费者心中树立品牌形象。

④ 连锁店销售的服装统一进货，杜绝了假冒伪劣商品，价格因集中订货而成本较低，价格适宜，给消费者以价廉物美的良好形象。

⑤ 连锁店拥有统一的配送中心，实体分配迅速有效，保证了供货和流通的有序性。如果是直营店，还能在各店铺之间相互调剂服装商品，减少销售机会损失。

⑥ 目前我国城市消费者中收入居中等水平的人数量多面广。这些消费者需求量大、购买力较强，要求服装质价相符，而连锁店集中进货，能取得较大数量的折扣，实体分配迅速有效，货物少有积压，经营成本低，通过规模经营降低成本，提高产品和服务质量，实现消费者物有所值的期望。

⑦ 连锁店分店数量多、分布广泛，能深入社区为居民服务，方便消费者就近购买，这是大型百货店无法做到的。虽然连锁店服装品种相对较少，但风格突出、注重搭配，便于消费者识别和购买。连锁店经营注重“二八法则”运用，即把经营重点放在利润占 80%、销售额占 20% 的服装商品上。

⑧ 连锁店分店有明朗舒适的购物空间，开放式货架陈列，服务人员统一专业培训、着装，引导顾客有礼有节，使顾客有宾至如归的感觉。

目前，我国零售商业竞争激烈，服装中、小型商店经常会面对负担沉重、资金缺乏、货源不畅、销路狭窄、价格缺乏竞争力、品种单一、经营无特色等问题。为此，走连锁经营的道路，联合分散的资金和人力资源，发挥规模经济效益，不失为一条值得尝试的道路。

14.6 营销渠道的管理和实体分配

(1) 营销渠道的管理

服装企业一旦决定了选择某种营销渠道，就应予以贯彻实施，对中间商进行有效的管理、评价和控制。

① 选择中间商

通过调查，对中间商的经营年限、经济和信用状况、工作态度和效率等方面进行评估。如果中间商是销售代理，服装企业还要评价他们经营其他产品的数量和特征、推销能力的规模和经营素质；如果中间商为独家经营的百货公司，生产者需要评价其店址，未来成长市场潜量和顾客类型等。

② 激励中间商

服装企业对中间商应采取奖优罚劣的措施，对经营有方的中间商给予各种正面鼓励，如较高的毛利、折扣率优惠、各种奖励、合作性广告补贴等；而对那些经营不善者则采取制裁措施，如减少折扣率优惠或终止合作关系等。但这种合作方法并不真正有利于双方的发展，更好的做法是服装企业与中间商建立长期的合作伙伴关系，即服装企业在产品供应、市场开发、市场覆盖面、信息等方面与中间商合作，形成利益共享的供应链关系；采用分销规划方案，建立一套有计划、专业管理的纵向营销系统，即共同规划销售目标、存货水平、商品陈列、销售培训、广告促销等方案，将服装企业和中间商的需求有效地结合起来。

(2) 实体分配

实体分配又称物流管理，是指对原料和最终产品从原点向使用点转移，以满足顾客的需要，并从中获利的实物流通计划、实施和控制。

实体分配包括运输、仓储、存货、包装、管理、订单处理等。和谐而有效的实体分配能节省大量开支，降低成本并提高服务质量，吸引顾客；反之，则会造成产品积压，导致剩货损失，或者产品不能按时交货，导致缺货损失。

因此，适时供货(Just In Time, JIT)已成为实体分配的最高目标和任务，即在合适的时间、合适的地点、以合适的价格、合适的质量和数量向顾客提供合适的商品，并以最小化成本达到管理目标。由于服装业的物流流程长，在制品与制成品的库存和周转成本占总的经营成本比例高，因而有效的物流管理能降低经营成本而且能够缩短反应时间和提高对市场预测的准确性，提高产品附加价值，最终提高企业竞争力和利润率。

服装业的物流管理包括：

① 合同与订单管理。合同与订单是企业经营规划的依据，应准确地按照市场需求预测订单数量、库存物料状况，组织货源并及时完成合同，按时发货。同时，历年的订单将成为市场分析与预测的信息源和顾客资料。

② 仓储管理。包括面辅料、在制品和制成品的管理。仓储管理主要是选择先进适用的仓储技术，如多层立体仓库，提高仓储面积利用率；计算机条形码二维码仓储管理，以保证进出货物的高效和有序；科学的保管技术，减少污损、虫蛀和浪费，使成衣保持良好形态。

③ 运输管理。服装业可选择的运输方式有铁路、公路、船运和空运等。选择运输方式时，应考虑运输的速度、次数、安全、容量和费用。合理的运输方式将保证服装商品及时送达市场，又要有最低的运输费用。有时也可采用集装箱运输将两种或两种以上的运输方式结合起来，以达到运输的经济性。不同类型的服装对运输的要求不同，高档时装，季节性强，应注重运输的速度，而中低档的大众服装则应注重降低成本。不同的运输方式对服装的包装也有不同的要求，如立体包装、折叠包装装箱等。

④ 库存优化。在保证整个生产销售过程按计划持续稳定高效进行的同时，尽可能地降低库存费用。通常，营销人员总是希望公司备有充足的货源，以随时满足顾客的购买需求。但维持大量库存对公司来说，显然是不经济的。合理的库存优化模型应仔细权衡公司的服务水平与质量、市场需求与供应节奏、订货成本和保管费用等。

库存最优化思想在服装企业经营中具有普遍性。当研究多品种小批量和大批量专业化两种不同经营模式时，实际上就是在应用库存优化理论，在降低新品种启动费用和降低保管费用之间权衡以及在风险和效益之间权衡，这对服装销售和生产企业都是适用的。业界研究的服装业快速反应策略，目的是致力于开发一种既能符合现代专业化大生产的需要，又能符合多品种、小批量、短周期的柔性生产经营管理体系。

(3) 服装库存管理和案例研究

① 国内外服装企业库存管理现状

20 世纪 80 年代中期，随着“快速反应(QR)”和“敏捷销售(LR)”的兴起，供应链环境下的库存管理思想得以广泛应用。美国、日本的纺织服装业以及与之相关的零售业，通过缩短从制造、分销、零售至消费者过程中的产品供应链周期，达到降低库存成本、提高货品周转率并降低零售店缺货率的目的，从而在库存管理方面取得了长足的进步。GAP、里斯(Liz Claiborne)、沃尔玛(Wal-Mart)、优衣库(UNIQLO)等国际著名公司的成功进一步证明,合理利用来自售点并贯穿供应链中共享的销售和库存信息,指导生产计划、库存决策和物流配送,有效地满足需求、降低库存、快速配送,是服装商品在市场上销售成功的保证。

如表 14-2 所示,我国纺织服装企业中,3.9%的企业经营者认为本企业的库存不足,63%认为库存处于正常水平,33.1%认为库存过多,认为库存过多的比重比上期调查的结果多了15.2%,比制造业总体多 16.1 个百分点。纺织服装业存在产量增加、销售下滑的困境,显然库存管理问题比较严重。表 14-3 所示为全国纺织服装行业产品周转率分析。

表 14-2 纺织服装企业库存情况(%)

	不 足	正 常	过 多	不足—过多
制造业总体	10.6	72.4	17.0	−6.4
纺织工业	3.9	63.0	33.1	−29.2
化纤制造业	2.0	54.0	44.0	−42.0
棉纺织业	3.5	56.6	39.9	−36.4
服装制造业	3.1	65.6	31.3	−28.2
其它纺织工业	5.9	75.4	18.6	−12.7
国有企业	7.1	57.1	35.7	−28.6
国有控股企业	—	44.7	55.3	−55.3
非国有企业	4.3	71.5	24.2	−19.9
大型企业	1.0	52.0	46.9	−45.9
中型企业	5.0	62.9	32.0	−27.0
小型企业	3.0	74.3	22.8	−19.8

资料来源:《2001—2002 中国纺织工业发展报告》,P183-184

表 14-3 全国纺织服装行业产品周转率分析

效益指标分析	产成品周转率(%)			应收账款周转率(%)			流动资产周转率(%)		
	本年累计	上年同期	同比增长	本年累计	上年同期	同比增长	本年累计	上年同期	同比增长
纺织行业	13.78	13.73	0.40	12.28	11.88	3.37	2.65	2.59	2.33
纺织服装、鞋、帽制造	13.73	13.25	3.62	11.40	10.92	4.40	2.74	2.66	3.00
其中:纺织服装制造	13.57	13.09	3.67	11.40	10.97	3.92	2.73	2.65	3.06
效益指标分析	产成品周转天数(天)			应收账款周转天数(天)			流动资产周转天数(天)		
	本年累计	上年同期	同比增长	本年累计	上年同期	同比增长	本年累计	上年同期	同比增长
纺织行业	26.13	26.23	−0.10	29.32	30.31	−0.99	135.83	139.00	−3.17
纺织服装、鞋、帽制造	26.21	27.17	−0.96	31.58	32.96	−1.38	131.19	135.46	−4.27
其中:纺织服装制造	26.53	27.50	−0.97	31.58	32.80	−1.22	131.84	135.88	−4.04

资料来源:《2007—2008 中国服装行业发展报告》,P8

由此，建立符合我国服装企业特征的现代库存管理模式，运用科学的手段、先进的技术进行库存管理已成为当务之急。一些先进服装企业利用良好的库存管理为生产计划和市场销售服务，已经取得了成功，这为我国服装企业今后的发展提供了可借鉴的宝贵经验。

② 库存管理和定量订货模型

储存在特定地理位置的一个材料项目，称为存储保管单元（Stock Keeping Unit ，简称SKU），大量的SKU构成了通常所说的库存。研究与企业库存情况有关的各类问题，对这些项目进行管理，即库存管理。良好的库存管理不仅能使企业保持生产运作的平稳性，满足市场供货需求的变化，而且可以克服原料交货时间的波动，从而增强生产经营计划的柔性。

实行库存管理有助于服装企业提高生产经营效益，降低产品成本。从保管角度看，订货量少，次数多，可减少库存和费用；从订货角度看，订货次数少，每次订货批量大可减少订货费用（见图14-7）；从缺货的角度看，增加库存量才能减少缺货造成的损失（如图14-8所示）。因此库存管理的目标是通过综合分析，使总费用减少到最低程度，使企业获得更多经济效益。

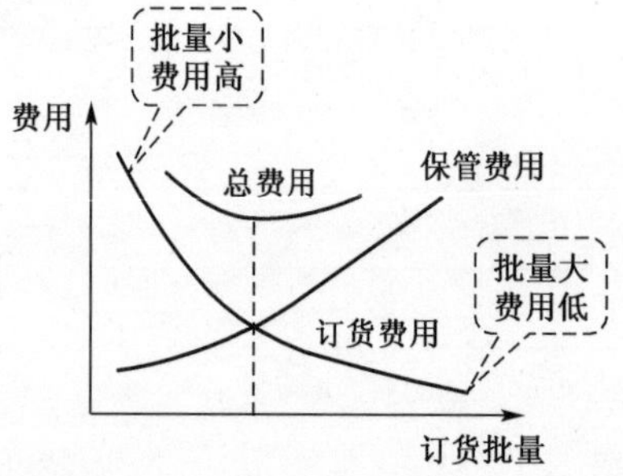

图14-7　订货批量与费用关系图

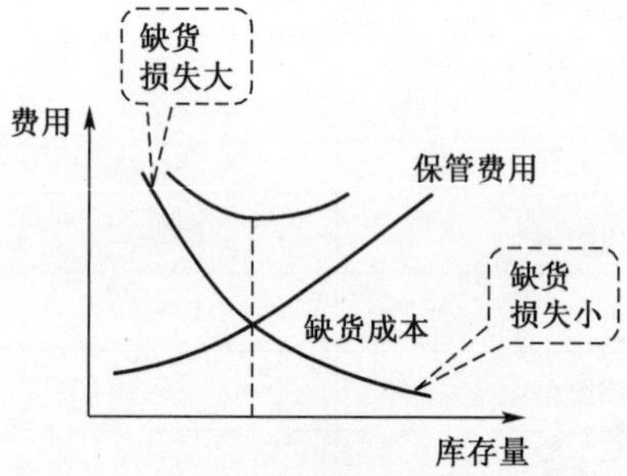

图14-8　库存量与费用关系图

定量订货模型①（EOQ或Q模型）是对库存水平进行连续监控，当库存量降低到某一水平R时进行订购（见图14-9）的模型，其理论研究基于以下假设：

a. 产品需求固定，且在整个时期内保持一致；

b. 提前期（从订购到收货的时间）固定；

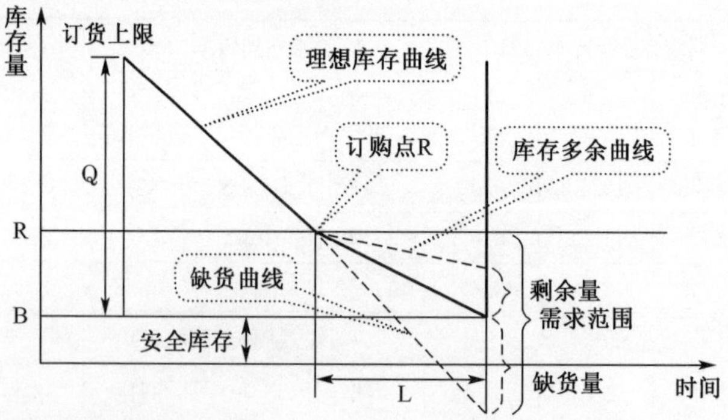

图14-9　定量订货模型

① 资料来源：（美）蔡斯（Chase，R. B.），等. 生产与运作管理：制造与服务. 宋国防，等，译. 北京：机械工业出版社. 1999.

c. 单位产品的价格固定；

d. 存储成本以平均库存为计算依据；

e. 订购或生产准备成本固定。

该模型中，缺货的风险只发生在订购提前期 L（订购时点与收到货物时点之间）。在订购提前期 L 内，需求可能在一定范围内变化，订购点应包括订购提前期中的期望需求量加上期望服务水平下的安全库存量。因此，对于定量订购模型，需求量确定与需求量不确定的主要区别在于 R 的计算。

③ 定量订货模型的案例分析

在库存决策中经常出现的，也是服装企业管理者最关心的库存指标主要有：经济订购批量、安全库存量、订购点、库存周转率、库存维持成本等。在此以上海 H 品牌专卖店为例，运用定量订货模型进行实例分析。

为使计算中所用的数据成系列且具有可比性，选择该专卖店长销不衰的代表性品种 A 作为目标产品。A 产品是 45 支、45/55 涤棉混纺男式长袖衬衫，售价为 168 元/件。

a. 经济订购批量

经济订购批量的公式[①]：

$$Q_{opt}=\sqrt{\frac{2DS}{H}} \tag{1}$$

式中：Q_{opt}——经济订购批量；

D——月需求量；

S——每次订购成本[②]；

H——每件服装的月存储成本[③]。

已知，A 产品 2002 年 1 至 9 月的销量量如表 14-4 所示，则，月需求量为：

$$D=\frac{\sum_{i=1}^{n}D_i}{n}=\frac{\sum_{i=1}^{9}D_i}{9}\approx 27(\text{件})$$

表 14-4 专卖店销售量月报表

月份	1	2	3	4	5	6	7	8	9
销量(件)	19	36	58	38	22	15	16	12	30

已知，该专卖店平均月进货量约 600 件，订购费用 1 500 元，每周进货一次，则 A 产品每月订购成本为：

$$S=\frac{1\,500\times 27}{600\times 4}=16.875\ (\text{元/次})$$

已知，该专卖店平均月库存量约 1 500 件，存储费用约 28 000 元（含房租），则，每件服装的

① 资料来源：（美）蔡斯（Chase，R. B.），等. 生产与运作管理：制造与服务. 宋国防，等，译. 北京：机械工业出版社. 1999（在不影响计算效果的前提下，对公式中变量的注释略作变通）.

② 订购成本：指为准备订购所发生的管理和办公费用。

③ 存储成本：包括库存设施的成本、搬运费、保险费、盗窃损失、过时损失、机会成本等。

月存储成本为：

$$H = \frac{28\,000}{1\,500} \approx 18.67\ (元)$$

由此，利用式(1)可求出经济订购批量为：

$$Q_{opt} = \sqrt{\frac{2 \times 27 \times 16.875}{18.67}} \approx 7(件)$$

说明：当A产品的库存量降至订购点时订购7件是最优方案。

b. 安全库存量

求经济订购批量以“假设需求是固定且已知”为基础，但实际上服装商品由于受季节、流行趋势等因素的影响，需求并不固定，而是经常波动的。因此，必须建立安全库存以便在需求变化的情况下也能保持适当的库存水平。

在此，采用顾客服务水平方法计算安全库存量。顾客服务水平是指现有库存对顾客需求情况的满足程度。顾客服务水平越高，说明缺货的情况越少，但由于增加了安全库存量导致库存维持成本上升，因此需要综合考虑顾客服务水平和库存成本之间的平衡，确定合适的安全库存量。

考虑最常见的情况：需求发生变化，提前期为固定常数。假设需求量服从正态分布，在既定服务水平下，根据罗伯特·布朗[①]总结出的期望值表，可查出该水平下标准差的个数，再利用式(2)计算：

$$SS = z \cdot \sigma_L \tag{2}$$

式中：SS——安全库存量；

z——既定服务水平的标准差个数；

σ_L——提前期内需求的标准差。

已知，A产品2002年9月的日销售量报表(表14-5)。

表14-5　专卖店销售量日报表

日　期	销售量	日　期	销售量	日　期	销售量
1	0	11	0	21	1
2	0	12	0	22	0
3	1	13	1	23	4
4	0	14	2	24	1
5	0	15	1	25	0
6	2	16	0	26	4
7	1	17	4	27	2
8	0	18	1	28	1
9	2	19	1	29	0
10	0	20	0	30	1

① Robert G. Brown. Decision Rules for Inventory Management. New York: Halt, Rinehart & Winston, 1967: 95-103.

可知，平均日需求量为：

$$\bar{d}=\frac{\sum_{i=1}^{n}d_i}{n}=\frac{\sum_{i=1}^{30}d_i}{30}=1(件)$$

日需求量的标准差为：

$$\sigma_d=\sqrt{\frac{\sum_{i=1}^{n}(d_i-\bar{d})^2}{n}}=\sqrt{\frac{\sum_{i=1}^{30}(d_i-1)^2}{30}}\approx 1.211$$

已知提前期为 3 天，因为每天都可以看作是独立的，故提前期的标准差为：

$$\sigma_L=\sqrt{\sigma_d^2\cdot L}=\sigma_d\sqrt{L}=1.211\times\sqrt{3}\approx 2.089$$

由于罗伯特・布朗总结出的期望值表建立在 $\sigma_L=1$ 的基础上，因此从表中得出的每个 $E(z)$ 值都应乘上 σ_L，即短缺期望值为 $E(z)\ \sigma_L$。该专卖店希望服务水平 P 保持 97% 的较高水平，即，短缺概率 × 月需求量 = 每次缺货量 × 月订购次数。

则有等式 $$(1-P)D=E(z)\sigma_L\times\frac{D}{Q_{opt}}$$

简化得：

$$E(z)=\frac{(1-P)\cdot Q_{opt}}{\sigma_L}\tag{3}$$

式中：$E(z)$——缺货量；

P——顾客服务水平。

将数据代入式(3)得，$E(z)=0.100$。

从期望值表中，用差值法可求得，当 $E(z)=0.100$ 时，$z=0.9$。

根据式(2)求出安全库存量为：

$$SS=z\cdot\sigma_L=0.9\times 2.098\approx 2(件)$$

所以，为了使服务水平达到 97%，该专卖店应保证 A 产品的安全库存为 2 件。

c. 订购点的确定

订购点确定时应考虑最低库存水平的保障。当零售店的服装库存降至订购点 R 时，需要立即向供货商发出订购请求，以保证在订货提前期 L 内，库存量不低于安全库存。考虑同上情况，当需求不确定，提前期固定时，可利用下式确定订购点：

$$R=\bar{d}\times L+SS\tag{4}$$

式中：R——订购点的库存量；

L——提前期；

SS——安全库存量；

$\bar{d}$——平均日需求量。

由前面的计算得知，$\bar{d}=1$，$L=3$，$SS=2$，代入式(4)得到：

$$R=1\cdot 3+2=5(\text{件})$$

计算表明：当A产品的库存降至5件时，应立即发出订购单，以保证专卖店的正常运作。

d. 库存周转率

服装企业的利润通常是由循环经济活动产生的：资金通过改变形态转成库存，通过销售再回笼资金，并产生利润。如果这种循环速度越快(周转快)，则在同额资金下的可得利润率就越高。因此周转速度的快慢是企业获利的一项重要指标，通常称之为库存周转率①，该指标能敏感地反应出企业的库存状态，体现企业经营效益和运作水平。

在此采用零售业常用的库存周转率基本公式②：

$$\text{月度库存周转率}=\frac{D}{\bar{I}} \tag{5}$$

式中：$\bar{I}$——平均库存水平；

D——月销售量。

由前面的计算可知：H品牌专卖店A产品的平均月销量为27件，根据下式可计算平均库存水平：

$$\bar{I}=\frac{Q_{opt}}{2}+SS \tag{6}$$

将$Q_{opt}=7$，$SS=2$代入式(6)，得到：

$$\bar{I}=\frac{7}{2}+2=5.5(\text{件})$$

将$\bar{I}$值代入式(5)，求得月库存周转率为4.9次，对照零售业库存周转率③ 6.3，可见该专卖店的库存管理状况有待进一步完善。

e. 库存维持成本

前文提到平均库存水平$\bar{I}=\frac{Q_{opt}}{2}+SS$，用平均库存量乘以单位产品的库存费用可得到平均库存维持成本：

$$C_h=\bar{I}\times\left(H+\frac{S}{D}\right) \tag{7}$$

式中：C_h——平均库存维持成本；

H——每件服装的月存储成本；

D——月需求量；

S——每次订购成本。

① 邓世祯.高效库存管理技法.广州：广东经济出版社，2002.

② 同①.

③ 同①.

已知，$\bar{I}=5.5$、$D=27$、$S=16.875$、$H=18.67$，

代入式(7)，则平均库存维持成本为：

$$C_h = 5.5\times\left(\frac{16.875}{27}+18.667\right)=106.106(\text{元})$$

即，专卖店每月用于维持 A 产品库存的费用约 106 元。

f. 库存总成本

企业经营者最关心的问题之一是总的库存成本：

月度库存总成本=月采购成本+月订购成本+月库存维持成本

即
$$C_t = DC+\frac{D}{Q_{opt}}\times S+\bar{I}\times H \tag{8}$$

式中：C_t——月度库存总成本；

D——月需求量；

C——单位产品成本；

S——每次订购成本；

H——每件服装的月存储成本；

Q_{opt}——经济订购批量；

$\bar{I}$——平均库存量。

根据店铺提供的数据，A 产品进货成本是零售单价的 50%，得 $C=84$，

利用前面已求出的数据 $D=27$、$Q_{opt}=7$、$S=16.875$、$H=18.67$、$\bar{I}=5.5$，代入式(8)，计算库存总成本为：

$$C_t = 27\times 84+\frac{27}{7}\times 16.875+5.5\times 18.67\approx 2\,435.78(\text{元})$$

由此可知，该专卖店每月用于 A 产品的库存总成本约为 2 435 元。

思 考 题

1. 营销渠道、实体分配、无店铺销售的定义。
2. 服装营销渠道长短的利弊分析。
3. 服装营销渠道的组织结构与分类。
4. 连锁经营的分类和特点。
5. 作为一家服装企业管理者将如何选择营销渠道，并说明理由。

15 零售策略

导　读

服装零售是服装产业链的终端、实现价值的最后一跃。通过零售，服装企业及上游厂商的所有经营活动才能真正实现市场价值。零售渠道是服装企业重要的经营资源，零售管理是决定品牌服装的成功关键和核心竞争力的重要体现。

服装零售是市场最直接的反映：服装企业和设计师只有通过零售才能把握消费和时尚流行趋势、市场脉搏、创作灵感以及商业机会；消费者只有通过零售才能购买到质价相符、称心如意的服装商品。

由于“衣”在生活中的重要性，服装在零售业中占有重要份额。在一般百货公司中，服装及相关饰品的销售额通常占到40%；近年来发展迅速的折扣店和大型综合超市的服装及相关饰品的比例也在逐年上升；大量的服装专卖店更是都市商业街中的主力，反映了城市的时尚风貌，成为消费者的购物乐园。

21世纪被称为零售时代：

· 市场消费决定了企业的发展，消费者的态度与信心反映了经济的起伏和服装业的冷暖；

· 零售组织的改变和巨型连锁集团的出现促进了服装业的结构调整；

· 新零售业态的出现使服装市场重新洗牌，也使服装企业和消费者有了多元选择；

· 零售新理念与技术如服装敏捷零售、互联网销售等，提高了服装企业的竞争力。

本章重点讨论服装零售业态的分类，服装零售的基本决策、策略与管理。

15.1 服装零售业态的分类与发展

零售是一种将产品或服务出售给最终顾客的商业活动。零售与批发相对应，一个商业机构只要它的零售活动超过总销售的50%就是零售企业(商店)。一般的服装商店都是典型的零售商店，顾客购买服装的目的是为了个人消费。零售业在发展过程中不断出现新的业态、新的经营思想和策略，以适应社会和经济环境的不断变化，应对竞争和满足顾客的需要。而服装零售业一直处在零售业变革和发展的最前沿，近几年来服装零售业的发展同样证明这一点，如快时尚、休闲装、环保装、奥特莱斯等。这与服装业在经济中的地位有关：与人民生活息息相关，与国民经济同步前进；也与服装业的特征有关：经济规模小而灵活，富有创造性和具有想象力。

服装市场的特征是周期短、快速变化和竞争激烈，由此迫使经营者加强对服装零售这一最后环节的管理；服装商品的广泛性、多样化、丰富的文化内涵，更要求零售经营者能面对不同目标顾客的价值内涵和文化层次，发展新的零售概念、引导潮流、推动商品流动。同时，零售业的进步既提高了消费者的生活质量，又促进了行业乃至社会的进步。

(1) 服装零售业态

自1852年巴黎出现第一家百货公司至今，零售业态已有巨大的发展。我国自1992年起容许国外零售业有条件进入，短短十余年间几乎走过了国外百余年的发展历程。

服装零售组织形式或零售业态(format)是依据零售方式(店铺或非店铺)、零售规模、商品种类、价格档次或聚集方式等变量元素不同组合的零售模式。

一般零售业态的分类：

a. 非店铺零售——自动售货机、邮购、网上定购或网上商店、电话或电视定购、直销等；

b. 店铺零售——便利店、大型综合超市、折扣店、专卖店、百货店、仓储式会员店商店、工厂直销店、奥特莱斯等。按集聚方式又有大型购物中心(销品茂、大卖场)等。

① 无店铺零售

a. 邮购——如美国的 The Swiss Colony、英国 littlewoodsdirect. com 等专业邮购公司以及某些服装品牌的邮购业务；

b. 网上商店或定购——随着互联网的普及，越来越多的服装品牌已开始应用电子商务。

影响服装无店铺零售的关键因素是计算机网络技术的发展以及相应的物流、信用和安全体系的完善；此外，对于服装商品来说，尺寸规格标准化程度、实物与照片的一致性、颜色、面料、质感以及试穿问题是服装无店铺零售的主要障碍。为克服此类问题，使企业进入更好运营状态，近年来，许多无店铺零售品牌也开设了实体零售网点。

安踏集团的发展战略

安踏集团的发展历程经历了四个阶段。

创业(1991年～1999年)

丁家父子三人在福建晋江从工厂起家，以生产管理为导向，进行生产制造批发，逐步实现规模化生产。安踏从50万元起家，近十年做了10个亿。

创品牌(2000 年～2012 年)

2001 年首家安踏体育用品专卖店在北京开业,安踏从单一运动鞋批发升级为综合体育用品公司。2003 年赞助中国排球联赛,乒乓球超级联赛等,开创 CCTV5＋体育明星代言营销模式,全面发力体育赛事营销,安踏品牌认知度快速形成,从 10 个亿做到将近 100 个亿。

零售转型(2013 年～2015 年)

2013 年安踏集团启动"品牌＋零售"模式,在国内体育用品行业发展放缓的环境下,加快自身变革,就整个集团实施大刀阔斧的改革,实施零售转型战略,即从原来的品牌批发模式转型升级为品牌零售模式。经过两年的实践,安踏探索出一套完整的、符合安踏发展的零售管理系统和零售文化系统。安踏零售转型初具成效,率先走出体育品牌行业低谷,得到业界同行的肯定和学习。2015 年安踏跨入"百亿时代",成为中国首家运动用品公司营业额超百亿元。

多品牌经营(2016 年至今)

2016 年正式提出多品牌发展战略,将迪桑特、斯潘迪品牌纳入集团品牌版图。2017 年收购可隆和小笑牛品牌。2018 年安踏市值破千亿港币,开启创业新十年。

现阶段安踏集团正着力推进 4.0"单聚焦、多品牌、全渠道"战略。

(1) 单聚焦专注运动鞋服领域

安踏为消费者提供"专业化、高值感、国际化"的体育产品,涵盖跑步、综训、篮球、足球、拳击等大众到专业的体育项目。安踏是中国体育用品品牌建设的先行者,同时也是中国体育用品销售专卖体系的实践者。安踏还非常注重运动科技创新研发,2005 年安踏斥资 3 000 多万元,率先在国内成立了第一间运动科学实验室,依据运动员的身体数据进行运动科技和功能设计的开发。2009 年 12 月,安踏运动科学实验室被国家发展和改革委员会认定为"国家级企业技术中心"。

(2) 多品牌组合满足不同细分市场需求

2007 年 6 月安踏在中国香港上市后,募集资金中有近 7 亿港元计划用于扩大国际品牌零售业务。至 2008 年 4 月 30 日,已动用约 8120 万港元。公司拟将余额 6.14 亿港元用于收购新的国内或国际品牌,扩大产品线。2009 年安踏成功收购 FILA 斐乐品牌在大中华地区的业务,意在进入高端运动市场领域;2016 年将 DESCENT 迪桑特、Sprandi 斯潘迪品牌纳入集团品牌版图;2017 年收购可隆和小笑牛品牌。安踏集团想通过构建多品牌版图进一步扩大自己的市场占额,接触不同层次的消费者,满足更多市场需求。

(3) 全渠道零售关注消费者体验

安踏集团通过实施线上、线下、奥莱三方全渠道零售来充分关注消费者的实时体验。集团电商收入占安踏集团总收入 20%,成为集团业务增长重要助力。

(资料来源:课题研究内容,参考企业官网和行业调研相关信息总结)

② 服装店

销售各类服装的店铺，过去主要采取前店后厂的经营方式，现在逐渐被服装品牌连锁专卖店取代。

③ 专卖店

专卖店通常指专售某类商品、产品线窄而深、专业服务水平及价格较高的零售店。服装专卖店指专售某一企业品牌或某一设计师（或公司）品牌的服饰商品，产品系列完整、服务完善、价格较高、单店规模较小的商店，如LV专卖店、CK专卖店等。服装专卖店一般连锁经营、采用统一店招、统一POP广告与布置、统一管理规范和营销策略。专卖店一般聚集在重要商业街和大型购物中心。

近年来，国内也开始营建大型服装旗舰专卖店，如雅戈尔在上海南京路2 000平方米的服装旗舰店。

④ 百货公司

百货公司具备宽且深的产品线，有多个产品大类（如女装部、家电部、化妆品部等）。服装是百货公司的主要产品大类，占零售额的40%左右。百货店有不同档次，如美国的Bluemigdanis、法国的巴黎春天、北京的赛特、上海的东方商厦等属于高档百货店，质量、服务水平好，但价格较高；美国的西尔斯属于中档百货店；上海一百属于大众百货店。

百货公司相对服装专卖店产品种类齐全，品牌多，可选购商品丰富，一般位于商业街、商业区或大型购物中心。

⑤ 折扣商店

折扣商店与百货公司相比，价格低廉，产品线宽但不深，较少服务项目，一般位于城乡结合部或购物中心。自20世纪80年代以来，顺应消费者求廉和经济型消费倾向，折扣店发展迅速。

⑥ 大型综合超市

这是一种发展最快的新零售业态，与普通超市相比，除了食品与一般日用品，大型综合超市甚至销售比折扣商店价格更便宜的服装、家用电器、家居家饰产品等。满足一站式购物的需求，同时货架式的简易陈列和自助服务，使运营成本和相应价格大大降低。与折扣商店一样，大型综合超市一般位于城乡结合部或购物中心。

沃尔玛——天天低价

沃尔玛（Wal-Mart）已成为世界最大的零售商，2002年销售额超过2 500亿美元。2014年尽管经济环境艰难，但沃尔玛全球销售额仍达5 727.54亿美元。

服装及相关产品是沃尔玛的最大宗商品。由于沃尔玛订单巨大，周转较快，因此常常左右着服装供应商营运方向。甚至像Levi's也拉下架子，进入沃尔玛。我国许多服装加工企业是沃尔玛的供应商。

沃尔玛让利于消费者的天天低价和敏捷零售系统是其核心竞争优势。

⑦ 厂商直销店

又称奥特莱斯，是服装企业直接供货经营的商店。由于减少了中间流通环节，产品有特色，通常价格比百货店、专卖店低，品牌专一，往往能吸引旅游者，成为观光者购物的好去处。

服装直销店应该注意防止与其他渠道(如专卖店、百货店)同一品牌的冲突。

⑧ 会员制仓储式商店

通常销售中低档商品,产品线组合较广,从食品、服饰、日用品、电器电子商品、家居饰品到装潢工具材料均有。经营模式:低价、自助、跑量、货栈式布局、一站式购物及会员制,如麦德龙(Metro)。零售策略:高商品周转率,信息化物流配送,低成本运营。为了保证有充足的停车泊位和巨大的商场面积,一般设置于城郊结合部。

上海奥特莱斯品牌直销广场

2006 年 4 月开业,当年实现服装主营业务收入 3.02 亿元,销售总额突破 4 亿元,实现当年开业当年赢利的佳绩;2007 年,奥特莱斯累计实现销售总额 9.18 亿元,达到了销售翻番的目标;2008 年再创佳绩,实现销售总额 11.3 亿元,继续保持大幅增长;2009 年 1～3 月,奥特莱斯实现销售 3.23 亿元,逆势上扬,同比增幅达 21.14%。据统计,2007 年奥特莱斯人均创利 60 万元,2008 年人均创利达 95 万元,人均创利名列上海商业零售企业的前位。

(来源:http://www.sina.com.cn 新浪财经)

⑨ 购物中心

相对于传统商业街,购物中心是一种新的零售组织聚集形式,并不是独立的零售业态。购物中心往往聚集着多种零售业态,同时提供其他零售服务,如购物、餐饮、休闲、娱乐、金融服务等。社区购物中心规模较小,一般以折扣店或综合超市为核心进行零售集聚。

特色购物中心类似上海的豫园商场,颇受观光者青睐。而大型购物中心(shopping mall,销品茂)则以其规模大、设施齐全、商品与服务种类丰富,集购物、娱乐、休闲一体为主要特征。通常以一家或数家中高档百货公司为中心,而服饰与时尚产品是购物中心的核心商品。

北京、上海、广东等大城市,随着商品经济的发展,不仅小型购物中心顺势而起,商场面积达二三十万平方米的巨型购物中心也已有多家。

上海港汇广场——引领我国 Shopping Mall 时代

上海港汇广场是中国大陆最早和最著名的 Shopping Mall 之一,同时也是上海地产、商业领域最耀眼的明星之一,并在 2006 年被评为“中国最佳购物中心”。

早在 1999 年 Shopping Mall 还是一个非常新鲜的名词,带着诸多期盼和猜测的“港汇广场”购物中心正式撩开面纱,作为国内首个真正意义上的 Shopping Mall 奉献给顾客一种全新的购物体验:宽敞、整洁、明亮的购物空间,井然有序的各专卖店及融入购物、休闲、娱乐、餐饮于一体的一站式服务理念。13 万平方米的购物空间作为当时全亚洲最大的购物中心充分体现了硬件设施的优势。

如今,在经过 20 余年快速发展后,闻名全国的港汇广场依然保持着上海徐家汇商圈无冕之王的霸主地位。

(来源:http://news.sh.soufun.com)

⑩ 服装商贸市场和零售集市

大型商贸服装集市有无锡纺织服装交易中心、杭州四季青服装城、上海七浦路服装商贸市场等。集市主要是个体摊位，服装价格低廉，但品质和售后服务难以保证。

杭州四季青服装商贸城

杭州四季青服装市场是中国最具影响力的服装一级批发与流通市场之一，创办于1989年10月，位于浙江省杭州市清泰立交桥东埫杭海路31～59号。根据杭州日报2006年5月数据，该市场经营户1万户，营业面积30万平方米，从业人员3万余人，年成交额100亿元以上，销售网络覆盖全国各地，是中国最大的服装集散地之一①。商贸城内汇集了10余家独立经营、经营思路各不相同的专业服装商城（见图15-1）。其中包括四季青服装市场、杭派服饰城、意法服饰批发市场、四季青儿童服装市场及2007年设立的中洲童装市场等。

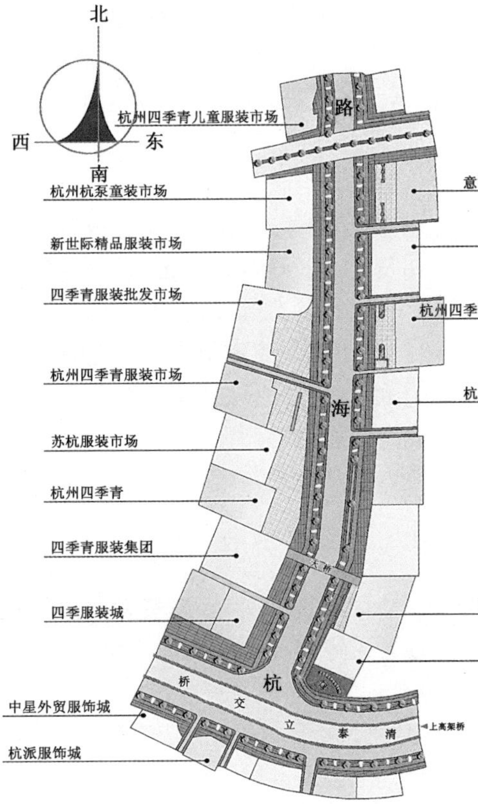

图15-1 四季青服装商场分布图

① 慧聪网摘自杭州日报. http://info.fushi.hc360.com/2006/05/30094632052.shtml,2006-05-30.

通过市场调研发现：

① 杭州四季青服装市场配有物流中心、大型电子屏幕信息发布中心、银行等，商务配套设施齐全，但调研中也发现附近的配套餐饮较少，且服务质量、卫生状况尚不理想；

② 市场以经营女装为主，但也包括男装、童装、鞋类等，品种齐全；

③ 市场内的大多数企业对物业管理、租金价格、安全设施等表示满意；

④ 市场拥有自己的网站，可方便顾客进行网上交易。

(2) 服装零售业态和商店的选择

对服装品牌或企业而言，零售业态的选择应考虑以下因素：

a. 零售业态是否与服装品牌的目标市场与定位相一致。如路易·威登品牌服装显然不会选择折扣店、大卖场。

b. 零售渠道的网络覆盖范围。大众服饰商品应选择有一定覆盖面的网络渠道，如连锁专卖店、连锁百货公司或大卖场等；而高档品牌产品往往选择时尚中心城市的高档百货公司或购物中心布点销售。

c. 零售渠道过程的可控性。对于大多数服装品牌，特别是中高档服装品牌，必须严密规划价格定位、品牌形象推广、商品陈列、服务规范和标准等分销策略。品牌服装如随意调价会损害品牌形象，破坏企业声誉，因此一般选择专卖柜和专卖店分销形式。

d. 零售业态的经济性和效益。不同零售业态的日常运营成本，各种费用、商品销售量和库存周转率有很大差异。大型超市销量大、周转快，零售价格低，有的渠道控制方除了销售扣率外，还要求各种附加费用如进场费、促销活动费等；自营专卖店易于控制，服务水平高，但初期投入相应较大；加盟连锁专卖则可以利用加盟商资源扩大销售网络。

e. 零售商管理水平及能力。商店的前台管理，如导购、售货、商品陈列布置整理、POS 机配置等影响消费者的满意度及服饰品牌声誉，进而直接影响销售量；后台管理如仓储、配送、货款清算、金融信用以及相应的信息平台，影响商品与市场的快速反应、销售控制，最终也将影响零售商的经济效益。

(3) 服装零售的新发展

从 20 世纪末开始，世界社会经济格局出现大变动，消费者的价值观和服饰消费观的变化以及以互联网技术为基础的新经济使服装零售业也经历了大变革。

① 零售业态的多样化

20 世纪 80 年代，以第三次消费浪潮为特征，服饰消费表现出多样化，越来越细的市场划分使连锁专卖店大行其道；20 世纪 90 年代，受世界经济不景气和国际社会动荡影响，更多的人崇尚实惠实用，高级女装顾客锐减，百货店面临冲击而折扣店和大型综合超市爆炸式发展。以美国“GAP”、日本“UNIQLO”、西班牙“ZARA”为代表的平价超市式服装连锁零售店迅速崛起，进而有些零售业巨头提出服饰超市或服饰大卖场的概念。21 世纪初大卖场和奥特莱斯服装发展迅速，各品类休闲服畅销。

② 服装敏捷零售

面对小批量、多品种、短周期、变化快的服装销售趋势，处于产业链终端的服装零售与产业链上游的服装、面料、纤维制造商日益紧密合作，以互信为基础，以信息共享、利益共享为指导思想，构筑了敏捷服装零售的供应链管理系统，提高对市场的快速反应能力。如共同进行商品策划，采用标准 EDI 的订单系统、及时供货(JIT)、事前出货明细单、包装、物流控制、大规模定制等零售策略。

③ 以数字化为技术支撑的零售管理信息化

以标准条形码和二维码为基础的 POS 系统、库存与配送系统、市场分析与预测系统、标准 EDI 信息中心等信息技术开始在服装零售业推广应用，提高了管理效率，降低了商务成本。在服装零售中，沃尔玛、J. C. Penny、ZARA、GAP、优衣库等零售企业是这类技术的倡导者和得益者。

④ 买卖关系的微妙变化

由于国内服装市场已从卖方市场转为买方市场，服装市场消费者的成熟与零售商的巨型化，使服装零售商处于更强的地位，服装供应商与零售商关系处于微妙变动之中。但在服装渠道价值链中，无论如何，任何一方试图只考虑自己的利益是行不通的，服装市场的振兴需要供应商和零售商的伙伴合作。

15.2 服装零售决策

(1) 店址决策

零售店的最基本决策是选址，因为选址一旦确定很难更改；选址决定了商品经营成本、销售额及利润；选址也影响商店和服装品牌的形象与定位。

选址决策分为三个层次：

① 区域位置

首先要选择在哪个地区、哪个城市。不同的城市或地区，消费群体的类型、收入、购买力、服饰观、消费倾向与偏好等大相径庭，各地的市场环境也不尽相同。

② 商圈位置

商圈即能够吸引消费者的分布范围。如前所述，服装零售店通常与其他零售商店铺聚集在一起。因此，商圈通常也指整个商业区吸引消费者的范围。商圈分为核心商圈(primary trade zone，60%～65%销售额)，次级商圈(secondary trade zone，约 20%销售额)，三级商圈(tertiary trade zone)。服装是选购品，因此服装零售店集聚可形成时尚氛围，便于顾客比较、搭配、选购，吸引更多的顾客。如上海徐家汇集多家百货店和众多服装专卖店，北京的赛特购物中心等具有很强的磁性吸引力。

③ 店位

确定商圈位置后，还需确定店铺位置。这与商店位置所处的交通、人流、周围店铺类型及租金成本有关。在合适的成本基础上当然要选择好“市口”。但这是相对的，人流繁杂的位置对大众服装是合适的，但对高档名牌服装就不一定妥当。店位的选择还要考虑周边的市场环境，如竞争者状态、配套设施等。

(2) 产品线和服装组合决策

即销售服装商品品种的配置、产品层次结构、服务水准与种类。虽然服装零售以服饰产品为主，但存储保管单元(SKU)非常多，以衬衫为例，可分为长袖、短袖、休闲衬衫、套装衬衫、方领、尖领、扣领、伦敦领、领针领、八字领，还有棉、毛、丝、麻、混纺等不同面料、不同颜色以及领与袖不同规格的不同组合。当然更多的服装品牌店需要从衬衫到外套、大衣、皮具、饰件等进行系列组合。这些货品又随季节与流行不断动态变化，给服装零售管理带来较大难度，容易造成缺货或剩货损失。

因此零售产品线首先要针对明确的目标群选定相应的产品与服务，相应的产品线大类与细目；其次，根据流行趋势和市场销售形势补货。一家服装零售店不宜全部销售最流行的款式与颜色。通常 15%～30%为最新流行服装，大部分为畅销或经典服装。此外，应根据以往的销售以及对今后预测选择相应的产品构成；采用快速反应系统是解决市场预测偏差的有效手段；有目的地使款式与尺寸规格简化或更有宽容度，也是解决产品线组合的有效方法。

(3) 价格策略

服装的零售价格反映了服装的最终市场价值。因此对消费者而言，价格不仅是货币的付出，并期望自我价值的体现。

服装的价格策略包含两个层次：

① 服装品牌商必须决定基本价格战略框架。例如：沃尔玛的基本战略是面对大众消费者，实行低价高周转的策略，这项基本方针决定了“天天低价”的价格战术，大批量采购降低了订货与进货成本，整合物流与配送系统降低运营成本，由此构成核心竞争力。而某些高级成衣品牌则走高价路线，从产品线、卖场布置到服务品位高，通常较少降价。

② 服装零售商应根据市场需求和竞争状况，决定服装的零售价格及其调整策略。与生产制造企业的定价策略不同的是服装零售定价更侧重于消费者的期望价值，而不是成本导向；更注重服饰系列的价格，而不是单件价格；更用心于随季节的更迭和时尚变化进行价格调整，防止剩货引起的收益损失；更重视服装价值的内涵。

服装零售的定价策略有：

a. 服装系列价格——由于消费者在购买服装时带着某种倾向(如购买高档西服)，因此服装店比较合理的做法是对于同一类的服装，有的可以获取较高的利润，有的定位平均利润，有的仅仅覆盖成本。

b. 配套系列价格——一组配套系列的服饰价格，如西装、领带、衬衫和其它饰品的定价应合理相称。

c. 降价的控制——服装降价的原因一般有：季节替换，资金与库存压力，促销。在多数情况下，降价是一种损失，因此应该通过适时供货和敏捷零售减少剩货、库存以降低损失。服装的降价易造成消费者不健康的期望或影响品牌定位。因此降价策略和程序要慎重考虑，如名牌服装一般不在专卖店中大幅度降价，而是通过其他渠道，如奥特莱斯的反季销售等。

15.3　服装零售的氛围与目标市场

近几年来，国内服装零售方式快速发展，服装零售店日益注重创造良好的购物环境与气氛，呈现了社会经济发展的水平，同时也促进了服装零售行业乃至整个服装业的发展。但另一方面，仍有一些商店销售环境设计缺乏理论指导，一味追求奢华的装潢，故弄玄虚的布置和嘈杂的音响，显得既无决策逻辑、缺乏章法，又无特色、单调趋同。

零售业策划者必须时刻重视消费者在店铺购买时的感受，通过零售氛围设计和策划，营造良好的购物环境。

服装零售的氛围由陈列商品、店内服务人员、装潢、背景、气味、道具布置等要素构成，是一种综合、动态的购物环境，通过消费者感官的感知，直接或间接影响到消费者购买决策的全过程。良好的购物氛围，将有效地激发消费者潜在的需要和欲望，增强购买动机，帮助他(她)收集信息和比较，促使其加快购买决策和增加购后的满足感。由于零售点的氛围直接影响的对象是消费者，氛围设计最终目的是消费者的购买和需要满足，因此氛围的考虑同其他零售决策(如产品线配置、服务水平、定价、促销组合等)一样，均取决于目标市场。

(1) 服务人员数量与形象

零售店服务员表现是购物点最生动的环境因素之一。通常，服装作为一种需要经过人际交流才能完成交易的商品，须特别注重服务人员的数量及本身素质特征。

传统柜台零售方式，特别是商品短缺时期，购买者一般关心的是即时得到服务，因此零售店在决定服务人员数量时主要考虑较低的工资成本和不使顾客久候等原则。

随着服装时装化，档次多元化，服务对象细分化，顾客对服务水准和服务人员的要求也日益提高。

服务人员相对于顾客密度大，一般能够提供优良迅速的服务，服务项目也多，在服务过程中双方会显得比较从容。因此密度大有优质服务的气氛，有助于提高单位面积的销售额。但密度大，工资成本高，也可能给顾客心理上造成紧张感、窘迫感或被监视感。特别是当一些售货员不分对象强行推销商品，这种负面作用更为明显。高档服装店为了提高服务质量，但又为了避免上述弊病，可采取一些措施，如要求服务员适时服务：仅当顾客要求服务，或有此表示或倾向时才出现并提供服务，从而使顾客感到服务人员具有亲切感，购物气氛比较宽容，服务质量与水平品位高。还有一类服装专卖店诸如 H&M、ZARA 和 C&A，并没有过多的服务和促销人员，给顾客更大的自主选择空间，在现代服装营销中反而能得到顾客更好的反响。

服务人员形象和所具备的素质对氛围的影响更深刻。服装零售店的人员素质包括年龄、体形、外貌等外观条件和知识、气质、文化修养、职业道德等内在素质。服装零售店服务人员的素质应与目标市场相一致。年轻女性时装店要求售货员年龄与目标顾客相当，高档女装店要求售货员面貌端庄、着装与店内销售陈列的时装和质量档次一致。售货员恰当的化妆与和谐的配饰，常常能起到模特的作用，加上优雅的气质，对服饰知识的深刻理解以及和蔼诚意的谈吐，能使消费者产生信任感，便于情感沟通，起到生动形象的现场指导作用。理想的售货员不仅应具有穿着服饰美(款式、色彩配置)的知识、服装保养的知识，还应懂得消费心理学。对商品实事求是的评价可能会损失眼前一笔生意，但却能使顾客本人和周围的顾客受到感染，而使实际销售量增加。服务人员还应能分清购买者、潜在购买者和一般观光客的区别。但对一般观光客的不耐烦或呵责，常常会使人厌恶、反感。这样做不仅赶走了潜在的购买者，而且常常会吓跑实际的购买者。服务员的着装不能过分，浓装艳服会喧宾夺主——太光彩照人的售货员，可能会令顾客自惭形秽，失去购物时的自信心，令店内的气氛失去真实感。从这种意义上来说，售货员的内在气质要比外在气质更重要，更易为顾客接纳。不同的服装店，对售货员的素质要求不一样，销售中老年服装时，年龄稍大的售货员可以使双方的隔阂减少；在一些特色老字号服装店的定制部门，老年服务员更能使人感到可靠、可信，他们对面料的知识，对算料的精确以及对顾客的态度，突出了老字号的品位，使顾客倍感亲切可信。

(2) 服装商品陈列的质量档次、品位及定位

商品本身不仅是商店销售的对象,而且陈列商品的构成、质量、档次也是营造商店氛围的重要因素。

销售商品的特色。首先应体现商店目标市场的特色;其次是与其它具有相同目标市场商店的商品相比,应具有个性。服饰的变化是一种个人力量无法抗拒的潮流,店铺的商品首先得符合潮流,但不是盲目的随波逐流。一些服装店见什么商品好销就引进什么,看起来商品琳琅满目,实则是大杂烩,杂乱而庸俗,使顾客感到乏味。事实上,在服装无限品类中,任何一家商店都不可能成为唯一的领导潮流者,也不能在各种档次的服装销售中都能独领风骚,它只能在某些目标市场、某一商品中领先,销售某一档次范围内的商品。陈列商品若能体现品牌的个性或特色,便能吸引顾客(包括非目标市场的顾客)。零售服装产品的选择应有领衔产品与陪衬产品区分,有时陪衬产品或领衔产品销售可能并不一定好,但它可能促进另一大类产品的销售。几件独特设计的时装可能没人买,但却能给人以新意,激起人们兴趣或购买欲,提高人们对商店的信任感和购物者的满足,这就是陈列商品本身构成的氛围起到的综合效果。同时要注意,陈列展示商品应该是店中有售的服装商品。

店铺经营不仅要注意发挥服装设计师在创造服饰新产品方面的作用,而且还要重视创造另外一种价值——消费者的需求满足、商店氛围方面的作用。

服装的构成还包括服装商标、品牌、包装等。高档服装店的著名品牌——精心设计和精湛的做工配以优质的店铺氛围和服务,突出了高档、正宗的形象;相反,如果服装店出售的是杂牌服装,或者品牌理念不清晰,会给人一种廉价感觉。

同样的,服装商品应具有统一完美的、配套成系列的标识,包括认证标识、使用标识、销售标识、吊牌或产品说明等,这是高档名牌服装店不能缺少的经营要素。

一般的时装店应该备有方便顾客盛放服装的购物袋;采用开架销售的时装店,衣服应采用适当方式悬挂并有相应防尘防污损的管理措施。这不仅为顾客提供了方便,而且对保护商品、商店与品牌的宣传和气氛的渲染也能起到积极的效果。

需要强调的是:服装店不必处处"精品"或名牌,大众服装即使在发达国家也有广阔的市场,关键是目标市场定位明确。"无印良品"以无品牌特许专卖氛围营造价廉物美形象,吸引大众顾客,满足顾客求廉心理,并取得令人瞩目的业绩。

(3) 背景声(背景和音乐)

广义的背景声不仅仅是商店内播放的音乐,还应包括顾客所能觉察到的构成购物气氛的声响。背景声影响人们购物的情绪与行为。例如,在空寂无声的商店里购物,不仅给人一种萧条的感觉,容易导致消费者购物欲下降,甚至有孤独或紧张的心理感受;另一个极端是在已够嘈杂的商店里高分贝地播放摇滚乐,虽热闹,但往往只能引起冲动型购物消费者的关注。在实际经营活动中,不少时装店虽能利用背景声辅助销售,但从目标消费者立场理性地考虑,并进行这方面的策划、设计与应用还不够。

背景声主要从以下三个方面影响服装消费者的购物情绪与行为:

① 影响消费者和商店品牌的定位

在一个环境优雅的商店里,播放格调高雅的音乐,往往使人与高品位服装相联系;而熙熙攘攘的人流,再加流行音乐,往往与大众服装相一致;嘈杂纷乱的叫卖声,只能与廉价产品相配;节奏轻快活泼的音乐与休闲服的形象协调。

一个设在闹市的高档时装店，不一定生意好。嘈杂的氛围，普通观光客，可能破坏商店形象，吸引不了真正的顾客，因此这时要采取闹中取静的措施。

② 影响消费者购物情绪

热闹的场面使人兴奋，容易激起购物冲动，但也可能使人感到烦躁、疲劳，这种情况常常发生在售货员身上，因而间接地影响到顾客。轻快活泼的流行音乐，使人心情愉快，舒缓优雅的古典音乐则有一种恬静、和谐的感受；大商场中女播音员甜美的导购说明以及寻人启示，不仅造成一种强烈的购物气氛，同时，也给顾客一种宾至如归的感觉。

③ 影响消费者购物行为与节奏

人们有一种适应环境趋向的本能，会自觉或不自觉地根据环境运动的节奏修正自己的行为方式。听着典雅的音乐，会变得举止文雅；快节奏的音乐，会驱动顾客加快浏览步伐和购物节奏；优美动听的歌声，能使人流连忘返。

因此在节假日顾客过多的情况下，背景音乐的节奏应适当快些。而商店生意较冷清时，可有意播放优美而舒缓的音乐，让顾客从容购物、浏览，“留”住潜在顾客，改变冷清局面。

(4) 照明

服装零售店的照明同样展示服装品牌的性格和内涵，影响消费者的心理与行为。

a. 照度——一般商店的平均照度与零售店内的服装平均价格成反比(在一定范围内)。廉价商店平均照度反而高。

b. 光色——户外运动服或休闲服通常采用日光型灯源，照度也高，而礼服或室内商务装则常用白炽灯。同时要注意色光对服装色彩的“歪曲”。

c. 灯具与照明方式——照明灯光的投射也能起到区隔展示空间的作用，加强服装特色的展示。如，布鲁克兄弟、马莎等品牌会采用经典的灯具，而三宅一生则会使用前卫的灯具。灯光能突显服装的质感、廓线和着装效果。

(5) 商场内的气味类型与强度

药房中的酒精与来苏儿的气味，会给人一种洁净卫生的气氛，给病人一种心理依赖。水果店的香味可证明商品的新鲜，引起顾客的食欲与购买欲。

服装商场与药房或食品店不一样，一般不需要过多的气味渲染。有时一些气味会污染环境，比如皮革服装浓烈的鞣硝气味，化纤服装或染色服装后整理不当会产生甲醛异味，对人体有害。

保持店内洁净的空气，减少异味，这是服装零售的基本要求。妇女服装部有一点淡雅的香味，能增添妇女温柔的自我感觉，荷尔蒙型的香味，增强了爱欲与激情。高档时装店还可用清新可人的花草植物装点，以加强返朴归真的情调。

一家公司的研究部门做了一个实验，把服装产品陈列在两间展示厅，其中一间喷洒淡雅型香味，另一间则没有，结果有 84％的顾客认为有香味的展厅商品更有吸引力。

气味不仅影响顾客对商品的形象感知，而且也影响人们的购物情绪与心理。茉莉香能使人兴奋；薰衣香能使大脑平静；檀香、薄荷使人消除疲劳；竺葵、柠檬使人精神振奋。

(6) 商品布置与陈列方式

商品陈列有震撼的视觉效果，因此商品的摆设和陈列成了宣传的工具和争取顾客的手段。

服装的陈列不仅需要清楚地标明商店出售的是什么服装，而且要最大限度地展现服装本身的美感，在整体布局上抓住顾客的眼球，强化商品在顾客心目中的形象，使商品成为美化购物环境的一部分。这是一种创造活动：首先是创意，即布置陈列体现什么特色，给顾客传递什么信息，达到什么效果；然后是具体的策划设计，以独特的造型、和谐的色彩和流畅的线条体现品牌理念；最后是布置。

服装的布置方法按开放程度可分为柜台陈列式和开架式；若按排列方式可分为条形直列式和自由分列式。

我国服装零售长期来惯用柜台陈列方式。但随着服装的多样化、时装化、个性化，消费者的穿着修养及素质水平的提高，这类单调、机械的布置，与现代化服装的发展不协调。所以目前除了一些昂贵的饰品和高档易污的服装外，柜台的销售已逐渐被淘汰。越来越多的服装销售采用开架布局。

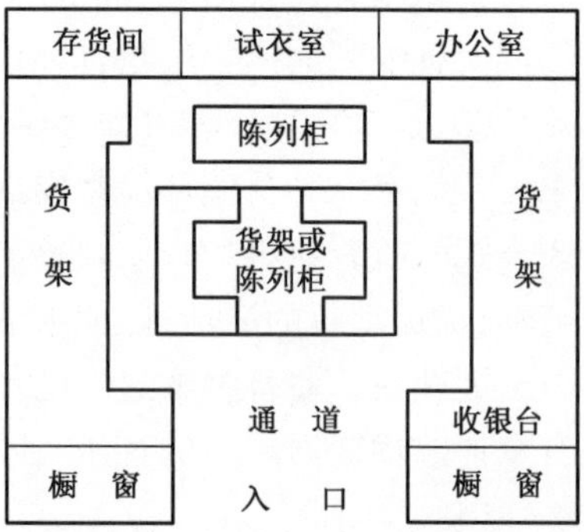

图 15-2 服装店的环形布置

开架式分为环形、条形直列式、自由分列式、岛式展示以及它们的组合变形。环形布置可以充分利用销售空间，使顾客沿同一方向行走看到较多的商品。这种布置通常在靠墙的外环设立货架，中间采用货架或陈列柜。缺点是顾客行走的路线没有选择的余地，多走冤枉路会影响部分顾客的兴趣。

图 15-2 所示为服装店铺的环形布置。

服装的条形直列式布置一般按不同的服装品种分类成条形排列，这种格局的优点是占地面积小，便于组织和管理，也容易观察和清洁。对于顾客来说，便于寻找购物目标。但缺点是条形直列常常给顾客一种不由自主向前驱动的压迫感，这种心理压抑了顾客逆向或重复浏览的兴致。同时这种布置过于一目了然，缺乏新意。所以，这种方式一般适用于中低档大众服装。

中高档的服装店宜采用开架的自由分列式和岛式陈列，因为这种格局可以充分发挥服装设计者在商品布置时的灵感，表达艺术情调，并与商品的形象，即目标顾客心目中的定位相一致，与流行趋势和时尚相符。它给顾客较充分的浏览余地及回味空间，有曲径通幽的雅趣，激发人们潜在的购买欲望，顾客购物时也较从容。

自由分列式占用面积较大，布置不当容易使顾客产生迷惑，找不到所需商品，管理组织较困难，布置设计需要较高的水平。

(7) 服装陈列设施与展示技巧

服装是时尚产品，"变化是永恒的"。零售店中的服饰陈列要给人持续的新鲜、惊奇、兴趣和流行感觉。不仅包括季节替换的变化，店堂陈列也应表达节奏、韵律、色彩起伏与动感。

服装展示的货架有龙门架、环形、十字架、隔屉、玻璃柜等。龙门架是一般品牌服装的陈列方式；环形架可以有较高的陈列密度，但很难看到服装的全面；十字架则至少有四面可示服装正面，且可各方向进行色彩组合；而隔屉与玻璃柜可陈列衬衫、小件服饰配件，如领带、丝巾、领带夹及小饰品等。

服装陈列方法有叠放(牛仔裤、衬衫)、堆放(处理，削价品)、悬挂(套装、裙子)、模特架(套装及饰件)、板式衣架(展示款型)及折叠(领带)等。

主要展示方式：

a. 主题展示。用商品或相关道具组合表现一种主题或情景和戏剧效果。如展示泳装商店季节主题，蓝调、沙滩、棕榈树、泳装、遮阳伞，渲染海滩度假情景。

b. 色彩展示。色彩是服装的第一视觉要素，同样是消费者进入商店时的第一感受。除了关注一个季节中色彩的重点和整体色彩协调外，还应注重服装陈列时的色彩构成、节奏、韵律。

c. 款式/产品展示。突显陈列服装的款式或品类。如内衣、衬衫、外套分类分款或集中展示。这是一种常见展示方式。Levi′s采用最多的是款式陈列。

d. 价格/规格展示。前者适合于跑量或对价格敏感的顾客群，在一些折扣店与大型超市中常见；规格展示便于顾客寻购，通常适用于购买目的非常明确的顾客群，如童装常按年龄展示，一些西装店也采用此种方式陈列。

e. 配套展示。中高档时装或新品常采用配套展示。如男装商务休闲系列，将休闲西装、衬衫、皮具、鞋、伞及其他配饰件配套展示，营造实际穿着效果，引导着装体验。

f. 纵向展示。消费者的导购视线习惯于从左到右，从上向下的扫视。因此可将产品（如套头衫）按此规律排列。

g. 叠堆法。成堆的商品堆在一起，显示跑量或低价优势。休闲生活装或低价商品常采用此法。

(8) 店面与购物点设施

橱窗门面是服装零售店的脸面，名牌特色服装应有鲜明的季节主题和简洁醒目的招牌设计。橱窗布置能直观地反映服装品牌理念，季节、潮流或所售商品特色。店面及设施的展示应遵守AIDA原则，即首先要吸引人的注意（Attraction），其次要引起人们兴趣，并能激发人们的欲望，最后希望能导致购买行动。简洁、明快、直接和一目了然是服装店铺橱窗设计的要点，它区别于银行的稳固、牢靠、安全和餐厅的洁净、卫生、含蓄、朦胧等。大面积的落地橱窗及店堂溶于一体的布置方式，能起到宣传广告促销作用，亦节约了销售面积，是服装专卖店常用的“橱窗”布置方式。

购物点设施大多是功能性的，目的是改善购物环境，增强现代生活气氛，如空调、自动扶梯、卫生设施等。商店内人性化的设施，如紧急出口及安全警示、无障碍通道和设施、防滑告示等，不仅给消费者便利，更能体现商店人文关怀的理念。

a. 试衣间

试衣间是服装店的必要设施。有了这一“安全”场所可以使顾客充分、真切地看到实际着装效果，增强购物信心，减少购物风险。因为毫无遮掩的试衣对有些服装是不可能的，如内衣。有的试衣虽不至于“曝光”，但是当众试衣的不雅行为，往往使其他购买者不能忍受，最终减少销售量。

b. 试衣镜

试衣镜十分必要。一家商店若设置大面积镜子，不仅作为试衣镜，同时也增加了视觉空间，使窄小的店堂陡增一点宽阔气氛。

c. 收银设施

电脑收银机不仅对商店的决策管理有益，而且给顾客可靠可信的感觉；信用卡手机付款方式对许多商店与顾客来说已不再是陌生事物，不仅方便也足以显示出商店的档次和诚信。

d. 出入口与通道

商店的出入口与通道的安排，要注意客流的方向，以保证顾客流动顺畅和顾客购物便利为出发点。自动扶梯对大商店是必要的设施，能引导客流，增加有效销售面积。同时要注意防火防灾安全通道的设置。

e. 休息区

休息区一般有椅子或沙发、桌子或茶几、杂志、产品宣传册以及其它装饰品等。人性化设计的休息区可以提升店铺档次和服装品位，拉近消费者与品牌之间的距离，延长消费者滞留时间，增加购买概率。

f. 装潢材料

应重视装潢设计材料的选择，体现经营者的匠心与艺术修养。光洁深沉的金属物件配以抽象的设计代表着现代；磨光的大理石与花岗岩体现出凝重豪华；本色的天然纹理则给人以朴实素雅的感觉；塑料贴面加以亮闪闪的饰片，使人想起跳迪斯科的表演服。

g. 色、光、影的协调

服装在相当程度上也是一种体现色、光、影的艺术。服装的流行色、质地手感、悬垂性等都能通过色、光、影表达。服装店与酒吧不同，后者常常用暗淡朦胧体现温馨并构成空间分隔，用暖而饱和的色光渲染出食物的丰盛与香味，激起顾客食欲。而前者必须体现时装真面目，即原色原调。在不影响服装本色的条件下，根据季节、商品类型和目标市场选择适当的背景色。暖色调散发着一股温柔，适用于女套装及男正装；强烈的色彩或色调对比渲染出热烈活泼和不稳定性，与运动装与青少年休闲装相称；而模拟自然环境常常被用以突出时装的季节性，如冰天雪地中的羽绒服；蔚蓝色或沙滩色衬托下的泳衣与夏装等。

商店的门面是零售店的“服装”，造型、色彩、选料等均要创新与协调，体现商店的气质与神韵。

思 考 题

1. 试述服装主要零售业态和特征。
2. 考察大型购物中心，描述其中服饰零售商的位置和布局。
3. 服装供应商选择零售商的影响因素。
4. 消费者选择服装零售商的影响因素。
5. 选址决策对服装零售的重要性。
6. 考察服装专卖店，分析与评价店铺的卖场布置、陈列、氛围及展示特色。

16 服装业的未来

导　读

21世纪，我国服装业参与全球竞争的重点是提高纺织服装的高科技含量和高附加值。服装业追求的目标应“以人为本”，更多地考虑人类使用服装的“舒适、安全、保健”，并注重加工过程的绿色环保。

材料工程、生物工程、纺织技术和化工技术的发展将向人类提供更多的优质服装材料。以计算机技术为标志的智能型产业革命，在服装商品策划、款式设计、样板设计、生产工艺设计、裁剪、缝纫、整烫、流通等方面正在广泛运用，服装CAD、CAM、MIS、EDI、ERP等技术日趋成熟，并逐步应用于服装生产和经营活动中。服装业依靠计算机网络技术，实现了服装策划、设计、生产和销售的快速反应(QR)。可以预言，未来的服装业将向技术密集型、智能密集型方向转变，新材料、新设备、新技术的发展将绘制我国未来服装业的宏伟蓝图。

改革开放40年，我国劳动密集型的服装业得益于相对丰富的自然资源、廉价的劳动力以及宽松的政策环境，取得了举世瞩目的成果。按照经济学一般原理，劳动力成本属于比较优势，对于市场竞争强调的“价廉物美”法则，低劳动成本仅对“价廉”提供价值支撑，而“物美”需要不断创新才能在使用价值领域实现高附加值。也即，服装业必须在经营理念、组织与管理、产品与技术开发等方面不断创新，使产品成为更新的使用价值载体，自然资源和低劳动成本的比较优势才能在更高的产业层面、更大的市场范围得到充分展现。因此，我国服装业合理利用资源，以管理创新、产品创新、技术创新为抓手，是未来产业结构调整的发展方向与核心竞争力。

本章重点阐述未来服装业发展的新材料、新技术、服装企业管理的新理念以及计算机在服装业应用的前景和发展趋势。

16.1 新材料

随着生物和化学工业的发展，纺织服装原料无论是天然纤维还是化学纤维都有着层出不穷的新面貌。织物后整理技术的提高，设计能力的加强，大大丰富了服装面辅料的品种。同时，在国际环保意识不断加强，生活水平逐年上升的新形势下，人们对服装材料的环保要求、对服装功能的多样化要求不断提高。

(1) 服装用新型纤维材料

a. 棉纤维是经典的天然纤维，结合生物技术培育的转基因抗虫棉是一种具有较强抗病、抗虫性能的棉花新品种，它不仅能够减少对化学农药的依赖，还能提高棉花的产量和质量。此外，转基因抗虫棉对土壤微生物群落的影响较小，不会对生态系统产生显著的影响，符合当前国际环保要求，是一种值得重视、有前途的棉花新品种。

b. 彩色棉纤维是一项涉及现代生态农业、生物基因工程、遗传学等多学科交叉的系统工程，我国已有棕色、绿色和粉红色三大系列颜色的棉花纤维成功培育，此类纺织品无需染色加工，从而减少了加工工序，避免了水资源的污染和禁用染料以及有毒助剂对人体的危害，降低了能源消耗，是一种不污染环境，对人体无害的绿色产品。现已开发出内衣、T 恤、睡衣等服装以及毛巾、床单、儿童用棉毯等家用纺织系列产品。但是，天然彩色棉的开发还有很多课题需要解决，例如不同色彩系列的开发等，任重而道远。

c. 木棉纤维作为天然纤维素纤维，具有中空质轻、隔热保暖、透湿透气、抗菌防螨等性能。木棉纤维有白、黄和黄棕色三种颜色(新型纤维材料学)。随着对木棉纤维不断研究和开发，木棉纤维在纺织服装领域的应用有了极大进展，已广泛用作袜子、毛巾、内衣、羽绒服以及夏季服装面料等。再加之木棉纤维具有的可再生性和生物可降解性等，使得木棉纤维成为一种具有发展前景的绿色环保的新型生态纺织材料。

d. 羊毛纤维的细支化技术是提高羊毛细度的新技术。发展细支和超细支羊毛是满足羊毛面料轻薄化的基础，因为细支羊毛能纺出高支均匀的毛纱，加工出轻、薄、软、挺的高档毛织品。细支羊毛可通过三种途径获得：羊种的遗传培育和改良；羊毛纤维的减量处理；羊毛纤维的人工牵伸工艺处理。由于羊种的培育是一个长期、复杂的过程，见效慢，而羊毛纤维的减量外理会造成一定程度的环境污染。因此人工拉细羊毛是一项被看好的技术，目前已有小批量生产。

e. 罗布麻是一种常见的天然作物，其茎秆韧皮部中的韧皮纤维被称作罗布麻纤维。罗布麻具有麻类纤维的特性，吸湿、透气，光泽、手感良好，被誉为“野生纤维之王”。罗布麻含有多种高活性的抗菌天然成分，其纤维制作成衣物后仍然保留药效，不仅能有效地预防和治疗由细菌引起的常见皮肤病，而且还具有防臭、活血降压的作用，迎合了人们追求保健纺织品的心态，满足了人类对绿色、环保和健康的追求。

f. 汉麻纤维是典型的功能型、环保型稀贵纺织纤维，其织物不仅具有吸湿透气、抑菌防霉、抗静电等特性，还具有良好的穿着和使用性能，是制作各种高档服装、家用纺织品的理想材料。目前，国内汉麻纺纱技术开发至今已形成干法纺纱和湿法纺纱两条工艺路线：干法纺纱普遍采用汉麻与其他可纺性较好的纤维混纺，提高成纱支数的同时又可以发挥不同纤维各自的特点；湿法纺纱则将粗纱经练漂加工成细纱，可以纺出 62.5 tex 以下的纯麻纱。

g. 大豆纤维是以出过油的大豆废粕为原料，提取其中的球蛋白，经加工纺成单丝为0.9～3.0 dtex的丝束，可以用于纺织加工。大豆纤维在19世纪末20年代初曾在国外进行过研究，但没有得到大量推广。目前在我国研制成功并开始产业化生产。大豆纤维是一种植物蛋白质纤维，它具有良好的强伸度及耐酸碱性、光泽优良、吸湿性好、染色性能佳、穿着舒适等优点，被称为"人造羊绒"。用大豆纤维与棉纤维、丝、羊毛以及其他化学纤维混纺、交织的产品不断推陈出新。由于大豆蛋白面料具有皮肤亲和性好、手感滑软、吸湿导湿优良等特色，尤其适用于开发针织内衣以及保健卫生功能系列产品。

h. 竹纤维利用资源丰富的竹子为原料，可以采用两种加工方法获得。一种是将竹子经过去青、轧压、脱胶等工艺制成竹纤维束，然后用于纺纱；另一种是将竹子做成竹浆粕，然后纺丝制成竹浆纤维再纺纱，后者较为成熟，在中国、日本都有成功开发的产品。竹纤维结构具有诸多空隙，可以很快地吸收和蒸发水分，具有良好的吸湿透气性及易染色性，色彩亮丽。制作夏装尤其凉爽。同时，日本专家研究表明竹纤维具有天然的抑菌功能，对金黄色葡萄球菌和大肠杆菌有较强的抑菌作用①。竹纤维可以与其他天然纤维或化学纤维混纺，目前已有服装上市。利用竹纤维天然的抗菌功能开发毛巾、浴巾、袜子类卫生用品前景广阔。

i. 天丝纤维(Tencel)是一种以木浆为原料，通过有机溶剂将其中纤维素溶解，经除杂直接纺丝而得的人造纤维。由于有机溶剂能99.5%充分回收，生产过程污染环境少，符合环保要求，是20世纪末一种创新、绿色再生纤维素纤维。天丝具有优良的干、湿强度、柔软、滑爽、吸湿强、光泽好、有良好的染色性能和生物可降解等特性，可用于服装和生活用品。由于它有原纤化的特征，用于起绒服装更加合适。另外，天丝织物的色牢度有待进一步改善。目前，天丝的面料品种和服用性能还在继续开发。

j. 莫代尔纤维(Modal)是一种高湿模量粘胶纤维，它由山毛榉木浆粕制成，纯属由植物天然原料生产的纤维素纤维，使用后又可以通过生物降解回归大自然。莫代尔纤维织物轻柔、滑爽，被赋予第二肌肤之美称，给人以舒适、飘逸的感觉。莫代尔纤维吸湿性能优异，且具有比普通粘胶纤维良好的干湿强度和干湿模量，整体性能更接近棉纤维。制成的布料尺寸稳定，经多次水洗后，仍能保持鲜艳色彩。该纤维还具有丝质制品所特有的光泽，给人以雍容华贵的感觉。已开发的0.9～1.0细旦莫代尔纤维可以与棉、毛、麻等纤维混纺，也可做成弹力包芯纱。适合做各种机织和针织面料，用于服装内衣和外衣。莫代尔纤维可以与多种纤维混纺制成性能优异的莫代尔混纺纱。例如将棉、羊毛、腈纶和莫代尔混纺，制成兼具各类纤维优势特点的综合性混纺纱。迄今，对于功能性莫代尔纤维纱线的开发层出不穷，已研制出具有吸湿排汗、保暖抑菌、阻燃性佳的莫代尔面料。虽然莫代尔纤维在内衣以及贴身服装领域已经广泛应用，但高档莫代尔面料的开发，仍面临一些技术难关。

k. 甲壳素纤维于自然界中广泛存在，如：低等生物菌类、藻类的细胞；虾、蟹、昆虫的外壳；软体动物(鱿鱼、乌贼)的内壳或软骨等。以此为原料，将甲壳动物的外壳通过酸碱处理，分离钙盐和蛋白质，得到甲壳素粉末，然后做成纺丝液，纺成有光泽的甲壳素纤维。甲壳素与纤维素的分子结构非常相似，它具有优良的吸水性和较好的保健功能，能增强细胞组织的活性，减缓机体老化，并具有抑菌、抗菌作用。用它与棉、毛、化纤混纺织成的面料色泽鲜艳、吸汗性能好，对人体没有异常刺激。

海螺品牌服饰公司采用国际最新甲壳素技术，推出了天然甲壳素护肤服装服饰新品。融入甲壳素的服装，具有抑制霉菌生存和生长的功能，对人体的皮肤能起到保湿或吸湿快干等综合护理作用，而且不受洗涤影响，水洗上百次后，功效犹存。

l. 海藻纤维是一种以海藻酸为原料，通过湿法纺丝制备而成的新型可再生纤维。海藻纤维柔软有光泽，透气性好，吸湿性和保温性强，具有良好的抗菌性能。因此，海藻纤维常被用于制作高端的服装以及床上用品等。海藻纤维与其他纤维混纺可以改善海藻纤维的力学性能，以获得稳定的成纱质量。

m. 氨纶纤维是一种聚氨酯纤维，具有极好的伸长(伸长率可达600%)和可弹性。在服装面料中少量使用(如1%～3%)就能起到明显的弹力作用，改善织物的伸展和弹性，使服装穿着合体舒适。目前已经在服装商品中广泛使用。

杜邦公司的莱卡纤维是弹性纤维新品种之一，已广泛用于棉、毛、丝和各类化纤服装面料中，包括机织物和针织物。机织物既可纬向加莱卡，亦可经纬向都加莱卡，产品品种开发层出不穷。例如，过去皮革本身虽然具有35%的弹性，但使用久了之后，会因缺乏弹力而松弛，产品的外观受到影响；杜邦公司最近推出的新技术——“皮十莱卡”，将含有莱卡的底层组织黏合在皮革反面，然后将复合皮革切割成裁片，再加工制成服装，能达到加弹的效果。而且在各类天然皮和人造皮革上都可以应用。

n. 超细纤维是化学纤维纺丝工艺的一大突破，超细纤维的产生使合成纤维的纺织品在服用性能上获得了迅速提升。

海岛型纤维是超细纤维的一员，它利用复合纺丝技术生产出超细纤维，品种有长丝和短纤维，还可以加工成加弹纤维。在服装产品开发方面，可合理地设计和使用超细纤维，充分发挥超细纤维的优良手感，例如，用于人造麂皮能取得极好的仿真效果、生产桃皮绒等也能获得良好的外观和手感效果。

o. 功能性纤维的开发更是层出不穷，高吸水吸湿纤维、轻量保温纤维、抗菌除臭性纤维、抗静电纤维、拒水、拒油、防污纤维、导电纤维以及纳米纤维等都有成功的开发，这些高附加值纤维为功能性服装的设计和应用创造了广阔的前景。

(2) 新型高科技服装面料

a. 抗皱布——中国、日本等国研制的抗皱棉布，对棉布进行免烫工艺整理，保持了棉布手感柔软、吸湿性好的优点，并且洗后不易褶皱。用它制作的衬衫和长裤，水洗后不皱不缩保形性好，这种具有“形状记忆”功能的衬衫、长裤被称为“免烫服装”。

b. 透汽防水型面料——通常采用复合材料，在材质贴近皮肤的一面设有吸水层，可将体内湿气吸入织物内，通过中间的微孔疏水层将湿气排到材质的表层，以便向外蒸发。由于这些微孔非常细小，织物表层又经过防水剂处理，抽湿功能只能单向进行，而外来的雨水不能渗入里层，从而产生透气防水的作用。

最新的技术做到了直正意义上的织物透气防水功能，而不是复合材料。美国Lowe公司将每一根纱线涂上耐久防水剂，然后织成布后再经耐久防水整理。布料透气防水性能优越，而且经过30次洗涤后仍能保持良好的防水功能。

c. 抗浸服面料——采用在纤维表明引入刺激响应性高分子凝胶层，利用水凝胶吸水溶胀，脱水退溶胀的特性，使织物在干燥状态下，凝胶层发生收缩而产生大量空隙以此保证汗水通过；当织物浸入水中，凝胶层快速溶胀将空隙封闭，从而具备了抗浸性能。

d. 远红外线保温织物——将陶瓷粉末作为红外剂添加到纤维中，使纤维产生远红外线，作用于人体皮肤产生体感升温效果，起到保温效果。在国内已有能产生远红外线的保暖涤纶产品投放市场。

e. 冬暖夏凉的自动调温布——美国用聚乙烯乙二醇化学制剂对棉布进行处理，由于聚乙烯乙二醇的螺旋分子长链结构，在温度变化时链结的变化会收放热量。该布料遇热膨胀时会吸收热量，从而使体温下降；遇冷收缩时又会放出热量，起到保暖作用。适宜各类探险和野外考察人员、运动员及外出旅游者穿着，避免在野外遭受严寒酷暑的伤害。

德国研制的保温布内含防水的硫酸钠微胶囊，受热时布料内所含的盐成分逐渐变成吸热液体。天冷时，硫酸钠逐渐硬化，释放所蓄热量，且具有长期保温作用。

f. 杀菌布——法国研制了一种新型杀菌布，氮和氨水混生的四元铵与棉花纤维素糅合在一起，由此制成的服装保健商品对细菌有较强杀灭作用。

g. 防水、防油、防污布——利用有机氟处理的织物能达到良好的防水、防油、防污功能。用有机氟防水整理剂 BF-2000 处理天然纤维（棉）、混纺纤维（T/C）、合成纤维（腈纶、涤纶）等，可赋予纤维织物憎水憎油性，而不影响原有的风格及透气性。整理后的织物具有良好的耐洗性能。而且，可以与各种纤维整理剂同时使用，如柔软剂、抗静电剂等。

含氟整理剂应用于合成纤维织物时，会出现整理加工中一日被污染，就会留下不易洗去的污渍。所以，早期的含氟织物整理剂虽然具有优异的防水、防油、防污性能，但“易去污”性能较差。为改善这一缺陷，在后来加工织物整理剂时采取加入改性基团或改性共聚物的方法，达到“易去污”的目的。

h. 耐污布——俄罗斯某纺织研究所将硅、锌和铜的再生物进行混合加工，将混合物渗入布料中，使之不沾灰尘和污物，制成的服装耐脏耐污性能极佳，适宜做儿童服装及各类工作服。

i. 驱蚊布——美国研制成功在织物表面覆盖二氯苯醚酯和除虫菊药膜，蚊蝇接触后在15秒内就会死亡，而对人体无害。日本将棉及棉混纺产品用防蚊液进行处理后制成了防蚊布，能使80%以上的蚊子敬而远之，并可耐洗20次以上。

j. 清香布——日本研制出一种能散发阵阵清香，并随气温变化呈现鲜艳图案的清香布，其中奥妙在于布的表面散落着直径不到10微米的胶囊，适时反应释放香气。

k. 防弹无纬布——其基本结构是使两层或两层以上单向排列的无纬布，按照一定的纤维轴旋转角度进行交叉铺层，其中使用特殊胶粘剂进行复合后形成软片形式，作为基本成品材料提供给下游用户加工成防弹成品使用。具有密度较小、抗冲击强度高、柔韧性好、耐切割性好、吸收子弹与弹片、防止跳弹而产生二次伤害等等众多突出的优异性能。

l. 变色布——利用微胶囊技术、涂层技术或液晶材料制造的变色布具有多种用途，基本原理是将储有因温度或光线而变色的液晶材料微胶囊涂干纤维或织物上。当环境的温度或光线变化时，布的颜色会产生变化，形成变色布。

美国研制出一种变色染料，用它染成的布料会吸收光波，使布呈现与周围环境一样的颜色。穿上这种布料制成的衣服走草地，衣服会变成绿色；走进沙漠，衣服便呈黄色。

m. 反光布——为减少因交通事故而伤亡的人数，各国都大力研究开发反光布。它的原理是将发光物质加入到化学纤维中，使服装在夜间发光；或将黄色发光材料或小玻璃微珠涂层在基布上，在灯光照耀下反射出明亮的光。它适宜制作公路、环卫、矿山、铁路、消防等行业的职业服或劳保工作服。

n. 发光布——美国研制了一种用特殊光学玻璃纤维织成的发光布，这种布用来装饰内墙，房间四周光彩闪烁、满屋生辉；若制成服装，可以显现出银光璀璨、闪耀夺目的特殊艺术效果。更重要的是，它还可用来制作飞机场工作人员、交通指挥、矿业人员等的工作服，有利于保障安全。

o. 催眠布——日本研制出催人入睡的香味纤维布，该布料由涂有 50 种诸如薰衣草之类的芳香油聚酯纤维织成。用这种催眠布制成的服装有一种芳香味，能帮助患者放松精神和入睡，可以辅助治疗失眠症。

p. 负离子纤维保健布——空气中的负离子可以活化人体细胞，增强人体免疫能力。日本开发的负离子纤维选用含有微量放射性稀土类矿石，碾磨成粒径在微米以下的粉末，将其混入粘胶纤维内，再渗入远红外线放射矿粉。由这种粘胶纤维织成的布在空气中不断释放微弱放射线，将空气中的微粒离子化，不断产生负离子。如 A4 纸一样大小的一块负离子纤维布料，每秒钟可在 1 mL 空气中产生 150 个负离子。

q. 智能型布料——亦称电子纺织品。由一般的纺织纤维与金属丝合成的电子纤维线纺织而成。将其与半导体和电池相连接可以发挥多种特殊功能。穿着这种材料的服装可以测出人体的体温、血压等生理指标。杜邦公司已开发、生产这类纺织品，准备用来生产 T 恤衫。通过 T 恤内的无线信号发送装置，把穿着者的健康状态信息传送给电脑，以便及时做出诊断和检查结果。

另外，含有细金属丝天线的电子纺织布，用它制作成军装时，通过雷达可以测出军人的位置和活动情况，在军事上有重要的价值。

目前，日本、德国和韩国等一些纺织纤维开发企业，都在这一领域下功夫，认为这类新型功能纤维是科技含量和附加值高的产品，它对今后纺织服装业的发展和市场竞争具有重要意义。

(3) 纳米材料和纳米技术在纺织服装领域的应用

纳米技术是当今世界上最活跃的研究领域之一。纳米纤维包含了两个概念：一是严格意义上的纳米纤维，即直径处于纳米尺度的纤维，研究对象一般是指是 1 至 100 纳米的物质；二是广义上的纳米纤维，指将纳米微粒填充到纤维中，对纤维进行改性。纳米技术的出现标志着人类认识和改造自然的能力和手段达到了分子和原子的水平。在纺织服装领域中的染色和整理技术上已开始使用纳米材料和技术。目前开发成功的纳米材料如下：

a. 在着色困难的纤维内植入纳米着色因子，可以提高纤维的染色性能；

b. 将纳米级氧化锌粉体植入纤维内，可起到杀菌、防臭、防紫外线的效果；

c. 利用纳米微粒光学特性制造各种光敏染料，根据对各种不同波长可见光的敏感程度，一方面感知周围的颜色做出相应的调整，同时也改变自身的色泽，形成与周围环境一样的保护色。这种服装材料具有隐蔽功能；

d. 将红外吸收材料的纳米微粒植入纤维，可对人体释放的红外线有很好的屏蔽作用，可避免被敌方灵敏的红外线探测器发现。同时因对红外线具有高吸收作用，保暖性能甚佳；

e. 纳米涂层织物是将一层一层铜原子沉积在涤纶织物表面，形成纳米结构的金属薄膜可以用作电磁屏蔽材料，对高频电磁波反射率极强，可达 99.99%。

纳米材料在服装上的应用

（一）纳米西服

生活中，如果不小心将油污洒在价值不菲的西服上，大多数人一定会在惋惜的同时，将西服送往干洗店。如今，这一切有了新的解决办法，消费者可以在市场上买到一种担水、拒油、防污、环保、经济耐用的新型西服——雅戈尔纳米西服。这是雅戈尔2004年继纳米VP免熨衬衫后推出的又一高科技新品。纳米西服以其优良的品质和先进的工艺再次成为消费者和业界人士关注的焦点。

纳米西服是运用无树脂最纯形式交联技术的理论，用微电脑精确控制蒸汽喷雾，使纳米化学分子渗透西服纤维内层，形成无形的交叉保护网，达到了拒水、拒油、防污和环保的和谐统一，而且透气性好，不含任何对人体有害的化学成分，不改变触感，可长时间保持色彩亮丽如新，拉伸性和耐磨性有明显提高。

（资料来源：http://www.life.people.com.cn，人民网2005年1月27日）

（二）碳纳米管智能衬衫

多年来，我们已经看到许多智能服装，通过不同的技术来监控穿着者的身体健康。但最近，美国莱斯大学研究人员发现，一种新的碳纳米管纤维非常柔软灵活，可织成棉衬衫，而且这种纤维与金属一样具有导电性，但可清洗、穿着舒适，并且在身体运动时断裂的可能性很小，强度可比肩凯夫拉和碳纤维。据此，他们推出了一款“智能”衬衫。该衬衫使用交织的碳纳米管纤维提供与皮肤的稳定电接触，能够持续收集心脏活动数据。

莱斯大学的工程师马泰奥·帕斯夸里说：“由于导电性、与皮肤的良好接触性、生物相容性和柔软性，碳纳米管线是可穿戴设备的天然组成部分。”

研究团队进行了实验，将智能衬衫记录实时心率数据的能力与典型的胸带监视器进行比较，结果发现衬衫表现得更好。该衬衫的性能甚至可与市售的电极监测器相媲美。

（资料来源：https://m.gmw.cn/baijia/2021-09/02/35132292.html 光明网2021年9月2日）

16.2 计算机技术在服装业的应用

计算机和信息技术在服装业中的应用将促进企业走上规范管理的道路，对降低员工劳动强度、提高企业生产和经营效率起着积极的作用，同时可以推动服装业由劳动密集型向科技密集型转化。

(1) 计算机在服装领域的应用

① 服装CAD/CAM技术

服装CAD(Garment Computer Aided Design)与服装CAM(Garment Computer Aided Manufacture)是服装业传统加工技术更新的重要内容之一。利用计算机技术，通过人机交互手段对服装款式、样板结构、工艺设计、生产和销售进行控制。采用CAD、CAM技术，可以使企业更好地适应市场需求的快速变化，提高产品的竞争能力以及经济和社会效益。

a. 提高服装设计质量

运用服装 CAD 设计服装，存贮、查询、修改十分方便。设计师点滴的灵感都可存入计算机，根据需要可查阅大量款式与花型图案，用作参考或激发灵感。必要时还可与客户一起通过在线方式进行设计选择与修改。这种设计方式，最大限度地发挥了设计师的想象力，满足客户对合体、美感等生理和心理需求。

b. 加快产品设计速度

计算机的运行速度快捷。以往几天的工作，现在可以缩短至几分钟完成。如衣片推档，手工操作要化大量时间计算、作图，应用服装 CAD 技术可在几分钟内完成，而且精度高。

c. 经济效益高和市场反应速度快

采用服装 CAD 技术，可以基本实现无“纸”设计。节省大量纸张并解决保存所带来的困难，所有款式、衣片结构都可以存贮在计算机软硬盘内，查询、检索方便，效率高。服装 CAD 与自动裁床等连接起来形成的计算机辅助制造(CAM)可以提高服装裁剪或加工效率，能快速反应市场需求，缩短生产周期。

d. 降低劳动强度

采用服装 CAD/CAM 技术，可以减轻设计师手工绘制服装款式图形、推档、排料以及生产中的大量手工劳动。

e. 有利于规范管理

可随时调用存贮于计算机内的服装设计或工艺信息，便于企业设计管理标准化和规范化。如果 CAD、CAM、柔性加工线(FMS)、计算机辅助质量管理(CAQ)以及店铺计算机 POS 系统等结合起来，可使服装设计、生产和销售成为一个高效、统一的 ERP 管理集成系统。

② 3D 数字化技术

3D 服装设计将三维技术与服装设计相结合，服装设计师可以在电脑上进行 3D 服装设计，也就是利用电脑快速地将 2D 平面版型转化为 3D 虚拟样衣，并把这种“样衣”对接到研发生产与市场销售，让服装业从设计端到零售端相连接，从而实现服装产业的数字化。设计师或制版师可在 3D 虚拟人台的基础上进行服装设计，且可以立即看到版片、颜色、纹理和细节等修改的效果，实时检查服装造型和合身性，并可即时在线修改服装尺寸、版型、部件、面料等操作。为设计创意提供有力的技术支持，避免反复改版制作样衣，全面提升研发效率，大大缩减产品研发周期。

此外，虚拟展示功能将采集获取的 3D 人台模型数据，进行角色设计及动作设定等操作，从而实现虚拟模特动态走秀展示。

“Style 3D”数字化服务平台

Style 3D 是全球首个时尚产业链 3D 数字化服务平台，核心产品包括 Style 3D 数字化建模设计软件、3D 研发全流程协同平台、3D 数字化时尚产业服务交易平台等。从 3D 设计、推款审款、3D 改版、智能核价、自动 BOM 到直连生产，Style 3D 为服装品牌商、ODM 商、面料商等提供了从设计到生产全流程的数字研发解决方案，助力企业提升服装研发效率、缩短研发周期、降低研发成本、提升企业综合竞争力。

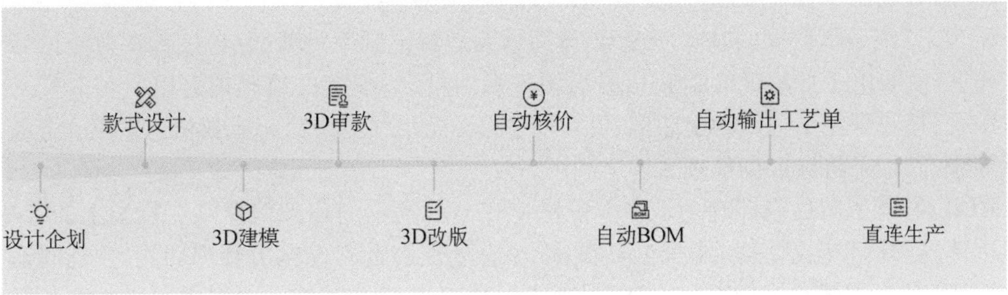

服装 3D 数字化研发流程

（资料来源：Style 3D 官网）

③ VR-AR 融合技术

VR-AR 融合技术能够发挥 AR（Augmented Reality 增强现实）的沉浸感和 VR（Virtual Reality 虚拟现实）交互感的技术优势，利用 AR 实现增强交互，同时借助 VR 开发虚拟漫游，结合虚拟服装陈列设计，引导消费者进入服装陈列区和装饰品展示区。通过高效率和高精度的交互系统，对消费者基本数据建立模型，呈现出服装试穿效果图像，相关商品信息通过数字化的方式呈现，更加细化和便捷。VR-AR 融合技术的应用避免了使用不可重复的陈列材料，减少从生产到消费全链路的损耗。是企业践行可持续发展模式，减少运营成本，提高经济效益的有效途径之一。同时也是实现服装品牌个性化服务、经营与管理，创造新的市场盈利点。

“3D 云镜”开启服装零售新模式

3D 虚拟试衣间是一种常用于电子商务的实时互动平台，海尔 3D 云镜采用先进的 3D 图形图像技术及人工智能算法，为用户提供 AI 穿搭推荐、3D 智能量体以及超高真实度的虚拟试衣体验，将这种全新的体验和交互模式引入到服装终端门店，能够带来商家与用户的快速链接，赋予传统零售新能力。

① 助力门店吸引客流

海尔衣联网 3D 云镜的虚拟试衣功能解决了线下排队试衣及线上购物无法试穿的一系列问题。通过人脸识别和对人体数据的抓取和处理，消费者站在屏幕前就能看到服装上身的效果，还能切换不同场景和更换发型，通过扫码将个人形象“搬到”手机进行参考筛选，随时随地进行在线虚拟试穿和购买。

② 助力门店精准运营

3D 云镜具备的数据管理功能可以精准的统计客流量和每一款衣服试穿次数、销量排名，根据大数据，为商家定价、促销、补货、设定库存等提供参考。这些数据还可以反向影响服装厂家和品牌，让他们更精准地预测消费者需求趋势的变化。

（资料来源：云裳物联. 海尔衣联网 3D 云镜用“虚拟试衣”开启服装业新零售模式[DB/OL](2021-03-26)[2023-02-20]. https://www.163.com/dy/article/G618AUPO05380R20.html）

④ RFID(Radio Frequency Identification 射频识别)技术

RFID 系统采集数据的基本原理是:读写器发送特定频率的射频信号后,在射频信号有效的工作区间内,电子标签吸收射频信号后被激活,将其所携带的编码信息以射频信号发送出去,读写器接收到电子标签的射频信号后,经过读写器信号处理后将有效信息送至服务器进行数据处理,其结果将被数据管理系统所利用。

RFID 智能货架的设计理念是将电子标签和显示货物的各种信息贴在货架上的货物上,通过阅读器阅读和识别货物,收集货物数据、信息处理和远程传输等管理功能,并随时监控库存。RFID 智能货架在优化库存管理、提高仓储效率方面发挥着巨大作用。通过将产品的重要属性写入对应的 RFID 标签,并附加于服装上,相当于为每件产品提供了不可复制的身份证明与标识。在零售终端、仓储管理和物流配送等过程中,结合信息化系统,大大提高了管理效率和消费者的消费体验。

优衣库智能商店

2017 年,优衣库宣布将向全球 3 000 家门店推出 RFID(射频识别)电子标签,其中包括 2 000 家奥特莱斯优衣库门店。优衣库是世界上第一家全球范围使用电子标签的日本零售商。

① RFID 购物指南

在 RFID 电子标签的植入下,顾客只需站在屏幕前并轻轻滑动即可选择衣服,试穿衣服并推荐各种搭配。如果商店很小并且无法显示所有产品,云架便可以展示大量未放置的商品供顾客选择。选择产品并一键扫描代码便以下订单。

② RFID 自助结账

优衣库推出了 RFID 自助结账台。顾客在完成购物后,把购物车上的衣服放置在 RFID 自助结账机上,自助结账机就会一次性扫描并给出账单,届时消费者刷码支付即可,全程自助无人工。使用 RFID 自助结账系统,不仅可以节省支付和库存管理的时间,保证公司能迅速的提高热销产品产量。而且可以缩短结账时间,确保商品有库存及提供其它益处。

③ RFID 仓储管理

RFID 电子标签可以自动地无限传递信息,在库存管理方面节约人力成本,并且更为精准地获得关于交易量、型号、颜色、尺寸等商品的具体信息,做到库存系统的实时更新。例如某件商品被抢购一空,则可以快速做出补货或者再生产的决定。电子标签检验产品所需时间,仅为当前行业内常用库存管理系统的 10%。

(资料来源:优衣库——全球门店引入 RFID 电子标签[DB/OL](2020-05-09)[2023-02-20]. http://chankeyvision.com/readnews.php?cid=21&id=295#:~:text=)

⑤ FMS(柔性加工线)

柔性加工线(Flexible Manufacturing System, FMS)是为了适应小批量多品种的生产方式而研制的计算机控制吊挂单元生产系统、快速反应工作站系统以及具有机器人功能和电脑控制的各种裁剪、缝纫、整烫等加工设备,能使服装生产向高度自动化方向发展。

在传统的流水线上生产服装，缝纫机运转时间仅占劳动力生产时间的20%～25%，大部分时间消耗在各工作地衣片的前后动作和传送等方面。采用服装吊挂单元生产系统，能使一个工位完成一个或多个缝制工序。在连续传输中完成整个服装生产加工，这样可使生产过程的等待时间压缩到最低限度。依据计算机控制机器配置和传输速度，生产节拍可随服装品种变换而改变。通过配置先进的裁剪、缝纫和整烫设备将大大提高服装加工的产量与质量。因此，FMS对实现服装业的QR(快速反应)具有重要意义。

⑥ CAPP(Computer Aided Process Plan，计算机辅助工艺计划)

CAPP即利用计算机进行生产工艺计划安排。系统工作原理：以服装工艺和作业研究为基础，将作业要素细分为动作要素，对工序进行合理分解和编组。利用系统提供的动作要素分析和标准时间计算工时定额；根据面辅料、针迹数、缝纫长度、机器种类、交货期等参数，将工时、工序分析结果进行统计，制作工序流程图和作业标准，并对生产过程进行动态控制。

⑦ 服装CAQ(Garment Computer Aided Quality，服装计算机辅助质量管理)

服装质量在线检测一直是服装企业管理的难点之一。中国纺织协会服装技术开发中心研制的服装CAQ系统，采用条形码(bar code)作为传递质量信息的载体，利用计算机对质量信息进行收集、处理、显示即时工序质量和用户投诉等图表，能动态地对服装质量进行监控。

⑧ MIS(Management Information System，管理信息系统)

管理信息系统是利用计算机对各种信息进行归纳、分析、处理、控制和管理的综合系统。管理人员通过MIS系统可以调用、查看服装设计、生产、销售等各方面的信息。

a. 市场调查预测：通过对市场流行信息的收集、归纳、分析，结合市场调查结果对市场做出预测；

b. 经营决策：在市场调查预测的基础上，结合企业实际情况，确定经营方针与决策；

c. 销售管理：针对客户信息管理、订单管理、销售记录、库存管理等进行数据统计分析；

d. 财务管理：以产品生产成本、员工绩效和工资、盈亏分析等为主要内容；

e. 综合计划：对设计、生产、销售做出计划，并监督实施，及时收集反馈计划完成的信息，必要时对计划做出修正。

⑨ MES(Manufacturing Execution System)生产管理系统

在纺织服装业信息化领域，MES系统可以采集生产设备的状态数据，实时监控底层设备的运行状态，为ERP提供生产现场的实时数据，同时对来自ERP的生产计划信息进行细化、分解，生产调度和物流调配，从而加强计划管理层与底层控制系统之间的沟通，起到承上启下的关键作用。MES系统的主要功能及应用包括产能平衡分析，合理安排生产任务，结合车间情况计算加工资源冲突并执行分解任务，保持各部门和管理层级的信息畅通，及时掌握生产动态，并对大量生产现场数据进行统计分析，进而有效提高生产效率，为管理决策提供重要依据。此外，MES系统与企业其他系统集成，能达到信息再企业内部各个环节的及时传递与共享。

⑩ WMS(Warehouse Management System)仓库管理系统

仓库管理系统(WMS)是一种软件解决方案，它保障了对企业库存的实时可见性，能够实现从配送中心到商店货架的整个供应链运营执行的管控。仓库管理系统(WMS)通过协调和优化资源使用和物料流动，助力企业充分利用劳动力、空间和所投资的设备。具体而言，WMS系统旨在满足整个全球供应链的需求，包括分销、制造、资产密集型和服务业务。WMS系统的优点包括基础资料管理更加完善、文档利用率高、库存信息准确、订单操作效率高、物料资产使用率高、现有的操作规程执行难度小、易于制定合理的维护计划、数据及时，成本降低、对历史记录有效记录和维护、强化仓库和财务信息对应程度以及规范性等。

⑪ CIMS(Computer Integrated Manufacturing System，计算机集成制造系统)

计算机集成制造的概念是由美国学者哈林顿1973在*Computer Integrated Manufacturing*一书中首先提出的。但在当时并未引起人们的重视。直到20世纪80年代中期，CIMS才被看作是制造业的未来而受到青睐。按照国际标准化组织的定义，CIMS是一种组织、管理与运行企业生产的创新理念。核心思想是“集成”，籍助计算机软、硬件，综合运用现代管理技术、制造技术、信息技术、自动化技术、系统工程技术，将企业生产全部过程中有关人、技术、经营管理三要素及其信息流与物流有机地集成并优化运行。

CMIS正是在这种指导思想下产生的，在计算机和信息技术的支持下，将以往企业中相互孤立的生产过程构成一个覆盖整个企业从接受订单直到售后服务全过程的有机系统。从而发挥各种单元技术的集成效果，使企业在提高产品质量，降低生产成本，缩短交货周期等方面达到整体最优化，以提高企业对市场的快速反应能力从而赢得更多市场份额。

由于服装具有季节性和流行性强等特点，所以要求服装企业对市场做出快速反应。此外，当今服装市场越来越趋向个性化、高档化、多样化、时装化，对交货期和质量的要求也更加严格，因此服装业比其他产业更早地接受了CIMS思想。与此同时，服装CAD、服装CAM、服装FMS及各种数控缝纫机械的成功开发，也为服装业走向CIMS打下良好的基础。自20世纪80年代后期，英国CIMTEX实验室、日本兄弟(Brother)公司、法国力克(Lectra)公司、美国格伯(Gerber)公司、佐治亚工学院等致力于服装CIMS的研究工作，并相继推出各自的CIMS系统。我国服装CIMS研究在国家科委的引领下，通过中国服装研究设计中心、纺织部(现纺织协会)、机械部、航天总公司、中科院、清华大学等单位的协作与努力，已取得了阶段性成果。建成了一条年产5万套男西服的示范生产线，实现了CAD、CAM和FMS的初步集成。

服装企业CAD/PDM/ERP集成与电子商务

服装CAD/PDM/ERP及电子商务平台集成方案充分考虑过程优化和产品模型优化，在此基础上进行信息系统的集成。

服装产品模型的优化有助于简化系统的集成，提高系统集成的效率，研究以男装典型产品为基础，进行服装产品模型的优化和模型库的建立。

服装CAD系统与PDM(Product Data Management，产品数据管理)系统的集成可以使整个设计过程有规则且可追溯。

在服装设计过程中，服装人员的设计知识和结果需要保存到服装设计知识库中，做到知识共享；同时，设计结果又需要与PDM系统建立关联，从而使PDM系统能够对整个设计过程进行管理；此外，PDM系统也应将设计知识库中的设计知识纳入到管理范围，使得设计师能够更加高效地获取设计知识。

服装PDM/ERP的集成主要是将服装PDM系统所管理的产品数据传递给服装ERP系统，与产品订单一起用于生产计划、面料采购等。

(2) 企业资源计划(ERP)

企业资源计划系统(Enterprise Resource Planning,ERP)是指建立在信息技术应用基础上,以系统化的管理思想,为企业决策层、管理层提供决策运行手段的管理平台,是整合企业管理理念、业务流程基础数据、人力物力资源、计算机硬件和软件于一体的企业资源管理系统。

服装 ERP 系统包含的模块有:采购模块、生产模块、订单销售模块、零售模块、库存管理模块、订货会模块、会员模块、客户关系模块、财务模块等。通过集成服装供应链中各环节的信息,基于安全、统一的数据库,构建统一的业务处理规则和企业集约化管理模式。

在此,以伯俊软件公司 BOS2.0 ERP 软件为例,阐述品牌服装企业 ERP 模块、功能和应用。

图 16-1 所示为品牌服装企业运营 ERP 系统涉及的业务流程示例。

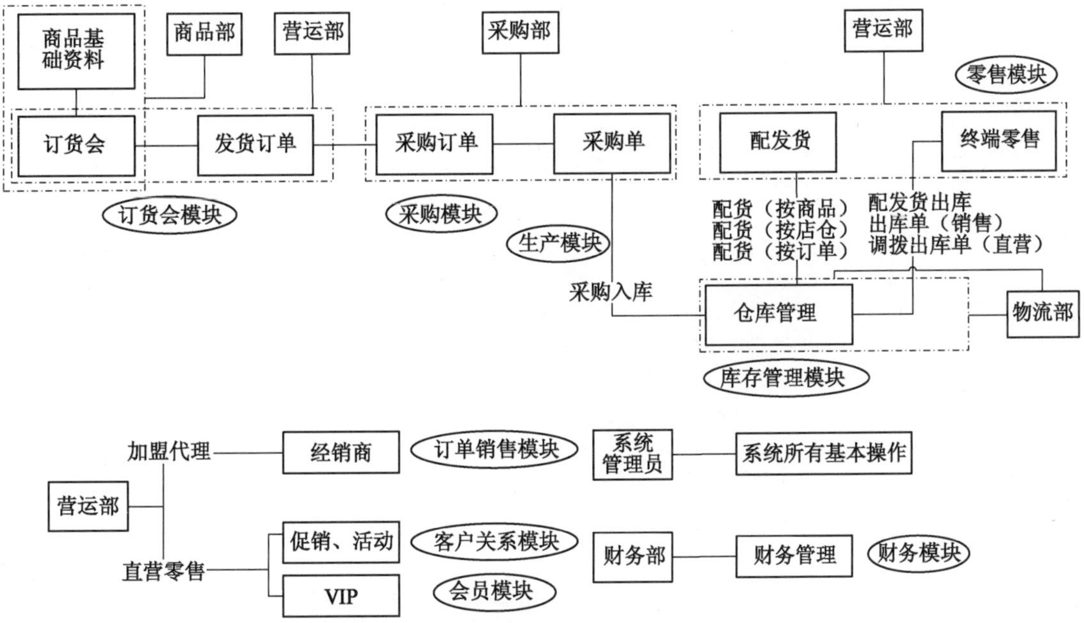

图 16-1　品牌服装企业 ERP 系统业务流程

① 采购模块

采购模块包含面辅料采购和成品采购。对于具备生产能力的服装企业,需要对面辅料的采购进行管理。由于在服装生产过程中,要求持续提供面辅料以备生产,并且面辅料的种类繁多、数量大,不同的面辅料往往由众多供应商提供。如没有科学有效管理,会造成面辅料的短缺或积压等问题,进而影响生产制造的效率与成本,造成巨大的损失与浪费。

ERP 系统中的面辅料采购模块主要针对品牌服装企业在成衣生产过程中的面辅料采购进行管理,根据企业制定的面辅料采购计划跟踪监控计划的实施情况。对供应商交货信息、面辅料成本变化信息、面辅料质量信息等进行有效管理,以降低面辅料的采购成本,提高面辅料采购效率,确保成衣连续生产。

面辅料采购模块的主要功能是:按照服装企业的面辅料需求信息和面辅料库存信息,确定面辅料的采购计划。由面辅料的类别信息、采购批量信息、采购提前期的信息等决定供应商的选择,制定面辅料的采购订单。入库的面辅料按照采购订单信息进行验货和收货,经检验合格后生成入库单,分配库存货位完成入库。品牌服装企业的生产部门负责制定成衣生产计划和面辅料配比,安排本企业自营工厂或外协工厂协同生产。面辅料采购模块依据数据库信息,如供应商、面辅料类别、质量、地区、交货时间、价格等进行综合分析,能为服装企业采购质优价廉的面辅料提供决策参考。

对于完全依靠外发成衣生产的品牌服装企业,ERP 系统成衣采购模块的主要功能:根据企业的商品企划信息、流行预测信息或订货会销售订单信息等,制定成衣采购计划。再按照供应商生产的成本、质量、交货期等因素选择供应商。外发的成衣经过质检、验货等程序后入库,在这过程中系统会生成申请单、通知单、进货单、退货单等单据。

成衣采购模块对积累数据可进行相关统计分析,如进货入库月结数据、采购订单汇总、供应商交货汇总、采购进货跟踪等解析,便于服装企业及时发现问题并加强对成衣供应商的管理。图 16-2 所示为 BOS2.0 ERP 软件面辅料采购模块。

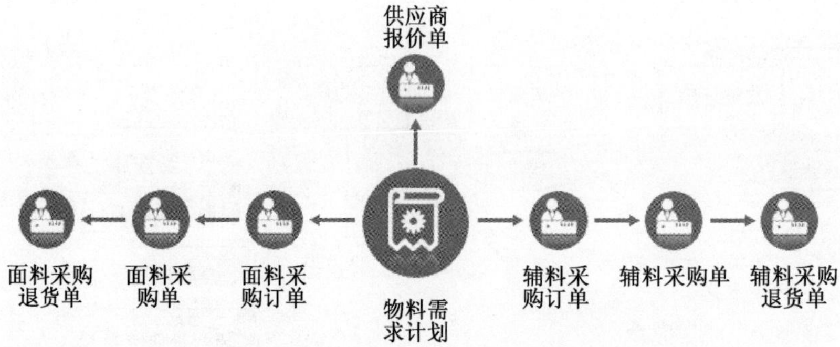

图 16-2　BOS2.0 软件面辅料采购模块

② 生产模块

服装 ERP 系统的生产模块适用于具备生产能力的服装企业,该模块可以对成衣生产过程进行规范和控制,按计划供应生产所需的面辅料,减少库存积压,充分发挥品牌服装企业的生产能力,并合理使用外协工厂加工生产,有助于提高企业的效益。

生产模块的主要功能是通过企业的商品企划、流行预测或订货会订单等,制定成衣生产计划。根据企业的生产能力和供应商的特点分配各项生产任务。按照成衣工艺与生产计划制定详细的车间作业安排、面辅料采购需求计划等。对成衣制造各环节进行控制与协调,实时控制和调整生产过程中的问题。图 16-3 所示为 BOS 2.0 ERP 软件生产管理模块。

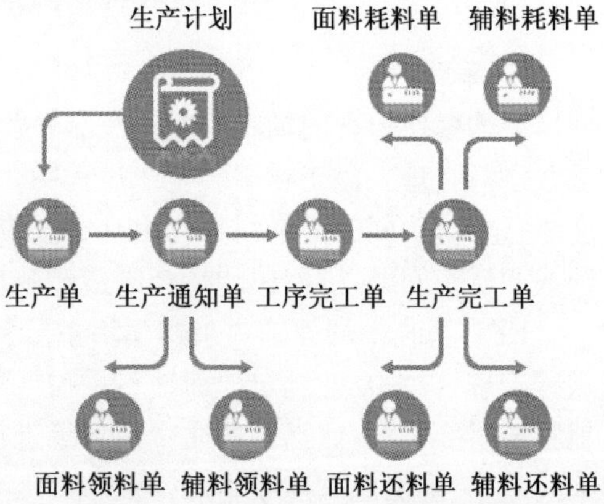

图 16-3　BOS2.0 软件生产管理模块

③ 订单销售模块

订单销售模块主要是品牌服装企业将成衣商品流转给下游客户(代理商、经销商等)的业务功能模块。

主要功能：对下游客户在订货会期间或之后产生的订单进行跟踪，在订单的生成、审核、货品出库过程分别生成订单、通知单、出库单。销售模块针对下游客户销售数据进行相关统计分析，如客户订单执行情况、批发分布汇总、批发销货利润、订货畅滞销等解析，便于服装企业分析下游客户进货、购买货品的分布情况、商品的畅销程度等。

④ 零售模块

ERP 系统的零售模块通常与零售终端的 POS 系统相连接，实现店铺销售数据、库存数据可以实时传输到总部的 ERP 系统，便于总部对物流、库存等信息进行统一集约化管理。

零售终端使用的 POS 系统可以显示终端的业绩指标，并提供丰富的促销策略。图 16-4 所示为伯俊网页版 POS 系统 WebPos 示例，主要功能：自动增量、全部更新数据、支持在线/离线零售盘点；脚本化自定义促销、满足各种业务场景、多种销售类型、多种支付方式；门店开/升/ 换卡、会员促销活动、会员积分换购、会员储值消费；店长在线管理、进销存处理（退货控制/差异处理/多维盘点）等。

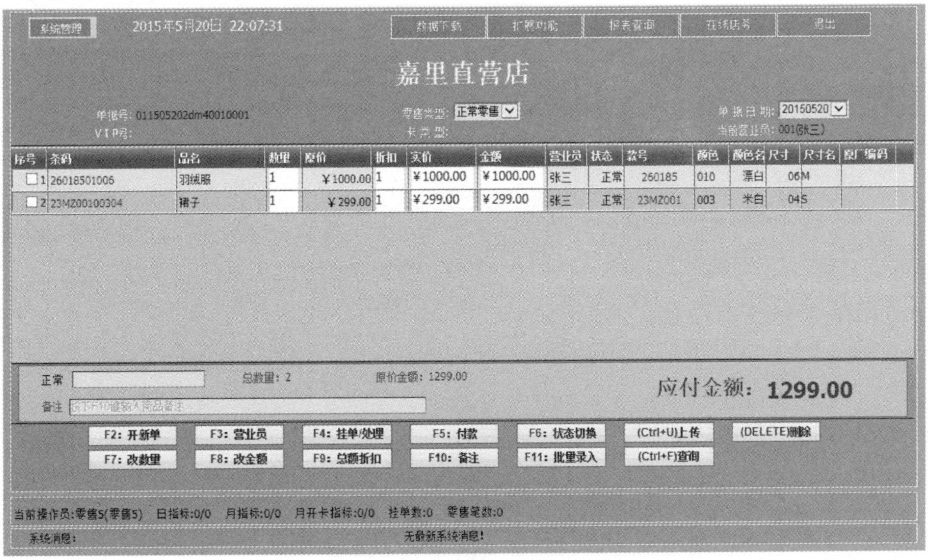

图 16-4　零售终端 POS 系统界面

零售店长还可以运用商业智能（Business Intelligence，BI）软件随时随地在线了解店铺的销售数据。这些数据源自店铺各种信息的收集、整理、挖掘和分析所得，综合运用了 ERP 系统与 BI 技术。品牌服装企业能够及时掌控零售终端的销售与库存等信息，可减少配货成本和库存压力，避免脱销、滞销的发生，促进店铺的有效产出和经济效益的提高。图 16-5 是零售店商业智能系统业绩看板与商品销售看板示例。

⑤ 库存管理模块

库存管理模块主要用于管控品牌服装库存风险，保持库存的合理水平，既能满足客户需求，又能减少库存占用资金。库存管理模块包含面辅料入库、面辅料出库、面辅料库存查询、成衣入库、成衣出库、成衣库存查询、库位管理等环节。

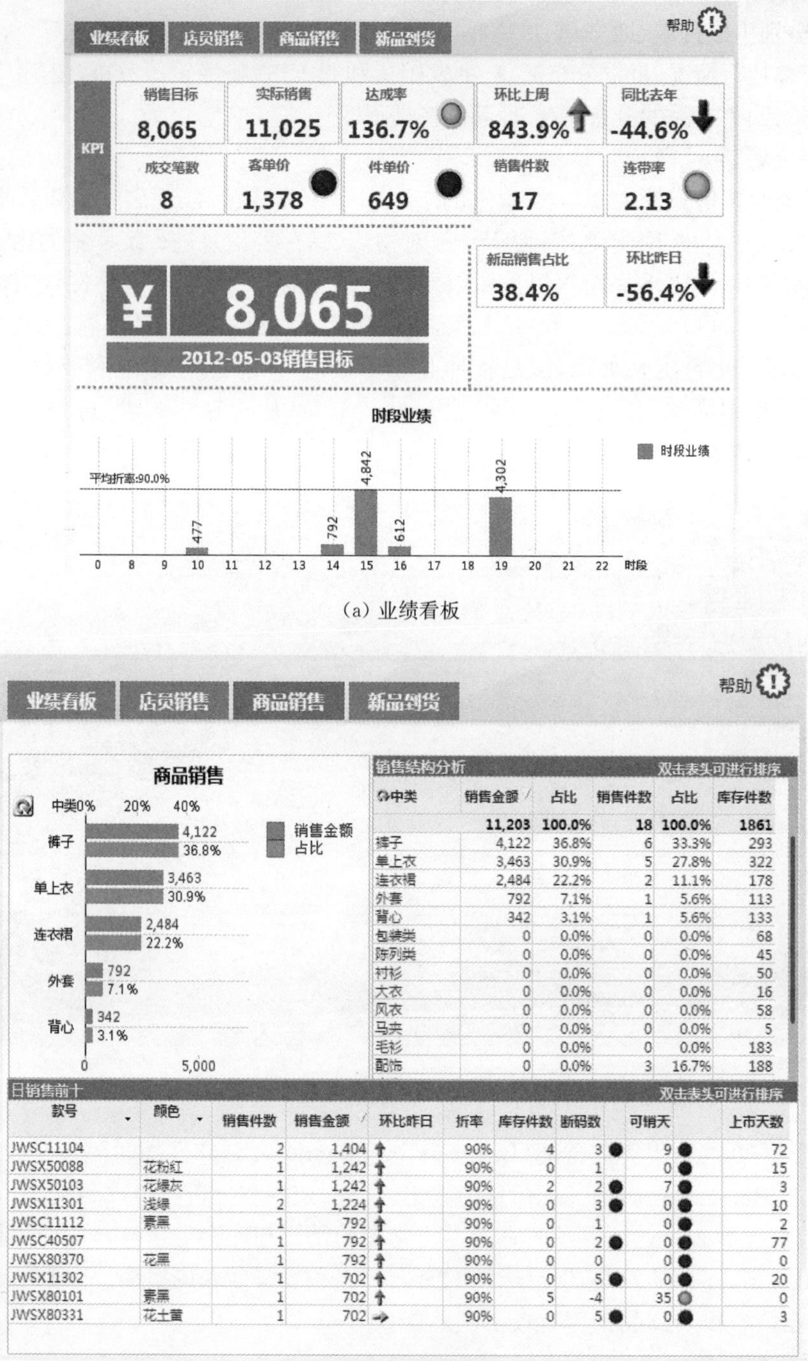

(a) 业绩看板

中类	销售金额	占比	销售件数	占比	库存件数
	11,203	100.0%	18	100.0%	1861
裤子	4,122	36.8%	6	33.3%	293
单上衣	3,463	30.9%	5	27.8%	322
连衣裙	2,484	22.2%	2	11.1%	178
外套	792	7.1%	1	5.6%	113
背心	342	3.1%	1	5.6%	133
包袋类	0	0.0%	0	0.0%	68
陈列类	0	0.0%	0	0.0%	45
衬衫	0	0.0%	0	0.0%	50
大衣	0	0.0%	0	0.0%	16
风衣	0	0.0%	0	0.0%	58
马夹	0	0.0%	0	0.0%	5
毛衫	0	0.0%	0	0.0%	183
配饰	0	0.0%	3	16.7%	188

款号	颜色	销售件数	销售金额	环比昨日	折率	库存件数	断码数	可销天	上市天数
JWSC11104		2	1,404	↑	90%	4	3	9	72
JWSX50088	花粉红	1	1,242	↑	90%	0	1	0	15
JWSX50103	花绿灰	1	1,242	↑	90%	2	2	7	3
JWSX11301	浅绿	2	1,224	↑	90%	0	3	0	10
JWSC11112	素黑	1	792	↑	90%	0	1	0	2
JWSC40507		1	792	↑	90%	0	2	0	77
JWSX80370	花黑	1	792	↑	90%	0	0	0	0
JWSX11302		1	702	↑	90%	0	5	0	20
JWSX80101	素黑	1	702	↑	90%	5	-4	35	0
JWSX80331	花土黄	1	702	→	90%	0	5	0	3

(b) 商品销售看板

图 16-5　零售店商业智能系统界面

库存管理模块的主要功能：

a. 自动接受出/入库指令——拣货装箱动作及出/入库准确性检测，支持 PDA(Personal Digital Assistant，掌上电脑)远程操作；

b. 库位、货区管理——设定商品存放库位和库存上限，合理进行入库库位分配，减少无效操作，提升拣货速度；

c. 配码、箱码运用——自定义装箱和配码规则，按配码订货、配货，设定订单跟踪箱码，扫描箱号快速整箱出库；

d. 库存盘点——支持全盘、历史盘、抽盘等 6 种盘点方式，即时库存比照，提升盘点准确率，支持盘点封账；

e. 报表及作业看板——实时查看库存报表、进出流水账、进销存报表。

图 16-6 所示为 BOS2.0 ERP 软件面辅料库存管理模块示例。

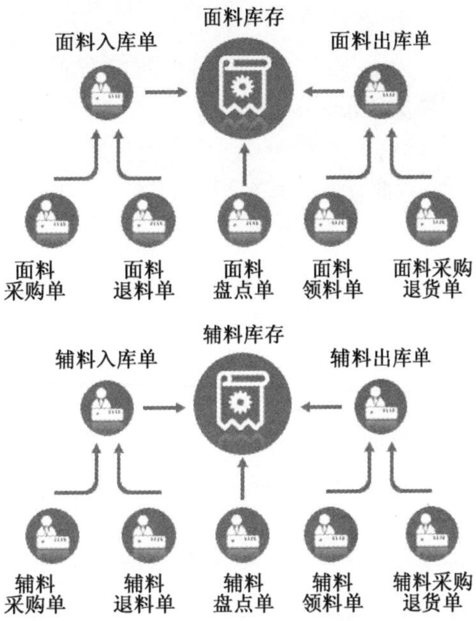

图 16-6 BOS2.0 软件面辅料库存管理模块示例

⑥ 订货会模块

对于拥有代理商、加盟商的品牌服装企业，往往会通过分析订货会订单的方式判断市场趋势，并依此制定服装生产计划与营销策略。由于代理商和加盟店直接面向终端市场，因此他们的订单需求很大程度上反映着终端市场的需求，服装企业可以据此把握服装市场的流行趋势，推出流行应季款式。

品牌服装订货会是将各种款式服装样衣提供给客户做订购参考并下单，企业根据订货会订单的数据进行综合分析，取消或更改市场需求低的品种，经过调整后确定正式的订货需求明细。

服装 ERP 系统订货会模块是专门用来处理企业订货会业务，可以对服装展示样品信息进行管理、记录和处理客户订单、统计分析订单数据等业务。图 16-7 是 BOS2.0 ERP 软件订货会界面示例。

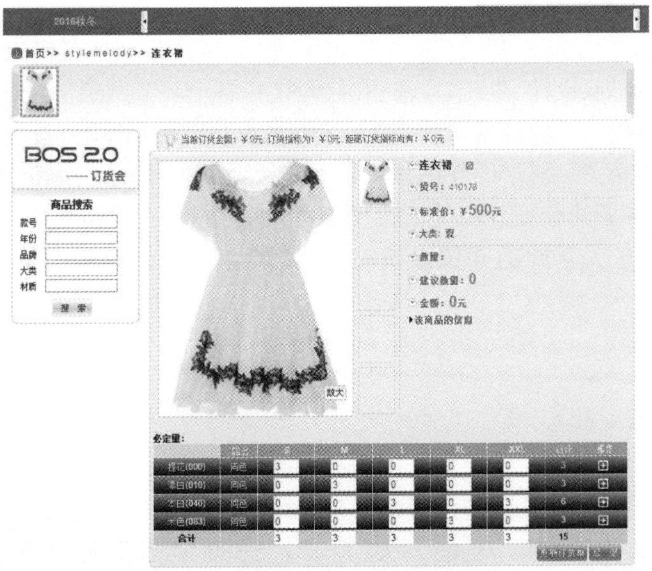

图 16-7 BOS2.0 软件订货会模块界面

⑦ 会员模块

为了推广品牌形象、培育消费者品牌忠诚度、提高销售额，会员（VIP）管理已经成为企业一项重要的营销手段，企业注重保持与终端顾客特别是会员顾客的接触与沟通。会员管理包括：顾客资料的分类管理、会员顾客信息登记、会员消费信息分析，以此了解一线市场消费情况、定期为会员顾客举办赠送与促销等活动。

服装 ERP 系统会员模块主要实现的功能有：VIP 档案管理（VIP 基本档案、VIP 分析维度、VIP 消费记录）；VIP 分析（VIP 消费分析、VIP 增长率、VIP 消费规律、VIP 积分查询、VIP 生日查询）；VIP 活动（积分翻倍活动、积分消费活动、积分换购活动）；VIP 策划（VIP 类型定义、VIP 规则定义）等。

⑧ 客户关系模块

对品牌服装企业而言，客户是销售的对象，维护客户资源十分重要。ERP 系统客户关系模块中的客户数据包括基本信息、历史订单、当前订单状态、回访记录、信用额度等。

通过对客户关系模块中客户数据库的分析统计，可以为品牌服装企业制定市场计划提供参考，根据来自社交媒体、市场调研、零售门店等不同渠道的客户反馈信息，更好地维护与客户之间的关系。

⑨ 财务模块

财务模块分为会计核算与财务管理两部分，主要功能包括应收应付账款、采购与销售结算、供应商及客户的收付款管理、单据管理、服装生产加工成本计算、服装销售利润计算、通用财务软件接口及财务数据分析报表等。财务模块是服装 ERP 系统管理资金流的核心模块，品牌服装企业可运用资金和信用保证控制经营风险。

（3）服装业计算机应用的前景及发展趋势

计算机应用于服装业的目的在于把传统服装企业多层次、冗长、繁琐的管理方式转变为扁平、高效、精简、敏捷的规范化管理方式，也是企业充分开发和有效利用信息资源，使企业能时刻把握时代脉搏、及时做出正确决策、增进企业运行效率以及最终提高企业核心竞争力的有效手段。

未来的服装业需要建立一套完整的供应链管理体系，重视面辅料供应商和服装销售商的共同利益，从采购、策划、设计、生产、运输、存储至销售各个环节做到信息和利益共享。

可以设想，这不仅是一项技术课题，它还与企业的发展规划、业务流程、组织结构、激励机制、管理制度等密切相关。科学的管理体系是服装计算机技术发挥潜能的基石和保障，因为这一体系关系到企业资源的合理分配、信息的收集和处理，是企业保持核心竞争优势的基础。

21 世纪是以信息为基础的知识经济时代，服装业应用计算机和信息技术必将越来越广泛。

16.3 服装 QR

快速反应（Quick Response，简称 QR）早在 20 世纪 70 年代就被运用于军事改革，目的是增强军队对敌攻击做出快速反应的能力；到了 20 世纪 80 年代，服装业以其对市场变化的特殊敏感，首先接受了快速反应思想。在美国开发了纺织服装生产销售 QR 体系，将生产厂家、批发商、零售商紧密地联系在一起，对市场需求做出快速反应。据美国杜邦公司分析，实行 QR 有以下优点：

A. 减小库存、降低成本；

B. 防止由于产品不符合用户需求而造成的剩货损失；

C. 减少由于跟不上市场需求而造成的销售机会损失；

D. 降低非直接成本，如仓储、商品管理等费用。

这里的“快速反应”，实质是为适应服装多品种、小批量、快交货而出现的一种管理思想。用这种思想指导企业统一行动，使生产经营活动有组织有秩序地进行，以期最大限度地降低存货量和资金占用，最快地对市场需求变化做出反映，在最短的时间里满足顾客提出的不同需求。

（1）建立与完善快速反应机制

快速反应机制是指在一个企业范围内，有效地利用人力资源，制订相应的管理规章制度，利用一切可能的手段建立小批量、多品种、快交货、低成本的运营机制。

以人为本是企业发展的决定性因素。20 世纪 80 年代兴起的管理模式——企业文化的核心是人才的开发、培训、组织和管理，它的机制是素质文化的集约运转。管理者必须通过开发职工的潜能提高整个企业的快速反应能力，通过培训使每个职工树立快速反应理念，通过制订一系列措施建立快速反应的行为准则，通过不断地奖优罚劣，最终使快速反应成为企业和员工的自觉行动。

快速反应机制不是被动的管理措施，而是主动的管理方法。当客户订货不能满足生产时，要求企业的经营者具有敏锐的眼光去了解市场、观察市场。对于热销的产品迅速组织生产，及时抢占市场制高点；对于有发展前途的产品则要科学预测，适时组织开发和生产、积极促销、及时扩大市场份额。

充分利用计算机和信息管理系统，科学、准确、及时、有效地组织生产经营管理活动，也是快速反应机制的重要内容之一。

（2）研究、开发快速反应系统（QRS）

广义上，服装快速反应系统（Quick Response System）是一种用市场需求变化去控制成衣产出的一个复杂的闭环调节系统。具体地讲，是充分运用计算机技术，在服装设计上对需求信息做出快速处理，设计出所需的服装款式、结构、工艺；生产上通过对工序动作的科学分析和对先进设备的合理组合，有效地提高产量，迅速变换品种、规格，节省劳力与设备，以达到快速反应市场需求的目的。

服装快速反应系统一般包括 MIS、CAD、CAM、CAPP、FMS 或 MQRS（模块式快速反应缝制系统）等子系统。

如日本 JUKI 公司开发的 QRS 快速反应生产线，七名操作人员完成一件服装全部的缝制、熨烫工序，采用吊挂传输，减少半成品周转量。每个操作人员日均产高档时装 5 件，理想地实现了小批量、多品种、短交货的市场需求。

各国正在研制的服装计算机集成制造系统，实质亦是一种服装快速反应系统。它将 CAD、CAM、MIS、CAPP、FMS 等子系统有机地集成起来，由此提高系统的反应能力。

此外，国外正在研制开发自动缝制系统。该系统从裁剪衣片、缝纫、整烫、质量检查直到包装入库全部由工业机器人完成，它的出现会给服装 QR 带来新的动力。

(3) 建立快速反应体系

快速反应体系是在一个国家或地区的范围内，有效地组织协作生产，充分利用计算机信息交换系统等手段，及时为客户提供所需产品的体系。

如美国先后建立了由众多厂商参加的快速反应联合组织。通过 SCM(Supply Chain Management，供应链管理)和纺织服装 EDI(Electronic Data Interchange，电子数据交换)标准将服装面辅料制造、服装加工、批发及零售等企业相互联系组织起来；制定商业数据交换的标准；确定产品标签上二维码或条形码的统一编码方法；建立标准电子信息交换系统；使相互间的大量文字信函由计算机联网通讯所替代，减少信息传递误差，确保快速反应的实施。

在日本，政府、公共团体、民间企业共同出资建立纺织信息资源中心，相互联网传递信息，在信息收集、商品企划、品种管理、物流等方面相互合作，共同发展。

建立快速反应体系，有利于企业间相互协助，避免因信息闭塞造成原料或成品脱节而导致的损失。EDI 电子资料交换系统和信息码的运用，使生产、批发、零售之间的交易更敏捷，联系更密切。

综上所述，服装企业必须在软件或硬件上达到服装 QR 提出的要求，并不断吸收高科技成果，将它运用到生产经营管理上，在实践中不断对服装 QR 做出创新与探索。

16.4 服装 EDI 标准

EDI(Electronic Data Interchange)即电子数据交换，联合国标准化组织将 EDI 定义为"将商业或行政事务处理按照一个公认标准，形成结构化的事务处理或报文数据格式，从计算机到计算机的电子传输方法"。作为一种基于计算机应用、通信网络和电子数据处理的 B2B 电子商务方式和技术，EDI 能实现将传统的纸面文件电子化，以标准的电子数据报文形式通过网络在各计算机之间实时传递。该项技术不仅能够减轻繁重的纸面工作量，节约人力、物力、财力，提高生产和销售供应链中各环节间交互文件的传递速度；而且还可以实现即时生产/供货(JIT)、减少库存量、加快资金周转、避免重复操作、减少人为差错、提高工作质量、加强客户服务以及促进企业生产经营的合理化、规范化、标准化、现代化，最终提高企业在市场上的竞争地位。

(1) 服装业应用 EDI 的必要性

EDI 适合于需要进行大量表格单证数据处理与交换的行业，这些行业具有贸易或零售/批发交易频繁及周期性作业的属性，而服装业具备这样的特性，因此完全可以发展和应用 EDI 系统。

目前，我国服装企业已逐步将设计、信息、产品开发以及销售等核心部门设置在辐射面广的大中型城市，而将加工生产基地向劳动力和土地资源相对低廉，面辅料供应集中的地区转移。因此，加工生产基地与其他各核心部门之间的信息交流、协调显得尤为重要。加强产销信息传递和反馈，消除时间和空间上的限制，成为当务之急。因此，利用 EDI 技术进行信息传输具有重要意义和价值。

例如，2003 年由于来势凶猛的"非典"限制了人员流动，阻碍了企业之间通常的贸易交往，而互联网、EDI 则显示出了前所未有的优越性。实践证明，采用电子网络交易的企业在"非典"

时期受到的负面影响较少，因为不受时空制约的互联网和 EDI 能有效避免客户流失，确保企业经营渠道的畅通。

(2) EDI 在国内外服装业的应用

发达国家的服装企业 20 世纪 80 年代已开始应用 EDI 系统，并且取得了良好的经济效益。意大利贝纳通(Benetton)服装集团公司，一个总部位于意大利小镇的服装企业，在市场竞争日趋激烈的时代，销售额却能迅速增长。成功的原因是采用 EDI 同世界各地的经销商保持紧密的商业联系；采用无纸化 EDI 的订单和发货票据实施贸易穿梭往来；当顾客需要最新款式时装时，EDI 可以帮助公司及时掌握客户信息，从而快速生产供货。

美国一些服装企业已开始使用 EDI，如列维・斯(Levi Strauss)、里斯(Liz Claiborne)、杰・西・潘尼(J. C. Penny)等。J. C. Penny 是较早建立内部数据通讯网的零售商，20 世纪 70 年代中期，J. C. Penny 首先在它的店铺采用 POS 条形码扫描技术，使总公司可以跟踪店铺的销售信息。同时，不断改进物流操作系统，发展下属店铺和合作伙伴之间的 EDI 系统，以提高整个供应链的信息传递水平和信息使用效率。

World 公司是日本国内较早使用 EDI 的服装企业。利用品牌企业制造零售一体化(SPA)的优势，公司于 1993 年在所属的零售店引进了 POS 系统，使得销售数据能及时反馈到公司总部。通过计算机数据分析，预测和确定服装畅销款式和品种，然后将订单传到服装加工厂，两周后服装就能上柜销售。利用 POS 和 EDI 有效的数据交换，使公司原来半年的季节产品循环周期缩短到几个星期，真正做到了快速反应。

EDI 在海关、商贸、税务、检验检疫等政府部门应用普遍，在商贸企业中应用更加广泛。随着电子商务尤其是跨境电子商务的进一步发展，EDI 技术必然会在全球的商贸流通领域发挥更加重要的作用。

(3) 构建我国服装 EDI 系统

根据企业自身特点，我国服装企业构建 EDI 系统可以分为以下三种类型：

① 全能型企业的 EDI 系统

这类企业可以自行完成从策划、设计、样衣试制、批量生产直至批发/零售的全过程，如雅戈尔、海螺集团等服装企业。但企业仍需与面辅料供应企业进行联系、交易；企业的产品若要扩大销售也需与服装零售商、批发商发生贸易往来。

② 设计、开发、销售型服装企业的 EDI 系统

这类企业没有自己的缝制加工车间，只设样品间进行样衣试制，一旦样衣确定后即外发至加工型服装企业进行生产。这类企业除了与面辅料供应商及流通中间商交易外，还需要与加工型服装企业发生联系，进行诸如产品加工工艺单、工序进展报告、确认交货期、返工返修等诸多经营信息内容的沟通。

③ 加工型服装企业的 EDI 系统

这类企业只负责接单加工。如果承接的是国内加工订单，则需要与上述第二类的设计、开发、销售型服装企业发生联系；如果是国外客户的订单，则整个贸易往来的过程会更加复杂，还将牵涉到海关、商检、银行等各机构的单证往来。

图 16-8 所示为三种类型服装企业的 EDI 系统结构图。

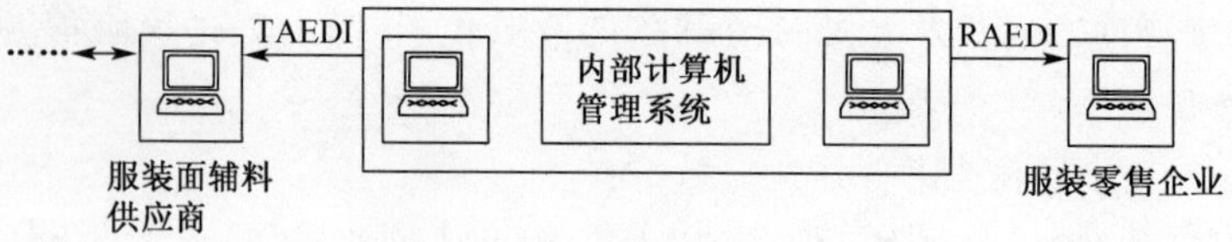

（1）全能型服装企业

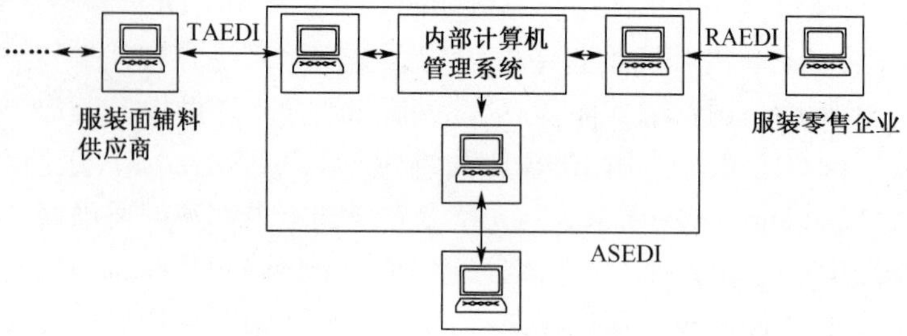

（2）设计、开发、销售服装企业

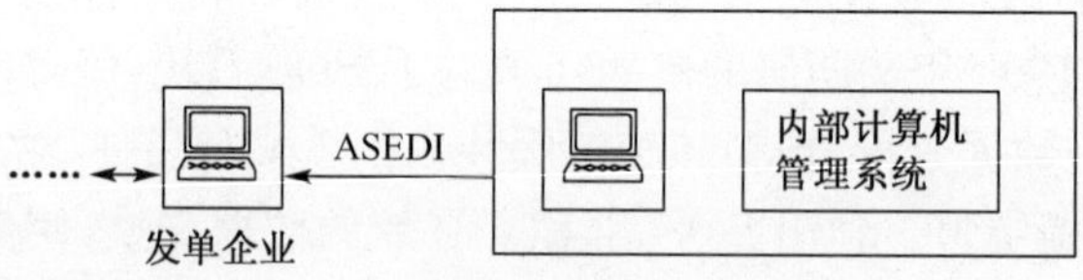

（3）加工型服装企业

图 16-8　三种典型服装企业的 EDI 系统结构图

注：TAEDI—纺织与服装 EDI；RAEDI—零售与服装 EDI；ASEDI—服装与缝制加工 EDI

（4）推广应用服装 EDI 的构想

① 服装企业的信息技术及基础设施的建设

a. 服装企业信息化现状

服装业品种多、批量小、交货期短，数据交易量大、频率高，具备应用 EDI 的必要条件。但又存在许多限制，企业本身的信息化基础薄弱是其中一大瓶颈。

服装业是典型的传统劳动密集型产业，计算机技术的应用早在 20 世纪 70 年代末、80 年代初就已在部分服装企业开始推行。经过长期发展，国内服装企业计算机技术开始应用，但服装企业信息化技术的应用水平滞后于工业化发展的水平。据国家经贸委对国内 100 家重点企业进行的 OA(Office Automation，办公自动化)系统的统计，其他行业已经实施的比例分别达到 65%～97%，而纺织服装业两者指标仅仅是 16%和 3%，在纺织服装发达地区也只能达到 25%和 5%，这一数字与国外发达国家相比，差距甚远①。

例如，我国大多数从国内外客户接受订单进行生产的加工型服装企业，他们除了拥有基本的裁剪、缝制、整烫机器设备外，计算机和自动化设施较少。因此，必须提高我国服装企业信息化程度偏低的落后状况。

b. 加快进行基础设施建设

EDI 的成本同使用计算机的成本直接相关。有一定信息化基础的企业在开发使用 EDI

① 中国纺织报，2003-03-20，第 2921 期.

时投入相对较少。相反,信息化基础差的企业开发实施 EDI 的启动成本将会增大,而且,所需投入的时间和精力也会相应增加。

为此,加快推进信息化基础建设是当前服装企业的首要任务。逐步健全和配置基础硬件设备——计算机系统,建立企业的电子网络体系,实现企业信息资源共享和有效利用,让信息传递和反馈尽快跟上时代步伐。

② 控制 EDI 成本

a. 控制硬件投资成本

随着计算机软硬件的发展,对于中小企业而言,选择 PC 机作为硬件平台是明智之举。采用 PC 机实施 EDI 是一种既快又廉价的方式,它可以令企业在较短时间内、花较少的钱来实现 EDI,而且在操作系统方面,目前的 PC 机的功能可与中型机媲美。

当然,资金雄厚的大型企业要求 EDI 和内部的计算机商务应用系统有更高的一体化要求和更强的处理能力,而以 PC 机为基础的硬件平台可能力不从心。目前,发达国家服装企业已开始由 PC 机向中型机和功能齐全的主机系统方向发展。

b. 选择合适的 EDI 软件

EDI 软件具有将服装企业各种商务文件或单证的文件格式转换成某种标准格式的功能。购买这些 EDI 软件需要投资。这笔投资由两部分组成:一部分是最初的购置费;另一部分是使用费,如有关的技术培训费、应用软件一体化等费用。服装企业在购买软件前,应对自己需求进行透彻的评估,并选择能随本公司业务发展而升级的软件版本,以免在将来业务发展中不会使原有软件的投资遭受损失。因此,对 EDI 软件的正确投资也是成本控制的考虑因素。

③ Internet EDI(互联网电子数据交换)的实施

a. Internet EDI 的特点

Internet EDI 的出现为中小型企业应用 EDI 提供了契机。通过传统 VAN(增值网)进行通讯的成本较高,对大多数中小企业而言负担过重。因此过去仅仅是实施规模经济的大企业能从利用 EDI 中获得利益。但近年来,互联网的迅速普及,为物流信息活动提供了快速、简便、廉价的通讯方式,就这一意义而言,互联网为企业进行有效的信息沟通提供了坚实的基础。使用互联网传递电子数据每月能节约传统增值网费用的 60%至 90%①,由于投资和运营成本相对较低,启动应用的障碍减少,因此以互联网为基础的 EDI 吸引了不少中小服装企业准备实施 EDI。

利用 Internet EDI,服装企业可通过互联网寻求原材料和设备供应商,如服装面辅料、服饰零配件以及服装生产设备等,使企业利用较少的资金,在较短的时间里就能完成生产的准备工作。

b. 日本的成功经验

日本在建立 QR 系统迟迟未能取得进展的情况下,以 IT 技术发展为契机,对如何建立全行业共同基础,即构筑中小企业能使用的信息网络基础成为服装界研究开发的重点。

2000 年开始运营的东京服装网(www. twca. or. jp/tfw)是服装企业与零售店之间的信息交换平台。这一网站针对中小企业发展 EDI 在成本方面的困难,在网上组织共同展示会,以方便服装中小企业与专卖店采购之间进行交易,即专卖店的采购人员通过这一网站能很方便地对服装企业的品牌进行检索并选择采购适销服装商品。

但也应看到,实施 EDI 的初期成本较高,而经济效益要到使用后期才能显示。因此,服装

① INTERNET-ENABLED EDI. Apparel Industry. May 97. Vol. 58. Issue 5.

企业不应期望EDI实施之初就能即刻获利。

④ XML和EDI的结合

可扩展性标记语言XML(Extensible Markup Language)是标准通用的标记语言,具有可扩展性、内容与形式分离、语法要求严格、保值性良好等优点。XML能够一定程度上弥补EDI方式编码格式复杂、执行难度高、商务交流困难和成本高等缺点,在电子商务活动中具有极大的应用前景。可扩展性标记语言主要由文档类型定义(DTD或者XML Schema)、可扩展样式语言(XSL)和可扩展连接语言(XLink)构成。XML更加关注浏览器中的内容而非表现形式,因此非常适合进行电子商务中的数据信息处理,XML与EDI进行结合能够使电子商务活动更加简洁高效。

⑤ 统一EDI标准

a. 标准不统一成为企业的担忧

以日本为例,若干年前,EDI标准总是处于不断变动之中,这种变动成为实施EDI的主要障碍。通常,服装企业使用这些标准的目的是期望在贸易竞争中取得领先地位,但他们又担心,经过一段时间后这些标准会过时,从而企业拥有的EDI手段也将处于落后地位。因此在EDI标准尚未统一之前,日本一些服装企业往往不愿使用EDI。另一方面,EDI涉及的并非一家企业,它不像开发一个企业内部系统那样,往往只要制定内部标准即可,而实施EDI需要众多与公司有贸易往来的企业参与。由于日本服装企业选用不同的EDI标准或同一标准的不同版本,各自为政,在给软件编写增加难度和复杂性的同时,也使软件之间产生不兼容问题,成为服装业推广应用EDI的制约因素。

互联网通过统一的标准(通信协议)将世界各地计算机上的信息有机地连接起来,使信息的提供者和需求者的障碍得以消除,互联网的繁荣证明了加快EDI标准统一对信息交流的价值。一些国际组织大力推动互联网环境下信息交换标准的开发和应用,建立了包括ebXML、UBL、RosettaNet和GS1XML等在内的Internet EDI国际标准。

ebXML(Electronic Business using Extensible Markup Language,电子商务可扩展置标语言)是1999年由联合国贸易便利化电子商务中心(UN/CEFACT)和美国结构信息标准化促进组织(OASIS)开发的全球规范标准。其2.1版本于2013年11月发布,并于2015年被正式纳入ISO标准(编号I:SO/IEC19845-2015)。目前,UBL广泛应用于全球各国的跨境贸易中,包括供货、采购、补货和运输等环节。

RosettaNet是由全球400多个顶尖企业早在1998年组成的非营利组织,包括电子原件制造商、信息技术和半导体制造商等,致力于建立、应用并提倡开放性的电子商务标准,推动商业流程的自动化。目前,RosettaNet标准在欧美、亚太地区受到众多知名企业的青睐,包括IBM、Intel、Cisco、Dell、Motorola等企业都是RosettaNet标准的支持厂商。

GS1XML是GS1基于XML开发的用于互联网环境下的信息交换标准,它以商业流通领域实际业务过程为基础,目的是简化贸易程序,为用户提供基于XML的电子数据交换所需要的信息。GS1XML系列标准共有40多项报文,涉及贸易、物流领域中从订单到发票的全流程信息交换。截至2016年,GS1XML已在全球35个国家的近4万家企业中得到应用。

b. 建立战略联盟,发挥行业协会作用,建立我国服装业EDI标准

标准的建立,第一取决于新技术的形成与产业化;第二取决于市场。由于单个企业在技术、资金上的局限性,要想形成标准需要各方面的支持。因此,企业间只有建立供应链管理体

系或战略联盟，才能达到资源优化配置的目的。同时，又可以降低新技术开发风险，尤其可以避免企业间的技术标准之争，达到双赢或多赢目的。

建立供应链管理体系或战略联盟是国外制定 EDI 标准的通行做法，对于我国企业有借鉴意义。对于资金和技术相对薄弱的我国服装企业来说，尤其要重视战略联盟的作用。同时，行业协会要发挥桥梁作用，争取政府政策和资金的支持，采取有力措施促进 EDI 标准的建立和实施。

⑥ 展望

EDI 作为一种基于规范化、标准化的商业信息传递的手段诞生至今，它的作用已不仅仅是简化、加快交易往来，更重要的是 EDI 在商业贸易过程中，通过与计算机管理信息系统相联系，使之成为具有涉及面广、能综合进行信息处理、管理和通信等方面的工具，从而可以将服装企业从原材料购买、生产直至销售的全过程贯穿起来。当 EDI 与服装企业产品设计开发的 CAD、产品生产的 CAM、生产经营管理的 MIS、商品零售的 POS 等计算机系统结合起来形成标准 EDI 一体化后，将能发挥更大的效用。并且若把企业从原材料购买、生产直至销售的全过程贯穿起来，标准 EDI 与上游的面辅料供应商、下游的分销商进行合作，可形成紧密的供应链网络。

面向 21 世纪，计算机技术应用和 EDI 标准化将给我国服装业带来崭新的经营理念和科学管理方法，中国不仅要做服装生产大国，而且也将成为服装强国。

案例

太平鸟数字化建设

太平鸟作为一家品牌服装企业，服装相关领域系统相对完备。主要上线系统包括供应链管理(Supply Chain Management，SCM)、分销资源计划(Distribution Resource Planning，DRP)、仓库管理系统(Warehouse Management System，WMS)、运输管理系统(Transportation Management System，TMS)、客户关系管理(Customer Resource Management，CRM)以及商品管理系统(Commodity Management System，CMS)。其中 SCM 负责供应商管理，DRP 负责货品配送销售，WMS 与 TMS 负责仓储和物流，CRM 负责太平鸟会员管理，CMS 负责门店配送补货。

为进一步提升企业信息化水平，2022 年太平鸟实施三大数字化提升战役，一是与华为合作进行集成产品开发，提高研发端信息化水平，并整合现有的 CAD 和凌迪 3D 设计系统，研发产品生命周期管理(Product Lifecycle Management，PLM)系统；二是实现男装、女装、休闲装、童装四大品牌的供应链集成整合，升级现有的 SCM 系统；三是将 DRP 升级为 ERP 系统，所有产品数据以 SAP 为底座，实现业务与财务一体化。此外，将与阿里合作，建立数据库，建设数据中台-订单管理系统(Order Management System，OMS)。

思考题

1. 目前有哪些新型的纤维原料用于服装面料？
2. 列举纳米材料和纳米技术应用于纺织服装领域的功效。
3. 计算机技术在服装业有哪些应用？

主要参考文献

[1] Gini Stephen Frings. Fashion from Concept to Consumer (5th ed.), Prentice Hall, 1996.

[2] Kitty G. Diskerson, Textiles and Apparel in the Global Economy (2nd ed.), Prentice Hall, 1995.

[3] 中国纺织工业协会. 中国纺织工业发展报告(2021—2022). 北京:中国纺织出版社,2022.

[4] 经合组织. 经合组织成员国国民核算(1991—2004). 韩国社会指标,2004.

[5] 中华人民共和国国家统计局. 2021年国民经济和社会发展统计公报,2022-2-28.

[6] 上海统计局. 2021年上海市国民经济和社会发展统计公报,2022-3-15.

[7] Yadin D. 国际市场营销辞典[M]. 桑琳,王方华,译. 上海:上海财经大学出版社,2006.

[8] 廉月英. 发展中的服装工业[J]. 纺织导报,1996(6).

[9] 沈洪. 中、日、意服装流通渠道的比较. 上海:2003全球化和亚洲纺织服装业的比较研讨会论文集,2003.

[10] 中国纺织工业协会. 中国服装行业发展报告(2013—2014)[M]. 北京:中国纺织出版社,2014.

[11] American Apparel and Footwear Association, Trends, 2006 Edition:11.

[12] American Apparel and Footwear Association, Estimates of Monthly Retail and Food Services Sales by Kind of Business, 2011.

[13] 赵洪珊. CEPA框架下香港与内地服装业[J]. 中国纺织,2003(10):57.

[14] 卜国琴. 全球服装商品链与香港服装业的产业升级及其启示[J]. 特区经济,2005(9):320.

[15] 欧盟东扩后技术性贸易壁垒政策走势. 国际商报,2004-5-1.

[16] Randolph A Smith, Stephen F. Davis. 实验心理学教程[M]. 郭秀艳,孙里宁,译. 北京:中国轻工业出版社,2006.

[17] 黄敏学. 电子商务[M]. 北京:高等教育出版社,2001.

[18] 菲利普·科特勒. 市场营销导论[M]. 北京:华夏出版社,2001.

[19] A World Wide Web of Opportunities. W. W. D, April 1. 2002.

[20] Fashion Merchandising: An Introduction. New York: Gregg Division, McGraw-Hill, c1985.

[21] 吴晓玲. 摆正你的位置——谈服装设计师与企业的关系[J]. 服装科技,1999(6):3.

[22] 邓跃青. 服装设计师的成功之路[J]. 服装科技,1997(4):38-40.

[23] 李当歧. 关于我国服装设计师队伍现状的思考[J]. 装饰,1999.5(2):4-6.

[24] 刘晓刚. 品牌服装设计[M]. 上海:东华大学出版社,2001.
[25] 菅原正博. 知识集约型时尚产业. 东京:东京教学社,1976:123.
[26] 宇野政雄,江尻弘,菅原正博,等. 服装营销. 东京:实教出版株式会社,1990(6):122-127.
[27] Kruse, Gunther. Customer is always right. Manufacturing Engineer, 2000,79(5):206.
[28] 邵晓锋. 大规模定制生产模式的研究[J]. 工业工程与管理,2001(2):13-17.
[29] INTERNET-ENABLED EDI. Apparel Industry. May97. Vol. 58. Issue5.
[30] 李俊. 服装商品企划学[M]. 北京:中国纺织出版社,2005.
[31] Jeannette Jarnow. Inside the Fashion Business. Newyork: Macmill an Publishing Company, 1987.
[32] Gini Stephens Frings. Fashion-from concept to consumer. London: Prentice -Hall International (UK) Limited, 1999.
[33] (日本)纖維産業構造改善事業協會. アパレルマーチャダイジング(Ⅰ、Ⅱ). 東京:1995.
[34] (日本)菅原正博,等. アパレルマーチャダイジング. 東京:株式會社ファッション教育社, 1993.
[35] Laura Wang. 平价时装贵族快跑中国. 福布斯(中文版),2007.
[36] 郭国庆. 市场营销管理[M]. 北京:中国人民大学出版社,1995.
[37] 苏亚明. 现代营销学[M]. 北京:对外贸易教育出版社,1993.
[38] Frederick H Abernathy, et al. A stitch in Time, Oxford University Press, 1999.
[39] 中国连锁经营协会. 2008年中国连锁经营年鉴[M]. 北京:中国商业出版社,2008.
[40] (美)蔡斯(Chase, R. B.),等. 生产与运作管理:制造与服务[M]. 宋国防,等,译. 北京:机械工业出版社. 1999:551.
[41] Robert G. Brown. Decision Rules for Inventory Management. New York: Halt, Rinehart & Winston, 1967.
[42] 邓世祯. 高效库存管理技法[M]. 广州:广东经济出版社,2002.
[43] 迈克尔·利维,巴顿·弗茨. 零售学精要[M]. 北京:机械工业出版社,2000.
[44] Jeannette Jarnow, Kitty G Dickerson. Inside the Fashion Business, 6ed. Merrill Prentice Hall, 1997.
[45] Frings Gini Stephens. Fashion from Concept to Consumer, 5ed. Prentice Hall,1999.
[46] Hermawan Kartajaya, Iwan Setiawan, Philip Kotler. Marketing 5. 0: Technology for Humanity, Wiley, 2021. 02.
[47] 雷波特. 电子商务[M]. 中国人民大学出版社. 2004. 1.
[48] YANHUI L, KONGMING W, YUYING J, et al. Widespread adoption of Bt cotton and insecticide decrease promotes biocontrol services[J]. Nature, 2012, 487(7407).
[49] 张明宇,谭艳君,刘姝瑞. 木棉纤维的性能及其在纺织上的应用[J]. 纺织科学与工程学报,2021,38(03):68-73.
[50] 徐绚绚,巩继贤,张健飞等. 罗布麻抑菌物质及其作用机制的研究进展[J]. 纺织学报,2020,41(09):149-54.
[51] 何建新. 新型纤维材料学[M]. 上海:东华大学出版社,2014.

[52] 徐国庭. 一种棉/羊毛/腈纶/Modal纤维混纺纱的生产工艺,CN110644089B[P/OL].
[53] 杨建忠. 新型纺织材料及应用[M]. 上海:东华大学出版社,2011.
[54] 楚旭东,隋淑英,张瑞等. 海藻纤维棉涤纶三组分混纺纱性能研究[J]. 上海纺织科技,2019,47(03):21-3.
[55] 赵刚,赵莉,谢雄军. UD防弹复合材料成套装备应用与发展对策[J]. 纤维复合材料,2012,29(02):34.
[56] 徐琪. 服装供应链基于RFID的仓储配送智能化管理[J]. 纺织学报. 2010,31:137-42.
[57] 孙小云,邵小景,王尚书,等. 互联网EDI助推全球电商发展[J]. 条码与信息系统,2018(2):26-29.